우울 청소년을 위한

애착기반
가족치료

Guy S. Diamond · Gary M. Diamond

Suzanne A. Levy 공저 | **진보라** 역

학지사

역자 서문

우리나라의 가족치료 역사는 반세기 동안 많은 성장을 이루어 왔습니다. 대부분의 국제적 가족치료이론이 우리나라에 도입되었으며, 임상현장에서도 가족치료 서비스를 어렵지 않게 만날 수 있습니다. 서구에서 발전된 가족치료의 일부 이론은 이론과 임상현장 사이에서의 괴리를 줄이고 상담 결과의 효율성을 높이는 시도를 하고 있으며, 우리나라의 고유한 문화적 특성과 가족 역동을 고려한 기존 이론들의 수정 및 효과성 검증에 대한 연구가 조금씩 움트고 있는 상황입니다.

이는 국제 가족치료학회의 큰 흐름과 함께하는 모습으로 보입니다. 현재 가족치료학계의 다음 세대 과제는 독특한 이론의 개발이나 이론 간의 우월성 다툼이 아닙니다. 기존 이론의 효과성을 검증하고, 임상 주제별 효과성이 검증된 통합적인 모델을 개발하여, 이를 바탕으로 훈련된 치료사들을 양성하고, 치료의 효과성을 높이는 것 등입니다. 이러한 당면 과제를 함께하며 우리나라 학계에 애착기반 가족치료 모델을 소개하는 것은 큰 의의가 있다고 생각합니다.

애착기반 가족치료 모델은 우울하거나 자살 경향이 있는 청소년을 대상으로 하여 문화권을 넘나들며 임상적 효과성이 검증되었습니다. 특히 효과성이 검증된 최신의(cutting edge) 가족치료 모델 중 하나이며, 미국, 영국, 스웨덴 등과 같은 국가에서는 NREPP, PPN, CYP IAPT 등에 효과성이 검증된 치료 모델로 공식 등록되어 있습니다. 애착기반 가족치료의 대상은 청소년부터 초기 성인까지 확장되어 효과성이 검증되고 있으며, 우울과 자살에서 섭식장애와 LGBTQ 대상까지 그 영역이 더욱 확장되고 있는 실정입니다.

우리나라에 애착기반 가족치료가 도입되고 임상적으로 수정 적용이 시작된 지 5년이 되어 갑니다. 그 결과, 애착기반 가족치료는 대인관계와 가족을 중요하게 여기는 우리나라 문화에도 잘 적용되고 있습니다. 특히 애착이라고 하는 대인관계의 범문화적 핵심 개념을 기반으로 하고 있기에 가족의 다양성에 더욱 잘 반응할 것으로 보입니다. 향후 양적 효과성 검증 연구를 통해 한국적 애착기반 가족치료 모델이 더욱 다듬어지기를 기대합니다.

최근 우리나라에서는 청소년 우울과 자살 문제가 사회적으로 중요한 이슈였고, 이와 관련해 적지 않은 사회적 비용이 발생하고 있습니다. 이에 실효성 있는 상담치료 모델로서 애착기반 가족치료 모델이 비중 있는 역할을 할 수 있을 것입니다.

더 나아가 이 책은 모델에 대한 이론적 설명에 머무는 것이 아니라, 실제 적용에 있어서 임상가들에게 필요한 구체적인 기술과 적용 가능한 팁들이 단계별로 잘 담겨 있습니다. 이러한 강점을 바탕으로 현장에서 일하고 계신 많은 임상가와 예비 상담가에게 이 책이 실질적인 도움을 주기를 바랍니다. 무엇보다 이 책이 도움이 필요한 한국인의 뿌리를 가진 국내외 청소년과 가족들에게 질 좋은 치료서비스 혜택이 전해질 계기가 되기를 바랍니다.

2022년 8월

진보라

도입: 청소년 우울증의 맥락

청소년기는 가족주기에서 매우 역동적인 시기이다. 청소년들은 자아발견이라는 여정을 시작하고, 신체적 강함과 중요성을 새롭게 발견하며, 언어의 힘, 증가된 독립심, 강력한 우정, 첫사랑, 성 그리고 팝 문화를 발견하게 된다. 이와 동시에 부모들은 성공과 실패의 역사 그리고 결혼, 일, 돈, 연로한 그들의 부모, 피할 수 없는 죽음에 대한 자각과 관련된 도전으로 가득한 미래를 가지고 중년기에 접어들게 된다. 중년기와 청소년기는 가족 안에서 평화롭게 공존하거나 충돌하기도 한다. 어떻게 이것이 전개되는지는 부모-자녀 간의 안정적인 기반이 얼마나 강력한가에 따라 달라진다. 이러한 관계가 강할 때 안정적 기반, 즉 사랑과 보호의 기반이 아이들에게 내재되어 가는 것이다.

안정적 기반은 아동기를 통해 성장과 발달의 필수적인 맥락을 제공한다. 초기에는 사랑의 보호막이 삶에서 대인관계 기술의 중요성을 양성해 준다. 아이들은 자신의 생각과 느낌의 가치를 배우고, 필요할 때면 다른 사람들이 자신을 지지해 주며 함께해 준다고 신뢰하는 것을 배우게 된다. 이처럼 안전한 환경 속에서 아이들은 자신의 감정을 표현하고, 어려운 감정을 조절하며, 충동을 이겨 내고, 자율성을 협상하는 것을 배우게 된다. 이러한 가족 안에서 부모의 사랑은 복종과 다른 것이 된다. 사랑은 무조건적이다. 사랑은 기댈 수 있다. 아이들이 청소년으로 성장할수록 그들의 의존성은 파트너십으로 변화하며, 부모와 청소년이 목표를 협상하고 함께 서로를 소중히 여기는 신뢰와 사랑을 유지하기 위해 타협하고 주고받는 관계가 된다.

불행히도, 때로는 안정적인 기반이 한 번도 성립되지 않거나 혹은 무너져 버릴 수도 있다. 어떤 부모들은 우울증이나 약물중독, 부부갈등, 이혼, 사회적 자원의 부족, 경제적 어려움 등으로 인해 도전을 맞이하게 되고, 이러한 도전은 반응적이고 돌보며 안전을 제공할 부모의 능력을 제한한다. 또 다른 부모들은 자신의 애착 파열 경험으로 인해 고통받고 정서적으로 두려워하여 자식에게 일관된 사랑과 인정을 제공하지 못할 수도 있다. 결국 이들은 아이들에게 발달 시기적으로 필요한 경계를 정해 주며 기대를 만족시켜 주지 못한다. 정서적 단절, 신체적 혹은 성적 학대, 유기 등은 가족의 가보와 같이 세대를 걸쳐 가족의 취약성을 초래한다. 때때로 안전한 기반은 가정 밖의 스트레스 요인으로부터 위협받는다. 부정적인 또래관계나 공동체와 대인관계 속에서의 폭력은 청소년들을 좌절하게 만든다. 만성질환이나 신체적 장애 또는 극한 기질은 가족생활에 엄청난 스트레스를 줄 수 있다. 안전은 더 이상 가정되지 않는다. 부모의 지도와 인내, 보호는 점차 줄어들거나 사라지게 된다. 청소년들은 자신이 사랑받고 있는지에 대해 의심하기 시작한다. 정서적 유대는 깨지고, 안정성은 정상적인 발달을 방해하는 불안정성으로 대체된다.

우울한 청소년들에게 삶이란 어둡고 외로운 것이다. 세상은 안전하지 않은 곳이 되며, 그들은 자신을 가치 없다고 보기 시작한다. 자기 자신을 보호하기 위해 그들은 종종 부모로부터, 친구로부터, 외부 활동으로부터 철수한다. 또한 그들은 짜증이 나고, 변덕스러우며, 화를 내고, 예측하기 어려워지며, 항상 거절과 비난에 주의를 기울인다. 일부는 고통으로부터 자신의 주의를 분산시키기 위해 자해 행위로 고개를 돌리며, 도움을 위한 외침으로 준자살 행위를 하기도 하고, 또는 피하기 위한 수단으로 자살을 선택하기도 한다. 많은 경우, 부정의 거대한 구름 속에서 길을 잃고, 빠져나갈 길을 찾지 못해 절망과 외로움 속으로 더 깊이 빠져들기도 한다. 그들은 관심사, 삶에 대한 열정, 자신의 내적 나침반 그리고 자신의 목소리를 잃어버린다. 그들은 어떻게 도움을 청할지 알지 못하며, 대신 매우 조용히 지내게 된다.

우울한 청소년들은 부모가 그들의 고통을 이해하며 안전한 안식처를 제공해 줄 것이라는 기대를 잃고, 더 많은 고통으로부터 자신을 보호하기 위해 정서적 과잉조절을 사용하게 된다. 일부는 부모에게 사랑을 원하지만, 한편으로 거절에 대한 두려움도 느끼는 양가 감정을 가지게 된다. 비난, 실망, 분노에 사로잡힌 이러한 청소년들은 갈등을 가짜 친밀감과 연결성을 얻기 위한 수단으로 자주 사용한다. 다른 우울한 청소년들은 무관심하고 무시하며, 애착 안정에 대한 필요를 거절하는 것으로 자신을 보호한다. 여전히 다른 이들은 '부모화'되며 자신의 요구를 만족시키기보다 자신의 부모를 보호하고 돌보는 데 더 많은 시간을 보내게 된다. 이러한 모든 대처 전략은 부모들이 적절한 안정과 지지를 제공하는 것을 힘들게 만든다. 따라서 우울증은 청소년기 동안 정상적인 애착 형성과 자율성 사이의 적절한 균형을 방해한다. 우울증은 자율성이 등장해야 할 때 의존성을 강화하는 동시에 청소년들이 힘든 시기 동안 자원으로 부모를 활용하는 것을 막는 역할을 한다.

1. 애착기반 가족치료의 간략한 개관

　우울한 청소년들에게 애착과 자율성 둘 다에 대한 필요는 애착기반 가족치료(Attachment-Based Family Therapy: ABFT)의 독특한 초점을 드러낸다. ABFT는 실증적 연구 결과를 기반으로 하여 청소년 우울증을 치료하기 위해 고안된 가족 심리치료 기법이다. ABFT는 12~16주 개입으로 실행되어 왔지만 더 오랜 기간 사용될 수도 있다. 연구들은 ABFT가 대기자 통제집단이나 다른 치료 기법들보다 더 효과적으로 청소년 우울증을 줄일 수 있음을 보여 준다(G. S. Diamond, Reis, Diamond, Siqueland, & Isaacs, 2002; G. S. Diamond, Siqueland, & Diamond, 2003; G. S. Diamond et al., 2010). 또한 데이터는 ABFT가 심각하게 우울하거나, 우울한 부모가 있거나, 성적 학대의 경험이 있는 등 힘든 대상들에게 효과가 있다고 제안한다(G. S. Diamond, Creed, Gillham, Gallop, Hamilton, 2012; G. S. Diamond et al., 2010). 이러한 집단들은 인지행동치료 기법이나 약물치료 기법으로 치료가 잘 되지 않았던 집단이기 때문에 이러한 청소년들을 대상으로 한 ABFT의 효율성은 특별히 주목할 만하다(Asarnow et al., 2009; Barbe, Bridge, Birmaher, Kolko, & Brent, 2004; Curry et al., 2006). 동성애나 바이섹슈얼 청소년이 있는 가족들 또한 ABFT를 통해 성공적으로 치료되어 왔다(G. M. Diamond et al., 2012).

ABFT 접근의 논리는 청소년 발달과 애착에 관한 연구에 기반한다(J. P. Allen & Land, 1999; Kobak & Duemmter, 1994; Steinberg, 1990). 청소년기 동안의 안정적인 가족기반은 청소년과 초기 성인들의 복지와 기능을 증진시킨다. 또한 ABFT는 청소년 우울증이 가족관계의 질에 의해 촉발·악화·완충되기도 한다고 제안하는 대인관계이론에 기반한다(Cicchetti & Toth, 1998; Gotlib & Hammen, 2009; Hammen, 2009, Joiner & Coyne, 1999).

ABFT 모델은 정서 중심, 트라우마기반, 프로세스 지향, 경험적 접근법이다. 이 모델은 치료의 구조, 목표, 명확한 로드맵을 제공한다. 모델은 다섯 가지의 치료 과제로 구성되며, 각 과제를 완료하기 위해 하나 또는 여러 개의 치료 세션이 필요하다. 관계적 재정의 과제인 과제 1에서는 치료사가 부모와 청소년을 만나 치료의 초점을 증상 감소에서 관계 발달로 전환한다. 이 과제는 행동 관리보다는 애착 손상과 부모의 공감 실패를 식별하고 치료하는 데 초점을 맞추도록 고안되었다. 청소년 동맹 구축 과제인 과제 2에서는 치료사가 청소년과 홀로 만나 청소년과 부모 사이의 신뢰를 손상시킨 것이 무엇인지 탐색한다. 고통스러운 기억의 좀 더 일관성 있는 서술과 이전에 피했던 적응적 1차 정서에 접근하기 위한 노력으로 구체적이고 고통스러운 애착 파열 사건을 심층적으로 탐색한다. 이러한 애착 상처를 인정하는 것은 청소년들이 좀 더 직접적으로 표현할 수 있는 권리가 있다고 느끼도록 돕는다. 치료사는 청소년의 애착에 대한 갈망을 활성화시킨 후, 동기를 부여하고 파열된 부분을 부모와 논의할 수 있도록 청소년을 준비시킨다. 부모 동맹 구축 과제인 과제 3에서는 치료사가 홀로 부모 중 한 명 또는 두 명을 만나 현재의 스트레스 요인과 부모 자신의 애착 파열 이력이 육아에 어떤 영향을 미치는지 탐구한다. 부모들은 어린 시절 자신의 애착 욕구를 기억하기 위해 자신의 해결되지 않은 결핍을 탐구한다. 이 전략은 자연스러운 부모의 돌봄 본능을 활성화하고 증폭시켜 청소년들의 충족되지 않은 감정적 요구에 대한 부모의 공감을 증가시킨다. 이러한 마음 상태에서 부모들은 청소년과의 효과적이고 정서적인 의사소통을 향상시키는 데 필요한 기술인 애착을 촉진하는 양육 방법을 배우는 것에 더 개방적이게 된다.

청소년과 부모를 따로 만나 자신과 타인에 대한 시각을 바꾼 후, ABFT 치료사는 애착 회복 과제인 과제 4를 진행하기 위해 가족을 다시 만나게 한다. 이 과제에서 애착 파열이 치료 대화의 핵심에 놓이게 된다. 신뢰, 배신, 헌신 그리고 사랑의 이슈가 일상적인 상호작용을 조직하는 가족생활의 큰 주제인 대화의 중심이 된다. 청소년들은 정직하고 조절된 방식으로 충족되지 않는 애착 욕구를 용기 있게 표현하고, 부모들은 여전히 지지하며 공감할 수 있다. 청소년들은 자신의 목소리를 발견하고 부모의 가능성과 민감성에 대한 신뢰를 얻기 시작한다. 동시에 부모들도 지도와 통제 그리고 공감과 이해 사이의 균형을 찾는 방법과 문제 해결이 자기성찰에서 시작되며 더 취약한 감정을 파악하는 것이 진정한 대화로 이어질 수 있다는 것을 배운다. 많은 부모는 과거 그리고 현재의 애착 실패에 대해 사과하고, 이전에 거부된 청소년들의 경험들을 깊이 인정하게 된다.

이러한 대화는 수정된 애착 경험이 된다. 아이들은 상처와 그리움을 표현하고, 부모들은 위로와 보호를 제공한다. 이러한 새롭고 관계적인 세션 내에서의 경험은 자신과 타인의 가족구성원에 대한 내적 작동 모델(internal working model)의 수정으로 이어질 수 있다. 새롭고 긍정적인 관계 경험은 이전의 부정적인 기대를 대체할 수 있다(또는 적어도 경쟁할 수 있다). 애착 과제가 끝나면 청소년들은 '아마도 부모님이 내 곁에 있어 주실 수 있을 거야.'라고 생각하게 된다. 대화는 애착의 새로운 매개체가 된다. 애착관계는 청소년이 도움, 지도, 보호, 이해, 자기성찰을 구하기 위해 찾아갈 수 있는 곳이 된다. 또한 대화는 청소년을 속박하지 않으면서 도와준다. 이것은 그들을 참여시키는 동시에 그들이 개별화될 수 있도록 한다.

마지막으로, 자율성 증진 과제인 과제 5에서는 치료사가 애착을 유지하면서도 자율성을 증진할 수 있는 새로운 대인관계 문제해결 능력을 가족이 연습할 수 있도록 돕는다. 이 단계에서 가족은 가정 내 협력이나 집 밖의 활동 참여와 관련된 문제를 해결하는 맥락에서 기술을 공고히 한다. 또한 가족들은 또래 문제, 학교생활의 어려움, 왕따와 같은 청소년들의 우울증에 기여하는 다른 문제들에 대해서도 논의한다. 대화는 인종, 성 정체성, 관계 또는 성적 지향의 문제를 다루면서 정체성 형성에 초점을 맞춘다. 과제 1~3은 애착 파열로 가족구성원이 일할 수 있도록 준비시키고, 과제 4는 실제로 이러한 파열을 작업한다. 한편, 과제 5는 가족이 청소년을 보호하고 자율성 계발을 지원하는 방식으로 어려운 일상적 도전에 대한 해결책을 존중하며 협상하는 것을 포함한다. 자율성을 증진시키는 일은 많은 면에서 이전 네 가지 과제의 정점이다(직접 해 봐야 아는 것).

앞서 요약된 과제는 핵심적인 가족관계에서 파열 문제를 해결하며, 새롭고 성공적인 가족관계를 구축하기 위한 이상적인 수행 모델을 제공한다. 가족마다 각자의 역사, 욕구, 성격, 역동이 있지만, 이 다섯 가지 치료 과제는 구체적인 방향, 여정에서 중요한 관심 지점, 우회하거나 간선도로로 돌아가는 시기에 대한 안내 그리고 종착지가 있는 로드맵을 제공한다. 이러한 방식으로 모델은 일반적이면서도 특이하며, 치료사는 협력적이고 지시적이다. 치료사들은 매우 구체적인 전략과 목표를 장려하지만, 가족의 문화에 민감성을 가지고 그것들을 적용한다.

2. 이 책의 목적

이 책은 독자에게 다섯 가지의 치료 과제를 생각하고 적용하는 과정을 안내한다. 그것은 이론, 임상 지침 및 예를 포함한다. 우리는 모델의 핵심 원리와 과정에 초점을 맞춘다. 특정 상황(예: 자살, 성적 학대, 부모 정신병리학)이 있는 가정에 대한 심층 적용은 향후 책과 워크숍에 게시될 것이다(자세한 내용은 http://www.ABFTtraining.com 및 https://www.facebook.com/Attachment. Based.Family.Therapy를 참조).

이 책은 훈련 중인 치료사들과 이미 최소한 석사 수준의 교육을 받은 사람들을 위한 것이다. 이 모델은 학생들이 가족치료에 대한 기본적인 지식을 가지고 있을 때 배우는 것이 가장 효과적이며, 이것은 가족치료에 대한 기본적인 소개가 아니다. 또한 이 책은 우울증 및/또는 기타 내면화된 어려움(예: 자살, 불안, 트라우마)이 있는 청소년에게 실질적으로 지지된 치료 모델을 외래환자, 입원 환자 또는 지역사회 환경에 확대 적용하고자 하는 행정 및 임상 책임자들의 관심을 끌 수도 있다. 핵심 원리기반 접근으로서 모델은 다양한 상황에 적용될 수 있다.

3. 애착기반 가족치료에 대한 일반적인 질문

이 모델을 배우는 치료사들은 종종 몇 가지 초기 문제를 가지고 있다. 다음은 가장 일반적인 질문과 답변을 기술한 것이다.

1) 애착기반 가족치료 모델의 구조가 치료사로서 나의 직관과 창의성을 제약하는가

ABFT 모델은 치료사의 창조적인 정신을 제약하거나 치료사가 관계나 동맹관계를 희생시키면서 기술에 과도하게 집중하도록 이끌지 않는다. ABFT는 레시피가 아니다. 비록 특정한 때에 사용되는 실습과 함께 일부 심리교육 및 인지-행동 요법이 겹치지만, ABFT는 커리큘럼보다 원리 중심적이다. 이 책에서는 치료의 일반적인 원리와 목표 그리고 다양한 개입 전략을 제시한다. 그런 다음 치료사는 이러한 개입의 시기, 속도 및 내용을 결정한다.

치료사가 무엇을 해야 하는지를 처방하는 대신 치료사의 의도성을 높이는 것을 목표로 한다. 이것은 일반적인 치료 전략이나 테마를 선택하는 거시적 수준과 세션의 순간순간 과정의 미시적 수준 둘 다에 해당된다. 미시적 과정 수준에서 이 모델은 치료사가 상담에서 일반적인 내용, 영향 및 과정을 평가하는 데 도움이 된다. 치료사는 명확한 틀과 목표를 가지고 자기 자신에게 끊임없이 물어볼 수 있다. "그 영향이 괜찮은가? 그 과정이 올바른가? 이 대화는 애착을 고치는 것을 용이하게 하는가, 아니면 가족들이 보통 집에서 하는 오래된 파괴적인 대화인가?"(Liddle, 2002). 로드맵을 가지고, 계획을 세우며, 특정한 치료 과정을 용이하게 하기 위해 일하는 것은 치료사에게 중요한 임상적 판단을 내릴 수 있는 기초를 제공한다. "나는 무엇에 초점을 두어야 하는가? 언제까지 이 과제에 집중해야 하나? 이 주제가 언제 완성되는지 어떻게 알 수 있으며, 다음에 중점적으로 다룰 내용을 지원하려면 어떻게 마침표를 찍어야 하는가?"라고 묻는다. 대부분의 치료사는 더 이상 거울 뒤에서 전화를 걸거나 일주일에 한 번씩 만날 지도자를 두지 않는다. 로드맵을 가지고 있는 것은 어떤 형태의 자기지도와 "음, 이것이 지금 당장 도움이 되는가?"라고 말할 수 있는 머릿속의 목소리를 제공한다.

임상 전략 수준에서 ABFT는 치료사들이 주어진 순간에 어떤 변화 전략을 쓰고 있는지 점검해 볼 수 있도록 돕는다. ABFT 접근법은 정신교육, 행동 관리, 갈등 해결, 인지 재구성, 감정 처리, 세대 간 탐색 및 경험 학습에 의존하는 통합 모델이다. 어떤 순간에 치료사는 그 혹은 그녀가 어떤 전략을 사용하는지, 그리고 그 이유를 알아야 한다. "나는 언제 가르치는가? 나는 언제 문제를 해결하려고 하는가? 나는 언제 귀인에 도전하는가? 나는 언제 감정 표현을 장려하는가?" 그리고 가장 어려운 것은 "나는 언제 경험적 변화를 시행할 것인가?"이다. 이 전략들 중 많은 것이 동시에 발생하며 서로의 실행과 성공을 강화한다. 종종 치료사는 하나의 변화 과정에 집중하지만 다른 과정으로 잠시 이동할 수 있다. 예를 들어, 부모가 10대와의 관계적 대화를 시행하는 것에 거부감을 갖게 되면, 치료사는 청소년 발달과 부모가 아이들에게 자원이 될 필요성을 가르치는 순간으로 돌아갈 수 있다. 부모가 그 전제를 기억하면(과제 3에서), 치료사는 경험적 실연 과제 4로 돌아갈 수 있다. ABFT 모델은 주어진 시간에 치료와 가장 관련이 있는 전략을 평가하는 데 도움이 되는 기틀을 제공한다.

　ABFT를 사용할 때 우리가 발견하는 한 가지 과제는, 특히 치료사들이 ABFT를 처음 배울 때 자신이 무엇을 하고 있는지에 대해 지나치게 생각하는 경향이 있다는 것이다. 치료사들은 모델을 틀로 사용하기보다는 모델을 '제대로' 실행하는 것에 사로잡히게 된다. 그러나 우리는 ABFT를 재즈를 배우는 것으로 비유한다. 당신은 기초적인 핵심 음계와 화음 진행(즉, 과제들)을 연습하고 또 연습한다. 당신이 무대에 오를 때(즉, 치료실에서) 기술과 기본기가 있지만, 다른 음악가들(즉, 가족)의 피드백에 따라 끊임없이 즉흥적으로 연주한다. ABFT는 우울증에 걸린 청소년을 위해 특별히 작곡된 노래다. 과제는 화음 진행이고, 감정과 애착 주제는 멜로디다. 연주할 때마다 해석은 다르지만 기본적인 구조는 같다.

　일반적으로 ABFT는 생각하는 치료사가 될 수 있도록 도와야 한다. 즉, 세션 내에서나 세션 사이에 개입의 방향, 성공 및 실패를 검토하고 내부 피드백

(치료 반응) 및 외부 피드백(가족 응답)을 사용하여 조정할 수 있어야 한다. 이러한 적응 능력은 치료를 구성하는 미세 공정을 촉진하는 데 필수적인 기술이 된다. 우리는 또한 이 모델이 용기 있는 치료사, 즉 더 빠르고 효과적으로 문제의 핵심에 도달할 수 있는 치료사가 되는 데 도움이 되기를 바란다.

2) ABFT 치료사는 권위주의적인가, 아니면 권위가 있는가

의도적이고 지시적인 치료사가 되는 것은 권위주의적인 것과 혼동될 수 있다. 가족 시스템 분야에서 권위주의 치료사 대 내담자 중심 치료사가 되는 것에 대해 많은 논쟁이 있어 왔다. 그러나 그 분야는 권위주의와 권위가 있는 것을 혼동하고 있다. 권위주의란 모든 것을 지배하며, 강요하고, 보유하며 모든 결정을 내리는 것을 의미한다. 아무도 권위주의가 좋은 치료 방법이라고 생각하지 않는다. 반면, 권위가 있다는 것은 지식이 풍부하고 방향과 지침을 제공하는 동시에 다른 사람들이 의견을 표현하고 기여할 수 있도록 만드는 것을 의미한다. ABFT 치료사는 권위가 있다. 그들은 필수 과정으로 그들을 안내하는 지도를 갖고 있으며, 심리과학을 바탕으로 어떤 것들을 이야기하거나 성취하는 것이 다른 것들보다 더 중요하다고 믿는다.

이러한 점에서 ABFT는 내담자 중심 치료법이 아니라 내담자 존중 치료법이다. 적어도 치료 초기까지는 가족들이 치료 방향을 결정하도록 놔두지 않는다. 내담자는 투입 정보를 가지고 있으며, 치료사가 치료를 어떻게 안내할 것인지를 형성할 내용과 지속적인 피드백(긍정적 또는 부정적, 언어적 또는 비언어적)을 제공한다. 그러나 ABFT에서 가족들은 해결책을 찾기 위해 스스로 돌아다니지 않는다. ABFT 치료사는 가족의 관심을 중요한 내용, 감정, 과정으로 인도하는 안내자다. 가족이 우회하거나 옆걸음질 칠 수 있고 일부 행선지를 놓칠 수도 있지만, 그럴 경우 우리는 가족이 길을 잃고 안내를 찾고 있는 것으로 가정한다. 치료사는 안내자와 멘토의 역할을 한다.

3) 각 과제를 완료하는 데 몇 개의 세션이 필요한가

과제는 세션과 동일하지 않다. '과제'는 원리, 전략 및 결과 조직의 집합이다. 과제는 한 세션에 완료되는 경우도 있고 세 세션에 완료되는 경우도 있다. 과제의 완료 여부가 회기 수를 결정한다. 각 과제는 특정한 목표와 결과가 있고 치료사는 가족이 그 목표를 달성했는지를 평가해야 한다. 평가하지 않으면 반복해서 작업하게 될 수도 있고, 어쩌면 다음 과제로 넘어갈 만큼 결과가 좋은데도 불구하고 머물게 될 수도 있다.

4) 모든 가족이 동일한 순서로 동일한 과제를 수행해야 하는가

과제는 서로를 기반으로 한다. 하나의 과제에서 수행되는 작업은 다음 과제의 기반이 된다. 따라서 우리는 가능할 때 따라야 할 이상적인 순서를 제안한다. 예를 들어, 모든 가족구성원이 관계 형성을 초기 목표(과제 1)로 세우는 것에 동의하기 전이거나, 새로운 대인관계 기술을 습득하기 전에 애착 과제(과제 4)를 수행하려고 하면 실패 가능성이 높아진다.

하지만 모델은 유연하다. 때때로 우리는 청소년을 따로 먼저 보기보다 부모를 먼저 본다. 한 가족을 예로 들면, 우리는 첫 번째 세션에서 부모만 따로 만났는데, 이때 아이의 문제에 대한 길고 굴욕적인 역사를 말해야 하는 부모의 절박한 필요를 인식했다. 다른 가족은 2주 동안 부모가 못 와서 청소년부터 시작했다. 또 다른 가정에서는 딸에게 즉각적인 주의가 요구되는 자율성 구축의 기회(예: 학교 등록)가 있어서, 우리는 일찌감치 과제 5를 다루었다. 다른 가족의 상황에서 우리는 아버지가 첫 세션에 참여하지 않으면 가족을 만나는 것을 거절했는데, 이는 과도하게 얽힌 모녀관계에서 아버지가 배제되는 것을 강화하고 싶지 않았기 때문이다. 우리는 관계적 재정의에서 모든 가족이 참여해야 한다고 확신했다. 하지만 참여를 위한 최선의 시도에도 불구하고 아버지가 여전히 참여하지 않았을 때, 우리는 어쨌든 어머니와 딸만 참여하게 하여 상담을 진행했다. 이상적인 전략을 엄격하게 고수하는 것보다 우선 시작하는 것이 더 중요했다.

우리는 다섯 가지 과제의 논리적 순서를 믿지만, 과제에 내재된 원리와 목표를 더 믿는다. 따라서 순서와 상관없이 과제의 원리는 여전히 치료를 구성한다. 책에서 분명히 알 수 있듯이 ABFT에는 규칙이 없다. 대신에 효과적인 치료를 구성하는 치료사의 능력을 향상시키는 원리, 목표 그리고 전략이 있다.

5) 우리는 부모에 맞서 청소년 편을 드는 것인가

일부 치료사는 ABFT에서 치료사가 청소년의 필요와 염려를 바탕으로 너무 많이 편드는 것을 걱정한다. 적어도 초기에는 그것이 어느 정도 맞다. 하워드 리들(Howard Liddle)의 가족치료에 대한 주요 공헌 중 하나는 치료사들이 청소년들을 치료에 참여시켜야 한다는 것에 대한 이해였다(Liddle & Diamond, 1991). 다층적 가족치료를 받은 가족들의 치료 과정 연구를 통해 부모와의 동맹이 상담 유지율을 증가시키고, 청소년과의 동맹이 결과를 결정한다는 것을 발견했다(Shelef, Diamond, Diamond, & Liddle, 2005). 따라서 미누친(Minuchin)의 초기 작업(예: 1974)과 달리, ABFT의 초기 작업은 부모가 책임을 갖게 하고 통제력을 되찾게 하는 것이 아니라, 청소년의 필요를 이해하고 고려하며 해결할 새로운 맥락을 만드는 것이다. 이것은 우울한 청소년들과의 작업과 파괴적인 행동을 하는 청소년들과의 작업 간 차이일 수도 있다(Minuchin, 1904). 우울한 청소년들은 내성적이고 절망적이다. 그들의 행동을 관리하는 것을 도우려고 하는 부모의 강한 행동은 오히려 청소년들을 어둠으로 더 깊게 밀어 넣고 가족으로부터 멀어지게 할 것이다. 반대로, 우리는 청소년이 목소리를 찾고 심지어 요구되었을 때에는 적극적으로 분노를 표현하기를 원한다. 따라서 ABFT 치료사들은 청소년의 분노, 위축, 무관심, 절망을 증폭시키는 주제를 신속하게 파악해서 그것들을 치료의 전면과 중심에 두려고 한다.

하지만 이러한 조치는 단순히 참여 그 이상이다. 일단 청소년이 치료사가 자기 편이라고 느끼고 치료에 뭔가 있다고 느끼면(Liddle, 1994), 그리고 그 혹은 그녀의 문제가 치료를 이끌기 시작하면 치료사는 진지하게 도전할 수 있는 영향력을 더 많이 갖게 된다. 우리는 청소년에게 직접적으로 말한다. "네가 만약 진지하게 받아들여지고 싶다면, 넌 정직하고 직설적이며 침착해야 해. 선생님은 부모님이 너의 이야기를 듣게 하겠지만, 넌 네 몫의 일을 해야 해." 그래서 청소년의 내용이 주도권을 쥐는 동안 치료사는 청소년과의 동맹을 이용해서 정서를 조절하고, 감정을 말로 표현하며, 가능한 한 정직하도록 청소년에게 도전한다.

6) 누구에게 ABFT가 적절하지 않는가

이 치료는 당신의 치료실에 오는 모든 청소년을 위해 고안된 것이 아니다. 우울증을 앓고 있는 대부분의 청소년에게 이 접근법은 높은 관련성을 가지고 있다. 그러나 어떤 사람들에게는 그렇지 않을 수도 있다. 치료사는 다음과 같은 평가와 결정을 내려야 한다. "관계 파열로 인해 정상적인 발달 지원이 방해받고 있는가? 그 가족에게 신뢰를 손상시키는 일이 있었는가? 부모들은 10대들을 소외시키는 방법으로 도움을 주려고 시도하는가? 청소년은 부모가 진지하게 받아들이기 힘들 정도로 미성숙하게 자신의 욕구를 표현하지는 않는가? 가족은 애착과 자율성의 건강한 균형을 협상하는 데 어려움을 겪고 있는가?" 그렇다면 ABFT는 이 가족들을 도울 수 있다. 우리는 부모가 보살피고 청소년이 부모와 가깝다고 느끼는 경우에도, 청소년이 주요 우울을 발달시키고 부정적인 과정이 수정되지 않는 가족을 드물게 보곤 한다. 비록 그들이 가깝다고 말할 때조차도, 우리는 종종 문제가 방치된 어두운 구석을 발견한다.

하지만 불안하거나 반대하거나 불법적인 물질을 사용하고, 성적으로 행동하거나 강박장애나 양극성장애를 가진 청소년들은 어떠한가? 초기에 가족치료(그리고 모든 심리치료)는 하나의 치료법이 모든 문제에 적합하다고 생각하는 실수를 범한다. 계층과 권한을 다시 확립하거나 이중 구속적 소통을 중단하면 어떤 문제든 해결될 것이라고 가정하는 것이다. 심리치료의 과학은 발전해 왔고, 현재 특정 장애에 경험적으로 지지되는 치료법들이 등장하고 있다. 불안과 같은 일부 장애의 경우 인지-행동 프로토콜이 특히 도움이 된다. 다른 장애의 경우, 약물치료가 필수적일 수 있다(예: 조울증). 통합치료는 점점 더 권장되고 있다. 우리는 치료사로서 책임감을 가져야 하며, 일에 대한 강점과 한계를 아는 박식한 전문가가 되어야 한다. ABFT는 만병통치약이 아니다. 반면, ABFT는 다른 종류의 문제로 어려움을 겪고 있는 가족과 청소년들에게 관련이 있을 수 있는 몇 가지 핵심 가족 과정을 제시해 준다. 임상가로서 독자들은 그들이 판단하는 적절함에 맞추어 이러한 원리를 적용할 자유가 있다. 과학자로서 저자들은 데이터에 제한되어 있다. 경험적 증거가 유용하다는 것을 드러낼 때까지 우리는 다른 어려움에 대해 이 치료가 효과가 있다고 옹호할 수 없는 실정이다.

4. 이 책의 개요

이 책은 여덟 개의 장으로 구성되어 있다.

제1장에서는 ABFT의 이론적·임상적 뿌리에 대해 논의한다. 우리는 ABFT를 청소년 우울증에 대한 경험적으로 지원되는 다른 치료법, 다른 애착 기반 심리치료 모델 그리고 가족치료 전통의 맥락 안에 둔다.

제2장에서는 모델에 대한 이론적 기틀을 제공한다. 우리는 청소년과 부모 사이의 애착, 청소년 발달, 감정 조절, 양육에 대한 연구를 검토한다. 이것은 통합적인 문서 리뷰가 아니다. 오히려 우리는 치료사들이 치료실에서 무엇

을 하고 무엇을 말하는지를 직접적으로 알려 주는 모델의 메커니즘에 대한 필수적인 근거를 제공한다.

제3~7장에서는 다섯 가지 치료 과제의 구조와 절차를 검토하며, 각 장에서는 서로 다른 과제를 다룬다. 작업은 치료의 필수적인 구성 요소를 나타낸다. 각 장에는 이상적인 치료사의 성과 지도(즉, 치료사의 개입 순서)를 제시하는 그림이 포함되어 있다. 각 업무에는 결과의 목표가 있다. 이는 치료사가 과제를 수행하는 동안 무엇에 집중해야 하는지, 무엇을 피해야 하는지, 그리고 과제가 끝날 때까지 무엇을 목표로 해야 하는지를 결정하는 데 도움이 된다. 이것은 치료를 위한 레시피가 아니라 이상적인 순서로 제시된 재료 목록이다. 하지만 오해해서는 안 된다. 치료사는 모델을 전달하는 데 매우 중요하며, 치료를 용이하게 하는 데 필요한 순간순간의 임상 결정을 내리기 위해 정서적·지적으로 함께해야 한다. 이 접근법은 강한 정서, 강렬한 대인 접촉, 트라우마 중심의 치료가 편한 치료사들에게 잘 적용될 것이다. 제3~7장에서는 치료 과정의 세부사항에 초점을 맞추고 있지만, 제8장에서는 접근법의 전반적인 게슈탈트를 전달하기 위해서 하나의 사례 연구를 제공한다.

우리는 각 과제에 내재된 변화의 메커니즘을 강하게 믿는다. 우리는 많은 메커니즘이 작동하고, 전반적인 결과가 유망하다는 증거를 가지고 있다. 작업의 깊고 감동적인 특성 또한 모델을 믿는 데 도움이 된다. 우리는 많은 가족이 엄청난 고통을 작업하고 대인관계의 깊은 상처를 해결하는 것을 보아 왔다. 이들은 많은 전문가가 포기했던 가족들이다. 아마도 이 책의 진짜 교훈은 의도성에 관한 것이다. 치료사들은 변화이론, 개입 기술 그리고 결과의 비전에 대한 모델이 필요하다. 이러한 도구들은 사고하는 치료사를 만들어 낸다. 사고하는 치료사는 지금-여기에서 경험적 변화 안에 있을 수 있지만 실시간으로 그들이 어디로 향하는지, 무엇이 작동하는지, 필요하다면 어떻게 방향을 바꾸는지를 평가할 수도 있다. 만약 이 책이 그러한 것들에 영감을 주었다면, 우리는 목표를 성취했다고 할 수 있다.

차례

제4장 과제 2: 청소년 동맹   **141**

제5장 과제 3: 부모 동맹   183

제6장 과제 4: 애착 회복 237

제8장　사례 연구　321

애착기반 가족치료의
역사적 뿌리와 실증적 증거

이 장에서 우리는 애착기반 가족치료(Attachment-Based Family Therapy: ABFT) 모델을 지지하는 증거와 역사적 배경을 설명한다. 우선 심리학 분야의 여러 전통적인 맥락에서 ABFT의 위치를 살펴볼 것이다. 가족치료의 역사적 측면을 볼 때 발달의 세 가지 흐름으로 구조적, 내러티브 그리고 가족심리학을 말할 수 있다. 각각의 흐름은 가족치료에 중요한 기여를 했지만 이론, 가치, 개입 전략에서 약간의 충돌도 있었다. 다음으로, 우리는 애착이론이 이런 몇몇 차이점을 해결하도록 돕는 통합적인 틀을 제공한다고 주장한다. 특히 애착이론은 가족관계의 교류 경험과 심리내적 발달 그리고 대인간의 경험을 설명하는 데 도움을 준다. 제2장에서 애착이론에 대해 더 논의할 것이지만, 여기서는 ABFT와 다른 치료 모델들이 어떻게 애착이론을 치료의 가이드로 사용하는지에 주목한다.

ABFT의 이론적 맥락을 논의한 후에는 우리의 임상적 민감성과 개입 전략들을 만들게 해 준 4개의 임상 모델, 즉 구조적 가족치료(Structural Family

Therapy: SFT, Minuchin, 1974; Minuchin & Fishman, 1981), 개인과 부부를 위한 정서중심치료(Emotion-Focused Therapy: EFT, Greenberg, Auszra, & Herrmann, 2007; Johnson, 2004), 맥락적 가족치료(Contextual family therapy; Boszormenyi-Nagy & Spark, 1973) 그리고 특히 다차원 가족치료(Multidimensional Family Therapy: MDFT, Liddle, 2002)에 그 공을 돌릴 것이다. 그리고 어떻게 과제 중심 심리치료 연구가 ABFT의 구조와 실행을 개념화하는 데 도움을 주었는지 설명한다. 마지막으로, ABFT의 실증적 증거에 대해 간단히 살펴보고 우울한 청소년을 위한 다른 경험적으로 증명된 치료법의 맥락에서 우리의 모델을 설명하고자 한다.

1. 가족치료의 역사적 맥락

1) 구조이론

1950년대 미누친(Salvador Minuchin), 헤일리(Jay Haley), 사티어(Virginia Satir) 그리고 다른 혁신적인 치료가들은 어린 시절의 정신 내적 충돌(오이디푸스 콤플렉스 같은)이 미래의 삶에 정신병리를 일으키는 원인이라는 정신분석 교리에 대해 의문을 갖기 시작했다. 같은 시기에 이 혁신가들은 치료실에서 가족구성원 간의 현재 관계가 아이들이 갖고 있는 어려움을 일으키거나 강화하는 것을 관찰했다. 그래서 그들은 문제를 유지하는 현재 상호작용 패턴에 임상적인 초점을 두기 시작했다. 예를 들어, 미누친(1974)은 부모들이 아이를 어떻게 훈육할지 서로 동의하지 않을 때 아이들이 더 행동화하는 것을 발견했다. 부모가 한 팀으로서 더 잘 하도록 돕는 것이 행동화하는 아이들을 더 협력적으로 만들 수 있다. 이 혁신가들은 또한 정신분석가들에 의해 촉진된 중립적이고 통찰 지향적인 개입이 가족 교류의 변화에 거의 아무것도 하지 않음을 발견했다. 이들은 치료사들이 더 지시적인 동시에 때로는 가족 기능을 바꾸기 위해 도전해야 한다는 것을 발견했다.

이 새로운 임상적 관찰들과 기법들을 이해하는 데 도움이 되기 위해서 가족상담자들은 인기 있는 심리학이론에서 등을 돌리고, 설명하는 모델로 체계이론에 눈을 돌렸다. 처음에 생물학 환경체계를 이해하기 위해 쓰인 일반체계이론(Bertalanffy, 2003)은 이론가들과 치료사들이 어떻게 각 요소(가족구성원)가 한 체계(가족) 내에서 전체적인 체계의 기능에 영향을 주어 교류하는지를 개념화하도록 도왔다. 체계의 역기능적인 조직(예: 뒤집힌 위계, 희미한 경계들, 약한 리더십)은 아이들의 행동적·정서적 문제를 강화했다. 이와 비슷하게 초기 기계론적 체계이론의 바탕인 사이버네틱스(Bateson, 1972; Wiener, 1973)는 피드백 고리가 시스템을 어떻게 조절하는지를 초창기 혁신가들이 이해하도록 도움을 주었다. 가장 유명한 예는 온도 조절 장치다. 집이 더워지면 에어컨이 켜지고 추워지면 난방이 켜지는 식으로 항상성이 유지된다. 이를 가족 기능에 적용하면, 부모가 싸울 때 아이는 증상을 호소하게 되어 부모의 싸움을 막고 서로 협력하도록 일조함으로써 분리의 위협을 줄일 수 있다. 사실 아이의 증상들은 종종 가족의 조절 기능 역할을 하는 것으로 보인다. 체계이론은 가족치료사가 아이의 행동을 바꾸기 위한 수단으로 현재의 가족구조, 상호작용과 의사소통에 초점을 맞추도록 도움으로써 주요한 이론적 돌파구를 제공했다.

비록 체계이론은 가족치료의 탄생에 필수적이었지만 한계점도 있다. 이 이론은 본질적으로 조직 모델로서 가족구성원을 기계의 톱니바퀴나 체계의 요소와 동일시했다. 이런 프레임은 어떻게 사람이 대인관계 행동의 동기 부여를 위해 사랑, 보호 그리고 충직이 필요한지 설명하지 못했다. 이런 이유로 초기의 많은 가족체계 접근법이 가족구성원의 정서적 욕구와 대인관계의 동기를 무시했다. 분명 많은 가족치료사가 정서와 동기를 탐구하지만, 체계이론은 치료에서 이 강력한 동기의 힘을 이해하고 움직이는 개념적 틀을 제공하지 않았다. 이와 대조적으로, ABFT 치료사는 변화의 동기(예: 당신은 아이를 사랑하고, 그게 이 치료를 열심히 하는 이유입니다)로서 그리고 치료에서 작업되어야 할 내용(예: 부모님은 내 곁에 있던 적이 없기 때문에 더는 믿을 수 없어)으로서 이런 욕구와 감정을 사용하고 강조했다.

체계이론은 또한 권위적인 치료사 스타일을 촉진했다. 이것은 가족을 조직이나 기계적 시스템으로 보는 것으로부터 기인한다. 왜냐하면 기계적 구조와 시스템을 변화시키기 위해서는 강한 리더가 요구되기 때문이다. 특히 시스템이 역기능적일 때는 더욱 그렇다. 미누친(1998)은 체계이론이 심지어 가족을 피해자나 죄수로 보는 은근한 무시를 포함하고 있다고 주장했다. 가족들이 피해자나 죄수이기 때문에 억압까지는 아니더라도 역기능적인 가족 역동으로부터 벗어나야 할 필요가 있다고 보는 것이다. ABFT는 강점 기반의 접근으로 가족관계를 치유력이 있는 것으로 여긴다. 치료사는 가족구성원의 본능적 욕구를 소생시키고자 하는 목표를 가지고 있다. 그 본능적 욕구는 아이들에게는 사랑받을 욕구, 부모에게는 보호하고 돌보고자 하는 욕구를 말한다. 치료사는 이러한 동기를 활용해서 보다 긍정적인 상호작용을 촉진한다. 그러므로 ABFT 치료사는 권위가 있지만(예: 치료사는 계획과 목표를 가지고 있다), 더 협조적이고 대화적인 접근을 통해 그 입지를 만들어 간다.

2) 내러티브이론

1980년대에 구성주의는 몇몇 사람이 2차 가족치료(Berger & Luckmann, 1966; Gergen, 1991)라고 부르는 것을 시작되게 했다. 비록 많은 구성주의자가 현실 세계는 사람의 의식 혹은 언어 밖에 존재한다고 했지만, 그들은 사람들이 어떻게 자신의 현실을 구성하는지에 더 관심이 있었다. 이러한 관점에서 본다면, 자기 자신과 타인에 대한 시각은 사람들의 경험과 그들의 사회문화적 맥락 그리고 그러한 경험을 이해하는 관점에 따라 결정된다고 말할 수 있다(Maturana & Varela, 1984). 이런 관점은 앤더슨(Anderson, 1997), 화이트
와 엡스톤(White & Epston, 1990)과 같은 내러티브치료사들로 하여금 어떻게
개인의 정체성과 관계 패턴들이 내담자가 자기 자신이나 타인에 대해 말하는
이야기 혹은 내러티브에 의해 반영되고 강화되는지에 집중하도록 만들었다.
이 내러티브들을 이해하는 것은 자신과 타인에 대한 사람들의 도식과 그것
이 어떻게 그들의 느낌과 행동을 결정하는지 밝혀 주었다. 치료적 변화는 이
내러티브들을 확장하고, 숨겨진 구체적인 내용들을 발견하고 더 풍성한(혹은
깊이 있는) 내러티브를 만들어서 내담자가 자신과 타인을 다르게 느낄 때 일
어난다. 이 점에서 내러티브 치료는 가족치료사들의 주의를 가족과 가족구
성원 사이의 교류에 맞추기보다, 변화의 메커니즘으로서 언어를 대상으로 하
는 개인의 정신적 과정으로 돌렸다. 왜냐하면 누군가의 자아에 대한 지식은
상대적이고 구성주의는 치료사 스스로를 전문가로 보지 않도록 하기 때문이
다. 대신에 치료사들은 가족구성원들이 자기 자신에 대해 더 반영적이고 호
기심을 갖도록 촉진하는 대화의 매니저로서 역할을 한다(Anderson, 1997).

　내러티브치료의 혁명은 가족치료가 개인에게 초점을 맞추게 하고 자기 이
해에 대한 가치를 존중하며, 1세대 가족치료사들의 특징인 권위적인 경향성
을 줄이도록 도왔다. 하지만 ABFT는 몇 가지 중요한 점에서 내러티브치료와
차이가 있다.

　첫째, 이 포스트모던이론은 특히 더 극적인 구성주의적 관점에서 치료사들
이 치료 개입을 하는 데 있어 심리과학을 활용하지 못하게 한다. 만약 지식이
주관적이기만 한다면 인간의 발달과 상호작용에 대한 일반적인 원리는 존재
하지 않을 것이다(Dallos, 2006). 따라서 가족 상호작용에 대한 과학적 발견과
지식의 축적에 대한 개념은 과소평가될 수 있다(Pinsof & Lebow, 2005). 한편,
ABFT는 특히 가족의 삶과 인간의 본능에 일반적인 원리가 있다고 가정한다.
개인과 문화의 다양성을 인정하면서 민감하게 적용한다면 이러한 원리들은
가족을 평가하고 치료하는 데 도움이 될 것이다.

둘째, 실제 다르게 적용될 수 있지만(Coulehan, Friedlander, & Heartherington, 1998), 이론상 내러티브치료는 주로 말하기, 다른 해석을 탐구하고 설명하기, 경험귀인과 같은 인지 변화 과정에 주의를 집중하고 있다. 많은 인지 기반 심리치료 모델처럼 정서처리와 그에 연관된 인지와 상호작용의 변화가 무시될 수 있다. 반대로, 정서중심치료(EFT; Greenberg, 2011; Johnson, 2004)와 비슷한 ABFT는 정서처리를 변화 기제의 핵심으로 보고 있다. 정서는 더 깊고 심오한 치료적 내용(예: 해결되지 않은 애착 욕구)의 입구 역할을 하고 관련된 행동 경향, 지속되는 심리적ㆍ대인관계적 변화를 촉진한다. 더 나아가 연구들은 주요 적응적인 정서의 각성이 긍정적인 치료 결과와 연결되어 있다고 주장한다. 이는 대표적으로 경험적 EFT(Greenberg, Auszra, & Herrmann, 2007)는 물론 행동치료(Foa, Hembree, & Rothbaum, 2007)에서도 확인된다.

셋째, 내러티브치료에서 탐색 과정은 주로 가족구성원들 사이가 아닌 한 가족구성원과 치료사 사이에서 일어나는 것으로 보인다(Minuchin, 1998; Minuchin, Nichols, & Lee, 2007). 이런 점에서 내러티브치료는 인지치료처럼 경험을 만드는 현재 대인관계의 변화보다 내담자가 경험을 어떻게 생각하는지의 변화에 초점을 맞춘다. ABFT는 커플을 위한 EFT(Johnson, 2004)처럼 내담자가 새로운 관계 경험에 대비할 수 있도록 부모와 청소년의 내적 작동 모델(즉, 이야기나 도식)을 탐색한다. 하지만 우리는 새롭고 긍정적인 관계 경험을 만들 수 있도록 실제 회기에서 가족 대인관계를 촉진한다. 이 경험적인 배움은 ABFT에서 주요한 변화 메커니즘이라고 알려져 있다. 우리는 이런 새로운 관계 경험이 자신과 타인의 내적 작동 모델을 개선하도록 돕는다고 생각한다(시험은 지속 중).

넷째, 내러티브치료에서 지식은 주관적이라고 보기 때문에 치료사는 치료 현장에서 지시적이지 않다. 내러티브치료사는 내담자가 발견 과정을 이끌도록 한다(예: 내담자 중심). ABFT가 자기 반영과 이해를 촉진하기는 하지만, 내담자 중심은 아니다. 대신에 심리학적 과학의 기반에 기대어 가장 핵심적이고 관련 있는 가족 과정(예: 애착 불화)을 찾으려 하며 그것을 최선으로 변화 시킬 수 있는 방법(예: 부모-청소년 대화)에 대해 고민한다. 이 관점에서 치료 사는 자신을 가족 발달과학과 심리치료 변화 과정에 직업적으로 잘 훈련받은 전문가로 여긴다. 하지만 전문가라는 것이 권위적임(authoritarian)을 의미하 지는 않는다. 변화 과정에는 치료사와 가족구성원 간의 협력이 필요하다. 그 래서 치료사는 치료 과정을 준비하고 치료의 초점(관계 손상 복구)을 정의하 지만 가족구성원이 그들의 특이한 도식과 정서를 논의하고 표현하며 이해하 도록 돕는다.

3) 가족심리학

지난 20년 동안 가족치료는 가족심리학의 등장으로 인해 세 번째 장으로 접어들었다. 비록 가족심리학은 단지 치료 이상의 더 광범위한 원칙을 말하 지만, 이 패러다임이 가족치료에 가져다준 가치를 간단히 강조하려 한다. 인 식론적인 관점에서부터 가족심리학은 전문적인 과제의 한 부분으로 과학적 방법을 포용한다(Pinsof & Lebow, 2005). 지식을 주관적·상대적으로 보기보 다는 개입 모델을 실험과 평가의 대상으로 여긴다. 치료가 효과적이라면, 어 떻게 그것이 효과적인지 검증될 수 있고 실험되어야 한다. 어떻게 실증적으 로 체계적인 개념들을 검증하느냐는 특별한 도전과제다. 하지만 그것은 가 족치료 과학의 과제다(Liddle, 1987). 만약 가족치료가 과학에 대해 계속 양가 감정을 가지고 있다면(Liddle, Bray, Levant, & Santisteban, 2002), 우리의 직업 과 실제는 현재의 건강 관리 환경에서 과소평가되고 평가절하될 것이다. 경 험적으로 지지된 치료법이 가장 관심을 얻고, 보급되며, 보상을 받는다. 가족 치료도 이 전통에 속해야 한다.

치료의 효능을 시험하는 것 외에 가족심리학은 가족 삶의 발달과 기초 정 신병리학의 지식을 추구한다. 아이와 가족 발달, 양육 연습, 정서처리와 인지

도식, 사회와 문화의 압력 등의 연구는 목표가 설정된다면 가족 개입의 효능을 높일 수 있는 중요한 위험 요소와 처리 과정을 찾는 데 도움을 줄 수 있다. 예를 들어, 표현된 정서(Expressed Emotion: EE, 아이의 부정적이고 치명적인 관점)의 연구는 표현된 정서가 우울증의 위험 요인이고, 개입으로 변화될 수 있음(감소 또는 재발 방지)을 증명했다(Asarnow, Tompson, Hamilton, & Goldstein, 1994; Hooley, Orley, & Teasdale, 1986). 이것은 가족과학이 어떻게 가족 개입을 향상시키고 영향을 줄 수 있는지를 보여 주는 예다.

가족심리학은 또 가족치료에서 동시에 일어나는 다층의 변화 과정을 쫓고 이해하는 뼈대를 제공했다(Liddle, 2010). 주어진 시간 동안 가족치료사는 여러 개인과 가족구성원 사이의 관계에서 일어나는 인지적·정서적·역사적·사회적·문화적 과정을 평가한다. 어떤 순간에도 가족치료사는 정신 교육을 제공하고, 귀인에 도전하며, 자기반영을 장려하고 정서처리를 촉진하고, 관계 교류 순서를 다듬고 의사소통 스타일을 살펴보며 경험적 변화를 가이드한다. 이러한 복합성은 가족과 같은 여러 명의 치료체계를 작업하는 데 내재된 속성이다. 이 복잡한 과정을 이해하는 것은 치료사가 무엇에, 언제, 얼마나 초점을 맞출 것인지를 결정하는 데 도움을 준다. 내부 정신과 대인관계 경험 사이의 상호관계에 초점을 맞추며, 가족심리학은 체계와 개인 사이의 딜레마에서 양쪽 모두의 접근을 취한다. 체계이론이 개인의 통찰을 간과하고, 구성주의치료가 가족의 위치를 잃는 것에서 가족심리학은 양쪽 모두와 사회·문화적 요소를 개입과 평가를 위한 중요한 영역으로 본다(Liddle, 1987; Pinsof & Hambright, 2002). 이러한 중요한 원칙들 때문에, 우리는 가족심리학이 단지 심리학자들과만 연계되거나 제한되지 않아야 한다고 지지한다. 가족심리학은 가족을 다루고 공부하는 누구나 사용할 수 있는 보편적인 과학적·임상적 틀이다. 우리는 개인과 가족 생활의 맥락에서 그들의 관계 심리학을 이해하며 개선하려고 한다.

ABFT는 가족심리학의 전통에 견고히 서 있다. 먼저, ABFT는 경험적 과학의 가치와 함께한다. 우리는 치료 목표와 과정을 알리기 위해 심리과학을 사용하고, 다양한 인구와 확실한 장애의 무작위적 임상 연구를 통해서 치료 효과를 증명하려고 한다. 다양한 인구를 대상으로 서로 다른 질병에 대한 무작위 임상 실험(Randomized Clinical Trials: RCT)을 통해 치료의 효과성을 검증하는 연구에 헌신하고 있다. 또한 치료의 과정을 연구하기 위해 과학적 방법을 사용한다. 시간이 지나면서 좋거나 안 좋은 결과로 이끄는 치료사의 개입 전략과 내담자 수행에 대해 연구한다. 효과적인 치료 과정을 밝히고, 시험하며, 운용하는 것은 치료사들이 더 자주 효과적으로 수행하도록 훈련시키는 우리의 능력을 증진한다. 하지만 ABFT는 절충적인 모델이 아니다. 기술적 혹은 이론적 절충주의는 치료사가 필요에 따라 최악의 경우 아무렇게나 쓰이는 기술과 전략의 도구상자가 있다고 가정한다(예: '오늘은 이완 기법을 해야 할 것 같은데'). 반대로, ABFT는 완전히 통합적이다. 우리의 전략과 목표를 활용하고 적용하는 것은 중요한 이론적 틀인 애착이론을 기반으로 하고 있다.

2. 통합하는 틀로서 애착이론

애착이론은 우리가 개인과 가족의 발달과 그들의 상호작용을 이해하도록 돕는다. 또한 치료적 변화 과정을 안내하고 개념화하도록 한다. 초기 가족치료 혁신가들처럼, 영국의 신경정신과 의사이자 정신분석학자인 볼비(Bowlby, 1969, 1988)는 정신분석이론이 아동의 내적 환상에 너무 많은 초점을 두고, 아동과 부모 사이에 실제로 일어나는 일에는 관심이 부족하다고 생각했다. 볼비는 정신분석 교리의 핵심을 거부하여 동시대인들에게 외면받았지만, 그의 생각은 발달심리학 분야에서 기반을 잡았다. 메리 에인즈워스(Mary Ainsworth)와의 협업으로, 둘은 건강 발달의 기초로서 아동 초기 애착의 중요성을 밝히는 계획적인 연구의 전통을 만들었다. 비록 정신분석가들도 아동의 초기 경험이 정신적 발달을 결정한다고 믿었지만, 볼비와 에인즈 워스는 발달 과정이 정신 내적 욕구에 추동되는 것이 아니라 아동기의 실제 관계의 영향과 충격에 의한 것이라고 생각했다. 모순적으로 가족치료사들은 처음에 볼비의 생각을 거부했다. 그들은 아동 초기가 아닌 현재의 관계 경험 이 행동을 결정한다고 믿었다.

애착이론은 1980년대에 메리 메인(Mary Main)이 성인 애착연구를 발전 시키면서 정신분석과 가족체계 커뮤니티에도 관심을 더 불러왔다(Main & Goldwyn, 1998). 이 검사도구는 심리학자들이 성인의 아동기 애착관계의 지 각과 어떻게 이 이야기들이 부모 자신의 애착 유형과 마음의 상태(예: 안전한 혹은 믿을 수 없는 관계에 대한 부모의 기대)를 반영해 주는지 검사할 수 있게 했 다. 그리고 어떻게 애착 마음의 상태가 현재의 심리적 스트레스와 결혼 기능, 양육에 영향을 미치는지 검사할 수 있도록 했다(Hesse, 1999). 갑작스럽게 애 착은 더 이상 단순한 아동기 현상으로 이해되지 않았다. 오히려 마음의 애착 상태는 삶 전반을 통한 정신내적ㆍ대인관계적ㆍ세대적 과정(예: 양육) 등과 연관이 있었다. 인기와 경험적 지지가 증가하면서 정신역동 이론가들은 치 료사와 내담자 관계의 영향, 어떻게 안전한 치료적 관계가 내적 작동 모델을 개선할 수 있는지(Fosha, 2000; Holmes, 2001, 2010; Wallin, 2007), 심지어 불안 정 양육에 의한 신경학적 패턴의 영향까지 설명하고 촉진하는 데 애착 모델 을 사용하기 시작했다(Fonagy, Gyorgy, Jurist, & Target, 2005; Siegel, 2012). 그 들은 치료적 과정이 내담자를 재양육하는 것이라고 생각했다.

소수의 가족치료사도 애착이론으로 돌아왔다. 빙-홀(Byng-Hall, 1995, 1998)은 가족의 중요성을 안정적인 기반으로 이해했고, 가족이 손상되었을 때 그것을 치유할 수 있는 수단으로 이해했다. 그는 대인관계와 애착 손상 에 대한 더 일관된 이해를 가지는 것이 보다 안정된 애착상태를 회복시켜 줄 것이라 믿었다. 달로스(Dallos, 2006)는 애착이론과 내러티브치료, 체계치료 의 이론적 통합에 관한 최고의 책 중 하나를 썼다. 그도 우리와 같이 애착 손

상에 특별히 초점을 맞춘 내러티브의 생성 과정을 믿었다. 그의 책『애착 내
러티브치료: 체계의 통합, 내러티브 그리고 애착치료(Attachment Narrative
Therapy: Integrating Systemic, Narrative, and Attachment Therapies)』는 이 세 전
통의 접점에 관심이 있는 누구에게나 필독서다. 휴스(D. A Hughes, 2007)는
애착 중심 가족 개입의 주요한 이론적 · 임상적 모델링을 구축했다. 그의 모
델은 ABFT의 많은 개념적인 목표를 공유한다(예: 가족의 더 일관성 있는 트라
우마 이야기 만들기). 휴스는 치료사의 공감적인 입장을 특별히 강조한다. 그
것은 회피되거나 혼란스러운 내담자의 감정적인 기억을 인정하는 것이다.
안정 서클(Circle of Security; Zanetti, Powell, Cooper, & Hoffman, 2011)은 부
모 심리교육 프로그램으로, 어린아이의 안정 애착을 촉진하기 위한 양육 기
술을 가르치는 부모와 아동을 위한 초기 개입 모델이다. 모레티와 오브수스
(Moretti & Obsuth, 2009)는 집단 양식을 사용하여, 판결받은 청소년들의 부모
와 비슷한 양육 기술을 목표로 했다. 존슨(Johnson, 2004)은 치료적 과정을
이해하는 방식으로 애착 개념을 촉진하는 데 가장 힘썼다. EFT(Greenberg,
2002)의 강력한 개념적 기반과 복잡하게 정리된 치료 전략을 바탕으로, 존슨
은 커플치료와 심리치료에서 애착 욕구의 핵심을 강조하는 것을 도왔다. 이
러한 정신분석, 가족치료 그리고 심리교육의 혁신가들은 ABFT의 개념들의
형성하는 데 영감을 주었다.

ABFT는 치료적 대화와 목표를 조직하는 것에 애착이론을 사용하는 새로
운 전통 안에 있다. 우리는 청소년이 애착 경험에 대한 그들의 기억, 감정, 생
각을 연결하고 탐험하도록 도와준다. 그 경험에 대한 알아차림과 이해가 깊
어지고 더 구분되며 일관성이 생길수록, 청소년은 부모에게서 충족되지 않은
애착 욕구를 직접 표현할 준비가 된다. 부모가 청소년의 애착 욕구를 반영하
고 이해하며 강조하는 역량을 증진하기 위해 우리는 부모의 애착 상처 역사
를 탐색한다. 이는 포나기(Fonagy)와 동료들(2005)이 반영적 기능이라고 부
르는 것이다.

그리고 나서 청소년과 부모를 함께하게 하고, 관계에서 억제된 혹은 무너진 신뢰와 안전의 애착 손상에 대해 토의한다. 청소년이 과거의 사건들을 그들의 감정과 애착 욕구에 연결시키고, 부모가 더 공감적인 태도로 귀를 기울이면서 부모에 대한 청소년의 내적 작동 모델은 수정된다. 청소년이 분명하고 더 감정적으로 조절된 방식으로 이야기하면서, 청소년에 대한 부모의 내적 작동 모델이 수정된다. 이 긍정적이고 경험적인 애착관계 교정의 순간은 부모의 효과적인 양육과 능력 그리고 민감성에 대한 청소년의 신뢰를 강화한다. 치유의 안전한 피난처에서, 청소년은 고난의 순간에 부모에게 더 다가가게 될 것이다. 이것은 청소년이 발달적으로 자율성을 추구하는 경향성을 지지하는 안정적인 기반을 제공한다. 그러므로 ABFT에서 내적 작동 모델을 이해하는 것은 대인관계의 변화를 위한 것이다. 대인관계의 변화는 내적 작동 모델을 수정하기 위한 것이다.

애착기반 심리치료 모델은 많은 개념적 · 전략적인 목표를 공유한다(Kobak, Grassetti, Close, & Krauthamer Ewing, 2013). 이들 모두 자기와 타인에 관한 내적 작동 모델 사이의 발달적 상호작용 그리고 부모와 아이 사이의 관계에 대한 경험의 가치를 인정한다. 이런 관점에서 실증적으로 틀리며 임상적으로 도움이 되지 않는, 개인 내 vs. 대인 간 발달과 기능 간의 이분법은 버려졌다. 이 모델들은 모두 내적 작동 모델이 수정의 대상이 된다는 가정에 기초한다. 개인치료에서 치료사는 수정된 애착 경험을 제공한다. 가족기반 모델에서 치료사는 과도기적인 대상으로서 역할을 하고 청소년과 부모 모두에게 안전, 공감, 희망과 지침을 제공한다. 애착(청소년)과 양육(부모)의 필요와 욕구가 살아나면서 치료사는 회복 과정의 책임을 가족구성원에게로 돌린다.

좀 더 엄격한 연구는 이렇게 제안된 애착기반 치료의 치료적인 메커니즘이 실제로 실행할 수 있고 효과적인지에 대해 탐색하도록 요구한다. 그것이 아니라면, 애착이론은 치료사들이 구체적이지 않은 치료 요인의 치료적 영향력을 이해하도록 돕는 새로운 시적 언어인가? 더 일관성 있는 애착 이야기를 만드는 것이 심리적 기능을 개선하는가? 가족구성원 사이의 애착 이야기를 탐색하고 이야기하는 것이 일관성을 개선하고, 부모에 대한 청소년의 기대(예: "부모님이 내 옆에 있어 줄 거예요." 또는 "부모님은 내 옆에 없을 거예요.")를 변화하게 이끄는가? 관련된 환경이 안전하거나 지지적이지 않다면 청소년이 애착 트라우마를 작업할 수 있는가? 내적 작동 모델의 변화나 가족관계 개선에 정서적 처리는 얼마나 필수적인가? 더욱 애착 촉진적인 양육 기술을 발달시키는 데 부모의 애착 스타일이 얼마나 제약을 주는가? 치료사가 수정된 애착 경험을 제공하는 것과 부모가 제공하는 것의 상대적 가치는 무엇인가? 심지어 아동이 성인이 되었어도 아동의 애착 상태를 치유하는 데 부모가 역할을 할 수 있는가? 다행히도 우리 연구팀은 이런 질문에 답할 몇몇 연구에 참여했다. 우리는 애착기반 가족치료는 물론 다른 애착기반 치료의 이해를 돕는 것에 공헌하기를 바란다.

3. 애착기반 가족치료의 임상적 뿌리

우리는 몇몇 임상적 전통에 빚지고 있음을 말하고 싶다. 우리는 거인의 어깨 위에 서 있다. 우리의 모델을 만든 4개의 치료 모델은 구조적 가족치료 (SFT; Minuchin, 1974), 정서중심치료(EFT; Greenberg, 2002, Jonhson, 2004), 맥락적 가족치료(Boszormenyi-Nagy & Spark, 1973) 그리고 무엇보다 다차원 가족치료(MDFT; Liddle, 1995)다.

ABFT는 바로 구조적 가족치료에서 나왔다. 구조적 가족치료처럼 ABFT는 효과적인 양육이 건강한 아동 발달에 핵심이라는 신념으로 만들어졌다. 행동화하는 어린 남아들과 일하면서, 미누친(1974)은 주로 경계와 위계에 초점을 맞췄다. 우울한 청소년들과 작업하며 우리는 효과적인 양육에 대한 우리의 시각을 확장해야 했다(제3장 참조). 하지만 ABFT에 대한 SFT의 가장 중요한 공헌은 그것이 경험적인 변화 모델이라는 것이다. 게슈탈트치료와 마찬가지로, 미누친(1974)은 치료사가 단지 변화에 대해 이야기하지 말고, 가족들이 치료 회기에서 서로 관계하고 행동하는 새로운 방법을 경험하도록 도울 것을 격려했다. 미누친과 피시먼(Fishman, 1981)은 단지 기술을 가르치거나(예: 심리교육), 통찰을 촉진하는 것보다 새로운 행동을 '실연(enactment)'하는 것이 더 깊은 배움의 경험이라고 제안했다. 하지만 미누친은 행동 변화 상황을 실연하는 것(예: 부모에 책임 주기, 부모 개입 막기)에 더 초점을 두었다. 반대로, ABFT는 핵심 애착 주제와 욕구에 대한 친밀하고 정서 가득한 진실된 대화의 순간을 실연한다. 경험적 배움은 정서 조절, 직접적인 의사소통, 부모와 아동 사이의 믿을 만한 관계에 대한 기대 만들기에 초점을 둔다. 구조적 가족치료는 아직도 우리의 개입이론과 기술에 초석으로 남아 있다.

정서중심치료(Greenberg, 2011)도 일반적인 심리치료 분야에 그랬듯이, ABFT에 큰 영향을 끼쳤다. 정서중심치료는 종사자들이 감정의 중요성과 감정의 활용을 이해하도록 도왔다. 감정은 핵심적인 심리적 · 대인관계적 과정이며, 치료에서 변화의 주체다. 현대의 정서 연구에 따르면, 정서중심치료사는 정서 표현을 감정 정화라기보다 의사소통 기능을 갖는 것으로 여긴다(Greenberg & Safran, 1987). 감정은 더 깊이 있는 임상적 주제와 더욱 진실된 대화로 가는 출입구로서의 역할을 한다. 정서중심치료는 가족치료 분야에 감정의 토론을 도입하도록 한, 커플치료(Greenberg & Johnson, 1988; Johnson, 2004)에 적용되었다. 주요 적응 정서를 확인하고, 정서적 요구의 표현을 조절하며, 의사소통 촉진을 위해 더 부드럽고 취약한 정서를 사용하는 정서중심치료의 목표는 치료사가 변화 과정을 어떻게 생각하는가에 대한 작은 혁신이었다. 존슨(2004)도 애착을 커플치료의 주요한 조직적 주제로 만들었으며, 치료사가 애착 안정의 표현과 회복을 관계적 친밀감의 핵심으로 보도록 도왔다. 이는 성공적인 대화와 문제 해결의 기반을 마련해 준다.

ABFT는 정서중심 가족치료의 전략을 사용한다. 하지만 존슨의 커플 작업과는 어떤 깊이에서 조금 다르다. 커플은 파트너에게 사랑, 안전, 서로의 보호를 제공하는 동등하거나 상호적인 책임을 가진다. 청소년에게 ABFT는 우리가 기존의 부모-자녀의 애착 구성을 재조직하는 것을 목표로 한다. 부모는 아동의 애착 욕구를 위한 자연스러운, 내재된 도덕적 책임이 있으며 그 반대는 성립하지 않는다. 청소년은 분명 그들의 부모를 존중해야 하지만, 자연스러운(본능적인) 힘의 차이와 자녀를 돌보아야 하는 부모의 내재된 책임은 지지되고 이용되어야 한다. 우리는 부모가 애착과 자율성의 부모-청소년 협상을 촉진하는 더 권위 있는(authoritative) 양육 자세를 개발하도록 도와주어야 한다.

우리에게는 또 맥락적 가족치료의 혈통이 있다(Boszormenyi-Nagy & Spark, 1973). 이 과소평가된 치료 모델은 관계에서의 정의로움, 공정함 그리고 신뢰를 대인관계의 핵심적인 구조로 본다. 맥락적인 치료사들은 공정하고 중립적이기보다, 사랑하는 부모-자녀 관계를 촉진하거나 좌절시키는 동기와 어려움을 설명해 주는 각 가족구성원의 기질적ㆍ역사적ㆍ환경적 경험을 이해하고 인정하도록 다초점의 편애(multidirected partiality)를 사용한다. 맥락적 가족치료는 어머니의 부재 속에서 성장했고, 부모가 될 준비가 되지 않았다고 느끼는 어머니와 아버지를 떠났기 때문에 어머니를 용서할 수 없는 청소년 그리고 첫아이를 잃고 두려움과 불안으로 둘째 아이를 양육한 부부를 대상으로 한다. 사람들에게는 타인에게 화를 내거나 믿지 않을 권리가 있지만, 그들의 행동을 이끄는 경험에 대한 이해를 얻는 것은 사랑, 존경 그리고 책임의 복잡한 과정에 대한 새로운 관점과 공감을 불러일으킨다. 용서와 면죄는 애착 손상을 회복하려 할 때 중요한 대화 주제가 된다(Boszormenyi-Nagy & Spark, 1973; McCullough, Pargament, & Thoresen, 2000). 가족구성원이 억울함, 분노, 화를 흘려보내고 복수나 보상을 추구하는 것을 멈출 수 있는가? 이런 관점에서 ABFT는 가족 생활의 실존적인 조건에 관한 깊은 대화의 장을 마련해 줄 수 있다. 우리가 계속 함께 잘 지낼 수 있는가? 우리가 서로에게 다시 기회를 줄 수 있는가? 깊은 상처와 실망 속에 파묻혀 있는데도 애착과 부양의 본능이 아직 살아날 수 있는가? 사랑, 신뢰, 용서의 기본적인 질문에 집중하는 것은 가족구성원이 가족 생활의 비극적 환경에서 비난과 방어 대신에 감사하게 하는 보다 더 깊은 나와 당신(I-Thou)의 대화(Buber, 1937)로 들어가도록 한다. 그것은 사랑과 연대감으로 채워졌어야 하지만 분노와 불신으로 지배된 삶에 대한 것이다. 가족구성원이 서로를 적으로 보기보다 서로를 강점과 약점, 좋은 동기와 약간의 나쁜 선택들을 가진 사람으로 보게 된다. 맥락적 가족치료는 ABFT 치료사가 실존하는 가족 생활의 주제와 치유적인 대화에 초점을 맞추도록 한다.

마지막으로, 우리는 하워드 리들(Howard Liddle)에 의해 개발된 다차원 가족치료에 엄청난 빚을 지고 있다(Liddle, 1999; Liddle et al., 2001). 다차원 가족치료는 구조적 가족치료에서 나왔지만 많은 혁신을 가져다주었다.

첫째, 다차원 가족치료는 그 변화 과정과 평가를 개념화하기 위해 심리과학으로 눈을 돌린 첫 번째 가족치료다. 아동과 청소년 발달, 양육, 인지, 정서, 사회적 배움과 애착이론에서 나온 연구와 이론은 모두 다차원 가족치료에서 치료사가 어떻게 치유의 순간순간을 결정해야 하는지 알려 주었다.

둘째, 다차원 가족치료는 애착을 유지하면서 자율성에 대한 청소년의 발달 욕구를 인정하는 것을 치료에 포함했다. 청소년은 치료에서 통제받는 아이가 아닌 목소리를 내야 할 성장하는 어른으로 표현된다. 결과적으로, 치료사는 치료의 첫 번째 목적으로서 치료 과정에 청소년을 적극적으로 참여시킨다(Liddle, 1995; Liddle & Diamond, 1991). 청소년이 그들에게 의미 있는 문제를 발견하도록 돕고, 부모가 이 걱정을 심각하게 여기도록 돕는 것은 다중가족치료의 특징이며 ABFT의 기본적인 원칙이다(G. S. Diamond & Liddle, 1999; Liddle, 1994). 또한 ABFT는 다차원 가족치료에서 정서를 강조하는 것의 일부를 활용한다. 다차원 가족치료는 정서중심치료(Greenberg, 2011)처럼 파괴적인 행동을 이끄는 근원적인 정서를 발견하는 것을 목표로 하며, 그것을 치료의 내용이며 중심이 되도록 돕는다(Liddle, 1994, 2002).

셋째, 다차원 가족치료처럼 ABFT는 과제기반 접근법이다. 다차원 가족치료는 네 가지 주요 기능을 생각하도록 제안한다. 그 네 가지 주요 기능은 청소년 개인의 기능, 부모 개인의 기능, 부모-청소년 상호작용 그리고 가족 밖의 기능을 말한다. 개인 영역의 작업은 상호작용 영역의 작업을 위한 준비로 여겨지며, 그러므로 가족 밖 영역의 작업을 위한 바탕이 된다. 이 임상적 민감성은 직접적으로 ABFT 모델의 구조를 알려 준다. 하지만 다차원 가족치료는 좀 더 폭넓고 야심찬 개념적이고 임상적인 목표를 가지고 있는 반면, ABFT는 더욱 집중적이고 구체적인 목표를 가지고 있다. 그 목표는 바로 안정 애착의 회복을 말한다. 우리는 다차원 가족치료에 강한 충성심을 가지고 있으며 리들 박사에게 큰 빚을 졌다. 우리는 당신이 이 책을 통해 그의 목소리를 듣길 바라며 영감을 주는 그의 책들을 읽게 되기를 바란다.

4. 애착기반 가족치료 모델의 발달

아마도 ABFT의 가장 큰 기여는 심오하며, 관계적이고, 트라우마 중심적이며, 정서적인 변화 과정을 꽤 잘 정리했고, 이것을 임상적 단계와 절차로 정리했다는 것이다. 이것을 성취하기 위해 우리는 ABFT의 실제를 5개의 치료 과제로 정리하였다. 5개의 과제는, ① 관계적 재정의, ② 청소년 동맹 과제, ③ 부모 동맹 과제, ④ 애착 회복 과제, ⑤ 자율성 증진 과제로 구성된다. 각 치료 과제는 정의된 문제를 해결하거나 작업하기 위해 필요한 치료사의 개입과 내담자의 진행 절차(혹은 수행 성과) 모음으로 정의될 수 있다(Rice & Greenberg, 1984). 구체적인 개입과 달리 과제들은 구분되지만 서로 관련 있는 치료 개입의 진행을 안내하는 중요한 구조를 제공한다. 그러한 치료 개입은 단기적·장기적 목표를 향해 이끌어 준다.

치료 과제의 개념은 라이스와 그린버그(Rice & Greenberg, 1984)가 개발한 심리치료 과정 연구에서 진화되었다. 이 연구자들은 치료에서 가장 의미 있는 순간을 연구하는 것에 관심이 있었다. 그들은 이 변화의 순간이 구분되고 분석되며 조작 가능해지면, 더 자주 그리고 더 능숙하게 배우고 실행될 수 있다고 예측했다. 예를 들어, 게슈탈트치료사로서 그린버그는 빈 의자 기법에 초점을 맞추었다. 이 기법은 내담자를 의자에 앉히고, 주로 부모나 배우자 같은 갈등이 있는 사람이 반대편 빈 의자에 앉아 있다고 상상하는 것을 포함한다. 빈 의자 기법에서 내담자는 양쪽의 역할을 하며 왔다 갔다 한다. 그러고 나서 내담자는 오랫동안 풀리지 않은 갈등의 대상과 상상 속 대화를 실연한다. 그린버그는 이 회기들을 녹화하고, 무엇이 성공적인 치료 절차를 이끌고 무엇이 실패로 이끄는지 이해하기 위해 면밀히 연구했다. 성공적인 장면 대 그렇지 않은 장면에서 치료사와 내담자가 한 일 모두를 포함했다. 녹화된 회기들은 연구자의 임상적 느낌과 관찰자의 점수가 얼마나 객관적으로 비슷하고 확장되는지 보기 위해 표준화된 점수로 코딩되었다. 시간이 흐르면서 성공적인 과제의 이상적인 순서를 반영한 패턴이 드러났다. 이 이상적인 수행의 지도는 수련과 슈퍼비전을 통해 공유되고 반복되며 가르칠 수 있었다.

　　가이 다이아몬드(Gay S. Diamond)는 하워드 리들의 지도 아래 그의 졸업 논문에서 이 과정 변화 방법론을 이용했다(G. Diamond & Liddle, 1996; G. S. Diamond & Liddle, 1999). 그 연구는 치료에서 에피소드 전환('shift' episodes)이 있음을 확인했다. 청소년과 부모는 행동적 갈등(예: 숙제, 친구, 집안일)이 일어나는 순간에 너무 적대적이 되었다. 그때 치료사는 문제 해결 시도를 멈추고 그런 갈등에 불을 지핀 핵심적인 관계 주제(예: 유기, 깨어진 신뢰)로 대화의 초점을 옮겼다. 이 변화에서 치료사는 "잠깐만요. 집안일 같은 간단한 주제에 왜 이렇게 많은 증오가 표현되는 걸까요?" 같은 말을 했다. 그러고는 청소년에게 물었다. "사실은 무엇 때문에 그렇게 화가 났니? 분노 아래에 뭐가 있을까?" 이 변화는 종종 청소년이 주요 애착 손상 혹은 관련된 부당함을 깊게 느낀 경험을 확인하는, 치료에서 깊고 중심이 되는 순간이 된다.

이런 변화의 순간을 조작하고 연구하는 것은 신뢰, 안전과 관계의 배신 문제에 초점을 맞추도록 한다. 그리고 나서 우리(이 책의 저자 세 명)는 이 전략을 필라델피아 아동센터(Philadelphia Child Guidance Center) 청소년 우울증 입원 환자 집단에 적용하기 시작했다. 우리는 어떻게 이 변화의 순간을 더 자주 빠르게 만들 수 있을지 질문하기 시작했다. 그저 운을 기다리는 대신에 어떻게 하면 증상 감소에 초점을 둔 치료에서 사랑, 안전, 신뢰의 관계 문제에 초점을 둔 치료로 빠르게 이동할 수 있는가? 우리는 애착 손상과 치유에 도달하기 위해 극복해야 하는 개인적 · 대인관계적 방어막을 더 인식하게 되면서 갈수록 치료를 구조화할 수 있음을 발견했다. 우리는 일반적이고 예상되는 문제에 대처하기 위한 개입 기법을 개발하기 시작했다. '실연의 준비'라는 리들(1994)의 아이디어를 기반으로, 우리는 변화를 하나의 구분된 사건으로 보기보다는 사실 체계적이며 연관된 사건의 일련으로 정의한다. 그러한 사건들은 체계적으로 서로 의존적이며, 궁극적으로 사랑, 신뢰, 재연결에 대한 삶을 변화시킬 정도의 깊이 있는 대화의 기반으로서 역할을 하게 된다(G. S. Diamond & Diamond, 2002).

이 과정을 통해 ABFT의 임상적 발판이 되는 5개의 구체적인 치료 과제를 개발하고 운영할 수 있었다. 이 과제들은 치료의 전반적인 방향뿐만 아니라 회기 내의 과정을 안내하는 이상적인 로드맵을 제공한다. 이 지도는 치료사에게 무엇에 초점을 맞추고, 어떻게 목적지로 갈 것인지, 잠재적인 방어와 위험 그리고 원하는 종결 시점에 대해 알려 준다. 이 과제들은 회기 내외에서 의도와 방향성을 주며, 치료사가 중요한, 실증적으로 지지된, 우울과 관련한 핵심적인 개인과 가족의 과정에 빠르게 초점을 맞추도록 한다. 앞으로 있을 임상적인 장들(제3~7장)은 치료사와 가족이 각각 과제를 이동하는 동안 이상적인 과제 수행을 보여 준다. 이 장들은 모든 질문에 답을 주거나 각각의 사례에 완벽하게 맞아 떨어지지 않을 수도 있다. 하지만 기본 원리와 단계, 섹

선 내의 목표와 종결 후의 목표를 제공할 것이다. 우리는 이 원칙들을 가이드로 삼고, 각 가족의 특별함을 바탕으로 수정해 갈 것이다.

5. 애착기반 가족치료를 지지하는 데이터

　지금까지 우리는 ABFT의 효과성을 지지하는 강력한 자료들을 가져 왔다. 몇몇 치료 연구는 이 접근법을 개선하고 입증하는 것을 도왔다. 첫 열 가지 사례의 시도는 ABFT가 청소년기 우울과 자살 사고를 12주 동안 현저하게 줄였음을 증명했다(G. S. Diamond, Siqueland, & Diamond, 2003). 두 번째 연구에서 32명의 청소년이 무작위로 ABFT 혹은 6주 대기자 통제집단 명단에 배정되었다(G. S. Diamond, Reis, Diamond, Siqueland, & Isaacs, 2002). 대기자 명단의 47%와 비교하여 ABFT 조건 집단에서 81%의 청소년이 치료 후에 주요 우울 진단 조건에 더 이상 맞지 않은 것을 발견했다. 게다가 19%의 통제집단과 비교하여 ABFT 치료집단에서 62%의 연구 참가자가 유의미한 우울 감소를 보였다.

　세 번째 연구는 청소년 66명의 자살 사고와 우울 증상을 위해 무작위로 12주의 ABFT 혹은 강화된 일반적 돌봄(Enhanced Usual Care: EUC, 매주 모니터링) 처치에 배정해 연구했다(G. S. Diamond et al., 2010). ABFT의 청소년들은 치료 후에 큰 비율로 자살 사고에 대한 변화를 자기보고했으며, 전반적으로 강한 효과 크기(.97)로 6개월 뒤에도 효과가 유지되었다. 치료 효과는 임상가의 평가와 유사했다. ABFT에서 현저하게 많은 청소년이 치료 후의 추적에서 큰 효과 크기(OR 4.41)로 자살 사고의 임상적 개선을 나타냈다. 우울 증상 감소에서도 비슷한 패턴을 보여 주었다. 자료는 또한 ABFT가 심각한 우울, 성적 학대 전력이 있거나 우울한 부모를 가진 청소년들을 포함하여 문제가 가장 심각한 집단에 효과적임을 보여 줬다. 이런 청소년들에 대한 ABFT의 효능은 이 그룹이 인지행동치료나 명상에 잘 반응하지 않았기 때문에 특히 더 주목할 만하다(Asarnow et al., 2009; Barbe, Bridge, Birmaher, Kolko, & Brent, 2004; Curry et al., 2006). 마지막으로, 우리는 치료의 지속성을 살펴보았고, 복합적인 문제를 호소한 저소득층 청소년들이 평균적으로 12회기의 치료에 참여했음을 발견했다. 이는 강화된 일반적 돌봄치료가 평균적으로 3회기였던 것과 비교된다.

몇몇 작은 예비 연구도 ABFT의 효과성을 지지했다(이 연구가 더 확장되기를 바란다). 한 연구는 노르웨이 지역병원 체계의 지역 임상가에게 ABFT를 전파했다(Israel & Diamond, 2012). 우리는 우리가 이런 임상가들을 훈련시킬 수 있고 그들의 평소 치료보다 나은 결과를 만들어 냄을 발견했다. 다른 시험 연구는 자살 위험이 있는 게이, 레즈비언과 양성애 청소년에게 ABFT를 사용하는 것의 효능을 지지하는 초기 자료를 생산하고 타당성을 증명했다(G. M. Diamond et al., 2012). 또 다른 연구(G. S. Diamond, Levy, & Creed, 2012)는 정신과 병원을 퇴원한 자살 사고 청소년들의 사후 프로그램에서 ABFT를 사용했다. 일반치료와 비교해서, ABFT는 더 적은 수의 청소년들이 자살 시도를 다시 하거나 병원으로 돌아왔다. 마지막으로, 이스라엘의 현재 연구는 최소한 한 명의 부모에게 풀리지 않은 화를 드러내는 성인에게서 EFT와 ABFT를 비교하고 있다. 이 연구는 상상적인 역할극(예: 빈 의자 기법)과 실제 부모와 함께하는 애착에 초점을 둔 실연을 비교해 풀리지 않은 화를 작업하는 효과를 검사하도록 설계했다.

또한 우리는 ABFT의 회기 내에서 제안된 변화 메커니즘을 넓게 살펴보는 15개의 연구를 시행했다. 이 과정 조사 연구는 치료의 블랙박스 안을 보고, 어떤 과정이 단기(회기의 목표) 혹은 장기(치료의 목표) 변화를 이끄는지 확인했다. 예를 들어, 몇몇 연구는 한 과제 안의 과정을 살펴보았다. 재정의과제의 한 연구는 청소년이 일반적으로 부모보다 우울에 대해 더 대인관계적 시각으로 치료를 시작한다고 제안했다(G. S. Diamond et al., 2003). 치료사가 성공적으로 청소년의 더 연약한, 사랑받고 싶은 욕구와 연관된 정서를 끌어낼 때, 부모는 부드러워지고 치료의 관계적 목표를 더 잘 받아들이는 경향이 있다. 다른 연구는 재정의 과제에 초점을 둔 5회기에서 부모의 문제 구성에 관계적 재정의의 효과와 그 반대를 시험하기 위해 순차적 분석과 부트스트랩 기법(bootstrapping techniques)을 사용했다. 결과는 부모가 대인관계적 어려움을 구성해 내는 경향성과 청소년과의 관계 어려움에 초점을 맞추는 경향성을 관계적 재정의가 증가시켰다. 비슷한 방법론을 사용해 13개의 다른 ABFT 사례를 분석한 연구의 결과는 부모와의 좋은 동맹을 맺은 회기에서 관계적 재정의가 부모가 덜 비판적이고 덜 경멸적으로 말하게 하고, 청소년기 자녀를 더욱 이해하고 공감적이며 지지해 주는 자세를 취하는 것을 보여 줬다 (Moran & Diamond, 2008).

과제 3에서의 부모와 치료사 동맹 연구에서, 우리는 동맹을 쌓는 임상 모델의 다섯 단계를 확인했다(Moed, 2002). 더 성공적인 회기에서 임상 패턴은 지지, 공감, 직면으로 진행되며, 그런 후에 다시 지지와 공감의 혼합으로 돌아오는 것을 확인했다. 성공적이고 그렇지 않은 애착 과제(과제 4) 연구에서 다이아몬드와 스턴(Diamond & Stern, 2003)은 변화의 9단계 모델을 찾았다. 이 순서는 청소년의 개방(분노, 연약한 감정과 문제 귀인의 표현)과 부모의 개방 (인정의 표현, 자기개방과 사과) 그리고 대화(청소년 휴식, 양방향적 대화, 미래에 대한 희망 탐색)를 포함한다.

장기적 변화와 관련하여 한 연구에서는 부모의 양육 방식 변화와 애착 스키마 그리고 청소년의 심리적 증상의 연관성을 살펴보기 위해서 관찰과 자기보고 방법을 사용했다(Shpigel, Diamond, & Diamond, 2012). 결과는 어머니의 심리통제 감소와 부모의 자율성 인정의 증가가 어머니의 보살핌에 대한 청소년의 자각 증가와 연관이 있음을 보여 줬다. 3개월 동안 지각의 변화는 청소년의 애착 관련 불안과 회피의 감소와 관련이 있었다. 더구나 청소년이 지각한 어머니의 통제 감소는 청소년의 우울 증상 감소와 연관이 있었다.

종합하면, 이러한 결과와 과정 연구들은 증거기반 프로그램과 실제의 국가 등록(National Registry of Evidence-Based Programs and Practices) 그리고 다른 많은 검토 단체의 인정을 받아, ABFT는 우울에 3.5, 자살사고에 3.6, 타인에게 전파할 준비 정도에 4.0(4.0 만점에서)을 받았다(David-Ferdon & Kaslow, 2008; Promising Practive Network, 2011).

6. 애착기반 가족치료를 우울한 청소년을 위한 실증적으로 지지된 치료의 맥락에 두기

ABFT는 청소년 우울을 위한 다른 실증적으로 지지된 치료적 선택 범위에서 고려되어야 한다. 여기서 완전한 리뷰를 제공하지는 않을 것이지만, 대신에 이 분야에서 가장 핵심적이고 견고한 발견에 초점을 맞출 것이다. 우리는 ABFT 제공자들이 임상적인 정보의 최신 내용을 알아서, ABFT의 장점과 한계에 대해서 부모와 청소년에게 정확히 설명할 수 있게 되기를 바란다.

우울한 청소년을 위한 모델 개발과 치료법 연구의 대다수는 약물치료와 인지행동치료(Cognitive-Behavioral Therapy: CBT)에 초점이 맞춰져 있다. 우울한 청소년을 치료하기 위해 선택적 세레토닌 재흡수 억제제를 사용하는 것은 일반적으로 긍정적이며, 특히 심리치료와 합쳐졌을 때 더욱 그렇다. 여전히 아동과 청소년 신경정신과와 소아과 협회의 최선의 실전 가이드라인은 경중에서 중간 정도의 우울이 지지적인 치료로 시작되어야 한다고 제안한다. 그리고 6~8주 내에 진전이 관찰되지 않는다면(Birmaher et al., 2007; C. W. Hughes et al., 2007) 필요에 따라 더 적극적인 심리치료(예: CBT)와 약물을 추가한다. 더 심각한 우울에서는 약물이 도움이 될 수 있지만, 자살 사고의 위험을 높일 수도 있다. 그러므로 심한 우울증의 청소년에게 심리치료와 약물의 조합이 주로 권장된다. '청소년 우울증을 위한 가이드라인-1차 의료

(Guidelines for Adolescent Depression-Primary Care)'(Cheung et al., 2007) 및 휴스(C. W Hughes)와 동료들(2007)은 약물로만 치료하는 것이 가장 일반적인 치료 접근일지라도 그것을 권장하지는 않는다.

우리는 약물이 있고 없는 조건의 ABFT를 비교하는 임상 연구는 아직 하지 않았다. 하지만 임상적 실제에서 최선의 가이드라인을 따르고 ABFT를 시작한다. 그러나 만약 우울이 특히 심각하다면, 치료 효과를 높이기 위해 바로 약물을 시작하도록 권장할 수 있다. 우리는 청소년이 치료에 참여하거나 삶을 새롭게 세워 가는 것을 우울이 방해한다고 설명한다. 이런 면에서 약물은 심리치료를 대체하기보다 그 목표를 강화한다고 할 수 있다.

심리치료에서 인지행동치료(CBT)는 과학적으로 가장 주목을 받았다(David-Ferdon & Kaslow, 2008; Lewinsohn, Clarke, Hops, & Andrews, 1990). CBT의 알려진 핵심 기저는 청소년의 역기능과 고통을 줄이기 위해 부정확하거나 도움이 되지 않는 사고와 신념을 확인하고 평가하며 수정하는 것이다(Beck, 1967). 사고와 신념의 변화가 호전을 위한 매개체로 제안되었다(Weersing, Rozenman, & Gonzalez, 2009). 청소년들은 실질적인 문제들을 해결하기 위해 조언을 받는다. 하지만 이러한 노력들은 청소년들이 상황에 맞게 달리 생각하고 행동하는 것에 초점을 둔다. 가능하다면 부모로부터 지지를 받으면서 말이다(Creed, Reisweber, & Beck, 2011). 비록 실제 상담에서는 많은 CBT치료사가 가족치료를 활용하지만, 전통적으로 CBT는 가족 환경에 개입하지는 않는다.

CBT는 다른 어떤 심리치료보다 아동과 청소년 우울에 대한 사용에 대해 더 많은 평가를 받아 왔다. CBT는 경증에서 중간 정도의 우울과 우울증 발병의 예방에 효과적임을 보여 줬다(David-Ferdon & Kaslow, 2008). 지난 10년 동안 CBT와 약리학의 개입은 심각한 우울증 청소년들을 다룬 여러 큰 청소년 우울 연구에서 비교 및 병행되었다[Brent, Emslie, Clarke, Wagner, & Asarnow, 2008; Goodyer et al., 2007; Treatment for Adolescent Depression Study(TADS)

Team, 2004]. 세 가지 연구에서 가장 영향력이 컸던 청소년 우울치료 연구팀
(Treatment for Adolescent Depression Study Team, 2004)은 플루옥세틴과 CBT
의 조합이 청소년의 우울 감소에서 각각의 하나를 능가함을 발견했다. 하
지만 플루옥세틴 단독이 플라세보 조건보다 확실히 나았지만(61% vs. 35%)
CBT 단독(43%)은 그렇지 않았다. 이 연구에서 CBT의 낮은 반응률은 이 연구
의 설계와 어떤 종류의 CBT가 진행된 것인지에 대한 논란과 의문을 낳았다
(Hollon, Garber, & Shelton, 2005). 아직도 그 결과는 심리치료 커뮤니티에 놀
랍고 실망스러웠다.

더 구체적으로, 청소년 우울치료 연구팀의 연구에서 치료 후 회복률(증상
없음)은 병행치료에서 겨우 37%로, 60% 이상의 대상이 치료 후에도 증상이
있음을 나타냈다. 9개월 동안의 치료 결과 사이에 차이점은 없었으며, 치료
의 종류가 반응률에 영향을 줄 수 있지만 장기적으로는 아님을 알려 주었다.
치료에 반응한 실험 대상 50% 이상이 1년 안에 재발한 것은 불행한 사실이었
다. 이 결과와 메타분석(Weisz, McCarty, & Valeri, 2006)을 통한 최근의 발견은
우울한 청소년에게 어쩌면 CBT는 연구자들이 앞서 바랐던 만큼 효능이 강하
지는 않을 수 있음을 말해 주었다. 대체로 메타분석 연구는 약물과 CBT의 효
과 크기가 기대하고 바랐던 것보다 크지 않음을 발견했다(Vitiello, 2009). 약
물의 효과 크기는 .25(Bridge et al., 2007), CBT는 .34였다(Weisz et al., 2006). 연
구자는 낙담할 필요가 없으며 겸손해야 한다. 우울한 청소년의 약 3분의 1이
지지적인 치료와 최소한의 접촉에 반응했고, 다른 3분의 1이 약물과 심리치
료를 병용한 적극적인 치료에 잘 반응했다. 나머지 3분의 1은 치료에 저항하
고 재발하기 쉬웠다(Vitiello, 2009). 이 분야의 평가를 고려하여, 많은 선임 연
구자는 현재의 결과를 개선할 수 있을 대체 혹은 추가적인 치료법의 탐구에
고무되었다(Brent, 2006; Hollon et al., 2005; Jensen, 2006).

이 연구들에 가족을 대상으로 한 치료를 더하는 것은 CBT 개입에 힘을 실
어 주는 하나의 시도였다. 실제로 일부 연구진은 가족 심리교육적 요소를

CBT치료에 통합했다(Wells & Albano, 2005). 일반적으로 그렇게 한 연구진들은 우울증에 대해 부모를 교육하고(2회기), 양육, 의사소통, 문제해결 기술을 전체 가족에게 가르쳤다(5회기). 가족들은 회기에서 문제를 작업하지는 않았지만 이 기술을 집에서 사용하도록 격려받았다. 웰스와 알바노(Wells & Albano, 2005)는 청소년 우울치료 연구팀의 가족 대부분이 심각한 가족 충돌이 있었음을 보고했으며, 최소한의 참여를 위해서 가족 요소가 필수라고 보았다. 하지만 전체적으로 CBT의 부족한 성과를 고려하면 가족 개입 전략은 청소년 우울치료 연구팀의 CBT치료에 힘을 실어 주지 않았다(TADS, 2004).

비록 가족교육이 몇몇 가족에게 효과적일 수 있지만, 우리는 ABFT 집중 코스가 CBT의 더 효과적인 보완 혹은 선구자가 될 수 있다고 생각했다. 우리는 임상 경험을 바탕으로 하여, 빠르게 가족의 긴장을 줄이고 부모의 지지를 높이기 위해 ABFT로 치료를 시작할 것을 권장했다. 부정적인 가족 환경이 사라지면서 우리는 청소년이 더 수용적이고, 심리적으로 여유가 있으며, CBT 기술을 배울 동기를 가지게 됨을 발견했다. 부모 또한 집에서 CBT 기술을 연습하는 것을 강화하고 도와주는 지지 시스템 역할을 할 수 있다.

대인관계 심리치료(Interpersonal Psychotherapy: IPT; Weissman, Markowitz, & Klerman, 2000)도 청소년 우울을 치료하는 데 좋은 결과를 내놓았다(Mufson, Dorta, Moreau, & Weissman, 2004). 그 원인에 상관없이 우울은 관계에 영향을 끼치고, 관계는 기분에 영향을 준다. 그러므로 청소년을 위한 대인관계 심리치료는 슬픔, 대인관계 논쟁, 역할 변화와 대인관계 결핍에 특별히 초점을 두고 청소년의 대인관계 기능의 개선을 목표로 한다. 3개의 연구에서 대인관계 심리치료가 평범한 임상적 관찰이나 치료보다 나음을 보여 줬고(Mufson, Gallagher, Dorta, & Young, 2004; Mufson, Weissman, Moreau, & Garfinkel, 1999; Rossello & Bernal, 1999), 로셀로와 베르날(Rossello & Bernal, 1999)의 연구는 대인관계 심리치료(82%)가 CBT(52%)보다 회복률이 좋음을 증명했다.

비록 대인관계 심리치료와 ABFT가 몇몇 공통의 가치를 공유하지만(우울을 대인관계 문제로 보는 것), 두 모델은 개입 기법과 주장된 변화 메커니즘에 차이가 있다. 대부분 청소년과의 개인치료 회기에서 대인관계 심리치료사는 심리교육, 정서 통제 훈련과 대인관계 기술 발달에 초점을 맞춘다. 이는 ABFT에서도 목표로 하는 것들이다. 하지만 대인관계 심리치료에서 주요한 배움은 치료사와 청소년 사이에서 일어난다. 그리고 치료사는 이 새로운 기술들을 집이나 또래관계, 중요한 타인에게 해 보도록 북돋는다. 이러한 청소년 모델에서는 일반적으로 미리 계획된 한 번의 부모 회기가 있다. 부모 회기 동안 기존의 밝혀진 주제에 대해 청소년이 부모와 이야기할 수 있도록 도와주며, 10~15분 정도를 소요한다. 이 책의 다음 부분에서 명확해지는 것처럼 ABFT 모델은 이 과정을 근본적으로 다르게 생각하고, 부모-청소년 대화를 치료적 변화 메커니즘의 중심으로 보았다. 여전히 대인관계 심리치료에서 가르치는 몇몇 기술은 ABFT의 목적과 일관되며 청소년 개인 회기의 보완으로 쉽게 사용될 수 있다.

어쩌면 언젠가 치료사와 연구자가 어떤 내담자에게 어떤 치료가, 증상의 어느 시기에 최상의 결과를 만들어 낼지 완전히 이해하게 될 것이다(Paul, 1967). 어떤 사람들은 ABFT 같은 가족치료가 높은 수준의 가족 갈등이 있을 때만 적절하다고 주장한다. 현장에서 일하는 사람들은 일반적으로 우울하고 자살 위험의 청소년이 있는 가족은 가족 갈등이 높으며, 저조한 치료 반응이 예상됨을 알고 있다(Asarnow et al., 2009; Birmaher et al., 2007; Kennard et al., 2006). 가족 갈등에 상관없이 우울이라는 어려움에도 불구하고, 깊은 의미가 있고 정서적으로 충만한 가족의 맥락이 우울을 치료하기에 가장 잠재력 있고 유용한 환경인지 아닌지는 탐색되어야 할 실증적 연구 질문이다. 이 책과 우리의 연구에서 목표는 ABFT 같은 가족기반 개입이 연구와 임상 커뮤니티에서 CBT와 명상에 대해 중요하고 실행 가능한 대체 혹은 추가로서 여겨지는 것이다.

7. 결론

우리는 ABFT를 다른 가족치료 모델과 청소년 우울에 실증적으로 증명된 다른 모델들의 맥락에서 보는 데 이 개관이 도움이 되었으면 한다. 독자들이 눈치챘을 수 있듯이, 우리는 발명가가 아닌 혁신가다. 우리는 급진적인 새로운 개념이나 개입을 제공하지는 않는다. 하지만 많은 전통과 새로운 전통에서 파생되고 발전된 다음 세대의 가족치료(가족치료 3.0)를 보여 주려 한다. 우리는 가족의 삶에서 핵심적인 동기 과정을 찾으려 애썼던 전통에 인본주의적 의미를 돌려주고자 한다. 행동 관리 혹은 진취적 구성주의보다 애착, 사랑과 신뢰의 주제들이 이 치료를 이끄는 최첨단에 있다. 우리는 또한 연구(Liddle, Bray, Levant, & Santisteban, 2002)에 대해 양가적이었던, 그래서 그로 인해 고통받았던 실증적 연구학계의 전통을 포용하고 있다. 가족치료는 기존의 전통으로부터 급진적으로 탈피하면서 큰 힘을 끌어낼 수 있었다. 학문적이고 실증적인 연구기반이 부족하기 때문에 이것이 다소 소외되는 것은 불행한 일이다.

아마도 우리의 가장 큰 공헌은 종종 모호하다고 여겨졌던 것에 구조를 가져온 것이라고 할 수 있다. 우리가 제공하는 워크숍에서 가장 많이 듣는 의견은 보통 다른 치료사가 성취하는 데 6개월에서 1년이 걸리는 것을 우리는 12~16주 안에 성공한다는 것이다. 우리는 가족치료에서 가장 잠재력이 있는 요소를 밝히고, 단기간에 쉽게 배우고 실행할 수 있는 방식으로 엮었다. ABFT는 치료사의 의도를 강화하도록 도우며, 개인 내적이고 대인관계적인 행동을 이끄는 핵심적이고 실존적인 애착 주제를 빠르게 찾고 다루도록 해 주는 로드맵을 제공한다. 이 모델은 또한 치료사들이 고통스러운 애착 관련 정서를 마주할 때 용기를 가지고 확고하게 서 있을 수 있도록 도우며, 두려워하지 않고 그러한 감정과 표현을 깊어지게 하도록 도와준다. 신뢰와 안전감을 회복하는 것은 부모와 청소년이 자율성(청소년기 주요 과제)을 협상하는 동안에도 애착을 유지하는 새로운 협력관계를 만들어 가도록 돕는다. 우리는 이어지는 장들이 치료사에게 이 작업을 해낼 수 있다는 자신감을 주길 바란다. 다음으로, ABFT 치료사들의 초점과 의사결정을 내리는 과정을 안내할 수 있는 애착이론의 깊이 있는 논의를 다루어 보겠다.

제2장

애착기반 가족치료의 이론적 기틀

치료사는 자신을 이끌어 주는 여러 원인과 변화에 관련한 이론을 지니고 있어야 한다. 이론이 없는 치료사는 무엇을 돌보고 내버려 둘지, 무엇을 촉진하고 저지해야 할지 알 수 없을 것이다. 또한 분명한 치료 목표를 갖지 못할 것이며, 목표가 성취되었을 때 어떤 모습일지도 알지 못할 것이다. 이론이 없다면 내담자가 전하는 수많은 이야기와 걱정에 길을 잃고, 어두운 숲속에서 헤맬 것이다. 실제로 좋은 치료란 세부적인 사항들을 분류하고 그 안에서 핵심 주제를 찾으며, 이렇게 찾은 주제들을 치료의 목표와 방향을 정하는 데 사용하는 것을 포함한다. 이 과정들은 견고한 이론적 기틀 없이 이루어질 수 없다.

특히 가족치료사들은 그들을 안내하는 기본 뼈대가 필요하다. 치료실에서 치료사들은 다수의 참가자와 돌보아야 하는 다양한 동맹관계, 문제를 바라보는 충돌된 시각, 서로 경쟁하는 치료 목표들 그리고 다양한 수준에서의 동기와 심리적 마음 상태를 가지게 된다. 이런 다양한 압력 속에서 가족구성원은 일반적으로 집에서 발생하는 것과 유사한 부정적인 관계를 치료실에서도 실연하기 마련이다. 가족의 대화는 연관 없는 사소한 것으로 치부되거나 빠르게 논쟁거리로 변질될 수 있다. 이런 도전적인 상황에 직면하여, 가족과 작업하는 치료사는 지시적이고 목표 중심적이 되어야 한다. 하지만 치료사는 그들을 안내해 줄 이론 없이는 지시적으로 될 수 없다. 애착이론은 애착기반 가족치료(ABFT)에 기틀을 제공한다.

이 장은 모델(제3~7장)의 적용을 안내하는 이론적 기틀을 제공한다. 우선, 아동과 청소년의 애착이론 및 규범적인 청소년 발달, 정서 조절에 대한 기여에 대해 간단히 소개할 것이다. 규범적이고 안정적인 애착 모델을 갖는 것은 치료사에게 치료 과정에서 어떤 일반적인 목표나 결과를 제공한다. 또한 애착 환경에서 부모의 기여에 대해 이야기 나눌 것이다. 우리는 긍정적이고 애착을 촉진하는 양육이 무엇이며, 그것을 약화시키는 위험 요소들은 무엇인지를 검토할 것이다. 그리고 청소년 우울에 대한 종합적인 이론(Yap, Allen, & Sheeber, 2007)을 제안하기보다 ABFT에서 주요 개입 목표가 되는 개인과 대인관계적 기능의 영역에 대한 개요를 제공하고, 이런 목표를 바탕으로 만들어진 변화이론으로 마무리할 것이다.

1. 아동기의 내적 작동 모델과 애착 안정성

애착이론의 중심에는 보호와 편안함을 위해 아동이 부모를 찾는 기본 진화적 본능이 있다는 가정이 있다. 어린아이는 놀이방에서 무언가에 겁을 먹고 어머니의 품으로 달려간다. 부모가 편안함과 안심을 필요로 하는 아이의 욕구를 돌본다면, 아이는 진정한 후에 다시 놀러 가게 된다. 시간이 흘러 이것이 반복되면, 아이는 부모의 지원에 대해 더 자신감을 느끼고 부모가 아이의 불안 신호에 긍정적으로 반응할 것이라는 기대를 발달시키게 된다. 이와 같

은 경험을 한 아이는 그들의 부모가 믿음직스럽고 신뢰할 수 있으며 곁에 있
어 줄 것이라는 모델을 발달시키고, 스스로를 사랑과 보호받을 가치가 있다
고 여기게 된다. 볼비(Bowlby, 1969)는 이것을 자기와 양육자의 내적 작동 모
델이라고 불렀으며, 더 최근의 학자들은 애착 도식이라고 불렀다(Bosmans,
Braet, & Van Vlierberghe, 2010; H. S. Waters & Waters, 2006; Young, Klosko, &
Weishaar, 2003). 이 모델들은 사람들이 관계에서 초기에 부모 그리고 나중에
타인으로부터 무엇을 기대하거나 예측하는지를 반영했다. 사람들은 잘 대해
지거나 혹은 형편없이 대해진다면 그것이 지속될 것이라고 예측한다. 그래
서 부모가 배려하고 민감할 때 아동은 안정 애착을 발달시키는 경향이 있다
(Bowlby, 1969; Van IJzendoorn, 1995). 앞과 같은 조건에서 아이들은 위협을
감지하고 직면했을 때, 안정과 지지를 받기 위해 부모에게 다가갈 수 있는 신
뢰를 배우게 된다. 부모의 반응과 지지에 대한 자신감으로 아동은 자신의 욕
구를 더 자유롭게 알아차리며, 자신이 지지받을 만하고, 주위 세상을 탐색하
기에 충분하다는 안정감을 느끼게 된다(Kobak & Duemmler, 1994). 당연하게
도 애착 안정은 더 높은 자존감, 더 긍정적인 애정, 더 나은 육체적 건강 등 아
동의 다양한 적응적 결과와 연관되어 있다(K. L. Thompson & Gullone, 2008).

  애착 안정은 효과적인 정서 조절 전략의 촉진을 통해 아이들에게 더 나
은 결과를 제공하는 데 공헌하는지도 모른다(Kobak, Cole, Ferenz-Gillies,
Fleming, & Gamble, 1993; Mikulincer & Florian, 2004, S. F. Waters et al., 2010).
아동이 불안이나 공포를 경험할 때, 애착체계는 부모의 돌봄을 활성화하는
행동 전략으로 작용한다. 정서적으로 잘 조율된 부모는 정서에 대해 이야기
하고, 아이에게 격려와 지지 그리고 안정감을 제공하면서 아이가 자신의 정
서를 구분하는 법을 배우도록 도울 수 있다. 만약 아이들이 부모가 자신의 이
야기를 들어 주고 이해한다는 확신이 든다면, 자신의 필요를 직접적으로 표
현하는 것을 점점 더 편안하게 느끼게 될 것이다(Garner & Spears, 2000). 시간
이 흐르면서 정서적 욕구의 행동적 표현은 아동이 그들의 생각과 느낌에 대

해 대화하는 법을 배우면서 언어적 표현으로 발전된다(Kobak & Duemmler, 1994). 그래서 안정 애착 아동은 정서를 억누르기보다 부정적인 정서를 수용하고 이 느낌을 단어로 표현할 수 있다. 이것은 정서처리를 위해 인지 전략들을 사용하는 능력을 증진시킬 뿐만 아니라, 어려운 감정을 극복하기 위해 애착관계를 활용하는 의지를 향상시킨다. 따라서 안정 애착의 많은 대인관계적 형태는 효과적인 정서 조절 전략의 규범적인 발달을 촉진한다(R. A. Thompson, 2008).

2. 아동기의 불안정 애착

아동에게 민감하고 곁에 있어 주는 애착 대상이 없을 때(예: 양육자/부모가 무시하고 거부하거나 폭력적임), 아동은 불안정 애착 형태를 발달시킬 위험이 높다. 부모가 그들의 욕구에 반응할 것이라는 확신이 적은 아이들은 사랑받고 보호받을 가치를 느끼지 못할 수 있다. 결과적으로 그들은 부적절한 양육으로부터 자신을 보호하거나 혹은 대처하며 살아가도록 도와주는 애착 전략을 발전시키게 된다(Groh, Roisman, Van Ijzendoorn, Bakermans-Kranenburg, & Fearon, 2012; Kobak, Cassidy, Lyons-Ruth, & Ziv, 2006).

주요 불안정 애착 형태는 다음의 세 가지 형태다.

첫째, 몇몇 아동은 간헐적으로 함께해 주는 부모에게 반응하며 생긴 불안 애착 형태를 발달하게 된다. 이 불안 애착 유형은 친밀함을 극대화하기 위해 분리된 부모를 사로잡는 것이 목적인 메커니즘으로 볼 수 있다.

둘째, 또 다른 아동은 부모가 끊임없이 정서적으로 함께하지 않을 때 생기는 회피 애착 유형을 발전시킨다. 이 관계 전략의 아동은 더 큰 실망을 피하기 위해 애착 욕구를 거부하는 경향이 있다.

셋째, 어떤 아동은 부모가 곁에 없고 둔감할 뿐만 아니라 사실상 아동에게 겁을 줄 때 생기는 혼란 애착 유형을 개발한다. 이는 학대(폭력, 방치, 유기)를 경험한 아동에게서 흔히 나타난다. 이런 아동들은 일관된 반응 전략이 없고, 관계를 맺는 것과 보호를 위해 물러나는 것 사이에서 자주 바뀌는 경향이 있다. 일반적으로 애착 유형은 아동이 부모와의 관계에서 스트레스 상황에 어떻게 반응하는지로 특징지을 수 있다. 또한 불안정 애착 유형은 더 큰 관계적 상처나 실망에서 자기를 보호하기 위한 방어 전략으로도 생각될 수 있다 (Holmes, 2010).

3. 문화

우리는 가족의 애착이 어떻게 기능하는지 이해하기 위해서 인종과 문화를 고려해야 한다. 예를 들어, 세 가지 혹은 네 가지 애착 유형이 다른 문화에서는 어떻게 나타나는가? 다양한 가족구성원이 아이를 기르는 문화에서 부모에 대한 애착이 중요한 역할을 하는가? 부모가 정서적으로 함께함이 중산층 백인문화처럼 흑인, 아시안, 중동 문화에서도 매우 중요한가?

다행히도 애착 연구는 이러한 질문들에 해답을 찾아가기 위해 큰 규모의 비교문화 연구를 했다. 연구는 미국과 다양한 아프리카 나라, 이스라엘, 일본과 인도네시아에서 이루어졌다(Van IJzendoorn, Bakermans-Kranenburg, & Sagi-Schwartz, 2006).

먼저, 애착 측정도구[낯선 상황(Strange Situation), 성인애착인터뷰(Adult Attachment Interview: AAI), 자기보고]는 이 나라들에서 아동과 성인의 마음 상태 혹은 애착 유형을 확인하는 데 효과적이었다. 여러 문화에 걸쳐 특정 애착 유형(예: 안정, 불안, 회피)의 아동 분포 혹은 퍼센트가 상대적으로 일관적이었음은 주목할 만하다(Van IJzendoorn & Sagi, 1999). 다양한 아프리카 국가의 연구를 살펴보면, 더 큰 커뮤니티가 직접적이고 지속적으로 아동 양육에 개입

할 경우에 아이들이 그 다수의 애착 대상에게 애착 행동을 보이는 것을 발견했다. 하지만 어머니가 이 네트워크의 한 부분일 때 어머니가 주요 애착 대상으로 남았다. 어머니가 곁에 없을 때는 할머니나 아버지, 친척 등 주요 양육환경을 제공한 이와 강한 애착을 발전시켰다.

이 연구는 애착 안정을 위한 아동의 충동 혹은 고군분투가 보편적임을 지지했다. 유아라면 애착 욕구에 대한 표현은 굉장히 일반적이다. 아기는 편안함이 필요할 때 울고 매달리고 접촉한다. 하지만 아이가 성장하면서 문화는 이 과정을 다듬어 가기 시작한다. 예를 들어, 케냐의 거슬리 부족에서 좀 더 성장한 어린이는 애착 욕구를 나타내기 위해 매달리기보다 악수를 청한다. 미국 흑인문화의 어떤 연구에서 어머니의 민감함은 코카시안과 비교했을 때 일반적으로 낮았다. 결과적으로 안정 애착 비율도 낮았다. 하지만 깊이 들여다보면 이 커뮤니티의 더 가혹한 대부분의 양육은 낮은 사회경제적 지위(SES)로 설명된다는 것이다. 가난이 통제되었을 때, 민감한 양육의 정도나 안정 애착 비율의 차이가 없었다. 마지막으로, 이스라엘의 키부츠 사회체계에서 진행된 애착에 대한 연구에서는 흥미롭게도 아이가 부모와 살 때보다 공동체 가정에서 살 때 불안정 애착 비율이 높은 것을 발견했다. 이러한 많은 연구는 문화가 애착 안정의 발달에 중요한 역할을 할 수 있으며, 따라서 가족 작업을 할 때 민감하게 이해되어야 한다고 말하고 있다(이 비교문화 연구는 Van IJzendoorn et al., 2006을 참조).

4. 청소년기의 안정 애착

일반적으로 사람들이 가지고 있는 신념과는 달리, 부모-아동 애착관계의 질은 청소년기에도 중요한 역할을 한다(Ainsworth, 1989). 역사적으로, 심리학은 청소년기가 본질적으로 질풍노도의 시기고 청소년기 발달의 주요 과제는 분리와 개별화라는 시각을 퍼트렸다(Erikson, 1950; Hall, 1904). 하지만 지난 30년 동안 발달심리학자들은 이런 가정에 도전하는 많은 연구를 진행해 왔다. 이러한 연구들의 결과는 애착과 자율성의 균형이 긍정적인 청소년 발달의 기반을 제공한다는 것을 보여 줬다(J. P. Allen et al., 2002; Steinberg, 1990).

청소년기가 스트레스의 시기가 아니라는 것은 아니다. 청소년기는 아동의 생물학적 발달, 사회적 맥락 및 가족 내 역할에 급격한 변화가 있는 시기다(Steinberg, 1990). 사춘기의 시작과 성적인 성숙은 생화학과 신체적 변화(예: 체중, 신장, 호르몬의 변화, 성적 특징 등)에 의해 이끌어진다. 또한 청소년은 더 추상적이고 비판적으로 생각하게 되는 중대한 인지적 발달을 경험한다. 사회적 관습과 도덕적 기준에 대해 생각하게 되고, 의사결정 과정에 포함되기를 바라는 기대가 높아지며, 자율성과 더불어 부모로부터 독립하려는 느낌을 강하게 드러낸다. 점차 드러나는 독립성은 청소년들의 또래 집단과의 증가된 소속감을 포함한다. 그러한 또래와의 소속감으로 인해 가족과의 시간 및 가족 내 가치들과 충돌하기 시작할 수 있다. 최소한 서구 사회에서 청소년은 제한의 완화와 독립성 증가(특히 학교에서 관여받지 않는 시간의 증가와 자기책임에 대한 기대 그리고 더 많은 대중매체에의 노출)를 경험한다.

이런 발달적 변화는 가족체계에 스트레스를 줄 수 있다. 하지만 그 정도가 중간 정도로 지켜진다면, 부모와 청소년 사이의 갈등은 청소년이 어떻게 자신의 의견을 검토하고 말하는지를 배우고, 부모와 구분된 자신을 정의해 보려 하며, 정서 조절 및 문제 해결 방법과 실행을 연습하고 배우는 데 도움이 될 수 있다. 동시에 이런 작은 갈등은 청소년이 삶에서 더 자율적인 단계로 이동하면서, 부모가 청소년과 자신에 대한 인식을 새롭게 하고 양육에 대해 재조정하게 한다. 가족 유연성은 새로운 규칙과 기대들이 성공적으로 협상되기 위해 매우 중요하다(Walsh, 2006).

안정적인 기반은 청소년 발달의 굴곡진 여정을 지원하는 환경으로서 신뢰의 바탕이 된다. 안정 애착 청소년은 부끄러운 주제나 어려움에 대해 말할 때, 거절당하거나 무시당하고, 웃음거리가 되거나 통제받는 느낌 없이 부모에게 이야기할 수 있다. 청소년들은 비판적 논의를 하거나 명료한 요구를 하고, 자신들이 진지하게 여겨졌음을 느낄 수 있다. 안정 애착 청소년은 점점 더 지지와 조언을 제공하는 친구들과 강한 연대감을 가질 수 있지만, 욕구나 불안이 생겼을 때에는 부모에게 짐이 될 것이라는 걱정 없이 여전히 부모에게 달려갈 수 있다(Kobak, Rosenthal, & Serwik, 2005). 사실 안정 애착 청소년은 부모와의 관계가 지속적이며 부모의 가치를 존중한다. 그래서 부모와 자신의 시각에 불일치가 있는 것을 점점 고려해 나갈 수 있다. 항상 부모에게 동의하지 않을 수 있지만, 부모의 이유와 의도를 이해할 수 있다. 초기 애착 조사에서 연구는 안정 애착 청소년에게 정신병리(예: 우울)가 더 적고, 학교에서 더 잘 지내며, 더 긍정적인 사회적 관계를 가지고, 일탈 행동(예: 약물사용, 범죄)에 덜 연루됨을 일관되게 보여 주고 있다(J. P. Allen et al., 2002; Kobak, Sudler, & Gamble, 1991; K. L. Thompson & Gullone, 2008).

이 안정적인 관계의 조건들은 각 개인이 만족하는 관계를 유지하기 위해 기꺼이 노력하는 것에서부터 목표 수정된 효과적인 파트너십의 기초가 된다(Bowlby, 1988; Kobak & Duemmler, 1994). 볼비(Bowlby, 1988)는 만약 아동이 부모가 반응적이고 곁에 있다고 느긴다면, 문제 해결에 더 협조적일 것이라고 제안했다. 청소년이 부모에게 사랑받고 이해와 존중을 받는다고 느낄 때, 그들은 자율성 협상과 매일매일의 문제 해결에 더 기꺼이 협조하려고 한다. 예를 들어, 안정적인 부모-청소년 관계에서, 통행금지, 잔소리, 숙제와 같은 것들에 대한 협상은 저변에 깔린 분노, 불신, 화 또는 공포와 같은 감정에 의해 영향을 받지 않는다. 부모와 청소년은 그들의 좌절된 심리적 욕구에 의해 진이 빠지지 않으면서, 청소년의 증가된 자율성(학교, 일, 집을 떠나는 것)과 관련된 정상 발달 단계를 탐색한다. 사실 청소년이 사랑받는다고 느끼면 그들은 부모와의 관계를 보호하고 싶은 동기를 가지게 되며, 부정적인 정서와 행동을 억제한다. 목표 수정 협상을 지지하는 안정 기반 혹은 애착의 개념은

ABFT의 논리적인 구조에 반영되었다. 우리는 애착 유대를 다시 세울 수 있을 때까지 문제 해결을 피한다. 신뢰가 치유되면 부모와 청소년은 성공적인 목표 수정 관계의 맥락 안에서 청소년 자율성 협상의 주제로 돌아올 수 있다.

5. 청소년기의 불안정 애착

주요 양육자에 대한 유아의 애착은, ① 안정, ② 불안, ③ 회피, 혹은 ④ 혼란으로 분류된다. 청소년기와 성인의 애착 마음 상태는, ① 안정, ② 몰두, ③ 거부, 혹은 ④ 분류 불가로 나눌 수 있다. 청소년과 성인은 다른 차원으로도 분류된다. 그 측면들은 그들의 잠재적인 트라우마 경험과 관련된 미해결된 감정을 가지고 있는지의 여부를 말한다(이 트라우마적인 경험은 애착과 관련이 되기도 하고 관련이 없는 것이기도 하다; Kobak, Cassidy, Lyons-Ruth, & Ziv, 2006; Main & Goldwyn, 1998). 왜냐하면 청소년기와 성인기의 애착 유형은 어떻게 행동하느냐(낯선 상황 과제에서 아동이 하듯이)보다 어떻게 개인이 부모와 그들의 관계를 묘사하느냐(AAI에서 포착된 것처럼)에 따라 측정되기 때문이다. 청소년기의 거부(회피) 애착 마음 상태는 아동기의 거부, 버림받음 혹은 부모의 곁에 없음과 연관되었다고 생각된다. 상처에 대한 방어기제로, 애착에 대한 청소년의 가치와 욕망은 거절, 무시되거나 인식 밖에 놓이게 된다. 회피하는 청소년은 때때로 부모를 이상화할 수 있지만, 많은 경우 마치 문제가 없거나 아무 영향 없는 것처럼 행동한다. 부모와의 관계의 중요성을 최소화하는 이런 청소년은 참여하지 않고 의견 충돌을 피하여 정서 조절, 문제 해결과 자율성을 협상하는 방법을 배울 기회를 제한한다.

몰두(불안) 애착 마음의 상태는 부모의 모순, 죄책감 유도, 역할 전환과 관련된 아동기 경험과 연관되었다고 여겨진다. 이러한 경우에 양육은 청소년의 신호에 반응하기보다 부모의 필요와 욕구에 크게 의존하게 된다. 이렇게 자란 10대는 자신의 부모가 항상 혹은 일관되게 자신의 욕구에 반응하지 않을 것임을 배우며, 이러한 비일관성이 자기 자신이 관심받기에 충분한 가치가 없기 때문이라고 믿는다. 자신의 욕구에 대한 인정이 부족하면 그들은 타인의 인정에 더욱 의존하게 되고, 자신의 필요와 그 필요를 충족시킬 수 있는 그들 자신의 건강한 자격을 의심하게 된다. 그러므로 그들은 관심을 요구할 수 있지만 마음을 안정시키기 어렵다(Mackey, 2003). 효과적인 정서 조절 기술이 부족하여 그들은 종종 부정적인 경험이나 기억을 반추하고 분노와 독립성 사이에서 반복적으로 왔다 갔다 한다. 이런 청소년들은 주로 부모에 대해 엄청난 책임감과 분노를 느끼며 부모의 물리적 혹은 정서적 요구를 돌보게 된다. 부모의 욕구에 대한 그들의 강력한 초점은 자율성 · 정서적 · 대인관계적 · 인지적 기술의 발달을 저해한다.

애착 유형에 분류될 수 없는 청소년과 해결되지 않은 트라우마 경험을 가진 청소년도 정신병리 및 기능 저하의 높은 위험성을 가지고 있다. 분류될 수 없는 범주에 있는 청소년들은 거부와 몰두의 마음 상태를 반복하는 경향이 있고, 전체적인 일관성이 부족하다. 트라우마에 노출되는 것은 청소년과 성인 애착 상태에 큰 영향을 줄 수 있다. 이런 트라우마는 부모의 학대, 폭력의 경험(가족의 안팎에서) 혹은 중요한 누군가의 죽음과 연관될 수 있다. 만약 부모가 트라우마를 일으켰다면(예: 성적 학대), 그들은 편안함과 공포 둘 다의 근원이 될 수 있으며 애착관계를 굉장히 복잡하게 한다(예: 사랑과 학대가 뒤섞임). 애착 관련 트라우마를 가진 청소년은 특히 학대와 상실에 대해 이야기할 때 부모의 장점과 단점을 정확히 보는 데 어려움을 겪을 수 있다(예: "술 취해서 나를 때리곤 했지만 그렇게 나쁘진 않았어요."; Cicchetti & Lynch, 1993; Main & Goldwyn, 1998). 불안정 애착을 가진 청소년은 정서 조절, 사회적 관계, 대인관계 문제 해결, 학업 성적과 우울증을 포함한 정신병리에서 더 큰 위험 속에 있다(Abela et al., 2005; J. P. Allen, Moore, Kuperminc, & Bell, 1998).

몇몇 사람은 아동기의 불안/양가 애착과 청소년기의 몰두 애착 마음의 상태가 우울증의 가장 큰 위험성을 내포한다고 제안했다. 몰두 애착 마음의 상태는 반영적인 탐색과 정서 발달을 방해하고 공포 반응을 더 자주 고조시키는 데 기여한다는 이론이 제시되었다(Hesse, 1999; Kobak et al., 1991). 또 다른 사람들은 아동 초기의 혼란 애착과 아동기 혹은 청소년기의 해결되지 않은 트라우마를 경험한 청소년이 위협적인 경험을 직면했을 때 더 무기력하고 연약함을 느낀다고 주장했다(Groh et al., 2012). 실증적인 증거는 애착 분류에 상관없이 불안정 애착 유형이 모두 우울과 불안 및 다른 부정적인 결과에 더 높은 위험을 수반한다고 알려 주고 있다(K. L. Thompson & Gullone, 2008). 볼비는 애착 안정성이 많은 기초적인 심리학적 과정(자기효능감, 정서 발달, 탐색할 자신감, 타인에 대한 신뢰, 사랑받을 가치를 느끼는 것)의 기반을 형성한다는 신념을 가지고 있었기에 이런 사실에 놀라지 않았다. 비록 우울이 매우 복잡하게 결정되기는 하지만 애착 안정성이 우울증으로부터 보호하는 역할을 하는 반면, 애착 불안정성은 청소년들이 우울에 더 취약하게 만드는 위험 요소로 분명하게 역할을 할 수 있다(Cicchetti & Toth, 1998).

　개인의 애착 유형(혹은 마음의 상태)은 확정된 것이 아니다(Ainsworth, 1989). 비록 삶 전반에 걸쳐 애착은 현저한 수준의 안정성을 보이며, 볼비(1969)가 아동 초기의 경험이 자기와 타인을 보는 시각을 깊이 형성한다고 믿었을 지라도, 마음의 애착 상태는 변화할 수 있다. 메인(Main, 1995)은 어린 시절 높은 수준의 관계적 역경을 보고하였음에도 불구하고, 성인이 되었을 때 안정 애착 상태를 보여 준 개인들을 설명할 수 있는 '획득된 안정성'의 분류를 개발했다. 치료 경험 혹은 성인기에 경험한 좋은 관계를 통하여 이 성인들은 자신의 아동 경험이 부정적이었음에도 더 일관성 있고 정서적으로 솔직한 이야기를 발달시켰다. 획득된 안정성에 대한 대부분의 연구가 회고적이기 때문에, 이 성인들은 어쩌면 아동기에 불안정 애착 형태를 가진 적이 없을지도 모른다. 관계적인 역경을 경험했지만, 부정적인 아동관계에도 불구하고 관계에 대한 더 긍정적인 시각을 개발하도록 해 주는 회복성 있는 성격을 가졌을지도 모른다(Roisman, Padron, Sroufe, & Egeland, 2002). 시겔(Siegel, 2012)은 초기 애착관계가 뇌 발달 시기에 신경학적 경로가 만들어지는 데 영향을 준다고 주장했다. 동시에 신경과학은 최상의 관계적 조건(공감, 정서적 조율과 승인)이 제공될 때 뇌의 가소성을 통하여 성인기에 신경 발생학적 성장을 가능하게 함을 보여 줬다.

성인 개인의 심리치료에서 최상의 치료와 관계적 환경을 제공하는 사람은 치료사다. 이와 대조적으로 ABFT에서는 현재의 안정 애착을 촉진하기 위한 노력으로 청소년의 아동기에 없었던 형태의 정서적 조절을 부모가 제공하도록 가르친다. 이런 방식으로 부모는 지금-여기에서 최상의 관계적 환경을 만들 수 있다. 이는 신뢰와 안전의 새로운 경험을 제공할 뿐만 아니라 부모의 가능성과 반응성에 대한 청소년의 시각과 기대(애착 도식)를 수정하도록 도와준다. 부모가 처음으로 안정 애착을 촉진하는 행동(예: 정서적 조정, 반응성, 보호)을 배우고 회복하도록 하는 것은 어려운 과제일 수 있다. 따라서 이 과정이 어떻게 보이는지에 대한 모델과 도중에 있을지 모를 장애물을 아는 것이 필수적이다.

6. 애착에 대한 부모의 기여

1) 애착 촉진적 양육의 모델

양육이 아동의 애착 유형에 큰 역할을 한다는 사실에도 불구하고(Van IJzendoorn, 1995), 정확히 어떤 유형의 양육이 안정 애착을 촉진하는지에 대해 쓰인 것은 놀라울 정도로 얼마 없다(Bronfenbrenner, 1979). 애착이론가들은 일반적으로 부모가 민감하고 반응적이며 곁에 있음(available)의 성질을 가져야 할 필요가 있다고 말한다. 유아 연구는 유아의 정서를 반영하고, 욕구를 좇아가며, 탐색을 촉진하는 부모의 능력에 초점을 맞췄다(Izard et al., 2011; Stern, 1985). 잘 조절된 부모는 유아가 무엇을 느끼는지 발견하고, 얼굴 표정, 목소리 그리고 다양한 행동으로 그 정서들을 반영해 준다. 유아의 언어적·비언어적 표현에 대한 부모의 관심은 유아가 무엇을 하고 느끼며 결국 어떤 생각을 하는지 부모가 이해하고 있음을 말해 준다. 이 상호작용의 순간은 미래의 사회적 상호작용의 기반을 만든다. 어머니가 아기에게 맞추어졌을 때, 양쪽 모두 긍정적 정서를 경험한다. 조화되지 않는다면 아기는 재조정의 욕구를 나타내는 울음을 포함한 불안의 신호를 보일 것이다(Schore, 2011). 이런 양육 행동은 유아 및 어린 아동과의 안정 애착관계의 발전과 자주 연관되어 있다.

양육 행동은 아동의 정서적 발달과도 연관되어 있다. 아이젠버그, 스핀래드, 에검, 실바와 리저(Eisenberg, Spinrad, Eggum, Silva, & Reiser, 2010)는 비록 아동과 청소년의 정서 조절 능력은 생물학과 기질에 뿌리를 두고 있을지 모르지만, 사회적 정서 발달에서는 양육이 특히 중요한 역할을 한다고 주장했다. 반응적이고 곁에 있어 주는 부모는 아동의 정서를 정확하게 평가하여, 아동의 대인관계적 어려움을 도와줄 부모의 능력을 향상시킨다. 예를 들어, 아동의 분노 표현의 기저에 존재하는 슬픔을 인지한 부모는 아동의 자기 이해와 정서 처리를 더 잘 도와줄 수 있다. 하임 지놋(Haim Ginott, 2009), 가트만과 동료들(Gottman, 2011; Gottman, Katz, & Hooven, 1996)의 작업에 따르면, 부모가, ① 정서적 표현이 중요하다고 믿을 때, ② 어려운 정서를 수용할 때, ③ 정서적 표현을 가능하게 할 때, ④ 아동의 느낌을 받아들일 때 건강한 정서 발달이 촉진된다. 이런 정서적 환경을 제공하는 부모의 아동들은 학교와 친구관계에 더 성공적이며, 스트레스 상황을 더 쉽게 관리하고 심지어 더 나은 의학적 건강 결과를 보인다.

2) 청소년기의 애착 촉진 양육

청소년기에 애착을 촉진하는 양육 모델은 잘 개발되어 있지 않다. J. P. 앨런 등(J. P. Allen et al., 2003)은 청소년기의 애착 촉진 양육을, ① 정서적으로 민감한, ② 자율성 개발에 지지적인, ③ 갈등 후에도 관계 재확인하는 것으로 특징지었다. 정서적으로 잘 대응하는 청소년의 부모는 그들의 슬픔, 실망, 부끄러움, 공포, 공격적인 분노 같은 정서 밑에 깔린 혹은 주요한 청소년의 감정을 알아차린다. 이러한 부모는 청소년의 자율성에 대한 분투를 지지한다. 이것은 허용적이라기보다는 발달적 도전과제들을 용이하게 하고 조절해 준다고 할 수 있다. 또한 부모는 의견 충돌 중이거나 충돌 이후에도 관계를 유지하거나 재확인한다. 이런 변함없는 지지와 헌신은 관계의 기반에 대한 위협이나 역기능적인 분노와 적대감 없이 청소년이 독립적으로 자신과 부모를 평가할 자유를 준다. 건강한 목표 수정된 동반관계에서 관계의 각 구성원은 갈등에 직면해서도 긍정적인 관계를 유지하기 위해 노력한다. 이런 애착 촉진 양육 분리 연습에 더해, 앨런 등(2003)은 부모가 청소년이 자신들을 덜 이상화하고 부모의 장단점에 대해 더 균형 잡힌 시각을 가지기 시작할 것을 기대해야 한다고 말했다. 이는 부분적으로 청소년들이 안전과 안정의 좀 더 폭넓은 자원이 될 연인이나 친구와 연결될 수 있도록 청소년들을 자유롭게 한다. 부모는 아동의 삶에서 자신들이 점점 중심에서 멀어져 가게 되는 이러한 변화를 견뎌야 하는 것이다.

모레티, 홀랜드, 무어와 맥케이(Moretti, Holland, Moore, & McKay, 2004)는 비행청소년을 위한 그들의 심리교육 프로그램에 필수적인 애착 촉진 양육 훈련을 제시했다. 그들은 부모가 청소년기의 애착의 중요성을 이해해야 하며, 갈등을 개인적 모욕이 아닌 배움의 기회로 봐야 한다고 주장했다. 부모는 대립에서 한발 물러서고 자신들의 감정을 조절하며, 청소년의 관점을 고려할 수 있어야 한다. 부모는 더 공감적이고 민감하며 덜 반사적이어야 한다. 모레티 등은 또한 부모에게 자신과 자신의 과거, 아이들과의 관계에 대해 더 성찰할 것을 독려했다. 대체로 이런 양육 훈련은 강압과 공격에 의존하지 않고 한계를 설정하며, 갈등을 다루는 부모의 능력을 개선하는 역할을 한다. 이는 부모가 애착관계를 망치지 않고 권위를 유지하도록 해 준다.

비록 양육 행동과 애착에 관한 연구는 드물지만, 양육 실제에 대한 광범위한 발달 연구를 통해 건강한 청소년 발달을 촉진하기 위해서 부모가 무엇을 해야 할지를 조작화할 수 있게 되었다(Maccoby, 1992). 양육에 관한 발달 연구는 주로 양육의 두 측면에 초점을 맞췄다. 따뜻함과 통제가 그것이다. 따뜻함은 지지, 공감, 격려 그리고 긍정적 표현의 양과 질을 말한다. 통제는 부모의 구조, 규칙 그리고 아이들을 향한 기대의 형태와 질을 말한다. 좋은 양육은 따뜻함과 통제 두 가지 모두를 포함하고 있다. 문제는 하나가 강조되어 다른 하나가 손실되거나, 둘 다 없을 때 일어나게 된다. 가장 효과적인 양육 스타일은 규칙과 기대를 세우면서 지지와 따뜻함의 균형도 세우는 권위 있는(authoritative) 양육 스타일이다. 권위 있는 부모는 더 협동적인 문제 해결 스타일과 아동의 느낌, 욕구, 질문에 더 반응적인 모습을 가지고 있다. 자기 주장적이지만 침해하거나 제한적이거나 가혹하지 않다. 권위 있는 양육 스타일은 행복하고 유능하며 성공적인 자녀로 이어지는 경향이 있다(Baumrind, 1989).

대조적으로, 권위적인(authoritarian) 가족은 통제가 높고 따뜻함이 낮다. 이런 규칙 중심의 부모는 청소년의 질문하는 자연스러운 성향과 권위에 도전하는 것을 용납하지 않는다. 권위적인 부모에게 복종은 친밀감보다 중요하다. 권위적인 양육 스타일은 일반적으로 순종적이고 능숙하지만, 행복, 사회적 경쟁력, 자존감 수준이 낮은 아이로 성장하게 한다. 방임적인 부모는 따뜻함이 높고 통제가 낮다. 이런 부모는 제한된 훈육을 하며, 성숙함과 자기통제에 기대가 낮고, 갈등을 회피한다. 방임적인 부모는 일반적으로 잘 보살피지만 부모보다 친구로서 소통한다. 그들의 아동은 종종 부모화되며, 부모의 정서적 욕구를 돌보도록 변한다. 방임적인 양육은 행복과 자기통제가 낮고 학교에서 저조함을 보이며 권위에 어려움을 겪는 아이로 성장하게 한다. 이런 부모의 아동은 자기통제, 자존감, 사회적 성공 그리고 감정 조절에 주로 어려움을 겪는다(K. L. Thompson & Gullone, 2008).

스틴버그(Steinberg, 1990)와 바버(Barber, 2002)는 심리적 통제와 행동적 통제를 구분함으로써 양육의 통제 측면에 대한 더 나은 이해에 기여했다. 부모의 심리적 통제는 아동의 생각, 느낌 혹은 행동을 특정 방식으로 강제하는 부모의 시도를 가리킨다(Barber, 1996). 예를 들어, 학교에서 잘하지 못한 것에 대해 잔소리와 굴욕을 주면서, 아동이 성공하도록 어떤 새로운 지침이나 구조를 제공하지 않는 것일 수 있다. 심리적 통제는 아동의 자신감과 독립심, 자기 형성을 위한 노력을 약화시키며 청소년기 우울의 시작과 관련이 있다.

대조적으로, 행동적 통제는 아동의 행동을 관리하기 위한 수단으로서 부모가 규칙, 통제, 제한을 사용하는 것을 말한다. 이는 더 나은 학업 수행 능력 및 낮은 비행 또래와의 어울림과 관계 있는 부모의 감독과 모니터링(예: 당신의 아이가 어디에 있고, 누구와 어울리는지를 아는 것)을 포함한다(Patterson, DeBaryshe, & Ramsey, 1989). 아동의 행동에 명확한 규칙과 기대가 있는 권위 있는 부모는 행동적 통제를 더 사용하고 심리적 통제를 덜 사용한다. 이와 달리, 방임적인 부모는 행동적 규칙을 거의 사용하지 않고, 아동의 관리를 위해 심리적 통제를 사용하는 경향이 있다. 권위적인 부모는 둘 다 사용한다. 어떤 연구는 이 양육 모델이 비교문화적 타당도를 가지고 있다고 제안했다.

7. 부모의 행동과 태도, 스타일에 영향을 주는 중요한 요소

아동과 청소년을 어떻게 경험하고 반응하는지에 부모가 영향을 주는 몇 가지 요소가 있다. 이런 요소는 부모의 스트레스(양육 관련 및 그 외의 스트레스 포함), 부모의 정신병리, 부모 자신의 애착 마음 상태를 포함한다.

1) 부모의 스트레스

결혼의 질과 사회적 지지의 가용성, 신체적 건강과 사회경제적 지위는 모두 부모의 기능에 영향을 주는 것으로 나타났다(Belsky, 1984; Smith, 2010). 자신의 문제에 사로잡힌 부모는 아동의 욕구에 초점을 맞추기가 더 어렵다. 예를 들어, 빈곤이 가족에게 큰 짐이 될 때, 양육 관련 스트레스, 지지의 부족, 부정적인 심리사회적 결과의 위험이 크게 증가한다(McLoyd, Aikens, & Burton, 2006).

2) 부모의 정신병리

최상의 양육에 있어 다른 주요 장애물은 부모의 정신병리다. 예를 들어, 우울로 고통받는 부모는 아이의 욕구에 귀를 기울일 정서적 자원이 거의 없고, 덜 반응적이며, 더 내성적이고, 참을성 없고, 비일관적일 수 있는 높은 위험을 가지고 있다(Garber, Ciesla, McCauley, Diamond, & Schloredt, 2011). 또한 우울은 부모가 자신에 대해 부정적인 귀인(예: "난 실패자야." "나 때문에 너무 많은 문제가 생겼어.")을 하게 한다(Radke-Yarrow, Nottelmann, Belmont, & Welsh, 1993). 이는 자녀가 비슷한 귀인을 하는 것과 관련이 있다. 실제로 이는 우울한 부모의 아동이 스스로 우울을 발달시킬 확률이 6배 높은 것에 대한 이유 중 하나일 수 있다. 연구는 또한 양극성장애나 물질 남용으로 고통받는 부모가 따뜻하고 조직된 가족 환경 유지에 어려움을 겪고, 아동에게 일관적이고 민감할 수 있는 능력에 영향을 받을 수 있음을 가리킨다(Cicchetti, Toth, & Lynch, 1995). 단, 부모의 정신병리와 아동의 병리관계는 많은 요소에 의해 복잡하게 결정되고, 유전, 결혼 갈등, 스트레스 사건에 더 큰 노출 등과 같은 요소들에 연관되어 있음을 주의하는 것이 중요하다(전체적인 검토를 위해서는 Goodman & Gotlib, 1999를 참조).

3) 부모의 애착 유형

애착 환경에 영향을 주는 추가적인 요소는 부모 자신의 애착 경험와 유형이다. 애착은 세대 간의 유산일 수 있다. 부모 또한 한때는 스스로 보호와 안정감을 찾는 아이였다. 부모의 부모가 민감하고 반응적이었는가가 부모 자신이 안정 혹은 불안정 애착을 발달시켰는지에 어느 정도 영향을 준다. 애착 유형은 개인의 관계 수용 능력에 영향을 주고, 이것이 양육 행동에 영향을 주기 때문이다. 안정 애착 유형의 부모는 덜 방어적이고, 덜 경계적이며, 덜 사로잡혀 있다(Van IJzendoorn, 1995). 이는 그들의 심리학적 에너지가 아동의 욕구에 초점을 맞추도록 해 준다. 자신의 해결되지 않은 애착 욕구에 덜 사로잡힌 안정적인 부모는 아동의 정서적 신호를 더 정확하게 읽는다.

반대로, 거부하는 부모는 가까움과 친근함에 불편함을 느낄 수 있고, 아동의 애착 욕구를 퇴짜 놓거나 거부할 수 있다. 자신의 애착 욕구를 거부하는 데 에너지를 투자하며, 아이의 비슷한 욕구 표현에 불편할 수 있다. 아이는 이런 정서적 욕구에 대한 부모의 회피를 거절이나 무효화로 경험하거나 자신이 사랑받을 가치가 없다고 느낄 수 있다. 부모가 아이의 애착 욕구를 없는 것으로 치부할 때, 아이는 이런 욕구를 평가절하하는 법을 배우고 결과적으로 그것과 연관된 정서 조절을 배우는 데 어려움을 가지게 된다.

반면, 몰두 유형의 부모는 친밀함에 과도한 걱정을 하고, 버려짐에 강한 불안을 가지고 있다. 해결되지 않은 애착 욕구로 고통받는 부모는 아이가 필요할 때 심리적으로 여유가 더 없고, 아이의 정서적 욕구에 덜 민감한 경향이 있다. 비록 거부하는 부모보다 몰두하는 부모가 아이의 애착 욕구를 더 잘 알아채지만, 몰두하는 부모가 반응성에 보다 덜 일관적이다(때때로 곁에 있어 주고, 때때로 주체를 못하며, 보통 애정 요구적임). 이런 부모는 때때로 아이의 영역을 과하게 침범하며, 자신의 정서적 욕구를 채울 수 있다. 때때로 몰두 부모의 아동은 부모화되며 자신이 부모의 정서적 욕구를 돌봐 줘야 한다고 느끼게 된다.

마지막으로, 미해결 트라우마를 경험한 부모는 혼란스러운 양육의 위험이 가장 높으며, 유아에게도 불안정 애착을 발달시킬 가능성이 가장 높다(Van IJzendoorn, 1995). AAI(성인애착인터뷰)에서 미해결 트라우마 혹은 상실은 부모가 인터뷰 동안 트라우마나 상실에 대해 이야기하면서 혼란스럽거나 갈피를 못 잡을 때(예: 죽은 사람을 마치 살아있는 것처럼 이야기하기, 부모와 무서운 경험에 대해 이야기하며 갈피를 못 잡거나 혼란스러워 하게 됨) 점수가 매겨졌다. 미해결된 트라우마는 부모가 자신의 아이를 더 많은 트라우마에서 보호하지 못하거나 트라우마를 자행하는 것과 더 크게 연관되어 있다(Neborsky, 2003). 아이가 자연스럽게 안정을 위해 찾게 되는 사람이 동시에 겁을 주고 정서적 · 신체적 · 성적 학대의 대상이 될 때 이것은 심리적으로 특히 더 복잡해진다.

이미 언급하였듯이, 부모의 애착 유형은 양육과 가정환경에 영향을 주는 많은 요소 중 하나다. 하지만 부모와 아이의 애착 유형 일치성은 높지 않음을 알아야 한다(Fraley, 2002). 단지 부모가 몰두형이라고 아이가 같은 유형을 발달시키지는 않는다. 아이, 부모, 환경의 다양한 맥락적 요소(예: 정서적으로 더 지지해 주는 두 번째 부모의 존재)가 애착 환경에 영향을 주는 것이다(Brenning, Soenens, Braet, & Bosmans, 2011). 우리는 부모가 아이를 어떻게 기르는지와 연관된 다양한 요소 중 하나로 부모의 애착 패턴을 제시한다.

8. 청소년 우울의 애착이론

[그림 2-1]은 청소년 우울의 애착기반 관점을 요약했다. 우리가 발표하였듯이 애착이론의 주요 전제는 아동이 부모의 돌봄과 보호를 찾는 진화적인 기본 본능을 가지고 있다는 것이다. 안정 애착을 갖는 것(즉, 필요할 때 부모가 함께해 줄 것이라는 기대)은 건강한 적응적·발달적 결과와 관련이 있다. 아동이 안정적 기반을 갖고 있지 않고 부모가 민감하게 곁에 있을 것임을 느끼지 못할 때, 우울을 포함한 부정적 발달 결과를 가질 수 있는 큰 위험에 놓이게 된다. 안정적 기반의 발달과 안정선을 결정하는 힘은 아이 요소(예: 기질, 자기조절 능력, 유전적 연약성), 부모 요소(예: 양육 기술, 부모의 정신병리, 부모의 애착 역사) 그리고 환경 요소(예: 가난, 피해자가 되는 것, 또래 환경)를 포함한다. 이 다양한 요소는 길게는 청소년기까지 애착관계의 질과 환경에 영향을 주게 된다.

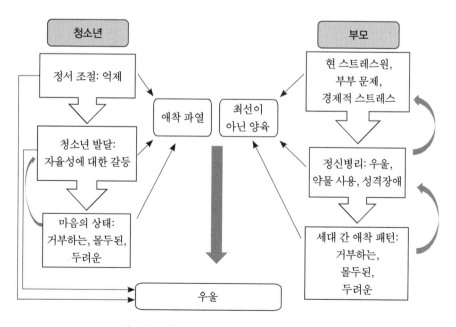

[그림 2-1] 청소년 우울의 애착기반 가족치료

청소년기에 애착을 보존하는 것의 어려움은 더 늘어난 독립성과 자율성에
대한 새로운 욕구와 혼합된다. 성공적으로 협의된다면 이런 도전은 성장 촉
진의 기회가 된다. 그러나 부모가 자신의 양육 스타일을 수정할 수 없거나 청
소년이 자신의 정서를 효과적으로 조절할 수 없다면, 정상적인 발달을 위한
몸부림에서 더 나아가 애착 상처의 근원이 될 수 있다. 만성적 가족 역기능
또는 트라우마적인 사건과 같은 학대 경험은 이런 갈등을 더욱 악화시킨다.
이런 청소년들은 타인을 위험하고, 믿을 수 없으며, 의지할 수 없다고 보고,
자기 자신을 사랑과 안정의 가치가 없는 존재로 본다.

  이런 청소년은 더 많은 어려움을 경험하게 되지만, 도움이나 안내, 편안함
을 구할 대상은 아무도 없다. 가능한 생물학적 혹은 기질적 연약함과 더불어
이런 아동은 더 부정적인 귀인 유형, 형편없는 정서 조절, 낮은 충동 조절, 낮
은 자존감 그리고 삶의 기회에 대한 더 큰 절망감을 발달시킬 수 있다. 우울
한 청소년은 칭찬과 표현, 부정적 정서를 편하게 작업하는 것을 배우기보다
자신의 1차 정서에 대한 대처 전략들로 회피, 반추, 억압을 사용한다. 억압하
는 사람은 갈등을 피하고 정서를 부정하며 짧은 시간에 보다 적은 긍정적 정
서를 경험한다(Grice, 1975). 이러한 대처 유형은 청소년을 우울의 위험에 두
며, 한 번 발달된 우울을 강화시킨다(Yap et al., 2007).

  청소년이 더 우울해지면 부모는 종종 더 부정적인 감정으로 반응한다. 우
울한 청소년의 부모는 반응적이고 예민하기보다 거부적, 비난적, 애정 없는
통제와 낮은 지지로 특징지을 수 있다(Restifo & Bogels, 2009). 이런 양육 관례
는 자율성 발달을 억제하고, 약한 정서의 표현과 소통을 좌절시키며 협상과
문제 해결력을 약화시킨다(Sheeber, Davis, Leve, Hops, & Tildesley, 2007). 우
울한 청소년은 부모가 반응적일 것이라고 기대하기보다 자신을 지지하지 않
고 지나치게 통제하거나 방임적이라고(예: 무관심) 생각한다. 이런 가족에서
청소년의 정상적인 변화는 개인화를 연습하는 기회보다 정서적 상처, 거절,
갈등의 근원이 된다. 부정적 양육 행동의 위험은 부모가 신경학적 괴로움(예:

우울, 물질 남용)을 경험하거나 불안정 애착 유형을 가지고 있을 때 증가한다 (Essau, 2009).

우리가 제안한 프레임 작업은 청소년 우울의 대인관계이론(Gotlib & Hammen, 2009; Joiner & Coyne, 1999) 혹은 교류이론(Cicchetti & Toth, 1998)을 지지한다. 특이체질 스트레스 모델(Belsky & Pluess, 2009)처럼 이들 모델은 우울의 생물학적·기질적 혹은 인지적 요소를 무시하지는 않지만, 대신에 환경적 요소, 특히 가족관계가 아동의 대인관계적 그리고 개인 내적 강점과 연약함의 발달 과정을 형성하는 중요한 역할을 한다고 본다(Cummings & Davies, 2010). 특히 아동기에 애착이 부재한 환경은 아동이 자존감, 정서 조절과 더 유연성 있는 인지 전략을 만들 수 있는 기회를 약화시킨다. 청소년기의 스트레스 요소와 마주할 때 이런 결함은 청소년을 더 우울에 취약하게 만든다. 부모의 심리적 혹은 환경적 스트레스를 고려하면 문제를 악화시키는 방식으로 반응할지 모른다. 그래서 부모와 아이의 개인 내적 연약함은 자주 충돌하며, 자신과 타인에 대한 부정적 시각을 키우는 부정적 가족관계 패턴을 강화한다 (Sheeber & Sorensen, 1998). 이 부정적 증상의 순환(Micucci, 1998)이 청소년기 우울의 원인이나 연료가 된다(Yap et al., 2007).

9. 변화의 애착기반 가족치료이론

우리의 애착 관점을 고려하여 ABFT 치료사는 변화에 대해 어떻게 생각하는가? 우리의 주요 목표는 아이를 불안정 마음 상태에서 안정 마음 상태로 움직이는 것이다. 이것은 부모의 안정적 기반을 제공하는 능력에 대한 더 많은 자신감, 혹은 부모의 한계에 대한 더 나은 이해와 수용을 의미한다. 다시 말하지만, 메인(1995)은 이 과정을 획득된 안정성이라고 불렀다. 이는 부정적 가족 환경에서 자랐지만, 아마도 그들의 긍정적 삶의 경험(예: 좋은 결혼, 심리

치료) 혹은 탄력적 기질 때문에 이러한 부정적인 경험에서의 감정들을 이겨
내거나, 받아들이거나 혹은 해결한 사람들을 가리킨다. 이러한 과거의 부정
적 애착 경험의 해결은 개인이 성인으로서 더 대인관계적으로 만족스럽고 안
전하며 안정적인 관계를 선택하게 하는 자유를 주게 된다. 비록 획득된 안정
성의 과정은 애착이론가들에 의해 잘 설명되지 않지만, 그 개념은 많은 개인
심리치료 모델의 핵심 과정(현재에 더욱 적응적이고 다르게 행동함으로써 더 자
유로워지기 위해서, 과거의 사건이 어떻게 현재의 행동에 영향을 주는지 이해하는
것을 배우는 것)을 반영한다.

　개인치료와 마찬가지로 ABFT에서는 청소년이 자신이 인지한 애착 상처에
대해 더 논리 정연한 이해(예: 정서적으로 복잡하고 정확한 평가)를 갖도록 돕는
것을 목표로 한다. 하지만 우리는 부모와 상호 보완적인 작업도 하고 있다.
우리는 어떻게 부모의 현재 스트레스와 애착에 관련된 과거사가 그들의 양육
행동에 영향을 주었는지 이해하도록 돕는다. 자기와 타인의 애착 욕구를 인
식하며 청소년과 부모는 생산적인 애착 촉진 대화를 더 잘 준비한다. 그리고
우리는 그들이 함께 이 애착 불화를 작업하고 논의하도록 한다. 이 대화는 과
거의 갈등 혹은 현재의 문제를 해결하도록 할 뿐만 아니라, 청소년이 연약한
정서와 욕구를 표현하도록 하고 부모가 민감하게 곁에서 반응하는 교정적인

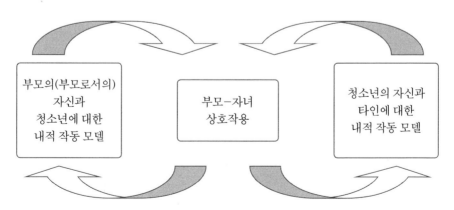

[그림 2-2] 변화의 교류 모델

애착 경험을 만들어 낸다. 부모와 청소년 사이의 긍정적이고 생산적인 교류 관계는 부모와 청소년이 가진 자기와 타인에 대한 모델을 수정하도록 촉진한다. 그래서 [그림 2-2]에서 보이듯 정신병리적인 교류 모델(Cicchetti & Toth, 1998)이 변화에 대한 교류 모델이 된다.

하지만 안정 애착을 회복하는 것은 힘든 과정이 될 수 있다. 이를 이루어 내기 위해 우리는 몇몇 다른 변화 기제와 개입 기법을 사용한다. ABFT에서 행하는 기법들에는 재정의, 정서 처리, 이야기 개발, 세대 간 탐색, 부모 교육과 실연 등이 있다. 하지만 기법은 초점의 단위가 아니다. 이것들이 우리의 치료 계획(예: 이번 주는 이것, 다음 주는 저것)을 만들지는 않는다. 이 기법들은 목적을 위한 수단이며 그 자체가 목적이 아니다.

ABFT에서는 치료 과제가 우리의 임상적 접근을 구성한다. 5개의 과제가 ABFT의 변화 과정을 위한 논리 혹은 청사진을 제공한다. 각 과제의 목표가 어떤 목적을 위해, 얼마나 오래, 우리가 기법을 사용하거나 기제를 촉진할지 결정한다. 이런 점에서 ABFT는 매주 다른 기술을 가르치는 교육체계 바탕의 기술 훈련 프로그램이 아니다. 치료사가 다양한 범위의 개입 중 아무것이나 사용하는 절충적인 모델도 아니다. 오히려 진정한 의미에서 ABFT는 일관적이고 핵심적인 이론적 체제를 바탕으로 기법과 전략의 사용을 조직하는 통합적인 모델이다(Palmer & Woolfe, 2003).

각각의 과제에서 몇몇 기법 혹은 전략(예: 정서적 자각 깊게 하기, 귀인에 도전하기, 새로운 문제 해결 기술 가르치기)이 동시에 혹은 순서대로 사용될 수 있다. 비록 많은 임상적 전략이 배경에서 혹은 촉진제로서 실행될 수 있지만, 각 과제는 자신의 주요한 과정, 목표 그리고 결과를 가지고 있다. 예를 들어, 우리는 항상 대화에서 정서적 톤과 깊이에 주의를 기울이지만, 재정의 과제에서 정서 처리는 그 자체가 목표가 아니라 치료 계약(예: 치료의 주요 목표로 관계 쌓기 정의하기)을 준비하기 위한 것이다. 반대로 애착 과제에서 관계적 상처를 치유하기 위한 정서 처리의 근본적 목표의 배경과 지지로서 관계적 재정의가 작동된다.

과제는 독립적이면서 상호 의존적인 치료 과정의 행렬이다(G. S. Diamond & Diamond, 2002). 각 과제는 독립적이면서도 서로 논리적 관계를 가지고 있다. 치료에서 추진력을 만드는 논리, 관계적 재정의를 받아들이지 않으면, 가족구성원은 치료의 초점에 대해 계속 의심을 갖게 된다. 청소년 동맹 과제가 애착 안정에 대한 희망을 살리지 않았다면, 청소년은 애착 과제에서 연약함을 드러내는 위험을 감수하지 않을 것이다. 부모 동맹 과제가 청소년의 애착 욕구에 대한 부모의 공감을 높이지 못할 때, 부모는 낮은 감정 이입과 반응성으로 애착 과제에 참여한다. 마지막으로, 애착 과제가 가족 사이에서 더 높은 안전성과 신뢰를 만들어 내지 못할 때 정상적인 청소년의 발달 과제를 협상하는 과정이 지속적으로 의심과 분노로 가득 차게 될 것이다. 이런 점에서 각각의 과제는 성공적으로 앞으로 나아가고, 전체 치료 목표를 성취하기 위해 반드시 완수되어 제자리에 놓여야 할 하나의 퍼즐 조각과 같다.

〈표 2-1〉에서 우리는 비록 단순하게나마 각 과제의 과정과 결과 목표를 요약했다. 재정의 과제의 주요 진행 목표는 가족구성원이 문제와 해결책을 정의하는 방식을 변화시키는 것이다. 처음 그들이 상담 현장으로 올 때, 그들은 우울에 집중한다. 그들이 떠날 때는 청소년과 부모의 관계를 재정립하고 증진시키는 것에 초점을 옮기게 된다. 초점을 옮기기 위한 이러한 의지는 우리가 애착 안정성에 대한 욕구와 이 재건 과정이 가능할 것이라는 희망을 회복하는 것이 요구된다. 이를 성취하기 위해 우리는 애착 불화를 치료 대화의 중심에 놓는다. 대인관계적 실패와 실망은 종종 청소년의 분노와 불신의 연료가 되고 애착 안정에 대한 그들의 관점을 형성하게 된다. 청소년과 부모 양쪽에서 이런 수준의 상처와 실망을 인정하는 것은 애착과 양육의 잃어버린 욕구를 발견하도록 한다. 처음에 관계적 부당함에 대한 청소년의 감정에 초점을 맞추는 것도 청소년이 치료 과정에 참여하도록 도울 수 있다(Liddle & Diamond, 1991). 재정의 과제는 많은 영역에서 진행되지만, 모두 결과 목표

표 2-1 과제별 과정과 결과 목표

과제	과정 목표	결과 목표	대략적인 회기의 수
관계적 재정의	가족구성원들이 문제와 해결책을 어떻게 보는지에 대한 귀인의 전환	관계중심치료에 참여할 것에 동의함	1
청소년 동맹	애착 내러티브에 대한 더 나은 이해	애착을 협상하려는 청소년의 바람과 의지를 소생시킴	2~4
부모 동맹	청소년의 부모 작동 모델과 그들의 양육 역할 전환	정서 코칭 기술을 획득함	2~3
애착 회복	애착 파열을 통해 작업할 대화에 참여	자신과 타인에 대한 관점을 교정하고 대인관계에서 신뢰를 회복함	1~3
자율성 증진	청소년이 가족-기반이 아닌 문제(우울, 학교, 떠오르는 자아정체성)들을 효과적으로 해결하도록 부모가 돕기	청소년 발달 협상으로 돌아옴	8~9

(증상 감소나 행동 관리보다 관계 만들기에 초점을 둔 치료에 모든 가족구성원이 한 부분으로 참여할 의지)를 이끌기 위한 것이다.

이 과제를 진행하기 위해 우리는 청소년이 애착 욕구와 불화에 대한 이해를 깊게 하고 확장할 수 있도록 작업한다. 청소년은 주요 양육자에 대한 기대를 만든 관계적 경험에 대해 이야기한다. 대부분 우울한 청소년은 애착 불화를 탐색할 능력이 거의 없다. 그들의 깊은 곳에 자리 잡은 슬픔, 실망 혹은 분노의 감정은 종종 인지되지 않거나 회피된다. 이 청소년들에게는 자신의 관심을 내면으로 돌리는 방법을 보여 주거나 가르쳐 준 사람이 없었다. 청소년과의 관계적 경험에 대한 대화는 관계 불화와 관련한 더 복잡한 세부사항과 기억을 찾도록 도우며, 청소년이 하는 이야기와 그와 관련된 느낌을 연결하고, 수용하며, 견딜 수 있도록 돕는다. 그리고 이런 경험에 더 많은 의미를 부여하는 반영적 과정을 촉진한다(Angus, Levitt, & Hardtke, 1999). 대화는 또한 청소년의 슬픔, 상처, 분노의 감정을 인정하고 정당화한다. 이야기가 더 일관성 있게 되면서(더 자세하게 기억되고, 감정이 더 편안해지고, 사건의 영향을 더 이해하게 되면서) 청소년의 애착에 대한 욕구와 회복될 수 있다는 희망이 되살아나게 된다.

부모와의 주요 과정(과제 3) 목표는 양육 본능을 되살리는 것이다. 양육 본능은 자신의 아이에게 돌봄과 보호를 제공하려는 본능을 말한다. 이를 이루기 위하여 우리는 부모가 자신의 애착 실망 혹은 상실에 대해 기억하도록 한다. 이 과정은 부모가 자신의 더 연약한 감정에 접촉하도록 하고 이런 경험이 한 인간, 배우자 그리고 부모로서 자신을 어떻게 만들었는지 한 걸음 떨어져 반추하는 능력을 키워 준다. 이 과정을 통해 또한 자녀의 비슷한 애착 실망과 필요에 대한 부모의 공감을 높인다. 이는 부모의 후회와 함께 때로는 죄책감의 정도를 증가시키며, 애착관계를 회복하려는 동기를 제공한다. 이 대화의 결과 목표는 청소년이 자각하는 애착 불화에 대한 생각과 느낌을 말하도록 돕는 정서 중심 양육 기술을 배우는 데 부모가 동의하도록 하는 것이다.

비록 과제 1~3이 그 자체로 치료적이지만, ABFT에서 변화의 중심 기제인 애착 과제 4의 준비로서의 역할도 한다. 치료적 대화의 초점 과제로 애착 내러티브를 이용하면서, 우리는 청소년이 연약하고 개인적인 생각과 느낌을 드러내고, 부모는 더 지지적이고, 인정하며, 보호적이 되도록 변화시키는 경험적 · 정서 자극적인 애착 촉진 관계를 치료 회기 내에서 설계한다. 치료적 대화는 과거 혹은 현재의 애착 불화에 대한 이해와 감정을 깊게 한다. 또한 내용적인 측면에서는 가족이 중요한 부정적 사건이나 과정을 원만하게 헤쳐 나갈 수 있도록 돕는다. 기술 발달 수준에서 이 과제는 정서 처리와 상호작용 문제해결 능력을 향상시킨다. 처리 과정 측면에서 봤을 때 이러한 대화는 안정 애착을 경험하는 순간의 역할을 한다. 부모가 반응적일 때, 부모에 대한 청소년의 부정적 기대가 부인되고 더 긍정적인 새로운 기대를 만들기 시작한다.

자율성 과제(과제 5)는 되살아난 안정 기반을 실제 테스트하는 시간이다. 과정의 목표는 청소년들의 자율성에 대해 규범적으로 협의하는 것이다. 이 단계에서 우리는 청소년이 부모와의 관계 밖에서 맞이하는 장애물들(예: 집의 규칙, 형제자매, 학교, 또래, 연인관계, 자기정체성)에 대해 이야기한다. 회복 중인 안정을 기반으로 목표를 수정하는 능력과 부모와 청소년의 동반관계가 되살아난다. 청소년은 애착을 희생시키지 않고 부모로부터 분리될 수 있다. 청소년기의 규범적 발달 과제를 성공적으로 절충하는 과정은 서로의 내부 모델을 연결하고, 협조적이면서도 자율성을 지지하며 수용해 주는 것으로 더욱 발전할 수 있다. 청소년이 나이를 먹어 가면서 부모의 역할에서는 아이의 문제를 해결해 주는 부분이 줄어들고, 성장의 과제들을 능숙하게 풀어나갈 수 있도록 지지하는 부분은 커져 간다. 이러한 부모의 기능 사이의 균형과 변화는 청소년의 능력과 필요에 의해 크게 좌우된다. 하지만 원하는 목표 결과는 부모가 함께해 줄 것이라는 청소년의 수정된 기대 정도와 나아가 통합하는 것이다. 부모와 청소년이 과거의 실망감과 기억을 공유하는 것도 하나의 방법이지만, 이러한 새로운 관계 기술을 위한 진정한 해결은 현재와 미래의 도전 과제를 함께 헤쳐 나가면서 가능하게 될 것이다.

10. 애착기반 가족치료에서 정서

　　변화와 관련된 ABFT 이론에 대한 논의는 치료에서 정서 처리의 역할에 대한 구체적인 관심 없이는 완료될 수 없다. 앞서 우리는 우울의 발달에서 정서 조절과 그것의 역할에 대한 몇몇 문헌을 검토했다. 우울에서 정서의 중요성을 고려하여 ABFT는 EFT가 그렇듯이 청소년과 부모의 정서 조절 능력을 넓혀 주는 것을 목표로 한다. ABFT는 스키마치료(Young, Klosko, & Weishaar, 2003)처럼 처음에는 애착 불화에서 나오는 정서에 초점을 맞춘다. 회피된 연약한 주요 애착 관련 정서를 확인하고 표현하는 것은 습관적이고 부적응적인 대인관계 전략과 내적 작동 모델을 변화시키는 데에 필수적이다. 내적 작동 모델을 수정하거나, 더 일관적인 자기와 타인에 대한 이야기를 만들기 위해서는 그동안 겪어 왔던 애착 상처에 대처하거나 방어하기 위해 진화된 복잡하게 얽힌 정서 구조를 풀어 놓을 필요가 있다.

　그러므로 ABFT의 주요 목표는 정서 처리를 향상시키는 것이다. 생산적인 정서 처리는 치료 회기에서 감정(예: 분노와 갈망)을 깨우고 유지하는 것, 청소년이 느끼는 감정을 말로 하도록 하는 것, 청소년이 상충하는 감정을 분류하고 수용하게 하는 것 그리고 정서 조절 능력(예: 마음을 닫거나 폭발하지 않고 원하는 것을 더 직접적으로 표현하는 것)의 향상을 돕는 것을 포함한다(Greenberg, 2002). 애착 불화와 연결된 감정은 돌봄과 연결에 대한 갈망과 더불어 상실, 분노, 슬픔, 가치 없음을 포함할 수 있다. 이런 감정에 접촉하는 것은 이런 연약한 정서가 수용받지 못하거나 거부될 수 있다는 공포와 불안을 만들 수도 있다. 래크먼(Rachman, 1990)은 두려움-걱정 연결망이 활성화되고 인식될 때 생산적인 처리가 발생한다고 주장했다. 우리는 회피하는 청소년들에 대한 대처 전략으로 회피의 사용을 줄이는 것을 목표로 한다. 몰두하는 청소년에게는 강한 정서를 더 잘 이해하고 잘 담을 수 있도록 정서적 발판을 마련하도록 한다. 생산적인 정서처리는 압도되거나 물러남 없이 청소년이 충족되지 않은 애착 욕구와 그에 따른 슬픔을 관용하도록 돕는다. 정서처리는 개인의 정서 중심의 경험적 치료 연구에서 생산적인 우울 감소나 아직 끝나지 않은 일의 해결과 연관이 있고(Greenberg Auszra, & Herrmann, 2007), 넓은 의미의 공포/불안 장애를 위한 인지행동치료에서 회피와 다른 증상의 감소와 연관이 있다(Foa, Huppert, & Cahill, 2006).

　정서처리의 필수 요소는 정서적 각성이다. 효과적인 정서의 활성화 없이 내담자가 정서의 의미를 완전히 탐색하기는 더 어려워진다. 효과적인 정서적 각성은 정서와 정서 인지 도식의 조절과 처리, 연관된 특정 신경체계(예:

편측 편도와 전대상피질)의 활성화를 위해 필요하다(Izard, 2011). 반면, 과잉 활성화는 새로운 정보를 추가하는 것을 실패로 이끌기도 한다(Foa et al., 2006). 이런 점에서 최상의 치료적 과정은 특정 수준의 각성과 불안을 활성화시키지만, 과정이 압도적이거나 다루기 힘들거나 혹은 겁을 주어서는 안 된다.

청소년이 자신의 내적 작동 모델의 논리(예: 관계에서 무엇을 기대하는지)를 더 인지하게 되고 어려운 감정을 더 잘 이해하고 처리할 수 있게 되면, 상호 교류 관계가 향상되고 관계에 대한 새로운 정보의 통합을 더 잘하게 된다. 또한 자신의 욕구와 동기를 이해하게 되면서, 부모의 욕구와 동기도 더 잘 인식하게 된다(예: "제가 원하는 방식은 아니지만 절 보호하려고 했던 것 같아요."). 부모의 행동에 대한 이런 확장된 시각은 청소년이 부모의 동기를 더 참을 만하다는 새로운 방식으로 여기게 한다. 청소년은 자신의 연약한 감정(예: 슬픔, 상처)을 더 잘 인식하고 관대해지면서 타인에게 편안함과 도움을 구하는 것을 덜 두려워하게 된다(Greenberg, 2011; Greenberg & Watson, 2005). 관계적인 상실과 슬픔을 맞이했을 때 적응적인 반응은 돌봄과 보호, 사랑받을 욕구에 대해 소통하고 도움을 구하는 것이다. 관계적인 측면에서 청소년의 이런 새로운 행동은 부모에게 더 효과적인 정서 중심의 양육을 끌어내는 경향이 있다.

안타깝게도 우리는 종종 치료사가 핵심적인 관계의 불화에 대해 이야기하는 것이 내담자를 화나게 하거나 당황하게 할 것이라 걱정하며, 긴장하거나 불편해하는 것을 본다. 하지만 우리의 경험에 따르면 사실상 그 반대다. 즉, 문제의 핵심에 빠르게 다다르지 않는 치료는 덜 참여적이며 피상적이라고 여겨진다. 애착은 안전과 신뢰가 촉진되거나 혹은 배신당하는 시작점이 된다. 많은 우울한 청소년에게 나머지 다른 것들은 신뢰의 핵심 불화에 대한 눈가림이며, 방어고, 행동화일 뿐이다. 애착 상처와 욕구는 치료 초기의 중심 주제가 되어야 한다. 그렇게 할 때 애착 그 자체의 구조에 대한 평가, 이해, 재검토를 불러일으킬 수 있다.

11. 결론

이 장에서 우리는 ABFT의 이론적 기틀을 제공했다. 이 책의 나머지는 이
이론적 기틀을 실행하는 것이다. 우리는 앞서 설명한 수정된 애착 경험을 촉
진하기 위한 단계별 경로를 제공한다. 다시 말하면, 우리는 많은 전형적인 도
전과 장애물에 이상적인 수행 지도를 제공할 것이다. 하지만 모든 가족이 자
신들만의 이야기를 한다. 치료사는 자신의 치료적 접근법을 끊임없이 변형
하고 조정하게 될 것이다. 이것을 효과적으로 하기 위해서는 치료사가 이 장
에 대한 핵심적 내용을 깊이 있게 이해하고 있어야만 하고, 그럼으로써 이론
과 의도를 바탕으로 순간순간에 적절한 적용이 가능해질 것이다.

제3장

과제 1: 관계적 재정의

상담을 받는 우울한 청소년이 있는 대부분의 가족은 청소년의 우울과 그와 연관된 부정적 행동들(예: "내 딸은 우울하고 항상 우리와 말다툼을 해요." "딸이 학교가 싫고 살아갈 가치가 없다고 해요.")을 어떻게 줄일 것인지에 대해 걱정하며, 치료가 청소년이나 증상 그 자체에 초점을 맞춰야 한다고 생각한다. 하지만 애착기반 가족치료(ABFT)에서는 증상 감소를 목표로 하면서도, 청소년과 부모 사이에 애착관계의 질을 높이는 것을 통해 이 목표를 이루려고 한다. 이에는 몇 가지 이유가 있다. 때때로 가족 갈등이나 부정적인 가족 간 대처 과정(예: 부모의 비난, 돌봄의 부족)은 우울의 주요한 이유로 나타난다. 아니면 과거 가족의 트라우마(예: 학대, 유기)가 우울의 원인이 되어 그것을 다룰 필요가 있을 수도 있다. 또 다른 경우에 우울의 주요한 원인이 가족의 외부에 있지만(예: 학교에서의 괴롭힘), 부모와 청소년 간에 형편없는 의사소통이 청소년에게 부모가 이런 어려움에 대처하는 자원이 되어 주는 것을 방해하기도 한다. 가족의 어떤 사건이나 대처 과정이 우울의 이유가 되거나 우울을 악화시키든 그렇지 않든 간에, ABFT의 첫 번째 목표는 가족 환경을 강화하여 청소년의 회복을 지원할 수 있도록 하는 것이다. 이런 관점에서 우리는 가족구성원이 치료의 첫 목표를 관계 만들기로 받아들이도록 설득한다.

관계적 재정의(relational reframe)는 치료적 초점을 우울에서 청소년-부모 관계를 개선하는 것으로 바뀌도록 한다. 재정의는 중요한 질문을 던진다. "당신의 자녀가 심한 우울함을 느꼈을 때, 왜 당신에게 도움이나 위로를 구하지 않았을까요?" 이 질문은 대화의 내용을 우울에서 관계로 전환시킨다. 많은 경우, 청소년-부모 관계로 초점을 전환시키는 것은 부모와 청소년 모두에게서 관계가 어떠했고 어떻게 될 수 있었는지에 대한 후회와 안타까운 느낌을 끌어낸다. 청소년은 마음속 깊이 보편적으로 나타나는 부모로부터 인정받고 싶은 욕구, 이해와 돌봄 보호를 받고 싶은 욕구를 마주하고 부모는 자신이 자녀를 효과적으로 보호하고 돌보지 못했음을 알아차린다. 동시에 이러한 청소년을 돌보고 보호하고자 하는 부모의 본능적 애착 욕구는 표면화되고, 치료 계획의 동기가 부여된다.

관계적 재정의는 난데없이 아무것도 없는 것에서 만들어지는 게 아니다. 우리는 주의 깊게 구성된 치료적 과제라는 맥락에서 그것을 실행하고 참여(joining)와 증상 평가, 과거의 배경에서 발생한 자료들을 모으며 시작한다. 그리고 나서 우리는 애착관계 질 자체의 평가에 초점을 둔다. "당신과 딸 사이를 멀어지게 만든 어떤 일이 있었나요?" 하지만 이 단계(거의 항상 첫 회기에서 발생함)에서 아직은 과거의 상처와 애착 손상을 완벽하게 살펴보지는 않는다. 오히려 불화의 존재를 확인하기 위한 정보를 구하고 그 결과로 신뢰와 안전이 상실되었음을 강조한다. 우리는 이 애착 주제를 슬픔, 실망, 외로움 같은 연약한 정서를 끌어내고 강조하기 위해 사용한다. 결국 이런 감정들은 가족구성원 간의 연결성과 더 의미 있는 관계에 대한 갈망을 되살린다.

더 나은 관계를 향한 가족의 욕구가 확인되면, 우리는 이 목표에 초점을 맞춘 치료 계약을 만들기 시작한다. 신뢰와 선의라는 바탕 없이, 부모는 자녀를 보호하거나 지도할 수 없으며, 청소년은 위로와 문제 해결을 위해 부모에게 손을 내밀지 않을 것이다. 이는 청소년을 더욱 고립되게 하고 우울하게 하며 그 결과로 인해 더 상처받기 쉽게 만든다. 따라서 우리는 초기 치료 목표로 관계 만들기를 제시한다. 관계 발달에 치료의 초점을 두는 것은 전체 치료의 기본 방향을 설정하며 이는 변화에 대한 우리의 기본 이론을 정의한다. 자녀가 당신이 반응적이고 함께한다고(available) 여길수록 힘든 시기에 우울에 빠지는 대신 지지와 위로, 문제 해결을 위해 더 적극적으로 당신을 찾을 것이다. 관계적 재정의도 치료 과제를 정의한다. 우리는 가족 간의 관계에서 신뢰를 깨트린 사건이나 대처에 대해 가족끼리 이야기하도록 도우면서 관계를 향상시키려고 한다. 이 치료 목표는 가족들을 사랑, 신뢰, 안정성에 대한 심오하고 삶을 변화시킬 만한 대화로 이끌면서 행동적인 갈등과 관리에 관한 비생산적인 언쟁은 피해 가도록 한다.

1. 관계적 재정의 과제의 구조

관계적 재정의 과제는 [그림 3-1]에 묘사되었듯이 세 단계로 구성된다. ① 가족에 참여하고 우울증 이해하기, ② 애착 주제로 전환하기, ③ 관계적 목표 합의하기가 그것이다. 각 단계는 가족구성원이 재구성을 포용할 수 있도록 직관적이고 논리적인 과정을 통해 진행한다. 단계 1에서는 각 가족구성원이 함께하기 위한 체계적인 전략을 제공하며, 현재 문제와 그 결과에 대해 짧고 간결하게 평가한다. 단계 2에서는 대화를 과거 사건에서 애착 주제와 더 중요하고 취약한 정서로 어떻게 초점을 전환할 것인지에 대한 개요를 그린다. 단계 3에서는 관계를 치유하고 향상시키는 것에 초점을 맞춘 치료 계약을 어떻게 만들 것인지 제안한다. 이 과제는 보통 부모와 청소년이 함께한 첫 회기에서 완성된다.

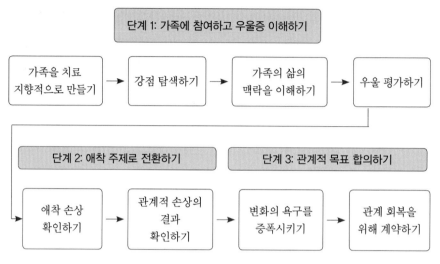

[그림 3-1] 치료사가 관계적 재정의 과제(과제 1)를 도모하기 위한 수행지도

2. 단계 1: 가족에 참여하고 우울증 이해하기

이 단계에는 많은 목적이 있다. 먼저, 우리는 가족이 상담치료 현장에 온다는 긴장감을 낮추고 안정감을 가지도록 돕는다. 처음 치료사를 만나는 것은 조심스럽거나 의심스러울 수 있다. 많은 가족에게 이것이 첫 치료 경험일 수 있다. 당황스럽거나 부끄러움을 느낄 수 있고, 어떤 가족구성원은 치료에 저항적이거나 무관심할 수도 있다. 어떤 부모들은 치료에 자녀를 끌고 와야 했으며, 어떤 부모들은 자신이 참석하는 것에 부담을 느낄 수 있다. 또 다른 가족들은 집에서 관계적 아픔이 고통스럽기 때문에 도움을 간절히 원한다. 어떤 경우든지 간에 초기에 가벼운 일상 대화는 가족구성원이 더 편안함과 안정감을 느끼고, 치료에 적응하도록 하며, 구조화와 방향을 제공함으로써 치료 과정을 이해하기 쉽도록 도와줄 수 있다.

치료사로서 우리는 너무 격식 없이 보이고 싶지는 않다. 농담, 놀리기나 장난은 가족구성원을 불쾌하게 하거나 치료사를 경솔하게 보이도록 할 수 있다. 그래서 일반적으로 치료사는 낙관적이고 쾌활하지만 너무 가벼워 보이는 것을 피하도록 한다. 하지만 치료사들은 각자 자신만의 방식을 찾아야 한다. 유머가 당신의 강점이라면 활용하되 단지 가족의 피드백에 주의를 기울여라. 치료사는 가족의 스타일, 문화, 요구에 맞추기 위해 자신의 기술, 스타일과 전략을 유연하게 적용해야 한다. 일반적인 원칙은 치료사가 각각 가족 구성원에게 다가가고 편하게 해 줄 책임이 있다는 것이다. 이곳은 치료사의 집이고 가족은 손님이다. 치료사는 친해지기 위해 노력해야 한다. 각기 다른 가족구성원과 친해지기 위해 우리의 다른 모습을 사용할 필요가 있을지도 모른다. 이런 식으로 우리는 각 가족구성원과 관계를 발달시키기 위한 유연성, 연민, 진정한 욕구를 모델화하기 시작했다.

1) 가족을 치료 지향적으로 만들기

우리는 이 모델에 우리의 리더십과 자신감을 내보이며 첫 회기를 시작한다. 가족들은 도움을 구하며 치료에 온다. 내담자는 방황하고 있고 절망적으로 느끼며 스스로 문제를 해결할 수 없을 것 같은 상황에서 상담 현장으로 온다. 우리는 그들의 아픔을 담아내고 그들에게 성장의 길을 제공하기를 원한다. 아이에게 안전을 제공하는 어머니처럼, 치료사는 가족에게 안전과 보호를 제공해야 한다. 비록 치료사는 변화를 위해 가족구성원에게 큰 책임을 두지만, 우리는 분명한 치료 계획과 구조를 제공해야 한다. 치료사는 우리의 목표를 어떻게 이룰지에 대한 이론적 기틀과 길잡이가 있고, 따라서 애착 회복이 우리의 첫 번째 치료 목표임을 알고 있다. 우리는 가족들이 치료에서 꺼내어 놓는 이야기를 정리하는 데 그것을 사용한다. 이렇게 시작하는 것은 바로 치료사의 리더십, 자신감과 능숙함을 증명하게 한다. 첫 회기는 전형적으로 다음과 같은 종류의 서술로 시작한다.

안녕하세요, 여러분. 오늘 이렇게 와 주셔서 감사합니다. [청소년에게] 너도 알겠지만 어머니와 전화로 이야기했고 너에 대한 걱정이 무엇인지 알게 됐어. 하지만 오늘은 여러분 모두에게서 듣고 싶습니다. 제 이름은 수잔 레비이며 이 병원에서 일하는 심리학자입니다. 여러분 같은 가족들을 몇 년 동안 만나 왔으며, 저는 특히 우울을 느끼는 청소년과의 작업에 관심이 있고 그에 대한 전문가이기 때문에 도움이 될 수 있다고 생각합니다. [반응 혹은 질문의 시간을 준다.]

우리가 시작하기 전에 제가 어떻게 상담을 할지 잠깐 설명하겠습니다. 이것은 상대적으로 간결한 치료법인데 우린 약 16주 정도를 함께할 것입니다. 종결 무렵에 상담 시간이 좀 더 필요한지 함께 이야기할 수도 있습니다. 하지만 우리가 열심히 하고 여러분이 매주 온다면 많은 것을 해낼 수 있을 것입니다. [반응이나 질문을 위해 멈춘다.] 때때로 전체 가족이 만나고, 가끔은 저와 개인적으로도 볼 것입니다. 아마도 [청소년에게] 다음 주에 너랑 둘이 만나고 그다음 주에 [부모에게] 두 분을 함께 보고 싶습니다. 이런 식으로 제가 여러분을 더 잘 알게 될 수 있게 되고 몇 가지 작업을 함께할 수 있습니다. 그리고 일반적으로 전체 가족이 몇 회기를 함께할 것입니다. 그 후에 우리가 작업했던 것들을 바탕으로 계획을 만들 것입니다. 우리가 단 둘이 만날 때 한 상담은 비밀 보장이 됩니다. [필요하다면 몇 번 반복한다.] 하지만 저의 목표는 여러분 모두 서로 더 솔직하고 열린 대화를 하는 것임을 알아 주세요. 그래서 이 우울을 제어하기 위해 논의되어야 하고 중요하다고 느끼는 주제들을 우리 모두가 있는 회기에서 서로 함께 이야기할 수 있도록 제가 여러분을 격려할 것입니다. 여기에 질문 있나요? [질문과 걱정에 대해 다룬다.]

오늘은 여러분 각자에 대해 조금 알 수 있도록 시간을 쓰고 싶습니다. 뭘 하는지, 흥미나 취미는 무엇인지, 그리고 여러분이 어떻게 느끼고 있었는지에 대해 더 질문할 것입니다. [청소년에게] 최근에 꽤나 슬프고 우울했던 거 같은데? [언어적 · 비언어적 반응을 살펴본다.] 거기에 대해 여러분에게 묻고 제가 도울 수 있는 다른 문제들이 있는지 보고 싶습니다. 오늘 상담 마지막에는 제가 느낀 몇 가지 문제점을 정리하겠습니다. 그리고 우리가 여기서 무슨 작업을 할지 계획할 수 있을 것입니다. 치료의 구성에 대해 어떤 질문 있으신가요? [가족이 질문이 있다면 짧고 유용한 답을 하지만 이 시점에 문제에 대해 어떤 논의를 시작하는 것은 막는다.] [청소년에게] 조니, 너에 대해 이야기해 줄래? 뭘 하는 게 즐겁니?

2) 강점 탐색하기

치료사의 소개 이후 가족구성원에 대해 더 알게 되기 시작한다. 누구와 먼저 이야기할 것인가는 때때로 민감한 결정사항이다. 우리는 최선의 판단을 하며 특별히 관찰되는 것이 없다면 종종 청소년부터 시작한다. 부모를 무시하고 싶지는 않지만 청소년을 참여시키기 위한 우리의 헌신을 보여 주고 싶다. 전통적인 구조적(structural) 가족치료에서는 부모의 위계 위치를 지지하면서 시작하는 것이 중요하다. 하지만 하워드 리들(Howard Liddle)(예: 2002; Liddle & Diamond, 1991)은 치료의 참여와 진행을 위해 청소년과 함께하고, 치료에 그들을 위한 무언가가 있다고 느끼게 해 주는 것이 필수적임을 깨닫게 해 주었다.

이 단계에서 치료사는 긍정적인 것들—강점, 성취, 청소년을 자랑스럽게 하는 행동들—을 찾는다. 취미나 재능, 친구들에 대해, 필요하다면 좋아하는 음악이나 영화 같은 간단한 것들도 물어본다. 청소년기 삶의 환경을 더 잘 이해하기 위해, 어떤 학교에 다니고 어떤 동아리나 단체에 속해 있는지 물어본다. 목표는 가벼운 마음을 유지하고, 대화를 재미있거나 최소한 편안하게 하여 문제에 주목하게 되는 것을 피하는 것이다. 우리는 가족에게서 잊었거나 무시당했던 강점과 개성을 확인하는 데 주력한다. 이는 특히 우울이 삶을 통제하는 청소년들에게 중요하며, 당연하게도 모두가 과하게 문제에 초점을 맞추고 있다. 미쿠치(Micucci, 1998)가 설명했듯이, 증상이 심해지고 갈등이 깊어지면 부모는 점점 청소년의 문제에 초점을 맞추며 자녀 삶의 다른 요소를 잊거나 무시한다. 우리는 청소년의 이 다른 요소에 다시 초점을 맞추려고 하며, 강점을 확인하고 만들며 증폭시켜서 나중에 성장을 촉진하는 데 활용할 것이다.

우리는 부모에게 자주 청소년의 장점에 대한 그들의 관점을 물어보는데, 여기에는 다양한 목표가 있다. 한 측면에서 이것은 가족구성원 간에 간단한 긍정적 순간을 만드는 역할을 한다. 다른 측면에서 우리는 그 과정을 관찰하려 한다. 가족이 긍정적인 대화를 하고 최소한 그 순간의 친밀감을 가질 수 있는가? 부모가 청소년보다 더 노력하는가, 혹은 그 반대인가? 부모가 사려 깊고 반영적일 수 있는가? 부모가 자신의 분노나 절망을 뒤로하고 청소년의 긍정적인 측면을 볼 수 있는가? 부모는 심리적으로 얼마나 엄격하거나 유연한가? 만약 그 순간이 잘 진행되지 않는다면 빠르게 대화의 방향을 재조정한다. 우리는 치료의 이 단계에서 부정적인 효과를 만들거나 공감에 실패하도록 하고 싶지 않다.

3) 가족의 삶의 맥락 이해하기

함께하기의 한 부분으로 부모 삶의 일반적 맥락에 대한 이해도 우리의 목표다. 어디에 사는가? 집에 누가 사는가? 사는 곳의 이웃은 어떤가? 근처에 친척들이 있는가? 그들이 자녀의 삶에 어느 정도 간섭하는가? 부모의 직업은 무엇인가? 교회, 성당, 절에 다니는가? 소득 수준이 낮은 가족과 작업할 때, 경제적 어려움에도 불구하고 좋은 삶을 사는 그들의 능력을 존중하거나 혹은 그들의 어려움에 공감할 수도 있다. 이민자 가족과 작업할 때, 출신 국가를 물어보고 어떻게 부모가 이민 결심을 했는지 물어볼 수 있다. 혼혈 가족과 작

업할 때, 이에 대해 언급하고 약간 탐색한 뒤 이후의 회기에 다시 얘기할 만
한 주제로 강조할 수 있다. 게이나 레즈비언 커플 혹은 부모가 게이, 레즈비
언, 양성애자거나 청소년이 성전환자일 때, 우리는 이것이 그들의 삶과 관계
에 미친 영향에 대해 물어볼 수 있다. 목표는 이런 이슈에 대한 긴 대화를 여
는 것이 아니라 이런 어려움에 대해 치료사로서 민감성을 가지고 치료에서
이런 주제를 이야기할 의지를 보여 주는 것이다. 이런 질문들은 가족구성원
이 그들이 살고 있는 세상에 대해 이야기하도록 해 준다.

맥락을 이해하는 것에 더해, 우리는 나중에 치료를 보조할 수 있는 활동, 은
유, 주제를 찾는다. 어머니가 재봉사라면 약한 바느질이나 너무 딱 맞는 맞춤
정장의 은유를 사용하는 것은 치료사가 후에 상담 작업에서 치료적 주제를
분명히 하는 데 도움이 될 수 있다. 이와 비슷하게, 청소년에게 일터가 될 수
도 있는 정비소를 아버지가 운영하고 있다는 것을 알게 될 수 있다. 아니면 청
소년이 농구를 했고 아직도 학교 팀에 들고 싶은 마음이 있다는 것을 듣게 될
수도 있다. 이 목표는 치료의 후반기에 자율성 과제로 이끌 수 있다.

(1) 관계 관찰하기

참여(joining) 단계는 우리에게 가족이 서로 어떻게 교류하는지 관찰할 수
있는 기회를 처음으로 준다. 빠르게 주제를 벗어나는가, 아니면 충돌 없이 긍
정적인 것에 대해 이야기할 수 있는가? 한 부모가 다른 쪽을 대신 말하는가?
청소년이 부모의 설명에 너무 쉽게 굴복하는가, 아니면 자기 목소리를 내는
가? 청소년이 자신을 잘 표현하는가? 부모가 아이 말을 잘 듣는가? 물론 우울
이 청소년을 침묵하게 할 수 있다. 그래도 청소년이 자신을 표현하려고 시도
할 때 가족이 어떻게 반응하는지 확인하는 것은 유용하다. 가족구성원 각자
가 자신의 의견이 존중받고 인정받음을 느끼는 정리된 대화를 할 수 있는가?
가족구성원이 얼마나 의존적인가, 또는 독립적인가? 이 시점에서 이런 과정
에 주목하거나 그러지 않을 수도 있지만, 이것을 당연히 관찰해야 할 것이며

우리의 사례개념화와 치료 계획에 이 정보를 포함할 것이다.

(2) 돌발 상황 피하기

　우리는 가족에게 영향을 주지만 가족들이 종종 우리에게 말하는 것을 잊어버리는 중요한 삶의 환경에 대해 확인한다. 가족들은 이런 어려움에 대해 말하기 곤란해하거나(예: 엄마가 암 치료를 받고 있음) 익숙해져 있을 수 있다(예: 아픈 할아버지가 같이 살고 있음). 가족구성원들은 종종 이런 스트레스 요인이 추가적인 가족 스트레스를 일으켜 직간접적으로 우울에 기여하는 경로를 과소평가한다. 우리는 나중에 정서 중심의 재구성 과정에서 이러한 것들을 뒤늦게 알게 되기보다는, 지금 이러한 종류의 사건이나 주변 환경에 대해 공유하길 원한다. 관계 손상과 연관된 정서에 깊게 들어가고 있는데, 갑자기 청소년이 지난 달 체포되었다는 이야기가 대두되어 치료 과정이 방해받는 것은 원치 않는다. 이는 우리의 초점을 흐트러뜨리기 때문이다. 그래서 참여 단계는 다음과 같은 일반적인 질문으로 자주 마무리한다. "제가 가족에 대해 알아야 할 다른 중요한 것들이 있을까요? 모두 건강한가요? 제가 알아야 할 다른 가족 스트레스 요인이 있을까요?"

　참여는 중요하지만 일반적으로 짧고, 약 10~15분 정도 소요된다. 내용과 과정은 중요하다. 치료사로서 우리는 자신에게 묻는다. 전체적인 그림이 그려지는가? 최근 주요한 삶의 사건을 확인했는가? 가족구성원의 긴장이 좀 더 풀렸고 의심이 줄어들어 보이는가? 말하자면 참여는 그저 사람들을 편안하게 하는 것이 아니다. 다음 하위 과제인 현재 문제 이해하기로 이동하기 전에 가족 삶의 환경에 대한 좀 더 폭넓은 개관을 갖는 것이다.

4) 우울 평가하기

이 하위 과제에서 대화는 증상에서 체계로, 체계에서 관계로의 진행을 따른다. 이런 틀은 사람들을 정돈되고 집중하게 한다. 이 영역을 넘는 새로운 정보가 새로운 질문을 불러일으키는 것은 당연하다. 융통성이 없으면 안 되지만 산만해서도 안 된다. ABFT에서 하나의 중요한 원칙은 비록 진행 중에 계획을 수정할 필요가 있더라도 치료사가 계획을 가지고 있는 것임을 기억하라.

다음 20~30분의 회기 동안 중요한 사항의 대부분을 확인하기 위해 우리는 〈표 3-1〉의 질문을 일반적인 가이드라인으로 사용한다. 이런 질문들은 반드시 필요하거나 확정적인 것이 아니며 다른 질문이 갑자기 떠오를 수도 있다.

표 3-1 현재 문제 이해하기

증상 수준
- 청소년이 얼마나 오랫동안 우울했나요?
- 청소년이 어떤 증상들을 가지고 있나요?
- 언제가 최악의 시기였나요?
- 청소년이 자살 사고를 느낀 적이 있나요?
- 우울이 청소년의 삶을 얼마나 악화시켰나요? (학교, 집, 친구)
- 청소년이 다른 심리적 괴로움을 경험하고 있나요? (예: 불안, 외상 후 스트레스장애, 약물 남용, 주의력결핍 과잉행동장애)
- 있었다면 전에 어떤 치료들을 받았나요?
- 우울증에 어떤 종류라도 약을 복용한 적이 있나요? 있다면 무슨 약을 누가 처방해 주었나요?

체계 수준
- 청소년은 우울의 원인을 어떻게 이해하고 있나요?
- 부모가 우울증에 어떤 기여를 했을까요?
- 우울이 청소년의 학교 수행에 어떤 영향을 미쳤고, 학교 수행은 우울증에 어떤 영향을 미쳤을까요?

- 부모가 학교 직원과 소통하고 있나요? 전에 심리학적 혹은 신경학적 검사를 한 적이 있나요? (있다면 보고서를 요청함)
- 소년법원이나 사회복지시스템이 관련되어 있나요? 있다면 이름이 무엇인가요?
- 누가 가족에게 치료를 알려 주었나요? 그 사람과의 관계는 무엇인가요?
- 청소년의 담당의가 문제를 알고 있나요?
- 부모가 자신의 심리적 문제로 괴로웠던 적이 있나요? (예: 우울, 불안, 알코올 혹은 약 남용)
- 우울에서 가족을 돕기 위해 다른 성인이 관련되었나요? (예: 가족구성원, 이웃, 교회 사람들)

관계적 묘사
- 우울이 가족에게 어떻게 영향을 끼쳤나요?
- 각 가족구성원은 우울에 어떻게 반응했나요?
- 우울이 청소년의 또래관계나 가족 밖의 활동에 어떻게 영향을 끼쳤나요?

특히 부모에게
- 아이의 우울이 가족에 어떤 영향을 주었나요?
- 당신의 아이가 이렇게 느낄 때 당신은 어떻게 느꼈나요?
- 아이를 돕기 위해 무엇을 했나요? 그것이 도움이 되었나요?
- 가족 중에 누가 이 문제에 최선으로 혹은 최악으로 대처하나요?
- 이 문제를 어떻게 다룰지에 대해 책임 있는 성인들이 서로 동의하고 있나요?
- 청소년이 모든 성인과 친구에게 많은 어려움을 가지고 있나요? (예: 어머니 대 아버지, 부모 대 형제자매/선생님)

완전한 생물심리사회적 평가를 위해 더 많은 정보가 필요할 수 있지만, 이 질문들은 우울의 맥락에서 우울을 이해하려 할 때 필수적인 질문들이다.

(1) 증상의 역사 이해하기

이 단계를 시작하기 위해 우린 다음과 같은 이야기를 하며 의도적으로 화제를 전환한다.

좋습니다. 여러분의 삶에 대해 공유해 주신 것에 감사드립니다. 저는 앞으로 몇 주 동안 여러분에 대해 더 잘 알게 되기를 바랍니다. 하지만 이제 여러분이 상담에 오게 된 이유에 대해 이야기해 봅시다. 전화로 어머님이 말해 준 것에 따르면 네가 오랫동안 꽤 우울했던 거 같은데 이거에 대해 좀 더 말해 줄 수 있겠니?

누구에게 먼저 이야기해야 한다는 규칙은 없지만 우리는 주로 청소년부터 시작한다. 우리는 청소년이 자신을 나타낼 책임을 갖기를 바라며, 자신보다 부모가 자신에 대해 더 잘 이해하고 있다는 생각을 영구화하지 않길 바란다. 그래서 청소년의 성숙함을 장려하는 움직임이 부모에게 소외감을 느끼게 하는 것이 아니라면 우리의 치료 목표에 부합한다.

(2) 치료의 역사 이해하기

우울의 역사에 대해 더 잘 이해하게 된 후에, 과거 치료 경험에 대해 물어본다. 우리의 청소년 중 다수가 많은 치료 경험을 거쳤고 다양한 수준에서 성공을 이루었다. 그들이 어떤 치료사를 좋아했고 누구를 싫어했는지, 그 이유는 무엇이었는지 물어볼 수 있다. 이는 어떻게 청소년과 최선의 방법으로 함께할 것인지에 대한 단서를 주고, 청소년이 이번에는 다른 마음가짐으로 치료에 참여하도록 초대하는 도입부가 된다.

그래, 난 이 치료가 지난번과 달랐으면 좋겠다. 그때 넌 겨우 열 살이었고 그 선생님을 싫어했을 수 있어. 하지만 이제 넌 열여섯이고 더 이상 어린아이가 아니지. 우리가 어떤 것이든 이루기 위해서는 이 치료에서 네가 목소리를 내야 해. 알겠니? 때때로 내가 어머님에게 동의하고 어머니 편을 드는 것처럼 보일 수 있어. 하지만 그게 내가 널 잊었다는 건 아니야. 난 네가 원하는 방식으로 삶을 살 수 있도록 네 삶에서 몇몇 문제를 해결하는 걸 돕고 싶

어. 이해되니? 괜찮겠어? [필요하다면 토의한다.]

이 문단은 치료의 몇 가지 원칙을 반영한다. 첫째, 청소년과 하는 가족치료에서 우리는 가혹한 권위자나 오직 부모의 뜻과 목표만 지지하는 치료사가 아닌 청소년의 동맹이 되고 싶다. 둘째, 우리는 청소년이 이 치료의 목표와 과정을 만들도록 돕기를 바란다. 우울한 청소년은 자신의 목소리를 잃어버렸고, 갈등을 피하며, 부당함을 표현할 권리가 있다고 느끼지 않는다. 우리는 청소년들이 목소리를 내고 치료의 방향에 더 책임을 지도록 권한을 준다. 셋째, 비록 어떤 청소년들은 목소리를 낼 수 있지만, 많은 경우 조절되지 않은 방식으로 한다. 결과적으로 부모는 청소년의 말을 듣거나 진지하게 여기지 않는다. 과제 2에서 이런 개념들을 더 발달시킬 것이지만, 이런 주제들은 치료의 초기부터 접근 방식의 지침이 된다.

(3) 치료에 대한 청소년의 목표와 기대 이해하기

우리는 자주 청소년에게 치료에서 무엇을 얻고 싶은지 물어본다. 그들의 대답은 중요한 진단적 정보를 제공한다. 청소년이 어떤 말이든 할 수 있는가? 자신에 대한 어떤 희망이 있는가? 우울을 핵심 문제로 파악하고 극복하고자 하는 의지를 표현하는가? 치료가 필요함을 거부하고 삶이 괜찮다고 말하는가? 치료 목표(예: 집에서 더 큰 자유)를 가지고 있다면, 우리는 이를 전반적인 치료 프레임에 더할 수도 있다. "내 생각에 부모님이 너를 더 잘 알고 좀 더 신뢰하게 되면 너에게 더 많은 자유를 줄 수 있을 거 같아."

(4) 우울의 원인에 대한 귀인 이해하기

역사적 초점에서 애착 초점으로 전환하는 한 가지 방법은 무엇이 우울을 야기했는지에 대한 가족구성원들의 설명 모델을 평가하는 것이다. 이는 정보 수집에서 정보 해석으로 전환하는 과정을 시작하게 한다. 치료사는 무엇이 일어났는지보다 왜 문제가 발생했는지에 더 흥미를 보이기 시작한다. 이는 이해를 위한 중요한 포인트다. 사람들이 문제를 설명하는 방법은 문제에 어떻게 반응하거나 대응할 것인지를 부분적으로 결정한다(Grych & Fincham, 1990). 설명 모델은 그 사람의 변화이론(예: 생물학적 문제는 생물학적 대응을 요구한다)에도 영향을 준다.

가족구성원의 우울에 대한 평상시 귀인은 굉장히 다양할 수 있다. 어떤 부모는 우울이 가족구성원으로부터 물려받은 생물학적 혹은 유전적 결과라고 생각한다. "그 애 아빠가 우울했어요. 애가 아빠와 똑같네요." 어떤 부모는 우울이 환경적 사건의 역사로 인한 스트레스라고 생각한다. "그 애에게 문제는 학교 과제와 괴롭힘이었어요. 그게 피해를 주었어요." 다른 부모는 그것이 규범적이거나 최소한 청소년기에 피할 수 없는 부분이라고 본다. "모든 청소년이 조금 우울하지 않나요? 그렇게 성장하는 거예요." 청소년도 비슷한 범위의 설명을 할 수 있지만, 청소년들은 우울을 좀 더 가족의 문제(갈등, 통제하거나 거부하는 부모)로 귀인하는 경향이 있다. 분명히 각 가족구성원은 우울에 대한 다양한 설명을 가질 수 있다. 치료사로서 우리는 어떤 귀인이 우리의 관계적 틀을 억제하거나 촉진할지 스스로 물어봐야 한다.

예를 들어, 어떤 부모는 문제에 대한 책임을 피하기 위해 유전적이거나 생물학적 시각을 사용한다. 생물학적 문제는 생물학적 해결책을 필요로 한다. 반면, 의학적 모델은 부모에게서 참을성과 지지를 만들어 낼 수 있다. '아픈' 아동은 '나쁜' 아이에 비해 더 동정과 지지를 받는다. 우울에 발달적 혹은 스트레스 기반적 시각을 가진 부모는 환경 혹은 맥락의 변화가 회복에 기여할 것임을 더 기꺼이 받아들인다. 반면, 부모는 이 시점을 남이나 환경(예: 아이의 학교 친구)을 탓하기 위해 사용하고 우울에 대한 어떤 개인적 책임도 부인할 수 있다. 이런 관점에서 부모와 청소년의 무엇이 우울을 야기했는지에 대한 귀인은 우리의 치료 목표에 자산이 되거나 혹은 방해가 될 수 있다. 따라서 우리는 재구성 과정에 가까워질수록 가족구성원의 설명 모델을 이해해야 한다.

우리는 가족 내에서 일어나는 문제에 대해 많이 이야기했습니다. 저는 상황이 얼마나 힘들었는지에 대한 꽤 괜찮은 기본적인 배경을 알게 된 것 같습니다. 약간 초점을 바꿔 보겠습니다. 저는 여러분이 우울의 원인이 뭐라고 생각하는지 궁금합니다. 여기 앉아 이에 대해 같이 이야기하면서 [부모에게] 왜 이런 일이 생겼다고 생각하세요? 스스로에게 뭐라고 설명하시나요?

초기에는 이런 귀인을 바꾸거나 직면하는 것을 피하도록 한다. 우리는 그저 그것을 이해하고 우리가 무엇을 상대하고 있는지 알려고 한다. 부모가 자신이 우울을 야기하거나 완화하는 어떤 역할을 하고 있다고 믿는가? 청소년이 우울을 극복하거나 바꿀 수 없는 것으로 보거나, 자신 혹은 타인을 비난하는가? 다음은 이런 대화가 어떻게 진행될지에 대한 예다.

치료사: 네, 아버님이 이것을 어떻게 보는지 말씀해 주시겠어요? 왜 따님이 이런 문제를 가지고 있다고 생각하시나요?

아버지: 음, 선생님이 말했듯이, 저는 딸이 몇 년 동안 매우 우울했다고 생각합니다.

치료사: 네, 맞습니다. 우리가 이야기한 것에 따르면 그렇습니다. 그리고 아버님께서 얼마나 걱정하시는지 알 수 있습니다. 하지만 이걸 어떻게 설명할지 말씀해 주세요. 무엇이 따님의 우울을 야기했다고 생각하세요?

아버지: 음…… 아…… 의사가 딸이 저와 같다고 말했던 거 같습니다. 저는 우울로 괴로웠고 지금은 딸이 그러네요.

치료사: 그게 무슨 뜻인가요?

아버지: 음…… 딸이 내 유전자를 가지고 있고 이제 자신이 우울을 가지고 있네요.

치료사: 알겠습니다. 딸이 우울한 한 이유는 생물학적 성향 때문이군요. 당

신의 우울 유전자를 물려받았으니까요.

아버지: 네…… 아닌가요?

치료사: 그게 확실히 이유가 될 수 있습니다. 우울을 일으키거나 기여한 다른 것은 무엇이 있나요?

아버지: 이혼이 도움이 되진 않았던 같아요.

치료사: 무슨 뜻이죠?

아버지: 아, 제가 이혼할 때, 모든 게 힘들어졌고 이게 딸을 많이 화나게 했을 것 같습니다.

치료사: 그때가 우울이 시작됐을 즈음인가요?

아버지: 훨씬 나빠졌다고 하겠습니다.

치료사: 그래서 딸의 생물학적 취약성과 이혼, 전 배우자와의 갈등이 딸의 우울에 영향을 줬다고 생각하시는군요.

아버지: 네, 맞는 거 같아요.

치료사: 네, 때때로 우울은 복잡할 수 있습니다. 가끔은 아이가 우울에 취약성을 가지고 있지만, 삶이 잘 흘러가는 한 억제될 수 있습니다. 하지만 부부의 이혼과 같은 스트레스 상황에서 그게 다시 나오기 시작하지요. 맞을까요?

아버지: 음, 딸에게 묻는 게 더 나을 거 같아요. 모든 문제를 제 탓이라 하니까요.

각 가족구성원이 다른 귀인을 가질 수 있기 때문에 설명 모델은 사람이 많은 치료에서 더 복잡해질 수 있다. 예를 들어, 부모와 청소년은 종종 다른 시각을 가지고 있다. 때때로 부모는 우울의 원인이 생물학적(청소년 내적 요인)이라고 생각하는데, 청소년은 환경(청소년 외적 요인)에 의해 생겼다고 생각할 수 있다. 드물지 않게 부모가 서로의 설명 모델에 동의하지 않기도 한다. 한 부모는 아들이 그저 게으르거나 혹은 그러한 시기에 있다고 말할 수 있지만, 다른 부모는 역시 우울증이 있던 할머니에게서 비롯되었다고 말할 수 있다. 문제의 귀인은 종종 상황 변화를 위해 무엇이 필요한지에 대한 한 사람의 변화이론을 보여 주기 때문에 이런 부모의 차이는 치료에서 생길 부모의 잠재적 갈등을 나타낼 수도 있다.

작업에서 우리는 앞의 대화에서 볼 수 있듯이 가족구성원의 설명 모델을 확장하거나 그것에 의문을 던진다. 때때로 우리는 양쪽이 긴장의 요점을 확인하거나 말싸움을 줄일 수 있도록 부딪히는 시각을 구체화한다.

> 잠깐만요, 부모님. 두 분 모두 아드님을 사랑한다는 건 분명합니다. 그 사실에 대해 시시비비를 가리고 계신 건 아니에요. 두 분은 우울에 대한 서로 다른 이유를 가지고 있고 그것이 아들을 어떻게 도울지에 대한 다른 생각으로 이끌고 있는 것 같네요.

전형적으로, 우리는 결국 생물학, 발달과 환경 요소를 포함한 일반적인 취약성 스트레스 모델을 설명하며, 우울에 대한 간단한 심리교육을 제공한다 (제2장 참조). 이는 적절할 때 우리가 이 모든 영역에 개입할 수 있도록 해 준다.

하지만 이 부분에서 주목적은 가족구성원의 귀인 모델이 관계적 재정의 과정을 지지할 것인지 또는 망칠 것인지 이해하는 것이다. 우리는 그들의 실제 우울 모델이 생물학적인지, 기질적인지, 혹은 사회적이거나 관계적인지 알고 싶다. 그리고 그들의 설명이 변화를 위한 관계이론과 공존할 수 있는지 확인해야 한다. 어떤 부모는 약 처방만 원하며 자신들이 치료의 한 부분이 되는 것을 거부한다. 어떤 부모는 아이가 약이 필요하다고 생각하지만, 가족 갈등이 우울에 기여함을 인정한다. 어떤 가족구성원이 더 환경적이고 대인관계적인 우울이론을 취하느냐에 따라 관계적 해결책을 수용하는 경향이 더 높아진다. 우리는 아직 이 시점에서 이런 주장을 강요하지 않을 것이다. 우리에게는 더 강력한 수단들이 남아 있다. 하지만 다음 회기를 대비해 관계적인 난점이나 강점에 대해 강조할 것이다.

(5) 대화의 과정 관찰하기

지금까지 평가 단계의 내용에 초점을 맞춰 왔다. 하지만 이 대화의 과정을 관찰하는 것도 그만큼 중요할 수 있다. 가족구성원 간의 대화가 서로 존중하고 예의 바른가, 아니면 거칠고 긴장감 넘치는가? 부모가 아이의 시각에 관심이 있는가, 아니면 비판적이고 통제적이며 강제적이고 무시하는가? 청소년이 자신의 목소리를 낼 수 있는가, 아니면 미성숙하고 짜증내며 닫혀 있고 쉽게 감정에 압도되는가? 문제와 해결에 대한 시각이 공유되는가, 충돌이 있는가? 부모가 말을 하면 청소년이 관심을 잃게 되는가? 부모가 대화를 주도하려고 하는가? 내용과 과정 둘 다를 따라가는 것은 가족치료의 특징이며 많은 기본 가족 교재에 더 자세하게 설명되어 있다. 초보 가족치료사는 추천 도서를 참고하기 바란다(이 책 끝부분의 '권장 도서' 참조).

(6) 예의 바르지만 지시적인 자세 유지하기

이 단계의 치료에서 치료사는 가족 이야기의 세부사항에 쉽게 끌려갈 수 있다. 어떤 사항은 본질적이고 중요하지만 너무 많은 반복으로 이야기가 길어질 수 있다. 예를 들어, 우리는 청소년의 전체적인 학교 수행을 이해할 필요는 있지만 학교에서 실패한 모든 에피소드를 들을 필요는 없다. 이는 청소년에게 굴욕적이고 치료가 문제행동에 초점을 맞출 거라는 인식을 강화한다. 비슷하게, 청소년이 부모에 대한 비난을 늘어놓을 수 있다. 이는 부모에게 소원함을 주고 치료사가 안정적이고 통제 가능한 치료 환경을 제공하지 못한다는 인상을 줄 수 있다. 그러므로 우리는 이야기를 관통하는 공통 주제를 찾고, 문제에 대한 우리의 이해를 담은 요약으로 이야기를 끊고, 상대방의 고통에 공감한다. 이렇게 끼어드는 과정(Minuchin & Fishman, 1981)은 치료사가 다음과 같이 회기를 진행할 수 있도록 한다.

테일러 씨, 외람되지만 여기서 제가 끼어들겠습니다. 어머님이 이미 주신 몇 가지 예로 보아 아드님에게 학교는 매우 힘들었던 것 같습니다. 선생님과 어울리지 못했고 올해에 자주 결석했으며, 학교가 어머님의 도움 요청에 제대로 응답하지 않았다고 느끼시는군요. 제가 말하는 게 맞을까요? 이 일로 매우 좌절하신 것 같아요. 힘든 게 당연합니다. 저도 도울 수 있도록 이에 대해 더 알고 싶지만 지금은 다른 몇 가지를 먼저 이해하고 싶습니다. 치료나 약물에 대한 아드님의 이전 경험에 대해 더 말해 주실 수 있을까요?

이 진술에서 치료사는 문제 영역의 심각성에 끼어들고(punctuate), 부모의 좌절에 공감하며 이 영역을 나중에 해야 할 작업으로 인식한다. 치료사는 예의 바르지만 지시적이다. 내담자가 다수인 상담에서 우리는 정보의 속도와 흐름을 통제해야 한다. 그렇지 않으면 회기가 금세 통제하기 어렵게 된다. 더 중요하게, 행동적 문제에 대한 토론이 회기 전체 시간을 지배하면 치료를 위한 관계 초점의 틀을 만들 기회가 없어진다. 따라서 지나치게 예의 바르고 수동적인 것은 치료의 방향과 새롭고 핵심적 · 정서적 · 관계적인 주제를 전하는 치료사의 능력을 해칠 수 있다. 나중에 개인 회기에서 중요한 세부사항을 짚고 넘어가는 시간이 있을 것이다. 새로운 경험을 창조하고 도움이 되는 것은 치료사가 예의 바르지만 회기에서 성취가 적은 것보다 더 많은 신뢰와 동맹관계를 만들어 줄 것이다.

(7) 가족에 미친 우울의 영향에 구두점 찍기

여기에서는 관계적 재정의을 위한 기반 닦기를 계속하기 위해 전체 가족에게 공유된 우울의 영향에 구두점을 찍는 것에 대해서 이야기할 것이다. 앞에서 논의했듯이 우울은 화제의 중심에 있어야 한다. 이것이 가족구성원이 온 이유이며 치료의 동기이다. 치료에서 어려움이 있을 때마다 우리는 치료의 기본적인 이유를 떠올린다. 부모는 우울의 엄청난 영향으로부터 아이를 보호하길 원하며, 청소년은 고통스럽고 우울에서 나올 방법을 찾고 있다. 따라서 이 시점에서 공감적 요약 진술을 하고 동의를 구할 수 있다.

더 알아야 할 것이 있음을 알지만, 저는 우울이 애비에게 얼마나 파괴적이었는지 이해하기 시작했습니다. 학교를 안 가고, 친구를 놓치고, 종종 짜증내고 약이 도움이 되는 것 같지 않네요. 정말 힘들 것 같아요, 애비. 정말로 불행하겠군요. [동의를 위해 애비를 본다.] 하지만 이 우울이 가족 모두에게 영향을 주는 것도 분명합니다. 어머님 아버님, 이게 두 분에게 얼마나 힘든 일일지 알 수 있고 딸과 함께 고통받고 있음을 볼 수 있습니다. 열심히 노력했는데 아무것도 안 된 것 같아요. 두 분 모두에게 얼마나 고통스러울지 알 수 있습니다. [동의를 위해 쳐다본다.] 상황은 매우 어렵지만 제가 도움이 될 수 있을 것 같습니다.

3. 단계 2: 애착 주제로 전환하기

이제 첫 인터뷰가 중반을 조금 넘었다. 치료사는 가족에 함께했고 우울과 그 과정, 치료 이력, 가족구성원이 원인으로 여기는 요소들에 대한 초기 이해를 얻었다. 추후에 청소년과 부모의 개인 회기에서 필요한 세부사항들을 얻을 것이다. 하지만 지금은 대화가 좀 더 대인관계에 초점이 맞춰져 있고 더 실존적으로 의미 있는 다음 단계로 옮겨 가야 한다. 지난 이야기를 듣고 사실을 찾는 수준에 머물기보다 치료사는 애착 욕구를 향해 가는 정서적으로 의미 있고 경험적인 순간을 조직할 필요가 있다. 이를 위해 우리는 대화를 사랑과 보호에 대한 기본적인 애착 욕구로 다시 초점을 맞추고 함께하고자 하는 갈망과 실망의 감정에 접촉하는 것을 목표로 한다. 이를 위해 치료사는 자세를 바로 하고 앞으로 나아가, 가족구성원과 그들의 노력에 깊은 공감과 존중을 표현하며, 가족을 분노와 무관심에서 멀어지게 하고 사랑과 열망의 영역으로 향해 가도록 안내해야 한다. 이 단계의 대화는 종종 불안을 가중시키지만 심오한 깊이가 있고 친밀한 경향이 있다. 치료사는 방의 긴장도가 올라가는 것을 느낄 것이고, 가족을 애착 주제와 취약한 감정의 영역으로 안내하기 위해 자신의 인간적 강점과 예민함을 사용해야 한다. 이 재구성의 순간은 치료사의 의도에 분명한 전환을 필요로 한다. 문제 중심에서 관계 중심으로의 초점 전환에 대한 우리의 초기 연구에서, 우리는 이런 전환이 종종 갑자기 생각하지 못한 순간에 발생함을 발견했다(G. Diamond & Liddle, 1996). 하지만 이제 우리는 이런 의미 있는 순간이 계획되고 만들어질 수 있음을 안다. 주요한 치료사의 질문이 이런 전환을 촉진한다. 한편, 이런 질문들은 각각 가족의 이야기 혹은 문화와 연관되어 있어야 한다. 다른 한편으로, 이런 질문들은 신뢰, 유기, 사랑의 상실과 연결성의 욕구 같은 보편적인 애착 주제를 나타낸다. 이런 주제는 문화에 제한되지 않으며, 사랑하거나 사랑받기 위해 몸부림치는 모든 사람의 마음을 다룬다. 따라서 우리는 치료사들이 우리의 일반적인 문구들을 시작점으로 사용하길 권장한다. 하워드 리들은 우리에게 다음과 같이 말하곤 했다.

> 내가 슈퍼비전 전화로 무엇을 말할지 알려 줄게요. 편안히 앉아서 내가 말하는 대로 정확히 말하세요. 그게 대화를 옳은 방향으로 이끌어 줄 겁니다. 그 뒤는 당신 스스로 하는 겁니다.

〈표 3-2〉에 요약된 관계적 재정의의 질문은 이 치료에 전환점을 나타낸다. 이 질문들은 우리의 초점을 행동에서 관계로, 문제 해결에서 관계 회복으로 바꿔 준다. 이러한 작업은 초점으로서 우울의 문을 닫고 관계의 문을 열어 준다. 전체 상담은 신뢰와 애착 안정성에 피해를 준 이런 손상을 인정하고 이해하고 회복하는 것 위주로 만들어진다.

표 3-2	애착 주제를 나타내는 질문(관계적 재정의의 질문)

청소년에게

- 우울하고 비참하며 혼자임을 느꼈을 때, 왜 부모님에게 지지와 도움을 구하지 않았니?
- 너는 부모님이 널 지지해 주길 바랐지만, 네가 필요할 때 곁에 있을 거라고 믿지 않았구나. 맞니? 왜 부모님에 대한 신뢰를 잃었을까?
- 사랑의 문이 닫힌 것 같네. 부모님이 안으로 들어오는 것에 관심이 없구나. 왜 그럴까? 문을 닫게 만든 어떤 일이 있었을까?

부모에게

- 아들이 그렇게 우울하고 비참한 채로 방에 홀로 있을 때 당신은 죽을 만큼 걱정했으면서 왜 아들에게 도움을 주러 가지 않았나요?
- 당신의 딸은 자신이 당신에게 도움을 구할 때 당신이 곁에 있을 거라고 신뢰하지 않는 듯한 인상을 받았습니다. 그게 당신 마음을 아프게 할 것 같군요. 왜 따님이 그렇게 생각할까요?
- 무엇이 따님이 당신을 이런 문제를 해결하도록 자신을 돕고 지지하는 자원으로 활용하는 것을 막고 있을까요?

1) 애착 손상 확인하기

애착에 초점을 맞춘 대화를 촉진하고 발전시키기 위해 치료사는 내용을 관리해야 한다. 지금까지 치료사는 우울의 심각성, 결과, 원인에 대해 물어 왔다. 하지만 이제 내용이 바뀐다. 행동과 증상에 대해 묻는 대신에 우리는 부모와 청소년 애착 손상에 대해 묻는다. "언제부터 사랑받지 못한다고 느꼈니?" "언제부터 아버지가 너에게 벽을 두었니?" 우리는 이런 주제가 떠오를 때까지 기다리지 않고 먼저 물어본다. 마치 우울 증상을 진단하는 것처럼 애착의 구조를 평가하고 진단한다.

가족구성원은 이런 주제에 불편함을 느낄 수 있고, 문제나 행동에 대한 논의로 돌아가고 싶어 할 수 있지만 우리는 이에 저항한다. 이쯤이면 우리는 드러난 문제와 맥락에 대해 충분히 이해했어야 한다. 그래서 부드럽게 가족을 안내하고 이 새로운 관점에 머물도록 한다. 치료사는 예의 바르지만 다음과 같이 지시적이다.

> 우리는 학교에 대해 충분히 이야기했습니다. 어머님. 그리고 그게 얼마나 화가 나는지 압니다. 다시 그것에 대해 이야기할 때가 있을 거예요. 하지만 지금은 어머님과 아드님이 더 이상 가깝지 않다고 말씀해 주신 게 어떤 의미인지 알고 싶습니다. 그에 대해 좀 더 이야기해 주세요.

만약 가족구성원이 충분히 존중받고 공감적으로 이해되고 비판받지 않는다고 느낀다면, 새로운 방향을 받아들이고 애착 손상에 대해 이야기하기 시작할 것이다. 관계적 트라우마 혹은 오래 쌓인 분노, 실망에 대해 이야기를 시작할 것이다. 청소년은 부모가 자신을 무시하거나 지나치게 통제한다고 불평할 수 있다. 부모는 청소년이 자신들을 거절하고, 도와주려거나 친해지려는 시도를 경멸했다고 불평할 수 있다.

이러한 애착 손상은 혹독함의 연속선상에 존재한다. 청소년은 종종 손상의 원인을 방치, 학대 혹은 유기의 경험으로 돌리며, 우리는 이런 경험을 '큰 트라우마(trauma with a big T)'라고 부른다. 다른 청소년들은 부모가 비판적이고, 거절하며, 과잉통제하거나 무관심하다고 불평하며, 우리는 이것들을 '작은 트라우마(trauma with a little t)'라고 부른다. 비록 그렇게 악화되지 않을지라도, 이런 종류의 유해한 가족 환경/과정은 애착 유대를 손상시키고, 우울에 높은 위험 요소가 된다(Sheeber, Hops, & Davis, 2001). 애착 손상은 부모의 정신병리, 부부 갈등, 우울한 청소년을 양육하는 것의 스트레스에 대한 부정적인 반응의 결과일 수도 있다. 부모는 종종 손상을, ① 청소년의 내성적이고 짜증나는 행동, ② 청소년의 친밀함에 대한 관심 부족, ③ 또래와 청소년 삶에 사로잡힌 것의 결과로 여긴다.

　이 시기에 이 세션의 힘은 침묵을 깨는 것에 있다. 우리는 청소년이 부모로부터, 그리고 종종 자신으로부터 숨겨 왔던 것들을 말하게 한다(예: "아빠가 엄마와 이혼해서 싫어요." "엄마는 아빠가 날 때렸을 때 막아 주지 않았어요."). 보복이나 부모에게 아픔을 준다는 두려움 때문에 피했던 경험과 느낌, 기억은 갑자기 목소리를 얻고 솔직하게 표현된다.

　때때로 청소년은 특별히 혹은 직접적으로 트라우마를 드러내지 않고 그저 불편함을 나타낸다. 눈물을 글썽이고 방어적이 되거나 그저 더 거리를 둘 수 있다. 청소년이 손상을 묘사하지 않을지라도 마음속에 무언가가 있다는 것은 모두가 볼 수 있게 된다. 종종 이런 분위기의 전환은 대화가 더 필요함을 지지하는 증거로 충분하다. 얼마나 드러내는가에 상관없이 이는 청소년에게 용기가 필요한 순간이다. 그들이 자신의 아픔을 언어적으로 표현하든 비언어적으로 표현하든 간에, 그들은 관계의 핵심에 관한 욕구와 상처를 표현하게 된다. 치료사는 공간의 변화를 느낄 것이다. 대화가 느려지고 불안과 아픔이 증가하며, 치료사는 갑자기 청소년이 어떤 중요한 순간에 있음을 느끼게 된다. 모든 치료사가 이런 순간을 겪은 적이 있고 그 순간이 왔음을 알 수 있다. 우리의 목표는 이를 지속하는 것이다.

　이 순간은 이런 노출이 부모를 너무 비난하는 것 같고 부모가 방어적이 될 때 어긋날 수 있다. 우리는 자녀를 이해하고 도우려는 부모의 바람을 더 크게 한다. "듣기 힘들다는 걸 알고 있습니다. 아버님, 하지만 따님이 처음으로 무엇이 괴로운지에 대해 이야기하고 있어요. 잠시 들어 줘야 할지도 모르겠습니다." 이런 방법으로 부모는 종종 청소년으로부터 듣는 어려운 이야기를 인내하는 능력을 기를 수 있게 된다. 많은 부모가 자신의 우울한 자녀를 필사적으로 이해하려 하고, 우리는 이를 부모의 방어를 낮추는 수단으로 강화시킨다. 자신의 아이에게서 비난을 듣는 것이 기쁘지 않을 수 있지만, 부모는 침묵이 깨졌다는 것으로 인해 어떤 안도감을 느끼게 된다. 청소년이 더 솔직하고 취약한 모습을 보일수록 부모는 더 공감적이고 배려하게 되며, 사랑과 보호를 하려 하는 부모의 자연스러운 본능을 활성화시킨다. 첫 회기 후에 부모를 면담하면, 자녀가 말하는 것을 들을 때 비록 비난받는다고 느꼈음에도 안도감을 느꼈다고 보고했다. 부모는 자녀를 참여시킬 필요가 있음을 이해하며, 치료사의 치료 계획을 기꺼이 신뢰할 의지가 있다(G. S. Diamond, Siqueland, & Diamond, 2003). 이 복잡한 대화를 지휘하는 중요한 방법은 대화의 정서적 질을 관리하는 것이다.

(1) 취약한 정서에 깊게 들어가기

(애착 손상으로의) 내용 전환은 관계적 재정의 과정의 한 측면을 구성한다. 알맞은 내용이 필요하지만 그것으로 충분하지 않다. 애착 주제로의 효과적인 전환을 위해서는 동시에 부드럽고 더 연약한 1차 정서로의 전환이 함께해야 한다. 회기의 시작에서 치료사가 강점을 끌어낼 때 분위기는 가볍고 편안하며 심지어 쾌활하다. 과제의 중간에서 절망, 비난, 분노, 성급함은 과거 역사를 모으는 데 집중하기 위해 최소화되거나 회피한다. 이 단계에서 애착에 대한 실망과 갈망의 탐색을 깊게 해 줄 더 취약하고 부드러운 1차 정서인 관계적 재정의 그 자체를 활성화하는 것을 목표로 한다. 여기서 어려움은 어떤 감정을 끌어내고 처리할 것인가를 결정하는 것이다.

제2장에 설명된 그린버그와 파이비오(Greenberg & Paivio, 2003)의 1차 정서와 2차 정서에 대한 체계는 이 단계에서 우리의 안내자가 된다. 2차 정서가 더 연약한 1차 정서를 방어하는 역할을 함을 기억하라. 예를 들어, 청소년은 종종 자신의 상처와 실망을 덮는 수단으로 분노를 표현한다. 어떤 경우는 그와 반대로, 실제로는 화가 났지만 회피하거나, 자기 비판적이고 무기력해지거나 혹은 무관심을 보인다. 재정의 과정에서 우리는 2차 정서 혹은 역기능적 1차 정서를 최소화하고 1차 정서를 강화하는 것을 목표로 한다. 특히 애착 손상에 따르는 적응적 1차 정서를 확인하는 것을 목표로 한다. 청소년에게

다음과 같이 말할 수 있다.

> 넌 더 이상 아무 상관없다고 말하는구나. 하지만 네 말이 믿기지 않는구나.
> 내 생각에 넌 아빠가 널 버렸다고 느끼고[애착 손상] 매우 큰 실망과 상처를
> 느끼고 있는 것 같아[1차 정서]. 이 느낌들을 부모님하고 나눌 수 있겠니?

부모에게 이렇게 말할 수 있다. "어머님, 어머님이 매우 화가 났고 절망적이라는 걸 알지만 또한 겁내는 것 같습니다[1차 정서]. 아들을 잃을 지도 몰라서 겁이 나는군요[애착 상실]. 아드님과 이런 느낌을 나눌 수 있을지 궁금하네요." 우리가 청소년의 이러한 부드러운 감정에 접촉할 수 있다면, 이는 부모의 방어를 줄이고 공감과 돌봄을 이끌어 낼 것이다. 이 과정은 청소년의 메시지를 "아빠가 싫어요." 혹은 "엄마가 내 삶을 망쳤어요."에서 "부모님이 그립고 더 가까워지길 바랐어요."로 바꾼다. 치료사는 부모가 자녀의 고통과 요구를 보도록 도와야 할 수도 있다. "아버님, 이게 쉽지 않은 대화라는 것은 알지만, 아드님이 정말로 당신을 그리워했군요!"

분노는 복잡한 정서다. 어떤 경우에 청소년은 사람들로부터 거리를 두고 다시 상처받는 것으로부터 보호하기 위해 분노를 사용한다. 다른 경우, 분노는 친숙하고 습관적이지만 역기능적 반응으로서 회피되어 온 주요 적응적 연약한 정서와 충족되지 않은 애착 욕구(예: 외로움, 소통에 대한 갈망)가 떠오르는 것을 막는다. 청소년이 매일의 상호작용(집안일, 숙제, 통행금지)에서 과도한 분노를 표현할 때, 대부분의 경우에 분노는 역기능적이다. 이에 직면해서 치료사는 "네가 이런 것들에 화가 난다고 듣고 있어. 하지만 그것보다 더 큰 무언가가 있는 것 같아. 무엇이 정말로 널 그렇게 화나게 만드니? 그런 혐오가 들 만큼 네 아빠는 너에게 어떻게 했던 걸까?"라고 말할 수도 있다. 이런 질문은 종종 애착 손상에 대한 주제(예: 폭력적이고 무시함)를 찾아낸다. 이는 이런 상처와 연관된 주요 적응적 정서의 표현을 유도할 수 있다. 이런 더 연

약한 정서를 끌어내는 것은 부정적인 교류(예: 분노와 방어)가 비록 고통스러울지라도 더 진실하고 생산적인 대화로 전환하도록 도와준다.

많은 우울한 청소년에게 문제는 쉽게 촉발되고 통제되지 않는 분노에 고통받는 것이 아니라 자신의 분노를 무시하거나 과잉통제하는 것으로부터 고통을 받는다. 이런 청소년들은 부모의 무시 혹은 상처(예: 비난, 학대, 유기)와 연관된 주요 적응적 분노를 표현하고 경험하는 것을 회피한다. 그린버그와 파이비오(2003)는 이런 적합한 분노의 표현을 '적극적인 분노'라고 설명했다. 청소년들은 자신이, ① 부모를 보호한다고 느끼기 때문에(예: "부모님의 마음을 아프게 하고 싶지 않아요."), ② 아무도 신경 쓰지 않는다고 느끼기 때문에(예: "예전에 말했는데 아무도 듣지 않았어요, 변한 건 없었어요."), ③ 말하는 것이 무가치하다고 느끼기 때문에(예: "짐이 되고 싶지 않아요.") 분노를 표현하지 않는다. 우울한 청소년이 직접 애착 손상에 대한 정당한 분노를 표현하도록 돕는 것은 청소년의 회피 혹은 자기보호적인 자세를 극복하게 한다.

치료사가 마주하는 하나의 질문은 분노가 중요한 감정일지라도 치료실에서 얼마나 오랫동안 주된(main) 정서로 다룰 것인가다. 청소년이 화가 났을 때 부모는 결국 거리를 두거나 방어적이 된다. 이는 누군가 정서적으로 공격받는다고 느낄 때 나타나는 자연스러운 본능이다. 반대로 청소년이 슬픔, 실망, 외로움을 공유할 때, 부모는 안정과 보호를 더욱 제공하게 된다(Johnson, 2004). 그러므로 불편할지라도 연약한 정서는 대화, 탐색, 자기 반영을 촉진한다. 따라서 비록 우리가 주요 분노를 끌어내길 원할지라도, 결과적으로는 그와 연관된 주요 연약한 정서인 슬픔, 실망 혹은 두려움을 활성화하는 데 사용한다. 이를 위해 치료사는 분노를 무시해서는 안 되지만 애착 욕구에 뿌리를 둔 더 연약한 정서를 확인하거나 그에 접촉해야 한다.

조니, 넌 화를 낼 권리가 있어. 이것들은 마음 아픈 사건들이었어. 네가 부모님에게 이걸 말할 수 있어서 기쁘구나. 하지만 네가 또한 아프고 실망했기

때문에 너의 분노가 이렇게 강한 것이 아닌지 궁금하기도 해. 부모님이 널
더 보호하지 않은 것에 실망했니?

　이런 진술은 2차 혹은 주요 적극적인 분노를 부정하지 않지만, 이와 연관
된 주요 취약 정서(예: 슬픔, 갈망, 실망, 두려움)를 찾으려고도 하고 있다.
　더 부드러운 이런 정서의 힘은 애착(청소년)과 보호(부모) 본능의 연결에서
온다. 타고난 긍정적인 충동은 사랑과 보호를 하는 것(부모) 그리고 사랑과
지지를 받는 것(청소년)이다. 치료사는 이런 본능과 충족되지 않은 욕구와 연
관된 정서로 다시 초점을 돌린다. 만약 치료사가 화에 대해 묻는다면 내담자
는 화를 낼 것이다. 만약 치료사가 핵심 손상 그리고 더 부드럽고 연약한 정
서에 대해 묻는다면, 이에 대해 듣게 될 확률이 높아질 것이다.

2) 관계적 손상의 결과 확인하기

　관계적 재정의를 작업하는 데 핵심적인 것은 새로 건드려진 애착 손상의
진행이 첫 회기에 얼마나 많이 이루어져야 하는지를 판단하는 것이다. 때때
로 가족들은 첫 회기에 이 애착 손상을 확인하고 느끼며 토론하고 심지어 해
결하기 시작한다. 다른 가족들은 청소년이 부모에게 도움을 구하는 것이 편
하지 않다고 하지만, 이유는 말하지 않을 것이다. 어떤 가족들은 청소년이 문
제가 있다는 것을 부정하지만, 청소년이 이에 대해 말하는 것조차 불편해하
는 것은 가족구성원 간에 나타나는 정서적 거리가 있음을 반영해 주기도 한
다. 청소년이 그 원인을 찾는지 그렇지 않은지에 상관없이 우리는 첫 회기에
손상을 해결하려 하지는 않는다. 가족구성원은 아직 안정감을 느끼지 못한
다. 치료사와의 동맹은 아직 완전히 형성되지 않았다. 가족구성원은 그들의
문제를 생산적인 방식으로 나타낼 새로운 상호작용 기술이 없다. 사실 손상
에 대한 완전한 논의를 시작하는 것은 대부분 분노, 적의, 적대감, 초조함을

일으키고, 처음 가족을 치료에 오게 했던 의사소통을 망칠 것이다.

그래서 우리는 대화의 순서를 지킨다. 손상의 문 앞에 가서 노크를 할 수 있지만 일반적으로 아직은 들어가지는 않을 것이다. 대신 손상의 결과인 고통, 외로움, 상실의 느낌에 초점을 맞춘다. 손상의 이유나 특징에 상관없이 같은 결과에 대해 이야기한다. 청소년은 부모에게 지지를 구할 수 없고, 부모의 아이를 보호하고 돌보려는 시도는 거부당한다. 각각의 가족구성원이 서로 접촉하기를 원하지만, 각자의 고통 속에 혼자라는 슬픈 현실이 대화의 초점이 된다. 모든 가족구성원이 이것은 비극이고, 그들이 바랐던 관계가 아니라는 것에 동의할 수 있다. 원인이나 비난받을 사람에 상관없이, 단절감, 외로움, 실망감에 초점을 맞추는 것은 가족의 방향을 비난 중심에서 후회와 갈망 중심으로 바꾼다. 이런 부드럽고 연약한 감정에 초점을 맞추는 것은 사랑과 연결성을 위한 부모의 욕망을 증폭시킨다. 치료사는 이런 분위기를 가족구성원이 무엇을 놓쳤는지(연결감) 인정하고, 무엇을 원하는지(관계 회복하기) 알아차리는 순간으로 설계한다. 이는 재정의를 수용하는 기초가 된다.

다음의 대화와 주석은 이 과정을 증폭시키는 데 도움을 준다. 이 14세 소녀는 우리 프로그램에 소개되었다. 첫 회기에 엄마와 딸이 참석했다. 대화는 45분 정도 흐른 뒤다. 치료사는 딸의 학습 문제와 또래관계 좌절을 포함한 우울의 과정에 대한 정보를 모았다. 딸이 이런 문제에 대해 엄마에게 이야기하지 않는다는 것이 분명해진 순간, 치료사는 이 내용을 관계적 재정의로 넘어가는 도구로 활용한다.

우리가 보여 주는 세션이 쉬운 예는 아니다. 딸은 우울하고 거리를 두며 (withdrawn) 소통이 되지 않는 전형적인 청소년으로, 치료사에게 거의 정보를 주지 않고 회기의 대부분을 정서적으로 거리를 둔 채 있었다. 하지만 이 부분은 중요한 ABFT 원칙 세 가지의 전형적인 예가 된다.

첫째, 치료사의 의도성과 끈질김이다. 청소년에게 저지당했음에도 치료사는 부모-청소년 관계에 초점을 유지하고, 애착 내용을 확인하기 위해 다양한 경로를 사용한다.

　둘째, 치료사는 더 솔직하고, 덜 방어적인 대화를 촉진할 수 있는 부드러운 감정에 접속하는 것을 목표로 한다.

　셋째, 비록 치료사가 청소년과 부모 사이의 신뢰를 훼손한 특정 사건이나 과정을 찾길 바랄지라도, 딸은 관계에 어떤 문제가 있음을 부정한다. 하지만 딸의 비언어적 표현은 안정 애착기반에 손상이 있음을 가리킨다. 대화를 이끄는 주요 목표는 가족구성원이 관계 만들기(즉, 무엇이 헌신과 신뢰를 약화시켰는지 찾기)를 첫 번째 주요 치료 목표로 받아들이도록 동기를 부여해 줄 애착과 양육의 본능을 활성화시키는 것이다.

치료사: 너의 생각이나 느낌, 너에 대해 엄마에게 거의 얘기하지 않니?

청소년: 네. [내려다보며 손장난을 한다.]

치료사: 어떻게 그렇게 됐지?

청소년: 그러고 싶지 않으니까요.

치료사: 엄마를 믿지 않니?

청소년: 믿어요. 그냥 엄마한테 나에 대해 말하는 걸 안 좋아해요.

치료사: 아무한테도 너에 대해 말하고 싶지 않은 거야?

청소년: 아무한테도. 개인적으로 말할 게 없어요.

치료사: [청소년이 앞서 확인한 불행의 증거로 전환한다.] 하지만 학교에서 좌절감을 느꼈을 때, 읽기에 문제가 있고 똑똑하지 못하다고 느꼈을 때, 우울하고 침울해졌을 때 네가 이런 거에 속상하다는 걸 엄마는 알고 계셨니?

청소년: [고개를 숙여 손장난을 치고, 머리를 흔들며] 아니요.

치료사: 어떻게?

청소년: 말하지 않았으니까요. [눈물을 글썽인다.]

치료사: 이 주제는 너한테 어려운 것 같구나. 내가 지금 너한테 물어본 것 때

문에 속상해 보이는 것 같아. [긴 침묵이 이어지고 청소년은 고개를 늘어뜨리고 훌쩍인다. 치료사는 어머니에게 향한다.] 왜 아이가 어머니에게 손을 내밀지 않았다고 생각하세요?

어머니: 딸은 "난 학교가 싫어. …… 학교 가고 싶지 않아."라고 말할 거예요. [청소년이 눈에 띄게 속상해 보일수록 치료사는 자신의 질문보다 청소년의 분위기 전환이 더 중요하다고 깨닫는다. 치료사는 정중히 끼어들어 어머니의 주의를 청소년의 눈물로 돌리고, 방에 흐르는 정서를 대화의 주제로 이용하려고 한다.]

치료사: 따님이 눈에 눈물이 고이기 시작하네요. 이유가 무엇일까요?

어머니: [청소년에게] 왜 그래, 신디?

청소년: [고개를 계속 숙이고 얼굴의 눈물을 닦기 위해 입고 있던 조끼를 잡으며] 아무것도 아니에요!

[청소년은 거리를 두며 매우 우울해한다. 청소년의 저항에 마주하여 치료사는 청소년이 어머니가 위로하는 것을 허락하길 바라는 마음에서 어머니가 청소년에게 육체적으로 가까이 이동하는 비언어적 전략을 시도해 보기로 한다. 관계적 손상의 내용이 확인되지 않았음에도, 치료사는 청소년이 구하거나 최소한 수용할 수 있는 위안을 어머니가 하게 하면서 애착 수정의 순서를 설계해 가길 원한다.]

치료사: [어머니에게] 따님이 이렇게 속상해할 때 어머님이 위로하도록 해 주었나요?

어머니: [고개를 흔들며] 아니요.

치료사: 어머님이 옆으로 가서 팔로 안는다면 따님이 막을까요?

어머니: 딸은 아무도 자기를 만지는 걸 원하지 않아요. 아시죠, 그냥 그걸 안 좋아해요.

[어머니가 육체적 위안과 보호를 주게 하려는 시도는 막혀 있었다. 치료사는 관계 단절에 대한 어머니의 슬픔을 강화하기로 하고 그게

세션에 어떤 탄력을 만들기를 기대한다.]

치료사: [어머니에게] 딸이 이렇게 우는 것을 자주 보시나요?

어머니: 최근에는 아니고요. 작년에 많이 그랬어요. 하지만 그땐 거의 저한 테 말을 하지 않았어요.

치료사: 매우 속상해 보이시는군요.

어머니: 당연하죠. 딸이 속상한 걸 보는 건 속상해요. 그리고 전 뭐가 잘못됐 는지 알아보려고 항상 그랬어요. [울기 시작한다.]

치료사: 매우 힘들고 실망스러웠을 것 같아요. [어머니는 더 눈물을 흘린다. 어머니의 슬픔이 청소년의 약한 부분을 건드렸기를 바라며 치료사 는 딸에게 향한다.]

치료사: 엄마가 네 옆에 있을 수 없었을 때 속상했다는 걸 알았니?

청소년: 저한테 말로 하면 돼요. 절 만지는 게 싫었던 것뿐이에요.

치료사: 하지만 엄마가 너한테 이야기하려 하고 무슨 일인지 이해하려고 했 을 때 네가 마음의 문을 닫은 것 같았는데.

청소년: [고개를 숙이고, 코를 훌쩍인다.] 가끔 그랬지만 항상은 아니에요. [치료사는 청소년이 어머니를 매일 보았음에도 서로 함께하는 느낌 (connection)이 없었고 청소년이 어머니를 그리워하는지도 모른다 고 제안하면서 청소년의 눈물을 더 탐색하려고 한다. 어머니는 이에 감명을 받았지만, 청소년은 여전히 방어적이었다. 그래서 치료사는 부드럽고 공감적인 목소리로 자신의 원래 질문으로 돌아간다.]

치료사: 왜 엄마에게 이야기하지 않을까?

청소년: 엄마에게 말하는 게 편하지 않아요.

치료사: [이를 작은 시작으로 본다.] 오, 알았어. 말할게 있지만 말하기 편하 지 않다는 거구나.

청소년: 그런 것 같아요.

치료사: 해 봤는데 안 좋게 돼 버린 적이 있니?

청소년: [어깨를 으쓱한다.]

[20분 동안 이런 거리감을 만든 손상의 내용을 찾기 위한 시도 후에, 치료사는 결과로 전환한다.]

치료사: 봐 봐, 신디야. 우리는 여기서 오랫동안 이야기를 했어. 네가 엄마를 믿는 걸 무엇이 가로막고 있는지 아직 나에겐 불분명하구나. 엄마가 네게 상처를 줬거나 배신감을 느끼게 했을 수도 있고, 네가 그냥 엄마가 걱정하지 않도록 하는 걸 수도 있어. 하지만 한 가지 분명한 건 네가 엄마에게 도움을 구할 수 없고, 그게 너와 엄마를 눈물 짓게 한다는 거야. 우울과 걱정, 두려움에 압도된 어린아이가 보여. 하지만 아이는 혼자고 외로워서 그게 아픔을 더 악화시키는구나. 그리고 널 깊이 아끼는 엄마도 볼 수 있어. 엄마는 너를 사랑하고 너를 위해 곁에 있기를 원해. 난 엄마가 널 위해 얼마나 고통받고 두려워하는지 알 수 있어. 내게 이것이 비극이구나. 아픈 소녀와 도와주고 싶은 엄마, 하지만 둘 사이에 너무 큰 거리가 있다는 게.

이 부분은 우울한 청소년에게 닿기 위해 때때로 일종의 책략이 필요함을 보여 준다. 치료사는 끈질기게 대화의 초점을 애착 손상과 그 결과로 유지하고, 둘 사이에 정서적 거리감을 설명해 줄 수 있는 내용을 찾으려고 한다. 치료사는 또한 분노와 무관심을 막고 슬픔에 초점을 둔다. 청소년의 슬픔과 상실 같은 정서는 부모의 공감과 돌봄의 정서를 끌어낸다. 이 부드러운 순간은 가족구성원이 관계적 재정의를 받아들이도록 동기를 부여한다.

모든 청소년이 앞의 예처럼 어렵지는 않으며, 부모들이 이렇게 협조적이지도 않다. 많은 청소년이 자신의 정서를 보이는 데 더 빠르고, 무엇이 자신들을 괴롭히는지 기꺼이 말한다. 어떤 경우, 청소년은 관계를 해친 트라우마 사건 혹은 일련의 트라우마 사건들을 보고한다. 청소년은 부모에게 가려는 시도를 포기하게 만든 경험, 경청되거나 이해받거나 진지하게 여겨지지 않은 경험을 더 자주 보고한다. 가장 일반적인 불만은 다음과 같다.

- "이야기하려고 했는데 듣지 않았어요."
- "내가 무슨 생각인지 이야기하면 화낼 거잖아요."
- "짐이 되고 싶지 않아요. 엄마 아빠도 삶이 힘든데."
- "예전에 이야기했을 때, 그 이야기를 다른 사람들한테 했어요. 내 비밀을 지켜 줄 거라고 믿을 수 없어요."

모든 부모가 신디의 어머니처럼 순응적이고 자발적이지 않다. 부모는 이 시점에 다양한 방식으로 반응하며 몇몇은 방어적이다. "딸의 이야기를 들으려고 했고, 나한테 말하길 바라는데 애는 하지 않아요." "나 어렸을 때보다 훨씬 나은데. 불평할 이유가 없어." "내가 잘못했고 비난받을 사람이라고 말하는 거야?" 각각의 부모 반응은 치료사의 다른 반응을 필요로 한다. 이 시점에 우리는 비난에 대한 부모의 자동 반사나 방어를 막는 대신에 상실과 단절에 초점을 둔다. 이것이 잘 될 경우 부모는 "이유가 무엇이든 우리가 서로 소통이 없었고 더 잘 해 나가길 바라는 마음이야."라고 말할 수 있게 된다.

4. 단계 3: 관계적 목표 합의하기

1) 변화의 욕구 증폭시키기

이제 중요한 마지막 단계다. 기반은 준비되었다. 치료사는 가족구성원이 손상과 실망, 슬픔, 드러난 거리감에 대한 비통함을 확인하고 인정하도록 했다. 이제 변화의 욕구를 증폭시켜야 한다. 우리는 치료의 주요 목표를 관계 회복의 기회로 만들기 시작하고 그들 사이에 드러난 거리감, 각자 단절감을 홀로 맞서야 했던 것이 얼마나 비극인지 공감적으로 강조한다. 그리고 변화를 위한 동기와 의지를 생성하고 강화하기 시작한다.

> 만약 달라질 수 있다면, 서로 다시 믿을 수 있다고 느낀다면, 다시 사랑을 주고받음을 느낄 수 있다면, 관심이 있으신가요? [동의를 구하고 망설이는지 탐색한다.] 좋습니다. 왜냐하면 이게 치료의 첫 몇 주 동안 제가 하고 싶은 작업이거든요. 이것이 바로 치료를 통해 저와 함께 작업했으면 하는 목표가 맞나요?

관계적 손상을 확인하고 이 손상의 관계적 결과[예: 상실, 철회(withdrawn), 이탈(disengagement)]를 확인하는 기반을 세우며, 연약한 정서에 깊이 들어갔다면 이 목표에 동의를 구하기는 어렵지 않다. 깊은 곳에서 청소년은 부모의 사랑, 칭찬, 보호를 원하고 필요로 하며, 부모는 자녀와 친밀감, 존중받기를 원함을 기억하라. 많은 가족구성원이 이 가능성에 무기력함을 느낀다. 하지만 한 사람이 희망적이라면 거기서 만들어 가기에 충분하다. 아무도 희망적이지 않다면 치료사가 희망의 전령, 불꽃지기의 역할을 한다.

여기서 동기는 단지 사랑을 다시 만들기 위함이 아니다. 관계 회복의 목표는 특히 우울에 대항하기 위한 보호와 연결되어야 한다. 부모와 청소년 사이에 너무 많은 불신과 상처가 있을 수 있다. 사랑을 이야기하는 것은 감상적이고 멜로드라마 같을 수 있다. 하지만 보호는 위험에 직면해서도 사람이 행동하도록 하는 생물학적인 힘이자 본능, 욕구이다. 만약 사랑이 부모와 청소년에게 동기를 부여하지 못한다면, (대부분) 보호가 할 것이다. 그래도 부모와 청소년이 관계 회복을 가치 있는 목표로 볼 수 있도록 치료사가 이 연결을 만들고 점들을 이어야 한다.

이를 부모에게 설명하기 위한 방법이 최소한 세 가지 있다.

첫째, 손상을 회복하는 것은 가족 간의 긴장을 줄일 수 있다. 갈등이 우울을 일으키거나 유지하건 간에 관계적 손상은 긴장, 불신, 적대감, 회피의 연료가 된다. 결과적으로 이 손상을 치유하는 것은 가족 화합을 개선하도록 해 준다. 그 결과, 청소년은 스스로 거리를 덜 두고 부모가 자원으로서 역할을 하도록 허락할 것이다. 이런 점에서 긴장을 줄이는 것은 가족이 다시 하나의 팀처럼 느끼도록 하고, 부모가 더 보호적인 기능(예: 위안, 지지, 문제 해결)을 하도록 해 준다.

둘째, 청소년이 우울에 갇혔고 성장에 힘든 시기를 보내고 있음을 논의하는 것이다. 청소년은 정서를 조절하고, 갈등을 다루며, 문제 해결을 위한 도움이 필요하다. 이런 식으로 가족의 문제를 해결하는 것은 배움의 기회 역할을 할 수 있는데, 이는 청소년이 안전하고 사랑받는 환경에서 새로운 기술을 시도할 수 있는 기회다. 가족의 도움 아래 청소년이 문제를 해결하도록 돕는 것은 가족 밖의 상호작용 문제를 해결하는 데 필요한 기술을 만들어 준다. 부모에게 다음과 같이 말할 수 있다.

맞습니다. 따님은 감정에 압도되었고 때때로 통제 불능입니다. 미성숙하고 성인이 될 필요가 있습니다. 우리는 이에 동의하지만 따님에게 도움이 필요하다고 생각합니다. 화를 내거나 혼자 고립되지 않고 문제에 대해 이야기하는 법을 따님에게 가르칠 필요가 있습니다. 부모님은 따님이 느끼는 것에 대해 솔직하도록 가르칠 필요가 있습니다. 하지만 이렇게 하기 위해 따님은 부모님이 자신 편이라고 안전함을 느낄 필요가 있습니다. 다시 부모님이 되기 위해 따님이 부모님을 믿을 수 있어야 합니다.

이 전략은 부모가 조금 방어적일 때 유용할 수 있다. 어떤 부모도 비난받고 싶어 하지 않고, 대부분 도움이 되고 싶어 한다. 우리는 이 본능을 증폭시킨다.

셋째, 부모에게 자살 생각과 우울에 내재하는 긴급함을 지렛대로 하는 더 실용적인 접근을 취할 수 있다.

> 아드님은 높은 위험에 있습니다. 아드님은 매우 우울하고 적극적인 자살
> 생각을 가지고 있어요. 전 항상 곁에 있을 수 없지만, 부모님은 가능합니다.
> 아이가 당신을 필요로 하고, 당신은 보호해 줄 필요가 있습니다. 하지만 지
> 금은 아드님이 부모님을 믿지 않습니다. 부모님의 도움을 원하지 않습니다.
> 우리는 이 방어막을 헤쳐 가야 합니다. 아드님이 이기적이고 옳지 않다고 느
> 낄지라도, 제가 아드님의 가슴에서 이것들을 떼어 낼 수 있도록 저를 도와주
> 셔야 합니다. 부모님이 자신의 말을 듣는다고 느낄 때까지 아드님은 분노와
> 불신을 놓지 않을 것입니다. 부모님이 다시 한 팀이 될 수 있도록 우리는 그
> 저 아드님의 말을 들어야 합니다. 지금은 긴급 상황입니다! 저와 함께하시겠
> 습니까? 쉽지 않을 것을 알고 있습니다. 그리고 아드님이 무엇을 말하든 합
> 리적일 수 있도록 제가 아드님과 작업할 것입니다. 하지만 우리가 이 관계를
> 회복하지 않는다면, 아드님이 방황하고 위험에 처할 것이 걱정됩니다.

우리는 또한 청소년이 관계 작업에 동의하도록 변화의 욕구에 동기를 부여
할 필요가 있다. 여기에도 다양한 방법이 가능하다. 먼저, 우리는 많은 우울
한 청소년이 치료에서 관계적 초점을 반기는 것을 발견했다. 청소년들은 종
종 자신의 우울을 부정적인 가족관계(예: 과도하게 비판적이거나 통제적인 부
모) 혹은 부정적인 가족 사건들(예: 이혼, 부부문제)로 귀인하고, 일종의 안정
을 원하며 치료를 받으러 온다. 보통 이런 청소년들은 우울과 그 문제적 결과
가 자신의 탓이라고 느껴 왔다. 이들은 관계적 재정의가 자신의 입장에서 이
야기할 수 있고 경청되며 이해될 기회라고 본다. 이는 청소년을 향한 비난을
벗겨 내고, 가족 모두가 변화에 대해 책임이 있다고 여기게 한다. 하지만 더
중요한 것은 많은 우울한 청소년이 마음 깊이 부모와 가까워지는 것을 그리
워하는 것이다. 청소년은 부모가 자신의 사적인 문제에 과하게 관여하기를

원하지는 않지만, 자신들에게 더 흥미를 가지고 자신의 욕구에 더 민감하기를 바란다. 결과적으로, 우리는 종종 청소년이 부모보다 관계적 재정의를 더 잘 수용함을 발견했다.

여전히 몇몇 청소년은 변화에 대해 망설이고, 주저하며, 무관심하고 희망이 없다고 본다. 이미 문제 제기를 했지만 부모가 관심을 보이지 않았다고 느낄 수 있다. 이런 청소년들은 회피적인 자세를 자주 가지고, 자신들이 다시 상처받는 것을 막기 위해 사랑과 위안의 욕구에 벽을 쳐 왔다. 이런 청소년들에게 우리는 변화가 가능하며, 부모와 청소년 자신의 사이가 개선될 수 있다는 희망을 준다. 거짓된 약속을 하지 않고, 가족관계를 개선하는 우리의 능력에 자신감을 표현한다. 적절하다면 우리는 청소년들이 부당한 대접을 받았다는 자신들의 시각을 확인하고, 치료를 끝내 자신의 이야기를 들려주고 인정받을 기회로 제시한다. 하지만 대부분 우리는 청소년의 슬픔, 외로움 속에 깊이 묻힌 사랑에 대한 욕구에 대해 이야기한다.

로사, 네가 얼마나 상처받았고, 더 나아질 수 있다는 것에 무기력함을 느끼는지 들었어. 하지만 너의 눈물과 목소리에서도 알 수 있었어. 네가 정말로 더 이상 신경 안 쓴다면 이렇게 화나지는 않았을 거야. 네가 엄마의 사랑을 원하는 게 얼마나 겁나는지 알아. 지금까지 너무 실망했다고 느끼니까.

2) 관계 회복에 대해 계약하기

과제 1에서 결국 우리가 무엇을 이루려고 하는가? 과제의 결과는 무엇인가? 우리는 청소년과 부모 관계를 다시 만드는 것이 최우선이며 가장 긴급한 치료의 목표라고 가족을 설득하려고 한다. 이것은 치료 계획이고 가족이 동의하도록 하고 있다. 그렇기에 특정 시점에서 탐색과 발견, 깊게 들어가기와 회유를 멈춘다. 이때 우리가 할 수 있는 모든 작업을 놓는다. 이상적으로 각 가족구성원은 자신의 외로움, 슬픔, 좌절과 고통에 깊게 접촉했다. 이 시점에서 우리는 잠시 멈추고, 깊은 숨을 쉰다. 각 가족구성원의 눈을 바라본다. 큰 확신과 의도를 가지고, 각자에게 약속을 다짐받는다.

"치료의 첫 번째 목표로 관계 만들기를 기꺼이 하겠습니까?" 우리는 대답을 기다린다. 초점을 흐트러뜨리지 않는다. 더 부드럽고 희망적인 방법으로 다시 묻는다. 우리가 작업해야 할 다른 문제들이 있음을 알지만, 우울과 그와 연관된 문제를 해결하기 전에 관계 설정이 먼저 되어야 한다고 믿는다. 우리는 이런 접근법과 우리의 능력에 대해 자신감을 표현하며 가족에게 희망을 준다. 우리의 확신을 포기하지 않으며 안정적으로 기다린다. 관계적 재정의는 핵심이고, 대화의 기둥이며, 가족의 대화가 이를 체계화하기를 바란다(Brendler, Silver, Haber, & Sargent, 1991). 필요하다면 우리는 다시 묻는다. "우리 치료의 첫 번째 목표가 관계를 다시 만들고, 아이가 부모님에게 도움을 구하는 것을 무엇이 막고 있는지 발견하는 것임을 모두 동의할 수 있나요?"

이 과제와 목표에 대한 동의가 없으면, 치료사는 매 회기 치료의 정의에 대해 싸우게 될 것이다. 하지만 치료사는 가족을 굴복시킬 수도 없고, 그러기를 원해서도 안 된다. 이것은 목표가 아니다. 하지만 우리는 쉽게 포기하지 않는다. 관계의 변화가 숲을 빠져나가는 최고의 길이라고 계속 제안할 것이다. 얼마나 깊이 묻혀 있든 간에 더 솔직하고 신뢰할 수 있는 관계를 가지려는 가족의 선함과 능력을 믿는다. 우리는 가족의 선함을 인정하며 그들을 칭찬한다. 이런 종류의 대화에 참여하는 청소년의 의지를 존중하고, 그들의 성숙함을 당연히 받았어야 했던 좋은 양육으로 귀인을 돌린다. 이는 누구를 비난하거나 편드는 것이 아니라고 확인시켜 준다. 목표에 대한 이런 헌신과 확신은 가족구성원에 대한 우리의 존중과 지지, 접근법에 대한 자신감, 각 가족구성원을 상처로부터 보호하려는 갈망과 함께하여 강력해진다. 결국 많은 가족이 우리에게 "어떤 치료사도 우리에게 이런 질문을 한 적이 없었어요."라고 말한다. 가족들은 자주 안도와 영감을 느낀다. 여기에 부드러움과 연결을 위한 길이 있음을 믿기 시작한다.

　때때로 한 명 이상의 가족구성원이 "아니요."라고 할 때가 있다. 이들은 양가적이거나 분명 관계 만들기에 헌신할 준비가 되지 않았을 것이다. 아마도 분노와 무기력이 이 순간에도 여전히 클 수 있다. 우리는 우리의 기대치를 되돌리고, 이 접근법을 완전히 수용하는 데 시간이 더 걸릴 수 있음을 받아들여야 할 수도 있다. 우리가 만난 지 얼마 되지 않았고, 아직은 신뢰할 근거가 없음을 인정한다. 우리가 요구하는 것은 이것을 가능한 치료 목표로 고려하고 다음 회기에 참여하도록 하는 것이다. 그래서 그들을 더 잘 이해하고, 이러한 것들을 더 많이 논의할 수 있게 되는 것이다. 하지만 무엇보다 우리는 돕기 위해 공감적이고, 정서 중심적이며 핵심을 찌르는 제안을 한다.

　　　보렴. 욜란다. 나는 네가 화가 난 것을 알겠구나. 상처받았음이 보여. 그리고 왜 자신 스스로를 보호해야 하겠다고 느끼는지 이해가 돼. 하지만 난 한순간도 네가 엄마의 사랑을 그리워하지 않았다고는 믿을 수 없구나. 시간이 걸릴 수 있지만, 난 네가 다시 사랑받고 있음을 느끼도록 널 도울 수 있다고 생각해. 너와 내가 다음 주에 이에 대해 더 얘기해 보는 것은 어떨까?

　10대 혹은 부모의 저항에 직면하여, 우리는 다음 동맹 과제에서 이 치료 목표에 대한 이들의 헌신에 대해 다시 이야기할 것임을 알고, 치료 계약을 적정한 수준으로 되돌릴 수 있다. 최고의 실존 치료사 중 한 명인 부젠탈(Bugental, 1992)이 말했듯이, "저항은 치료를 막는 것이 아니라 그 자체가 치료입니다."(p. 184) 가족이 어딘가 멈춰 있거나 망설일 때, 우리는 가서 이를 대화의 초점으로 만들 필요가 있다. 치료는 솔직함과 진실성을 가져야 한다. 우리는 아무도 속이거나 강요하지 않으며, 실제보다 더 나은 척하지 않는다.

　이 시점에 두 가지 주의사항이 언급되어야 한다.

　첫째, 많은 부모가 관계적 재정의 과정 동안 비난 혹은 죄책감을 어느 정도 느낀다. 비록 이 감정이 부모의 변화에 대한 동기를 부여하고 보장할지라도, 너무 많은 죄책감은 방어성, 자기비판, 무기력함을 생성할 수 있다. 그러므로 치료사는 책임감이나 죄책감이 행동화되는 것을 조절해야 한다. 우리는 과거에 무슨 일이 있었든지, 지금 청소년에게 부모는 좋은 자원이 될 수 있음을 강조한다. 회기의 주요 목적은 가족구성원이 신뢰와 연결감을 회복하는 것에 홍미를 갖도록 하는 것이다. 따라서 치료사는 다음과 같이 말할 수 있다.

> 저는 무엇이 이런 거리감을 만들었는지는 모르겠습니다. 우리가 정리해야 할 많은 것이 있습니다. 그리고 저는 여러분 모두를 방금 만났습니다. 하지만 제가 아는 것은 여러분 모두 서로를 그리워하고, 다시 친밀감을 느끼길 원한다는 것입니다. 그리고 비록 제니스가 화가 났지만(혹은 회피하지만), 그녀는 여전히 당신과 관계를 지속하기를 원한다고 생각합니다. 이를 우리의 목표로 하고, 이를 이루기 위해 우리가 무엇을 이해하고 헤쳐 가야 할지 보도록 합시다.

둘째, 어떤 부모들은 정서적으로 더 곁에 있어 주는 것과 권위를 잃는 것을 똑같이 본다. 때때로 부모는 자신이 아이의 아픔 혹은 욕구를 들어 주고 공감해 주는 것이 그에 동의하는 것이며 묵인하는 것과 같다고 믿는다. 이들은 우리의 치료 계획을 기대와 규칙, 결과를 없애고 청소년이 원하는 대로 하는 것이라고 해석한다. 하지만 이것은 사실과 다르다. 우리는 따뜻함과 구조의 균형을 촉진한다. 하지만 문제 해결보다 관계의 재형성에 초점을 두고 치료를 시작하는 것을 지지한다. 최소한 이 전략은 참여하지 않고, 철회하는 청소년들이 참여할 수 있도록 도와준다. 우리는 부모에게 우리의 첫 번째 목표는 아이가 치료에 더 참여하고 능동적이 되는 것이라고 말한다. 이를 위해 청소년의 불만을 맨 앞 그리고 중심에 놓을 필요가 있고, 부모가 이런 우려를 듣고 이해하도록 도와야 한다. 하지만 더 잘 듣는 것이 청소년의 시각에 동의하거나, 규칙이나 기대 없음을 의미하지는 않는다. 우리는 그저 부모가 더 나은 균형 상태를 찾도록 도우려는 것이다. 또한 부모에게 청소년이 대인관계적 문제로 화가 났을 때, 종종 자신들의 화를 문제행동을 통해 표현할 수 있다고 말해 준다. 우리가 만약 이러한 신뢰와 배신에 대한 큰 이슈를 해결할 수 있다면, 그래서 청소년들이 마침내 수용되었고 인정받았다고 느끼게 된다면, 이것은 종종 가족 긴장의 엄청난 부분을 완화해 줄 것이다. 한 번 긴장이 완화된다면, 청소년은 문제 해결 대화에 더 협조적이게 되고, 더 기꺼이 그들의 부모가 자율성 발달을 돕도록 한다. 다음에 우리가 논의해 온 것을 더 잘 나타내기 위해 재정의 과정 중 마지막 순간의 추가 발췌문을 넣었다. 발췌문은 첫 회기 후반부에 시작한다.

치료사: 그래, 부모님에게 네 문제를 말하는 게 어떠니?

청소년: [지지적으로 보이려고 노력하는 어머니를 긴장하면서 쳐다본다.]

아버지: 어서, 원하는 걸 말해라. 여기서 솔직하라고 말했잖니.

치료사: [관찰한 과정에 반응한다.] 불안해 보이는구나. 너의 걱정과 감정을 부모님과 나누는 것이 안전하다고 느끼니?

어머니: 선생님, 제 생각에 이건 타미에게 힘든 거 같아요. …… 보세요. 애와 아빠는 숙제 문제로 엄청 싸워요. 내가 딸을 도울 수 있도록 해 달랬지만 남편은…….

치료사: 어머니, 제가 잠시 끼어들어도 될까요? 우리는 숙제에 대해 조금 이야기를 했습니다. 여기 좌절감을 주는 문제가 있는 건 분명합니다. 그 얘기를 할 것이지만 왜, 왜 타미가 자신의 감정을 두 분 중 아무에게도 말할 수 없을까요? 우리가 알고 있듯이, 따님은 매우 우울하고 혼란스럽습니다. 왜 따님이 두 분 중 누구에게도 도움을 구하러 갈 수 없을까요?

[청소년은 고개를 숙인다. 어머니는 걱정스럽게 아버지를 본다. 아

버지는 멍하니 청소년을 응시한다.]

어머니: 딸은 남편보다 저에게 좀 더 이야기해요. …… 남편이 딸에게 좀 거친 편이죠.

아버지: 난 그렇게 생각 안 해요. 우리는 매우 친해요. 아내가 딸에게 너무 편하게 하니, 자기가 원하는 걸 얻으려고 아내한테 가죠. [갈등이 심화되기 시작한다.]

치료사: 잠시만요. 천천히 갈게요. 우리는 두 분 사이에 차이가 있다는 것을 알고 있습니다. 그리고 때때로 이런 차이가 말다툼으로 이어지기도 하죠. 두 분 다 자신이 맞다고 느끼지만 상대방이 자신의 말을 듣고 있다고 느끼진 못하는군요. 대략 맞을까요?

어머니와 아버지: [머뭇거리며 고개를 끄덕인다.]

치료사: 두 분 모두, 가족 모두가 불만이 있을 거예요. 하지만 타미가 부모님에게 정서적 지지를 구하러 오지 않는다는 것이 실망스러운 일임에는 틀림없을 것 같습니다.

분명히 여기 갈등이 있는 가족이 있다. 딸은 화가 났고 회피적이다. 엄마는 딸과 가깝지만 또한 과잉보호적이다. 아빠는 약간 거칠고 관여하지 않지만 확실히 딸에게 헌신하고 있다. 부모는 서로 깊은 불화가 있고 부부 문제가 있는 것 같다. 치료사의 과제는 여기서 어디로 갈 것인가다. 목표는 재정의를 하는 것이지 문제를 헤쳐 가는 것이 아님을 기억하라. 재정의로 이동할 수 있도록 애착 손상과 그 결과에 대한 충분한 정보를 치료사가 가지고 있는가, 아니면 더 많은 정보가 필요한가? 대화 초기에 치료사는 딸이 부모를 믿지 않는다는 증거를 보았다. 딸은 안전하다고 느끼지 않는다. 이것이 부모에게서 공감과 걱정을 끌어내기에 충분할 수도 있다. 하지만 치료사가 갈등의 영역에 너무 오래 머물 경우, 적대감이 회기를 지배하고, 관계중심치료로의 전환을 억제할 수도 있다. 분위기는 부드러워야 한다. 이는 청소년에 미치는 갈등의 결과와 청소년 부모 갈등의 대가에 대한 추가적인 탐색으로 이루어질 수 있다.

> **아버지:** 무슨 뜻이죠? 전 아이들이 행복하다고 생각하는데요. 우리는 애 앞에서 싸우지 않아요.
>
> **어머니:** [눈을 돌린다.]
>
> **치료사:** 아버님, 아시다시피 아이들은 꽤 똑똑합니다. 애들은 이런 것들을 알아차립니다. [청소년에게 향하며] 타미, 너는 분명 부모님이 싸울 때 화가 난 거 같구나. 하지만 나는 너의 두려움도 보여. 부모님이 걱정되니?
>
> **청소년:** 걱정 안 해요. 신경 쓸 수가 없어요. 부모님은 항상 싸우는데요. 제가 할 수 있는 건 없어요.

치료사는 걱정에 대해 물었다. 이는 특히 치료사가 부모의 이혼에 대한 딸의 두려움을 탐색하고 싶을 때 적절한 질문이다. 이는 매우 중요한 주제지만 이 단계의 치료에서는 이른 감이 있다. 더구나 걱정에 대한 애매한 질문은 그저 화를 더 끌어낼 수 있다. 딸은 사실 부모가 자신을 돌보지 않고 버릴 것이라는 것을 더 염려한다. 치료사는 딸이 느끼고 있는 것에 좀 더 정확하고 세밀한 정의와 더 나은 단어를 찾고 다시 정의한다. 그 단어와 정의는 딸이 느끼는 두려움과 상처를 표현하도록 돕는다. 그러한 두려움과 상처는 부모들의 돌보고자 하는 좀 더 부드러운 행동과 감정을 불러일으킨다.

> **치료사:** 그래서 넌 포기했니?
>
> **청소년:** 무슨 뜻이죠? [짜증나 보인다.]
>
> **치료사:** 네가 부모님을 신경 쓰는 걸 포기했다고 했잖아. 하지만 부모님이 널 신경 쓰길 바라는 걸 포기한 것 같아 보이는데. 부모님이 널 사랑

할 수 있다는 바람을 포기한 것 같아.

청소년: 그건 그냥 [울기 시작한다.] 아, 뭐가 다른데요? 부모님은 날 신경도 안 쓰는데!

어머니: [부드럽게 말한다.] 그건 사실이 아냐. 당연히 널 신경 쓰지.

아버지: 타미, 어떻게 우리가 널 신경 안 쓸 수 있니?

청소년: [등을 돌리고 부모의 위안을 거부하며 운다.]

이제 분위기가 전환되었다. 치료사는 딸의 핵심 두려움 혹은 해결되지 않은 욕구를 표현하도록 도왔다. 아이가 더 연약해질수록, 부모는 부드러워지고 서로 싸우는 것보다 딸을 편안히 하는 것에 더 초점을 두게 된다. 이로써 완벽한가? 아닐지도 모른다. 하지만 시작은 이루어졌고, 치료사는 여기서부터 만들어 가게 된다.

치료사: 부모님, 두 분이 얼마나 따님을 사랑하고 아끼는지는 분명합니다. [둘은 고개를 끄덕인다.] 딸이 이렇게 아파하는 것을 보는 것은 고통스럽고, 아이가 두 분이 달래 주지 못하게 하는 것이 실망스러울 것입니다. [이 관찰은 완전히 정확하지는 않지만, 치료사는 사랑과 보호의 감정이 떠오를 기회를 만들었다.]

어머니: 우리는 아이를 사랑하고 싶지만, 애가 허락하지 않아요!

치료사: 얼마나 딸에게 다가가고 싶고 위로해 주고 싶은지 알겠습니다.

어머니: [눈물을 글썽인다.]

치료사: [청소년에게 향하며] 사실이니, 타미? 부모님을 허락하고 싶지 않은 거야?

청소년: [고개를 돌리고 반응하지 않는다.]

치료사: [침묵을 유지한다.] 엄마 아빠에게 화가 많이 났구나. 하지만 네가 엄마 아빠의 위로를 정말 원해서 슬퍼 보이네. 하지만 부모님이 널

실망시켰지. 널 낙담하게 했어.

청소년: [더 운다.]

치료사: [길게 멈춘다.] 너와 부모님 사이의 상처가 회복될 수 있다고 생각
하니?

　치료사는 매우 구체적인 대화를 만들어 가고 있다. 대화를 이탈시킬 관계
없는 주제를 막고 가족구성원이 애착과 갈망에 초점을 두도록 지도한다. 이
제 내용과 진행 과정, 정서가 모두 제대로 있다. 내용은 부모의 갈등과 지연
된 이혼이 아닌 가족 내에 안전, 신뢰감, 공유되는 사랑의 부족에 있다. 정서
는 적대감과 분노가 아닌 슬픔(딸)과 후회 그리고 희망(부모님)에 있다. 치료
사는 이런 주제를 계속 탐색할 수도 있지만, 다시 한번 말하면 우리의 목표는
이런 갈등을 작업하는 것이 아니다. 우리는 그것을 애착 과제를 위해 남겨 둘
것이다. 대신에 목표는 애착 손상, 사랑에 대한 갈망을 강조하고, 가족에게
변화를 위해 동기를 부여하며, 치료의 첫 목표로 이 손상의 회복에 헌신하도
록 충격을 주는 것이다.

치료사: 타미, 네 안에 어떤 희망이 남아 있니? 더 나아질 수 있다는 희망?

청소년: [훌쩍인다. 어머니가 휴지를 건넨다. 분노, 두려움, 갈망의 표정을
연속으로 부모에게 보이지만 휴지를 받는다.]

치료사: 아, 이게 얼마나 너에게 힘든 일인지 알 것 같아. [부모에게 향하며]
부모님은 어떻게 생각하시나요? 어떤 기회와 희망이 있다고 생각하
시나요?

부　모: 물론이죠, 우린…… 우리는 정말 그러길 바라요…….

치료사: 부모님이 원하시는 걸 압니다. 그리고 타미도 부모님이 원하는 걸
알고 있어요. 하지만 변하는 것이 없을까 봐 걱정하는군요.

어머니: 저는 잘 할 수 있을 거라 생각해요.

아버지: 제발, 여보. 우리가 서로 증오하듯이 싸우는데 어떻게 타미가 우리 믿을 거라고 기대할 수 있어? [울기 시작한다.] 나도 안다, 타미. …… 이게 너에게 얼마나 힘들었을지 알고 있어. 엄마랑 아빠가 더 잘해야 해. 우리가 더 잘할게. 아마도 선생님이 우릴 도와줄 수 있을 거야.

치료사: 아빠를 믿니, 타미?

청소년: [어깨를 으쓱하지만 분명히 마음이 움직였다.]

치료사: 네, 분명히 여기에 많은 상처와 잃어버린 사랑이 있습니다. 여러분이 이를 되찾을 수 있도록 제가 돕고 싶습니다. [청소년에게] 부모님의 결혼 생활에 무슨 일이 생기든, 두 분 모두 널 사랑할 수 있단다. 그렇게 되도록 내가 도와주고 싶어. [가족에게] 하지만 타미가 자신의 목소리를 내야 한다고 생각합니다. 스스로 차단하는 것보다 얼마나 화가 났고 얼마나 두려운지 얘기하는 방법을 찾아야 합니다. 그게 우리를 위한 저의 첫 목표입니다. 부모님, 우리가 이에 대해 먼저 작업하고 나중에 학교 문제를 해결해도 될까요?

부 모: [고개를 끄덕인다.]

치료사: 타미, 나랑 같이 이렇게 해 볼래? 네가 어떻게 느끼는지 더 솔직해지고 자신의 목소리를 찾는 것?

청소년: [으쓱한다.] 그래요.

치료사: [이 순간을 강조하기 위해 침묵이 좀 더 길어지도록 한다.] 좋아. 좋습니다. 넌 매우 인상적인 아이구나, 타미. [부모에게 향하며] 이건 부모님이 양육을 잘하셨다는 증거입니다. 우리가 여기서 무언가 좋은 걸 이룰 수 있던 것이 저는 매우 희망적이라고 느껴지네요. 그래, 타미, 다음 주에 우리가 둘이 만날 수 있을까? 너에 대해 알고 싶은 게 많구나.

청소년: 물론이죠.

5. 결론

　우리가 첫 회기에 항상 이렇게 할 수 있는 것은 아니다. 하지만 그렇지 않은 것보다 더 자주 이와 같이 한다. 치료사는 계획이 있기 때문에 이를 성취할 수 있다. 치료사는 의도를 가져야 한다. 치료사는 문제의 핵심을 찌르는 것이 사실은 가족이 위안과 희망을 갖도록 할 것이라고 믿는다. 치료적 과정은 첫 회기에 시작되었고, 가족구성원은 이 치료가 다른 치료와 다를 수도 있다는 느낌을 갖는다. 우리가 훈련하는 많은 치료사는 처음에 이렇게 직접적이고 도전적이고 집중해서 하기 전에 동맹을 쌓을 더 많은 시간이 필요하다고 느낀다. 우리는 동맹이란 친절함이 아닌 도움이 되는 것에서 온다고 생각한다. 존 브렌들러(John Brendler)는 우리에게 치료사의 입장을 분명히 밝히고, 그 중심으로 가족 이야기가 정리되게 하라고 말하고는 했다(Brendler et al., 1991 참조). ABFT에서 우리는 애착 손상과 애착 갈망을 대화의 중심에 놓는다. 이 주제를 테마로 추가적인 동맹을 만들기 위해 청소년과 부모를 따로 회기에서 만나고 애착 강화 혹은 회복에 초점을 맞춘다.

제4장

과제 2: 청소년 동맹

애착기반 가족치료(ABFT)는 역사적으로 치료 초기의 목표를 부모의 위계와 경계 만들기에 초점을 둔 전통적인 구조적 가족치료와 대조된다. 때때로 이런 초점이 필요할지라도(예: 위기상황 시 혹은 청소년 안전을 위해), 이는 일반적으로 청소년을 위한 효과적인 접근법이 아니다(Liddle & Diamond, 1991). 먼저, 청소년은 치료에 오거나 참여하는 것에 대해 훨씬 쉽게 저항할 수 있다. 다음으로, 이 접근법은 청소년에게 나타나기 시작하는 자기정체감, 정의와 공정에 대한 새로운 생각, 권위에 대해 질문할 수 있는 인지 능력과 충돌한다. 그러므로 우리는 청소년의 걱정을 치료의 중심에 둠으로써 이런 발달 과정을 이용하려고 한다. 일상 문제에 대한 청소년의 불만을 지지하는 것이 아니라 인지된 애착 손상에 대한(예: 부모의 곁에 없음, 과잉통제, 겁을 주는 행동) 슬픔, 실망, 배신이라는 더 근본적인 감정을 확인하고 인정해 주려고 한다. 우리는 대부분의 경우 상담을 청소년들에게 처음으로 왜 그들이 화났고 두려우며 상처받았는지 혹은 관계에서 신뢰를 잃었는지에 대해 목소리를 내기 위한 기회로 제시한다. 즉, 청소년이 채워지지 않은 애착 욕구, 부모에게 존중과 보호를 받고 사랑받고 싶은 욕구를 관찰하고 표현하도록 돕는다. 이 과정은 청소년이 다시 한번 자신의 애착 욕구에 가치를 두고 최소한 어떻게 채워지지 않은 욕구가 자기파괴적 행동을 이끌었는지 이해하도록 도울 수 있다. 그래서 과제 2는 청소년과의 동맹 형성에 초점을 맞춘다.

이 과제는 [그림 4-1]에 나오듯이 단계 3을 포함한다. 우리는 유대에서 시작하여 청소년을 더 편안하게 만들고 신뢰를 쌓으며, 치료에 참여하기 시작하도록 돕고 싶다. 언제나 장점, 역량, 자율성을 위한 방안을 찾고 두 번째 단계(즉, 치료 목표)로 전환한다. 우리는 청소년이 치료를 위한 핵심 동기를 마음속에 갖도록 해야 한다. 그리고 변화를 원하는 청소년의 욕망을 변화하게 해 주는 우리의 전략에 더한다. 청소년의 불행과 이를 바꾸려 했던 과거의 노

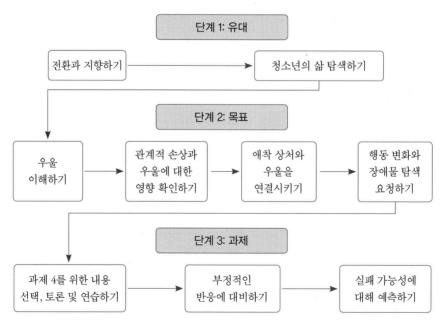

[**그림 4-1**] 치료사가 청소년 동맹 과제(과제 2)를 도모하기 위한 수행지도

력을 탐색한다. 이는 청소년이 책임감을 갖고 투쟁하며, 치료적 과정에 참여하도록 동기를 부여한다. 그리고 나서 이 애착 손상을 우울의 원인 혹은 부모에게서 지지를 얻는 데 방해물로서 청소년의 우울감과 연관 짓기 시작한다. 부모와 이런 불화를 작업해 가는 것이 우울의 일정 부분을 완화할 수 있다는 치료 목표에 청소년이 동의하길 바란다. 만약 이런 관점에 동의한다면 단계 3 과제로 이동한다. 우리는 청소년이 과거에 느낀 이러한 부당함에 대해 부모와 생산적인 대화를 할 수 있도록 준비시킨다. 이렇게 하는 데 보통 2회기가 필요하지만, 청소년과 가족의 상황에 따라 4회기까지 소요될 수도 있다.

청소년 동맹 과제의 3단계는 보딘(Bordin, 1979)의 삼자 간 동맹 작업 틀에 기반을 둔다. 보딘은 동맹이 유대감, 목표와 과제의 3차원으로 구성된다고 주장했다. 유대감은 내담자가 치료사에게 존중과 지지, 호감을 받고 있다고 느끼는 것을 말한다. 목표는 내담자와 치료사가 치료의 목적(예: 우울 줄이기, 가족 갈등 줄이기, 학교로 돌아가기)에 대해 동의하는 것을 말하며, 과제는 내담자와 치료사가 어떻게 이 목표를 이룰 것인지 동의하는 것을 말한다. 가족과 함께 만날 것인가, 따로 만날 것인가? 청소년에게 사회적 기술을 가르칠 것인가, 아니면 과거의 아픈 경험에 대해 함께 이야기할 것인가? 목적이 우리의 목표 결과를 결정하듯이 과제는 우리가 어떻게 할 것인지를 결정한다. 동맹은 치료사가 무엇을 어떻게 작업할 것인지 내담자가 동의할 때 확장된다. 그래서 유대감을 만들고 이 치료의 과제와 목표에 대해 분명한 동의를 얻음으로써 이 과제가 동맹을 강화하는 것이다.

치료 목표에 대한 동의 없이 과제에 대한 동의를 얻는 것은 어려울 수 있다. 관계적 재정의는 이 치료에서 초기 중심 목표인 부모 자녀 관계를 개선하는 것을 목표로 한다. 가족구성원이 이를 받아들일 경우, 치료의 방향과 과정, 특히 애착 과제를 잘 받아들일 것이다. 이 목표를 받아들이지 않는다면 가족구성원은 치료 과정에 저항할 것이다. ABFT 모델은 우리가 의도적으로 초기에 치료 목표의 공유를 이루는 것에 초점을 두고자 노력하기 때문에 효과적이며 빠르게 작동한다. 이런 관점에서 동맹을 치료 배경에 있는 일반적이거나 흔한 요소로 보기보다 치료 초기에 구체적으로 협의될 수 있는 특정한 주제로 여긴다.

비록 관계 회복에 대한 동의는 관계적 재정의(과제 1)의 목표지만, 애착 과제 참여(과제 4)에 대한 동의는 청소년 동맹 과제(과제 2)의 종점이다. 과제의 끝에 청소년은 "네, 부모님을 만나서 제가 왜 도움을 구하지 않았는지 직접 이야기할 거예요."라고 말해야 한다. 이런 마음 자세로 치료사는 모든 회기의 내용, 정서와 과정이 이 과제의 임무를 지지하는지 혹은 산만하게 하는지 모니터링해야 한다. 이 장의 나머지 부분에서는 이러한 과정을 어떻게 풀어 가는지를 설명할 것이다.

1. 단계 1: 유대

1) 전환과 지향하기

과제를 시작하는 순간에 우리에게는 몇 가지 작은 목표가 있다. 먼저, 청소년이 관계 중심의 치료와 첫 회기에 대해 어떻게 느꼈는지 묻는다. 이는 관계적 재정의가 청소년과 얼마나 잘 맞는지에 대한 단서를 제공한다. 다음으로, 일반적인 상황과 가족과 개인 회기와 관련해서 비밀 보장에 대해 명백하게 안내한다. 마지막으로, 이 과제의 목표와 과정에 대한 개요를 알려 주어 치료사에게 회기에 대한 계획이 있고, 우리가 무엇을 하는지 알고 있다는 자신감을 보여 준다. 다음은 이 대화가 어떻게 펼쳐지는지에 대한 예다.

치료사: 그래, 오늘 나랑 둘이 만나러 와 줘서 고마워. 부모님 없이 너에 대해 알게 되는 기회를 갖고 싶었어. 내가 이 프로그램에서 널 도울 수

있도록 우리가 좋은 관계를 만드는 게 중요하거든. 그래, 네가 첫 회
기를 어떻게 생각했는지 궁금하네?

청소년: 좋아요.

치료사: 내가 제안했던 치료 목표인 네가 부모님을 믿는 것을 무엇이 가로
막고 있는지에 대해 너와 부모님이 함께 찾아보는 것을 어떻게 생각
하니?

청소년: 상관없어요. 엄마 아빠는 신경도 안 쓸 거고 내 문제도 아닌 걸요.
…… 제가 우울한 이유는 그게 아니에요.

치료사: 그래. …… 그게 오늘 우리가 여기 있는 이유는 아니야. 선생님은 너
랑 무엇이 널 우울하게 하고, 어떻게 널 나아지게 할지에 대해 그냥
몇몇 생각을 정리할 거야.

청소년: 네, 좋아요.

치료사: 우리 사이에 개인적인 것에 대해 조금 이야기하고 싶어. 너도 알다
시피 가족치료는 조금 복잡하거든. 선생님은 너랑 둘이 만나고 부
모님도 따로 만날 거야. 그리고 선생님은 네가 마음에 있는 걸 자유
롭게 원하는 대로 말했으면 좋겠어. 선생님이 부모님이나 누군가에
게 우리 얘기를 할 의무가 있을 때는 오직 네가 너 자신이나 누군가
를 해칠 생각을 하거나 네가 누군가에게 다칠 때뿐이야. [필요하다
면 더 자세히 설명한다.] 무슨 말인지 알겠니?

청소년: 네. 전에 들었어요.

치료사: 좋아. 하지만 네가 이야기하고 싶지만 부모님에게 알리고 싶지 않
은 게 있을 거야. 이에 대해 선생님은 그래. 내 첫 목표는 네가 날 신
뢰하는 거야. 그리고 우리는 함께 무엇이 널 그렇게 화나게 하고, 네
가 왜 부모님 곁에 갈 수 없는지 알아낼 거야. 그리고 그건 우리 사
이 비밀이야. 알겠니? 하지만 내 목표는 결국 네가 이런 것들을 스
스로 부모님한테 말하기 충분하도록 안정감을 느끼게 하는 거야.

> **청소년**: 네, 그럴 수 있다면요.
>
> **치료사**: 그래 한번 알아보자. 그냥 내가 어떤 입장인지 알려 주고 싶었어. 괜찮니?
>
> **청소년**: 네.
>
> **치료사**: 좋아. 너에 대해 좀 더 알려 줄래. 지난주에 랩 음악을 좋아한다고 했고. 좀 더 말해 줄래? 어떤 가수의 곡을 주로 듣니?

이는 간단하고 분명한 회기의 시작이다. 우리는 지난 회기에 대해 체크하고, 비밀 보장을 정의했으며, 오늘 회기와 과제의 목표에 대해 이야기했다. 치료사는 이 전체 회기에서는 ABFT 치료 목표와 과제에 대해 청소년의 마음을 얻는 것이 핵심임을 알고, 효과적으로 당장에 청소년의 부정적인 면을 피해 갔다. 치료사는 목표에 신경을 쓰고, 청소년의 망설임을 수용했다. 저항이 호기에서 나온 것이라면, 치료사는 그냥 내버려 둘 수도 있다. 청소년이 상처나 배신을 느껴서 저항이 나타난다면 치료사는 이에 대해 조금 더 논의하는 것을 선택할 수 있지만, 여전히 지금 회기의 단계에서는 너무 오래 끌지 않을 것이다. 우리는 각 과제의 계획을 신뢰해야 한다.

2) 청소년의 삶 탐색하기

다음으로, 청소년의 삶을 살펴볼 것이다(Liddle, 1995). 대화는 장점, 취미, 음악, 이웃, 친구, 학교, 연인관계, 성과 약물 같은 주제에 집중한다. 현대 청소년 문화(예: 영화, 음악)에 익숙한 치료사는 공통 관심사를 보여 주기 위해 이런 지식을 활용할 수 있다. 비록 이 부분은 첫 회기에 참여하기의 반복이지만, 청소년과 단둘이 하는 대화는 청소년의 삶에 더 깊이 있는 주의를 갖게 한다. 처음에 이 대화는 가볍고 즐거울 수 있다. 하지만 유대가 형성되면 치료사는 가치, 신념, 욕망, 갈망, 희망 그리고 꿈에 대해 더 의미 있고 어려운 질문들을 할 수 있을 것이다.

우리의 대화에는 몇 가지 원칙이 있다.

첫째, 치료사는 청소년을 편하게 만들어야 한다. 우울한 청소년은 긴장하고, 수줍어하며, 회피하고, 의심한다. 이들은 전에 치료를 받은 경험이 없을 수도 있고, 지난 치료에서 나쁜 경험을 가졌을 수도 있다. 그러므로 이 대화는 청소년이 긴장을 풀 수 있게 하고, 치료사는 진실성, 호기심 그리고 지지 적임을 보여 줘야 한다. 이는 더 어려운 주제를 꺼내기 위한 기반을 만든다.

둘째, 청소년의 삶에서 강점을 나타내 주는 이야기, 흥미 그리고 내용물을 찾는다. 치료사는 너무 자주 문제에 초점을 맞추고, 장점과 역량을 무시한다. 강점을 확인하는 것은 청소년의 삶에서 자주 무시된 측면에 대한 관심을 나타낸다(Micucci, 1998). 전문가(혹은 어떤 성인이든)가 자신의 음악, 머리 염색, 스케이트보드 혹은 영화 제작에 관심을 보인 것이 처음일지도 모른다. 이는 유대를 만드는 것에 더해 청소년을 능력과 가능성의 존재로 보려는 우리의 의지를 나타낸다.

셋째, 동기를 부여하는 은유를 만들기 위해 청소년의 성공 경험을 사용한다. 그런 은유는 청소년이 우울과 싸우고, 치료적 장애물을 넘는 데 도움이 될 수 있다. 예를 들어, 청소년이 부모와 이야기하는 것을 준비할 때 치료사는 이렇게 말할 수 있다. "네가 연극을 할 때 기억나? 사람들 앞에서 이야기하는 게 얼마나 떨렸니? 하지만 그때 너의 크고 강한 목소리가 나왔지! 여기서도 같을 거야. 이번에는 네가 너의 대본을 쓰는 거야."

넷째, 청소년이 우울 때문에 흥미를 잃은 어떤 재능이나 활동을 확인한다. 치료 후기의 자율성 만들기 과제에서 청소년이 삶의 생산적이고 즐거운 측면에 다시 참여하고 동기가 부여되기를 바라는 마음에서 이런 활동에 대해 다시 이야기 꺼낼 수 있다.

다섯째, 청소년이 치료사를 권위적인 존재가 아닌 협력자로 보도록 격려한다(Liddle & Diamond, 1991). 흔히 청소년은 성인에 대한 의심과 불심을 가지고 치료에 들어오며, 어른들은 통제적이고 무시하는 태도를 가질 것이라고 생각한다. 우리는 이런 신념에 도전하고 싶다. 우리는 반항해야 할 권위적인(authority) 존재가 아닌, 충고와 조언을 위해 찾아갈 수 있는 존경하고 신뢰하며 권위 있는(authoritative) 존재로 보이길 원한다. 미누친(Minuchin)은 치료사가 '보호해 줄 만큼 가깝고 객관적일 만큼 먼' 이모나 삼촌 같아야 한다고 말했다. 애착 관점에서 우리는 지지적이고 배려심이 있지만, 방어적이고 요구적이고 싶다. 희망과 신뢰의 불을 지피도록 돕는 전환의 역할을 하며(Winnicott, 1953), 그런 요구를 부모에게로 다시 향하게 하고 싶다.

그래서 강점과 경쟁력을 찾는 눈을 가지고, 청소년 삶의 세세한 부분을 탐색한다. 비록 재정의 과제로 이 대화를 시작했지만, 이제 다시 처음으로 돌아가서 대화에 깊이를 더한다. 우리는 청소년이 흔히 부모에게 이야기하기 불편할 수 있는 성이나 약물 같은 영역에 대해 물어 보며, 무비판적인 태도로 청소년의 삶에 호기심과 흥미를 보인다. 이는 신뢰를 더 만들도록 돕고, 때때로 이후 자율성 과제에서 청소년이 중요한 내용을 밝히도록 이끈다.

3) 의미 만들기

이 유대 대화에서 의미를 만들기 위해 치료사의 주의와 집중이 필요하다. 우리는 그저 수다나 일상 대화를 하는 것이 아니다. 치료사는 어떤 화제가 청소년에게 중요하고, 어떤 주제가 치료 목표를 촉진할 것인지 등 자신이 묻는 것에 대해 깊이 생각해야 한다. 대화가 그저 무작위로 주제를 넘나들거나 중요하지 않은 영역에 지나치게 세부적이라면, 치료는 깊이와 의미 없이 건조하게 남을 것이다. 치료사는 나중을 위한 씨앗을 심거나 혹은 지금 대화에 깊이와 집중을 가져올 내용을 듣고 반응해야 한다.

치료사: 학교에 대해 이야기해 줄래?

청소년: 전 학교가 싫어요.

치료사: 진짜? 왜?

청소년: 선생님은 못됐고, 애들은 뒷담화나 하고 수업은 바보 같아요. 더 필요하나요?

치료사: 재밌는 건 없니? 네가 좋아하는 수업이나?

청소년: 미술 시간이 좋아요. 우리 선생님은 쿨하고, 저를 많이 좋아해요. 하지만 그게 다예요.

치료사: 항상 미술을 좋아했니?

청소년: 아마도요. 학교 신문을 위해 그림을 그렸거든요. 애들이 이야기를 갖다 주면 그에 맞는 그림을 만들었어요. 몇 개는 진짜 웃겼어요. 한번은 이 그림을 그렸는데. …… 아, 더 이상 상관없어요. 제가 그렇게 잘하지 못했으니까. 그리고 어쨌든 내가 학교를 마칠 수 있다고 생각하지도 않아요. 언제 끝나죠?

치료사: 하지만 네가 그림 그리는 것을 좋아했던 것 같은데.

청소년: 네, 그런 거 같아요.

치료사: 다시…… 그림 그리는 것을 생각해 본 적 있니?

청소년: 아뇨. 없어요.

치료사: 가져와서 나한테 보여 줄 수 있는 그림이 집에 있니?

청소년: 아, 바보 같은 포트폴리오가 집에 있는데. 어떤 대회에 내려고 했지만 하지 않았어요.

치료사: 한번 보고 싶구나. 가져올 수 있을 것 같아?

청소년: 보고 싶어요? 가져올 수 있을 것 같아요.

이 짧은 발췌문은 우울과 무기력이 강점을 없애려 위협함에도 치료사가 청소년의 강점을 잡고 있으려는 탐색을 보여 준다. 치료사는 문제와 실패의 경험에 대한 논의에 빠지는 것을 피한다. 이는 추후에 할 수 있다. 이 유대 단계

동안 치료사는 대화에 잊힌 강점을 가져오길 원한다. 치료사는 '예술가로서의 청소년'이라는 주제에서 많은 것을 얻을 수 있다. 이는 확장된 자아의 기회를 준다. "넌 골칫거리지만 예술가이기도 해." 이는 치료 동안 쓰일 수 있는 많고 많은 은유와 나중의 자율성 만들기 회기에서 집중하기에 좋은 몇몇 구체적인 활동을 제공해 준다. 청소년에게 이렇게 말할 수도 있다. "좋아, 우리가 이걸 성공의 신호로 사용할 수 있을 것 같아. 학교 신문에 다시 그림을 그리게 되는 날, 우리는 네가 나아졌다는 걸 알게 될 거야."

한 가지 공통 질문은 '주어진 주제에 얼마나 오랫동안 머물러야 하는가? 어떤 시점에 희망 목표를 성취하기에 효과적으로 주제가 발달되는가?'다. 만약 치료사가 화제를 빨리 돌린다면 의미 있는 주제를 개발할 기회를 놓치거나 진짜 관심 있는 것으로 보이지 않을 수 있다. 너무 오래 머문다면 대화가 심문처럼 느껴질 수 있다. 안내를 위해 치료사는 스스로 다음과 같은 질문을 할 수 있다. 이 대화에서 나의 목표는 무엇이고, 목표가 이뤄졌는가? 나는 그냥 정보를 모으고 있는가, 깊이와 의미를 촉진하고 있는가? 청소년이 적절하게 주제에 참여하는가, 짜증을 내는가? 나는 이것을 내담자에게 의미 있게 만들었는가? 청소년의 정서적 반응이 주제에 더 참여하고 있음을 나타내는가? 이 대화가 치료 목표의 확인이나 청소년과의 관계(예: 친밀감, 가까움, 신뢰)를 얼마나 촉진하는가? 반영적인 임상가들은 끊임없이 대화의 매 순간순간 가치에 대한 결정을 내린다.

궁극적으로 치료사는 언제 유대 단계를 끝내고 목표 중심 대화를 시작할지 결정해야 한다. 이는 대화의 내용과 진행에 근거한 임상적인 판단이다. 치료사는 자신에게 다음과 같은 질문을 해야 한다. 중요한 주요 영역을 다뤘는가? 사례의 이야기를 돕기 위한 몇몇 좋은 주제나 은유를 찾았는가? 가족구성원이 더 긴장이 풀렸고 편하거나 수다스러워 보이는가? 내담자가 지루해 보이고, 내가 수다로 자신의 시간을 뺏는다고 생각하는가? 일반적으로, 이 부분은 아마도 15분에서 20분 정도로 길면 안 된다. 해야 할 다른 것들이 더 많다. 우리는 유대와 목표, 과제를 만들고, 세션을 끝내거나 구체적인 지시가 있는 과제 그리고 관계 만들기의 치료적 목표와 애착 회기의 활용에 동의 얻기를 이루고 싶은 것임을 기억하라.

하지만 때때로 유대 단계의 대화에 특별한 의미가 있을 수 있다. 이런 경우에 치료사는 그 단계에 더 오래 머물고 싶은 욕망이 있을 수 있다. 예를 들어, 한 여성 청소년은 원래 가족치료의 참여에 저항했다. 첫 동맹 만들기 회기에서 내담자는 남자 친구, 성, 약물을 포함한 자신의 사회생활에 대해 이야기하고 싶어 했다. 부분적으로 이 주제는 내담자에게 중요했다. 내담자는 중학교 때 비참한 학창 시절을 경험했고, 이제 고등학교에서 성공적인 학교생활을 하는 것에 꽤 자부심이 있었다. 부분적으로 내담자는 치료사를 시험한다. 치료사가 자신의 충격적인 행위를 비판적이나 통제적으로 되지 않고 들을 수 있는가? 치료사를 정말로 신뢰할 수 있는가? 부분적으로, 내담자는 치료사가 단지 가족관계뿐만 아니라 이런 종류의 어려움에서도 자신을 도울 수 있는지 알고 싶어 한다.

이런 일종의 시험에서 치료사는 듣고 질문하며 호기심을 갖고, 내담자의 '약물' 친구들과 보고된 문란한 섹스에 대한 내담자의 가치와 시각을 분명히 하려고 한다. 대화가 진행되면서 내담자는 비록 자신이 멋진 무리와 함께 있는 것을 좋아했지만, 때때로 지루했고 더 많은 도전을 원했음을 인정했다. 치료사는 내담자의 양가감정을 강조하고 딜레마에 공감했다. 또한 치료사는 청소년의 우울, 우울에 대한 가족의 기여(목표), 이에 대해 부모에게 이야기하려는 내담자의 의지(과제)를 논의하지 않기로 결정했다. 대신 첫 회기의 거의 대부분을 유대 단계의 동맹 과제에 사용했다. 치료사는 그날 다음 회기에 더 어려운 문제(우울, 자살 시도, 결국에는 부모와의 관계)로 옮겨 갈 수 있도록 내담자에게 신용을 주는 많은 시험을 통과했다. 비록 이 청소년과는 너무 빠르게 움직이지 않는 것이 옳은 결정이었지만, 많은 치료사가 필요보다도 더 느리게 움직이고 있다. 청소년이 편안함을 느끼도록 청소년을 더 잘 이해하기 위한 충분한 세부사항을 얻는 것을 목표로 하고, 청소년에게 무엇이 중요한지 알게 해 주는 한두 가지의 의미 있는 치료 주제를 만들도록 노력해야 한다. 우리가 청소년 삶의 모든 측면을 엄청난 깊이로 탐색할 필요는 없다. 이는 반영적인 대화의 가치를 보는 것 외에 대화가 앞으로 나아가도록 하기 위한 목표와 의제를 가지고 치료를 수행하기 때문에 오는 긴장이다.

2. 단계 2: 목표

청소년과 유대를 깊게 했다면, 이들이 치료에 온 이유(즉, 그들의 우울)에 대해 논의하는 것으로 돌아간다. 우리는 우울이 얼마나 안 좋았는지, 우울을 극복하기 위해 무엇을 했는지와 같은 경험에 대해 더 질문하며 그들의 절망을 기록하고, 안도에 대한 갈망을 강화하고 싶다. 또한 우리는 청소년과 부모님의 애착 관계에 대한 청소년의 시각을 더 잘 이해하기 시작하게 된다. 이런 이야기를 만들어 가는 것은 치료적일 수 있으며 애착 과제의 기반이 된다.

1) 우울 이해하기

우리는 이 장을 전환 진술로 시작한다. 삶과 장점에 대한 더 가벼운 단계의 대화임을 분명히 강조하며 문제에 초점을 맞추기 시작한다. 비록 대화가 잘 되지 않을지라도, 청소년이 우리에게 주는 것이 무엇이든지 칭찬하고 존중한다. 우울한 청소년은 칭찬을 거의 받지 못하고, 긍정적 자아상을 유지하는 능력이 부족하다. 그러므로 우리는 할 수 있을 때마다 자신감과 낙천주의를 불어넣으려 노력한다. 이에 대해 다음과 같이 이야기할 수 있다.

그래, 봐 봐. 난 너한테 매우 감명받았어. 넌 많은 것을 하고 있고, 장점과 희망 그리고 꿈이 있어. 포기한 것도 있지만, 아직 갖고 있는 것도 있지. 네가 겪어 온 것들에 직면해서 넌 아직도 너의 이런 부분을 믿고 기억하고 있어. 이게 참 인상 깊었어. 나는 특히 네가 예술에 관심 있는 것이 놀라워. 그건 우리가 다시 만들고 살려서 네 삶에 함께할 수 있는 너의 한 부분인 것 같아. 네가 예술에서 많은 걸 배운 거 같은데. 우리 같이 그렇게 해 볼까? [청소년에게서 동의를 구한다.] 좋아! 이제 더 어려운 것들에 대해 이야기하고 싶구나. 선생님은 너의 우울과 그게 네 삶에 미친 영향에 대해 더 잘 이해하고 싶어. 괜찮니?

옛날의 가족치료와 달리 증상(예: 우울)은 이 치료의 선두와 중심에 있다. 우울은 부모와 청소년 모두가 해결하고 싶은 것이다. 이는 모두가 치료에 참여한 이유이자 동기다. 따라서 우리는 이것으로부터 시선을 떼지 않는다. 사실, 저변에 깔린 관계적 주제와 대인관계를 작업하기 위한 지렛대로 이를 활용한다. 우리는 우울에 대한 짧은 재평가로 이 장면을 시작한다. 비록 이 부분은 첫 회기의 평가 순간을 반복하지만, 청소년과 둘이 하는 이 대화는 현재의 문제가 드러나도록 대화의 기초를 다질 것이다. 그러고 나서 다음과 같은 질문을 함으로써 앞서 배운 것들로 확장해 간다. 청소년이 어떤 우울 증상을 경험하는가, 언제 시작되었는가, 그리고 얼마나 오래 지속되었는가? 얼마나 좋지 않은가? 우울에 기여하거나 우울의 결과인 물질 남용, 불안, ADHD, 의학적 진단 등 추가적인 문제들(예: 동반 증상 장애)은 무엇인가? 얼마나 많은 기능 장애가 초래되었는가? 어떤 상황적 요인들이 우울에 기여했는가(예: 학교 부적응, 사회적 문제, 학대/방치, 희생, 정체성 혼란, 인종/민족/종교적 편견)? 이는 진단을 위한 면접이라기보다는 청소년의 비참함과 변화를 위한 긴급한 요구에 부정할 수 없는 깊이를 만들고 강화하는 전략이다. 대화의 이 시점에서 우리는 어떻게 가족이 우울에 기여했는가에 대한 어떠한 탐색도 하지 않고 나중을 위해 남겨 놓는다.

이 장면의 주요 목표는 청소년의 고통을 확인하고 인정하며 공감하고 강조하는 것이다. 우리는 청소년이 우리가 그들의 고통을 이해함을 알아주길 바란다. 더 중요한 것은 청소년이 스스로 자신이 불행함을 인정하길 바란다. 많은 청소년이 문제를 부정하거나, 우울과 그 영향을 최소화하며 치료에 온다. 이는 치료에 참여하려는 청소년의 동기를 약화시킨다. 문제가 그렇게 심각한 것이 아니라면 청소년은 치료에 열심히 참여하려는 동기를 덜 느낄 것이다. 청소년은 "사실 그렇게 나쁘진 않아요. 이런 걸 할 이유가 있는지 모르겠네요."와 같은 말을 할 수 있다. 우리는 이런 가능성을 예상하기 때문에 청소년이 우울과 그 영향이 삶에 주는 심각성을 확인하고, 알아채거나 인정하도록 한다. 하워드 리들(Howard Liddle)은 "그들을 그들 스스로 만든 지옥으로 데려가세요."라고 말했다. 우리는 청소년이 다음과 같은 말을 하길 바란다. "네, 우울은 나빠요. 네, 우울이 내 삶에 문제를 만들었어요. 네, 전 불행해요." 이런 종류의 진술이 대화의 나머지 부분에 대한 기초를 다진다.

청소년이 자신의 우울을 인정할 때, 자신의 문제에 대한 주인의식을 갖기 시작한다. 많은 청소년이 자신들은 아무것도 할 수 없는 부정적인 환경의 수동적 희생자로 느끼며 치료사에게 온다. 우리는 그 마음가짐에 도전하고자 한다. 정체성, 자기효능감 그리고 목표 지향적 능력을 계발하는 것은 청소년의 핵심 과제다. 우울은 이런 과제를 약화시킨다. 하지만 청소년이 자신의 불행을 인정할 때 스스로 문제를 더 진지하게 받아들이기 시작한다. 우울의 원인이 무엇이든 간에 우울은 해결하고 싶은 문제가 된다. 이 순간에 우리는 치료 통제의 중심을 부모나 치료사에게서 청소년에게로 움직이기 시작한다. 우리는 청소년이 주인의식을 갖고, 이 과정에 투자하길 바란다. 발달적으로 청소년이 자신의 목소리를 찾고 경청하게 되며, 진지하게 여겨질 권리가 있다고 느끼길 바란다. 치료적으로 청소년이 우울의 절망과 어둠에서 벗어나 다시 의미 있는 무언가를 원하게 되길 바란다. 무언가를 위해 싸우는 것은 우울의 무기력과 절망에 대응한다.

우울에 관한 이 대화의 성공은 청소년이 자신의 아픔과 고통, 변화의 욕망을 어느 정도 인정하는가에 달렸다. 충분한 증거가 모이면, 치료사는 반드시 대화의 주제에 끼어들어야 한다. 청소년을 보고 확인을 구하라. 다음 단계로 가기 전에 청소년이 치료사를 이해하고 동의하는지 확인하라. 다음과 같은 공감적 요약 진술은 이런 주제에 끼어들고, 그다음 과제를 위한 구성 요소로서 역할을 한다.

> 아, 카산드라, 넌 정말로 불행했구나. 이 우울이 수년간 지속됐어. 네 청소년기를 잃어버린 것 같은 기분일 거야. 네가 해 오던 모든 것 대신에 집에서 고통받고, 엄마와 싸우며, 학교에서 힘든 시기를 보냈어. 이게 네가 느끼는 기분일까?

청소년이 자신의 고통을 인정하도록 돕는 것은 청소년이 양가적이 되거나 두려워할 때 치료 과정을 포기하지 않도록 돕는다. 리들은 이를 치료사가 나중에 필요할 때 사용할 수 있도록 비참한 경험을 '공식화하는 것'이라고 했다. 청소년이 갈등으로부터 후퇴하면, 우리는 이 대화를 상기시킨다.

> 잠깐만, 빌리. 3주 전에 넌 나에게 비참하고 불행하며, 우울에 지쳤고 너의 삶을 되찾고 싶다고 말했어. …… 기억하니? 이게 시작할 기회야! 부모님에게 가서 우리가 말한 것들에 대해 이야기할 필요가 있어.

2) 변화의 동기 부여를 위해 취약한 정서 사용하기

다음으로, 일반적으로 개선을 위한 이전의 시도들에 대해 물어본다. 우리는 보통 청소년에게 우울의 개선을 위해 무언가 한 적이 있다면 무엇을 했는지 묻는다. 시도한 적이 있다면 세부사항을 물어보고, 얼마나 잘되었는지 평가한다. 아니라면 왜 그러지 않았는지 묻는다. 우리는 이러한 그들의 노력을 강조하기 위해서, 그리고 청소년의 도움에 대한 욕구를 깊게 하기 위해서 항상 공감과 칭찬을 사용한다.

> 와, 기분을 더 낫게 하기 위해 여러 번 시도했었던 거 같아. 너는 엄마에게 이야기하려 했고, 학교에서 도움을 구하려 했고, 남자 친구에게 돌아가려 했어. …… 네가 그런 노력들을 했다니 감명받았어. 하지만 아무것도 도움이 되지 않았다니[또는 약간 도움이 되었지만 아직 (고통, 슬픔, 좌절 등을) 느낀다니] 힘들었겠구나.

기분을 부드럽게 하고, 슬픔에 초점을 맞추고, 이 시점에 눈물을 끌어내는 것도 무관심 혹은 회피를 뚫는 데 도움이 될 수 있다. 대화의 이 순간은 치료사가 내담자를 데려가는 가장 깊고, 고통스러우며, 무기력한 곳일 수 있다. 우리는 내담자가 우울을 악화하길 원치 않지만, 부정이나 회피를 넘어서 우울에 대해 가장 솔직하고 가능한 한 현실적 태도로 이야기하길 바란다. 또한 청소년이 자신의 고통을 느껴서 우리의(결국 부모의) 도움을 받아들이는 데 보다 동기가 부여되길 바란다.

청소년이 우울과 도움이 필요함을 인정하면 치료사는 변화의 동기에 대해 이야기할 수 있다. 우리는 청소년에게 개선이나 어떻게 다르게 되길 원하는지 물으며 시작한다. 우리가 가정할 수도 있지만, 다시 한번 내담자가 공식적으로 말하게 하고 싶다. 그래서 이렇게 말할 수 있다. "알다시피 카산드라, 이 우울이 정말로 네 삶을 망치는 것 같구나. 더 나아지고, 덜 우울해지고 싶니?" 우리는 보통 우리가 긍정, 희망, 헌신으로 대답하는 동의의 반응을 얻는다.

> 알겠어, 좋아. 내가 널 도울 수 있어. 네 기분이 더 나아지기에 좋은 몇 가지 작업을 하자. 괜찮겠니? [청소년은 "네."라고 대답한다.] 좋아. 네가 할 일이 많지만 내가 이끌어 줄 수 있어.

이 순간이 새로운 시작 지점이다. 더 이상 첫 회기에 종종 나타나는 부루퉁하고, 회피적이며, 화나 있고, 수동적이며, 분노에 찬 청소년이 아니다. 자신이 문제가 있음을 알고, 이를 극복하기 위한 도움을 환영하는 청소년이다.

변화 행동을 구하기 전에 변화 동기를 만드는 것은 상담의 성공에 필수적이며, 이 전체 과제 저변에 깔린 방법론이다. 청소년이 변화를 원하지 않는데 우리가 그를 무시하고, 기법과 전략으로 나아가는 것은 결국 저항을 만나게 할 것이다. 어떤 청소년은 변화를 원하지만(목표) 무엇을 해야 할지(과제) 모른다. 어떻게 도울지에 대한 많은 아이디어가 있기 때문에 이는 우리에게 더 쉬운 경우에 속한다. 대부분의 경우에 청소년은 우울을 극복하고 싶지만(목표), 우리는 이를 성취하기 위한 전략(애착 손상 해결하기)으로 청소년을 포함해야 한다. 다음은 우리가 어떻게 변화의 동기에 초점을 맞추는지에 대한 예다.

> **치료사**: 만약 바뀔 수 있다면 그렇게 하고 싶니?
>
> **청소년**: 무슨 뜻이죠?
>
> **치료사**: 내 말은 만약 내가 너의 학교나 부모님, 남자 친구 문제를 조금 해결하도록 도울 수 있고, 네 기분이 나아지기 시작한다면…… 그렇게 하고 싶을까?
>
> **청소년**: 물론이죠. 근데 어떻게요?
>
> **치료사**: 나한테 몇 가지 아이디어가 있어. 난 너처럼 우울하고 외로운 청소년들과 많이 상담해 왔고 도움을 줘 왔거든.
>
> **청소년**: 제가 뭘 해야 하나요?
>
> **치료사**: 음, 오늘 그것에 대해 이야기해 보자. 하지만 선생님은 네가 이를 원하는지, 네가 이걸 헤쳐 가길 원한다는 걸 알고 싶구나.

이런 종류의 대화는 어렵거나 전략적이지 않다. 이것은 "네가 원하는 걸 준다면 내 말대로 하겠느냐(나는 네가 뭘 하길 바라는지 말하지도 않았는데)?" 같은 오래된 악마의 속삭임이 아니다. 이는 그저 변화에 대한 청소년의 헌신과 투자를 단단히 하려는 짧지만 매우 중요하고 필수적인 대화의 순간일 뿐이다. 그리고 우리는 추후 회기에서 상황이 어려워지거나 청소년이 회피할 때, 이 순간(승인)으로 돌아오거나 다시 이야기할 수 있다.

> 잠깐만, 카산드라. 넌 내게 지난주에 네가 불행하고 바뀌었으면 좋겠다고 말해 주었는데. 기억나? 난 네가 이 어둠에서 나오길 바라는 걸 알아. 그게 우리가 오늘 여기 있는 이유지. 난 네가 얼마나 불행한지, 얼마나 기분이 나아지길 원하는지 알고 있어. 맞지? 넌 지금보다 더 잘할 수 있어. 난 네가 직접적으로 너의 생각을 엄마에게 말했으면 좋겠어.

3) 관계적 손상과 우울에 대한 영향 확인하기

우울이 더 잘 이해되고 문제로 확고히 정립되면, 그리고 변화의 동기가 증폭되면(가능한 많이) 치료사는 애착 손상이 어떻게 우울에 기여했는지 탐색하기 시작한다. 아직 변화에 대해 묻는 것("이 이슈를 해결해 볼 의향이 있니?")은 아니다. 이 단계는 청소년이 부모가 지지 자원이 되는 것을 어색해하거나, 우울을 일으키는 원인으로 가족 문제를 어느 정도까지 보는지 평가하는 데 초점을 둔다. 우리는 우울을 변화시키기 위한 청소년의 동기를 확고히 했다. 이제 청소년의 우울에 대한 이론을 이해하려고 한다(예: 무엇이 우울에 기여했나). 청소년의 원인에 대한 논리는 그들의 변화 원리에 영향을 준다. 우리는 청소년에게 유일한 논리적 해결책을 관계가 개선되도록 가족관계를 원인 혹은 우울에 기여하는 것으로 보길 원한다.

우리는 관계 상처를 탐색하고 청소년이 자신의 우울과 좌절에 얼마나 홀로 있는지 강조함으로써 대화의 단계를 시작한다. 우리는 다음과 같이 말할 수 있다.

너는 내게 상황이 안 좋을 때 네가 얼마나 불행한지 말해 줬어. 지난주에 우
린 네 부모님과 함께 있었고, 네가 부모님한테 도움을 구하지 않았음도 분명
히 했지. 나는 왜 네가 부모님께 가지 않았는지 더 알고 싶어.

우울한 청소년은 대부분 부모에 대해 불평한다. 무관심 혹은 마찰의 원인
으로서 방치, 유기, 학대 또는 과거 부정적인 사건의 시점(예: 이혼, 부모의 우
울), 좌절스러운 관계(예: 과잉통제하는, 압도하는, 침해적인 부모) 같은 과거 경
험을 든다.

대화에서 우리는 이러한 갈등, 과정의 내용과 결과에 관심이 있다. 내용적
인 면에서 청소년은 다룰 필요가 있는 매우 중요한 문제를 꺼낸다. "엄마는
너무 비판적이에요. …… 아빠는 내가 게이란 걸 받아들이지 않아요. …… 부
모님이 항상 싸우는 걸 견딜 수가 없어요." 이런 내용 영역은 나중에 가족 대
화의 초점이 될 수 있기 때문에 상세히 설명되어야 하며, 살을 붙이고, 이해
되어야 한다. 우리는 이 문제의 결과도 찾아본다.

이 문제들이 너와 부모님 관계에 어떻게 영향을 끼쳤니? 아직도 부모님을
믿니? 더 단절되었다고 느끼니? 이런 문제들이 네가 너 자신과 부모님을 보는
방식에 어떻게 영향을 주었니? 너의 부모님이 X를 했다는 게 어떤 의미니?

이런 질문들은 다루어져야 할 가족 문제가 있는 우리의 사례를 확장시킬
것이다. 하지만 이런 이야기의 중요성과 치료적 힘은 이런 갈등을 애착 상처
의 틀로 볼 때 자라난다.

4) 가족 갈등 이해하기/애착 관점에서 진행하기

(1) 애착과 인지

문제를 애착 손상으로 재정의하는 것은 대화의 주제를 매일매일의 싸움과 오해의 세부사항들을 넘어 배신, 유기, 불신 혹은 부족한 보호 같은 더 깊은 대인관계적 상처로 움직이게 한다. 애착 손상에 초점을 두는 것은 대화를 행동의 세부 묘사에서 가족관계를 만들어 온 대인관계적 주제로 전환하게 한다. "믿을 수 없어요." "날 사랑하지 않잖아." "내 곁에 있던 적이 없어." "내 말을 듣거나 진지하게 여기지 않았어." 매우 중요한 이 주제는 청소년이 자신의 경험에 대한 더 복잡한 인지적·정서적 이해를 구성할 수 있도록 도와준다. 우리는 청소년이 자신의 통금에 대해 불평하는 대신에 자율성과 독립성에 대해 생각하도록 한다. 부모가 너무 바쁜 것에 대해 불평하게 하는 대신에 청소년의 유기에 대한 느낌에 초점을 맞춘다. 부모의 싸움에 불평하는 대신에 자신들이 얼마나 안전하지 않았고 보호를 받지 못함을 느꼈는지 표현하도록 한다. 리들(2002)은 우리에게 갈등에 대한 대화에 더 의미를 가져다줄 보다 큰 주제를 찾으라고 가르쳤다. 루보르스키(Luborsky, 1984)는 우리에게 많은 내담자의 문제에 내재된 주요 딜레마인 '핵심 갈등'에 대해 생각할 것을 가르쳤다.

ABFT에서 우리는 항상 청소년 애착 손상과 해결되지 않은 애착 욕구와 관련해서 이런 주제를 정리하려고 한다. 이런 경험과 대인관계 실패는 자신이 누구고, 관계에서 무엇을 기대할 수 있는지, 자기와 타인에 대한 사람들의 내적 작동 모델을 만든다. 치료에서 이런 주제에 대해 대화하는 것은 청소년이 자신과 자신의 관계에 대한 정서적 이야기 그리고 그 바탕을 다시 작업하게 하고, 자신을 보다 잘 이해하게 되는 중요한 기회를 만들어 낸다.

애착 프레임은 청소년이 종종 인정하지 않는 정서적 부당함의 느낌 또한 정당화한다. 부모와 청소년이 행동적 갈등(예: 허드렛일)으로 다퉜을 때, 청소년은 왜 이 충돌이 그렇게 깊은 상처를 주는지 표현하지 못한다. 부모는 이런 불만을 하찮게 만들거나 기싸움(즉, 내 맘대로 하려는 것)으로 생각한다. 이는 청소년이 느끼는 현실을 무시한다. 이런 '겉과 속이 다름'(Laing, 1998)은 우울한 청소년이 자신의 감정과 자신을 직접적으로 표현하는 능력을 믿지 못하도록 강화한다. 하지만 불만이 애착 손상(예: 유기, 거부, 보호와 사랑을 받지 못함)으로 이해되거나 특징되면, 그것은 새로운 의미를 가지게 된다. 이는 청소년에게(결국은 부모도) 왜 이 문제들이 그렇게 깊은 상처였는지 이해하게 해 준다. "이건 단지 엄마의 과잉통제에 관한 게 아니었습니다. 당신의 삶 대부분이 무시되고 없는 존재처럼 느껴짐에 관한 것입니다." 다음은 행동 문제를 이해하기 위해 애착 주제를 이용하는 진술의 예다.

- "난 네가 엄마의 규칙이 불공정하다고 생각하는 걸 이해해. 하지만 나에겐 마치 너에게 나쁜 일이 생겼는데, 엄마가 널 보호해 주지 않았다는 것처럼 들리는데? 그리고 아직 엄마를 용서하지 못했어. 맞니?"
- "그래, 이 모든 문제(이혼, 전학, 보스턴으로 아빠의 이사)가 비슷한 이야기를 말해 주는데, 외로움과 사랑받지 못함을 느끼는 아이의 이야기가 맞을까?"
- "그래, 네가 부모님과 대화하기 위해 몇 번을 시도했던 것 같구나. 하지만 너는 부모님이 네 말을 들어주지 않았고 진지하게 받아들이지 않았다고 느끼는 것 같아. 그래서 시도를 포기하고, 부모님이 네 편이 될 거라는 희망을 포기했어. 사실, 너는 부모님이 널 돌보도록 놔두지도 않을 거야. 맞니?"

이들 진술 각각은 나쁜 사건 혹은 부정적인 가족의 처리 과정을 가지고, 이를 청소년의 자기와 타인에 대한 시각을 만든 불화, 핵심적인 관계 애착 손상으로 재정의한다. 각 진술의 끝에 물음이 있는 것에서 알 수 있듯이, 이런 설명은 가능성으로 여겨진다. 치료사는 이 주제적 요약이 청소년에게 울림을 주는지를 보기 위해 확인하며 때때로 청소년은 분명하게 이런 주제에 동의한다(예: "네, 정확해요. 내 편이 될 거라고 믿지 않아요."). 다른 경우, 청소년은 침묵하지만 눈물을 글썽일 수 있다. 관계적 재정의가 울림을 주는 것 같지 않을 때, 치료사는 청소년의 경험과 맞는 더 나은 애착체계를 찾기 위해 작업한다. 좋은 치료는 주제와 관련된 치료다. 중요한 주제 혹은 핵심 갈등은 충돌과 더 나은 소통의 길로 우리를 이끄는 동기를 우리가 이해하도록 돕는다(Liddle, 2002; Luborsky, 1984). ABFT에서 애착이론은 이런 기틀을 제공한다.

(2) 애착과 정서

더 나은 내용을 제공하는 것을 더해서, 애착 손상에 집중하는 것은 대화 중에 청소년의 정서적 경험을 깊게 하는 데에도 도움이 된다. 많은 우울한 청소년이 거리를 두거나 화난 채로 치료를 시작한다. 양가적인 애착 유형의 청소년은 더 화나 있고, 부모에게 사로잡혀 있을 것이다. 회피 애착 유형의 청소년은 더 무관심하고 무시하는 태도일 것이다(Mackey, 2003). 우리는 이런 역기능적인 반응을 더 고통스럽고 취약한 1차 정서를 방어하기 위해 사용하는 2차 정서로 보고 있다(Greenberg, 2002). 애착 프레임은 치료사가 인정되지 않지만 청소년의 행동을 움직일 수 있는 충족되지 않은 애착 욕구와 연관된 더 주요한 정서를 찾게 도와준다. 화난 청소년들은 보통 상처와 실망도 느낀다. 그들의 분노는 최소한 부분적으로, 밑에 있는 취약한 상처의 감정에 대한 방어다. 이런 청소년들은 사랑받길 원하지만, 부모가 그렇게 하지 못하거나 계속하지 않을 거라는 두려움에 그렇게 하려는 부모의 시도를 막거나 약화시킬 수 있다. 이것은 양가감정이 작동하는 방식이다.

회피 유형의 청소년도 사랑받길 원하지만 다시 상처받는 것에서 스스로를 보호하기 위해 무관심을 사용할 수 있다. 이들은 부모가 지속적인 사랑과 보호를 제공할 것이라는 자신감이 부족하다. 상처받고 실망하는 것에 모험을 걸기보다 자신의 애착 욕구를 부정하거나 억누른다. 하지만 치료사는 이런 1차 정서 상태에 대한 청소년의 인식을 증가시키길 원한다. 더 효과적인 정서처리를 위한 이런 기회는 치료적 순간을 만들고, 치료실 안팎에서 미래의 대화에 사용될 기술을 만들게 해 준다. 치료사는 부모의 공감과 양육 본능을 활성화시키기 위해 애착 과제 중에 청소년의 주요 취약 정서에 접촉할 필요도 있다.

> **치료사**: 메리, 네가 엄마에게 신경을 끊었다는 것이 당연할거야. …… 하지만 너는 겨우 10대고, 보호가 필요 없을 정도로 성숙하진 않았어. 나는 마치 엄마가 널 버리고 포기한 것처럼 매우 상처받고 거절당했다고 네가 느낄 거라고 생각해. 네가 다시 엄마에게 다가가기 두려울 거라고 생각해. …… 엄마가 네 말을 들어주지 않을까 봐.
>
> **청소년**: 아, 그런 희망은 예전에 버렸어요.
>
> **치료사**: 그럴 수도 있지. …… 하지만 난 아직도 네 눈에서 상처를 볼 수 있어. 엄마의 사랑을 원하면서도 그런 갈망을 느끼는 것조차 두려워하는 게 네 얼굴에 여전히 나타나는데…….

이런 대화는 청소년이 밑에 깔린 회피된 주요 취약 정서를 인정하게 도우면서, 방어적 2차 정서로부터 청소년을 멀어지게 하는 것을 목표로 한다. 그린버그(Greenberg, 2002)가 잘 표현했듯이, 정서처리란 이전에 회피된 정서와의 연결, 강렬한 느낌에 대한 견딤, 이런 정서를 반영하고 탐색하기 그리고 이런 느낌을 더 잘 이해하고 관리하도록 새로운 의미 만들기를 말한다. 어떤 청소년들에게 이것은 분노에서 슬픔으로의 이동을 의미한다. 다른 청소년들에게는 슬픔이 합당하지만 그린버그가 적극적 분노라고 말한 인정되지 않은 분노에 대한 방어일 수 있다. 그래서 개인적인 수준에서 우리는 청소년이 강한 정서를 경험하게 함으로써, 이전에 회피된 정서를 더 편안하게 느끼게 함으로써, 정서의 의미를 만들게 함으로써, 역기능적이고 자기파괴적인 정서가 지나가도록 도움으로써, 그리고 더 적응적인 1차 정서가 앞장서도록 허용함으로써 정서 조절을 증진한다. 어떤 청소년들은 과잉조절되어 있는데, 우리는 그들의 정서적 표현을 위한 포용력과 일깨움을 증진시키고 싶다. 또한 어떤 청소년들은 조절을 잘 못하는데, 그들이 자신의 정서를 더 잘 관리할 수 있도록 정서적·인지적 기틀을 주고 싶다.

대인관계적 수준에서 1차 정서와 채워지지 않은 애착 욕구를 인정하는 것은 청소년이 부모와의 관계 회복에 참여하도록 동기를 부여한다. 2차 정서는 청소년이 상처받지 않도록 보호하고, 그래서 청소년이 사랑, 보호와 양육에 대한 욕구를 표현하지 않게 한다. 하지만 청소년이 더 취약한 정서를 발견하기 시작할 때 부정되었던 애착 욕구를 인정하는 경향이 있다. 이런 식으로 부정적인 경험을 애착 손상으로 이름 붙이는 것은 많은 청소년이 더 큰 상처로부터 방어하기 위해 사용한 정서적 갑옷을 뚫도록 돕고, 애착 과제에 참여하려는 동기를 증가시킨다. 우리는 종종 다음과 같은 이야기를 한다.

> 네 안에 무언가 매우 혼란스럽고 혼합된 느낌이 있는 것 같아. 너의 한 부분은 아빠한테 매우 화가 났고 네 아빠가 널 버린 것처럼 느껴져서 용서하고 싶지 않겠지. 하지만 나는 네 한 부분이 여전히 아빠를 사랑하고, 네 삶에 다시 같이할 수 있기를 바라는 것도 알 수 있어. 그게 너한테 너무 고통스러운 딜레마일 거야.

(3) 일관성

일관성의 개념 또한 우리가 이 치료적 순서를 생각하는 데 도움이 된다. 일관성은 사람이 자기반성적이 되고 자신과 타인에게 호기심을 갖게 하기 위한 심리적 자유, 적당하게 세부적인 기억, 연관된 1차 정서, 애착 욕구에 가치 두기를 포함한 (충족되지 않았다 하더라도) 애착관계 혹은 손상에 대한 이야기를 할 수 있음을 암시한다(Hesse, 1999). 앵거스, 레빗, 할드케(Angus, Levitt

& Hardtke, 1999)가 정서중심치료의 이야기 모델에서 개략적으로 말한 탐색적 과정과 다르지 않게, 우리의 진행 과정에서도 우리는 청소년이 고통스러운 기억과 경험을 반영적 경험에 몰두하기에 충분할 정도로 자세히 탐색하길 바란다. 그리고 나서 이런 사건들을 겪는 동안 청소년이 느낀 정서를 캐내며, 취약한 1차 정서에 접촉하고 확인한다면 더 이상적일 것이다. 이 정서는 작업해야 할 중요한 정서일 뿐만 아니라 더 효과적인 치료 과정을 위해서 필요한 적절한 정서의 각성을 돕기도 한다(Foa, Huppert, & Cahill, 2006; Greenberg, 2011). 마지막으로, 우리는 청소년에게 어떻게 이런 경험들이 사람으로서 그리고 부모와의 관계에서 자신에게 영향을 주었는지 되돌아보도록 한다. 이러한 보다 인지적인 탐색 과정은 과거 사건에 대해 새로운 의미를 만들고, 현재 가족관계에 대해 새로운 이해를 하도록 해 준다.

예를 들어, 연구에서 다룬 중상층의 15세 딸과 어머니를 보자. 이 둘은 성적, 집안일, 학업 수행과 딸의 무례함으로 끊임없이 싸웠다. 이런 다툼은 해결책이나 행동 변화 없이 강렬하게 계속되었다. 딸이 부모의 폭력적인 결혼생활, 끔찍한 이혼, 재정 감축과 가족 해체를 겪은 것은 불행이었다. 비록 어머니와 딸 모두 표면적으로 이 가족력의 파괴성을 인정했지만, 말싸움을 일으키지 않고서 이 사건들을 이야기할 수는 없었다. 딸은 곁에 없는 아버지를 보호하고, 폭력적인 아버지를 과하게 이상화하는 동안 이 사건의 대부분에 대해 어머니를 비난하며 자신의 분노와 무례함에 불을 지폈다.

청소년 동맹 과제에서 우리는 이 가족사의 세부사항을 짜 맞추도록 딸을 도왔다. 딸은 자기 버전의 가족사(즉, 싸움, 이혼, 그 후유증)를 이야기했다. 딸은 아버지가 어머니를 때리는 동안 어린 동생들을 폭력으로부터 보호하기 위해서 어떻게 2층에 데려갔는지 이야기했다. 처음으로, 딸은 아버지와 이혼하고 그 상실로 인해 자신을 계속 혼내던 어머니를 용서한 적이 없다고 스스로 인정했다. 처음에 딸은 이 이야기를 마치 10대 잡지를 읽듯이 이야기했다. 하지만 민감한 우리의 탐색에, 딸은 슬픔과 외로움의 감정을 의식하는 것을 허락하기 시작했다. 딸의 정서가 부드러워지고 깊어지면서, 자신이 어머니에게 너무 가혹했던 것에 대해 약간의 죄책감을 느낄 수 있다. 또한 자신이 얼마나 아버지에게 화가 났는지 인정하기 시작했으나, 그럼에도 아버지가 자신을 버릴 것이라는 걱정 때문에 그것을 표현하는 것은 두려웠다. 우리는 많이 듣고 질문하고 공감을 표했으며, 딸의 방어적인 2차 정서인 무관심과 분노 아래에 있는 유기와 실망의 1차 정서에 접촉했다. 또한 이런 트라우마적 관계 상처를 어머니에 대한 딸의 행동화와 연결하기 시작했다. 이런 방식으로 딸의 애착 손상 이야기는 새로운 정보를 통합시키기에 분명하고, 복잡하며, 충분히 유연하고 더 일관성 있게 되었다.

이러한 장면에서 치료사는 본질적으로 애착 손상에 초점을 둔 개인적·탐색적 치료를 할 수 있다. 대화가 진행되는 동안 치료사는 정신역학, 인지행동치료, 정서중심치료, 대인관계 심리치료 또는 청소년들의 감정과 도식에 대한 인식을 높이기 위한 다른 치료들의 기법을 사용하여, 자신과 삶의 기쁨과 실망에 대해 정직하게 성찰하려는 청소년의 호기심과 의지를 증폭시킬 수도 있다. 우리는 어떤 기법이 사용되었는지보다는, 그 탐색이 보다 일관성 있는 애착 손상을 발견하고, 청소년으로 하여금 애착 과제에 대한 준비를 시킨다는 목적을 가지고 있는 것에 더 주목한다.

때때로 과제 2를 진행하는 동안 청소년들은 자신들의 이야기를 함에 있어 깊게 관여하지 않는다. 일부 청소년은 방어적이거나 그저 오래되고 익숙한 생각들과 감정들을 반복한다. 만약 우리가 그들이 1차 정서에 연결되도록 돕지 못한다면, 애착 과제로의 연결을 도와줄 수 있는 주제로 끼어드는 것에 주의를 기울여야 할 수도 있다.

> 잠깐, 넌 다시 그 상처를 느끼고 싶지 않은 거 같아. 아니면 네가 말한 것처럼 실제로 이미 극복한 것일 수도 있고. 하지만 넌 확실히 그때 엄마가 너를 보호해 주지는 않은 것 같다고 느꼈지. 우리 생각이 같을까?

이런 방법은 청소년의 저항이 우리를 막을 수 없게 한다. 우리는 청소년이 치료사에게 부모에 대해 무관심하게 말할 수 있다는 것을 알고 있다. 그러나 청소년을 부모 앞으로 데려와 애착 손상에 대해 이야기하도록 하면 강렬한 감정을 나타낸다. 이것이 노출 요법의 기본적인 전제다. 직접적인 노출은 감정적인 흥분을 유발한다(Foa, Hembree, & Rothbaum, 2007). 그러므로 "네, 그래요. 저는 상처받았고 실망했어요. 하지만 이제는 그렇지 않아요."라고 말하는 방어적인 청소년이 아버지가 가족을 버리고 떠났을 때 어떤 기분이었는지를 아버지에게 말할 때 침착하고 무관심할 가능성은 적다.

5) 애착 상처와 우울을 연결시키기

청소년에게 이 상처들에 대하여 부모와 대화하는 것을 생각해 보라고 하기 전에, 작지만 도움이 되는 다음 단계는 이러한 상처들이 자신의 우울증, 우울증 회복 혹은 자신을 부양할 수 없는 무능력한 부모와 관련이 있다고 보는지 확인하는 것이다. 이를 위해 우리는 지금까지 탐색한 모든 것을 간략하게 요약하고자 한다.

> 그래서, 쿠퍼, 네 말은 너는 매우 우울하고, 그로 인해 불행하다는 거야. 그렇지? 그리고 부모님과의 갈등이 너를 정말 화나게 하고, 네가 부모님에게 도움을 요청할 수 없게 만든다는 거지, 그렇지? 그렇다면 나는 이런 상처들이 너의 우울증을 유발하는지, 아니면 어느 정도 유발한다고 보는지 궁금해. 나는 그것이 이야기의 전부라고 말하는 것이 아니라 일부일 수 있다는 거야. 어떻게 생각해?

분명히 이 연결고리는 대화의 일부로 펼쳐졌을 수도 있고, 청소년들은 이미 우울증이 이러한 부정적인 가정의 과정 때문이라고 탓할 수도 있다. 그러나 우리의 변화 전략(예: 애착 과제)에서 청소년들이 확신하는 것에 대하여 간결하고 확실하게 이야기하거나 명확하게 하는 것은 필수다. 우리는 가족 문제를 해결하고, 이를 통해 우울증을 줄이는 것을 목표로 한다. 그러므로 청소년들이 가족 문제가 우울증에 어떻게 기여하는지, 악화시킨다고 보는지 확인하고, 최소한 부모가 우울증의 원천이 되는 것을 막도록 해야 한다. 만약 청소년이 우울증이 나쁘다는 것에 동의하고, 가족 간의 대처 과정이 우울증에 기여하고 있다는 것에 동의한다면 청소년들에게 가족관계 개선에 힘써 달라고 요청하는 것은 무시하기 어려운 해결책이다.

만약 청소년들이 우울증과 가족 문제가 서로 관련이 있다고 보지 않는다면, 그것에 대해 논쟁하지 않는다. 우리는 우리의 목표를 축소하고(리들이 말하곤 했듯이) 같은 목표를 달성할 수 있는 다른 틀을 찾는다. 우리는 항상 유연하고 발걸음이 가벼우며, 주제를 고수하면서 다른 방도들을 시도할 준비가 되어 있다. 다음은 이에 대한 예다.

> 글쎄 네가 이런 문제들이 우울증을 야기한다는 것에 동의하지 않더라도, 여전히 이 문제들이 너에게 좌절감을 주고 약간의 불행을 야기한다는 것에는 동의하지. 게다가 이런 부모님과의 갈등은 네가 우울하거나 자살 충동이 들 때 도움을 받기 위해 부모님께 의지하는 것을 방해해. 그건 나에게 문제가 돼. 그건 너를 위한 안전망이 없다는 것을 의미하거든. 난 네가 안전하다는 것과 너를 도와줄 사람이 있다는 것을 알아야 해.

6) 행동 변화에 대한 요청

이제 우리는 대단히 중요한 시점에 놓여 있다. 우리는 우울증에 대한 이해를 통해 결과적으로 그것을 극복하려는 청소년들의 열망을 이해하게 되었다. 또한 애착 손상과 부정적인 가족 대처 과정이 어떻게 우울증에 기여하는지 또는 어떻게 부모가 지지 자원이 되지 못하게 하는지에 대해 이해했다. 우리는 이러한 사건들 또는 과정들이 청소년의 자기 자신에 대한 관점과 부모에 대한 관점에 어떻게 영향을 미치는지에 대해 좀 더 논리적이고 복잡한 이해를 하도록 도왔다. 이에 대한 명백한 영향은 그것이 직접적으로 언급되었는지, 그렇지 않은지로 더욱 분명해진다. "만약 우리가 이 상처에 대한 몇몇 감정을 해결할 수 있다면 아마도 우울증은 감소하고, 적어도 부모님을 너의 지지 자원으로 사용할 수 있게 될 거야."

만약 이 대화가 잘 진행된다면 일반적으로 청소년들은 치료사로부터 이해받고, 존중받으며, 지지받는다고 느끼게 된다. 이러한 호감과 새로운 이해를 바탕으로 치료사는 행동 변화에 대한 이야기로 분명하게 넘어갈 수 있게 된다. "부모님과 이러한 문제들에 대해 이야기해 볼 의향이 있니?" 어떤 청소년은 이 요구에 긍정적으로 반응하며, 다른 청소년들은 얼버무리고, 또 다른 청소년들은 바로 거절한다. 대부분의 10대는 우리의 진심과 능력을 감지하고, 이것이 그들의 입장에서 기회라고 보기 때문에 동의한다.

7) 부모와 대화하기 위한 과거의 노력에 대한 평가

가끔 우리는 청소년들에게 이러한 어려움에 대해 부모에게 말하려고 시도해 본 적이 있는지 물음으로써 대화 전환의 영역으로 들어간다. 과거의 대화가 어떻게 진행되었는지를 이해하면, 우리가 향후 대화에 영향을 미칠 수 있는 잠재적인 방어와 부정적인 기대를 확인하고 해결하는 데 도움이 된다. 우리는 보통 이렇게 물어본다. "부모님은 네가 단지 우울뿐만 아니라 이런 갈등들에 대해 가지고 있는 감정들을 짐작하고 계실까?" 만약 청소년들이 아니라고 대답한다면 왜 그런지 물어본다. 무엇이 청소년들로 하여금 부모에게 말하지 못하게 하는가? 어떤 일이 일어날 것이라고 예상하는가? 우리는 보통 다음의 세 가지 중 한 가지나 그 이상의 응답을 듣게 된다.

1. "부모님은 나나 내가 무슨 말을 해야 할지에 대해 신경 쓰지 않아요." 가
   끔 청소년들은 부모가 더 이상 신경 쓰지 않고, 청소년들의 말을 듣지
   않으려 할까 봐 걱정한다. 이러한 걱정은 과거에 부모의 공감에 대한 실
   패나 청소년들의 필요에 대한 그들의 관심 부족에 대한 경험으로부터
   비롯된다. 하지만 때때로 청소년들의 우울증은 부모들의 사소한 실수
   나 그들의 잘못된 행동에도 과민하게 반응하도록 한다. 그러므로 우리
   는 다음에 나오는 맥락에 따라 말함으로써 부정적인 기대와 해석에 대
   응할 수 있다.

   선생님은 부모님이 신경 쓰지 않는지 확신할 수 없어. 너의 어머니가 때때로
   조급해하고 너의 아버지가 너의 말을 잘 들어 주지 않는 것도 알아. 하지만 난
   그들이 신경 쓰지 않는다고 생각하진 않아. 나는 부모님이 너를 돕기 위해 애
   쓰고, 너의 기분이 나아지도록 하기 위해 무엇을 할 수 있는지 알고 싶어 하는
   것이 보여. 부모님은 너를 사랑해. 이건 분명해. 단지 부모님이 너에게 효과가
   없는 방식으로 보여 주고 있을 뿐이야.

   필요할 경우 이렇게 덧붙일 수 있다. "그리고 너는 때때로 매우 예민해.
   거절당할 것이라고 예상하고, 그런 예민함이 부모님이 너를 지지하는
   것을 힘들게 만들기도 하는 것 같아."

2. "부모님은 일이 너무 많으세요. 나까지 신경 쓰게 만들 수는 없어요." 때
   때로 청소년들은 그들이 부모에게 짐이 될까 봐 걱정한다. 이런 대화는
   종종 우울하다. "아, 나는 관심이나 도움받을 가치가 없어요." 하지만
   이것이 정확할 때도 있다. 많은 부모는 여러 가지 스트레스 요인을 가지
   고 있는데, 그 요인들은 우울증, 불안, 부부갈등 그리고 한부모 가정일
   수 있다. 청소년들은 부모들의 스트레스를 경험하고, 부모들에게 상처

주거나 더 큰 부담을 주고 싶어 하지 않는다. 부모들이 스트레스를 받고 안 받고를 떠나서 "나는 가치가 없어요." "부모님은 견딜 수 없을 거예요."와 같은 시각은 해결해야 할 과제다. 이러한 우려에 직면하면 우리는 다음과 같이 이야기한다.

그래서 네가 생각하기에는 너의 감정을 이야기하는 것이 부모님에게 짐이 될 것이라고 생각해? 부모님을 매우 걱정하는구나. 글쎄, 나는 무엇이 너를 힘들게 하는지 부모님에게 얘기하지 않는 것이 그들을 더 힘들게 하는 것이라고 생각되는데. 부모님은 너에게 무슨 일이 일어나고 있는지 알지 못해, 그리고 네가 혹시 다시 자해할까 봐 계속 걱정하고 있어. 그것이 부담이야. 그래, 부모님이 네가 해야만 하는 이야기 때문에 상처받으실 수 있어. 하지만 그건 부모님이 충분히 가지고 살 수 있을 만한 상처야. 네 침묵은 부모님이 떨쳐 버릴 수 없는 끊임없는 두려움을 만들고 있어.

우리는 또한 안전 문제로 자격 부족에 관해 논의할 수 있다.

봐, 네가 가지고 있는 이러한 감정들과 네가 표현한 이러한 문제들이 안에서부터 너를 갉아먹고 있어. 너를 우울하게 하고, 심지어 때때로 자해를 하고 싶게 해. 그리고 너를 계속 학교와 친구들로부터 멀어지게 하고, 심지어 남자 친구와의 불화의 원인이 되고 있어. 이건 심각한 문제야. 너는 이 일을 가슴에서 떨쳐 내야 해. 그래야 우울의 늪에서 나올 수 있어.

3. "예전에도 노력해 봤지만 달라지는 건 없었어요." 때때로 청소년들은 이러한 문제에 대해 부모와 과거에 의논해 봤지만 도움이 되지 않았다고 이야기한다. 이러한 이야기를 들었을 때, 그 대화의 과정이 적절하지 않았음을 확신할 수 있다. 만약 이러한 주제들이 논의되었다면 청소년들

이 이러한 주제들에 관해 효과적으로 말할 수 있는 대인관계 기술을 갖기 전이었거나, 부모의 기술이 부족했던 시기에 논쟁 중에 불쑥 꺼내어졌거나, 수년 전의 이야기일 가능성이 높다. 어떤 청소년들은 심지어 "아, 이것에 대해 전 치료사와 상담했어요. 근데 아무것도 변하지 않더라고요."라고 얘기하기도 한다. 그래서 이러한 저항에 대해 우리는 항상 다음과 같이 이야기한다.

> 봐, 아이샤, 네가 과거에 해 봤지만 그 대화의 끝이 안 좋았을 수 있어. 하지만 확실한 사실은 그걸 나와 함께해 본 적은 없다는 거야. 선생님은 부모님이 아이들의 말을 듣게 하는 데 전문가야. 이거에 내 일생을 바쳤어. 우리가 부모님과 함께 만나기 전에 내가 먼저 엄마를 만나서 준비시킬 거야. 엄마가 왜 너의 말에 귀 기울여야 하는지 이해하도록 돕고, 어떻게 하면 더 잘 들을 수 있는지 알려 줄 거야. 그리고 만약 엄마가 아직 준비가 되지 않았다고 느껴지면 준비가 될 때까지 기다릴 거야. 선생님은 네가 좋지 않은 상황 속에 들어가게 하고 싶지 않아. 그리고 사실 만약 부모님이 좋지 않은 상황을 만든다면, 내가 즉시 대화를 멈추게 할 거야. 선생님은 절대 네가 다시 상처받도록 하지 않을 거야. 믿어도 좋아.

이러한 절차로 우리는 아마도 청소년들이 처음으로 듣는 약속을 제안한다. 과거의 실패는 인정하지만 미래의 성공을 보장한다. 우리는 부모가 좀 더 다가가기 쉽도록 돕는 기술을 가진 전문가로 우리를 제시한다. 또한 우리는 청소년들에게 보호를 제안한다. 부모가 준비되지 않을 시에 대화를 시작하지 않는다고 약속한다. 또한 만약 부모가 화를 내기 시작하면 대화를 멈출 것을 약속한다. 우리는 이 과정 중에 청소년들에게 "네가 이런 부분에서 나를 믿어도 괜찮다고 느끼니?"라고 물어보며 끼어들 수 있다.

때때로 양가적이기는 하지만, 이쯤 되면 청소년들은 안전하고 이해받으며 보호받고 있다고 느낀다. 우리는 이 세 가지 방어에 자신 있게 도전한다. 왜 냐하면 아무리 깊게 묻혀 있더라도, 10대들의 삶과 더욱 가까이 연결되고자 하는 부모들의 열망을 믿기 때문이다. 우리는 거짓된 약속은 하지 않으며, 애 착 욕구들이 충족될 수 있다는 희망을 키워 준다. 또한 그들에게 이러한 희망 을 전달하고 상처로부터 보호해 줄 것임을 약속한다. 이는 청소년들이 과제 4로 나아갈 수 있도록 돕는다.

하지만 만약 우리가 희망을 찾지 못한다면 어떠한가? 만약 억압된 애착 욕 구를 발견하지 못한다면? 만약 너무 많은 상처와 너무 많은 실패와 너무 많 은 실망을 경험했다면? 만약 청소년이 고집스럽게 그들의 관계가 너무 늦었 다고 주장하며 거리감과 분리되기를 원한다면? (가끔 청소년들은 정말로 이렇 게 느끼며, 어떤 경우 매우 완강하여 꼼짝도 하지 않는다.) 이러한 도전에 마주하 면 우리의 전략은 바뀔 수 있다. 우리는 애착에 대한 주장을 줄이고, 그들의 분리를 지지할 수 있다. 우리는 그들의 가족이 서로 더 가까워지는 목표에서, 과거의 망령에서 벗어나 각자의 삶을 살아갈 수 있도록 하는 목표로 초점을 옮긴다.

그래서 있지, 리디아…… 아마 엄마와 가까워지는 것은 너의 목표가 아닌 거 같아. 그러기에는 너무 많은 상처가 있지. 엄마에게 사랑받고 싶은 욕구는 사 라진 거 같아. 내가 그렇게 확신할 순 없지만, 나는 네가 왜 그런 말을 하는지 는 알 수 있을 것 같아. 하지만 너는 딜레마에 빠졌구나. 엄마와 다시 연결되기 를 원하진 않지만, 이 상황이 지속되는 것이 고통스러울 거야. 내가 걱정하는 것은 네가 지금 이 고통과 혼란을 성인기와 미래의 인간관계에 그대로 가져가 게 될 것이고, 결국 35세에도 엄마가 너를 거절한 것에 대해 여전히 몸부림치 며 치료를 받게 될 것이라는 거야. 그것이 마음이 작용하는 방식이야. 우리는 안 좋은 경험을 가지고 있고, 그것들을 이겨 내지 않는 한 계속 가지고 가게 될 거야. 우리는 옷이 담긴 여행가방 하나와 해결되지 않은 갈등과 표현하지 못한 고통이 담긴 여행가방 하나를 가지고 집을 떠나게 돼. 부모님과 해결하거나 결코 말하지 않은. ······ 이것이 중요한 딜레마인 책과 영화를 얼마나 많이 보았니? 이것은 위대한 신화와 여러 스토리의 소재가 되는 거대한 도전이야. 내가 지금 너에게 바라는 것은 자유야. 저 방에 들어가 엄마와 함께 이러한 것들을 풀어내고 자유로워지는 것이야. 만약 엄마가 네가 바라는 대로 반응하지 않더라도, 네가 바라는 말을 엄마에게 들을 수 없더라도, 네가 이것을 위해 최선을 다했다는 것을 알게 될 거야. 그러고 나면 네가 아니라 너의 부모님의 한계였다는 것을 알게 되고, 집을 떠날 수 있을 거야.

때때로 이런 대비 전략조차 효과가 없을 수 있다. 만약 청소년이 지속적으로 작업에 저항한다면, 우리는 기대를 더욱 축소하고, 무엇을 얻을 수 있는지 봐야 한다. 최소한 청소년들이 세션에 참여하는 것을 권유한다. 우리는 부모들이 할 말이 있을 것이라고 생각하고, 청소년들이 적어도 부모의 말을 듣기를 원한다. 그러므로 청소년들에게 적어도 다음 가족 세션(애착 과제)에 참석하여 들을 수 있는지 권유한다. 만약 청소년들이 지속적으로 싫다고 한다면, 과정을 더욱 천천히 진행하며, 우리와 개인 회기로 다시 만날 것을 권유한다. 우리는 부모 동맹 과제에서 어떤 일이 벌어지는지 지켜볼 수 있다. 아마도 부모는 청소년들을 가족 만남에 초대할 정도의 충분한 흐름을 탈 수도 있다. 우리는 그저 개방적이고, 유동적이며, 창의적이고, 연민 어린 마음으로 머무르면 된다. 우리는 타협하거나 선을 긋는 것이 얼마나 힘든지 안다. 하지만 치료사가 목표와 사명을 확실히 한다면, 대부분의 경우 적어도 청소년들이 세션에 참석하도록 충분히 설득할 수 있다.

3. 단계 3: 과제

청소년이 그들의 부모님과 애착 과제에 참석하기로 동의한다면, 치료사는 과제(즉, 대화를 위한 청소년 준비시키기)를 시작한다. 전형적으로 이것은 청소년들과 단독으로 진행하는 세션 중 두 번째 혹은 세 번째 초점이다. 하지만 이 새로운 세션은 우리가 중단했던 곳에서 시작되며, 준비 단계의 기초를 다시 세우기 위해서 마지막으로 나눈 대화의 주제를 가지고 온다. 여기서 전체적인 구조를 볼 수 있다. 우리는 탐구적이고 개방적이며 지지적이고 표현적인 스타일로 시작하고, 청소년이 부모와의 충돌에 대한 그들의 인식과 감정을 깊게 하는 데 초점을 맞춘다. 우리는 이러한 문제들을 애착 상처로 분명하게 구조화한다. 그 후 애착 과제 참여라는 특정한 작업 목표로 청소년들을 끌어들이기 위해 조금 더 지시적이게 된다. 이제 우리의 입장이나 전략은 애착 과제를 잘 진행시키는 데 필요한 기술을 전달하는 것을 목표로 하여 좀 더 심리교육적인 접근으로 발전함에 따라 한 번 더 바뀐다.

1) 과제 4를 위한 내용 선택, 토론 및 연습

우리는 종종 청소년들이 애착 상처 목록을 확인하여 다시 연결하고, 자세히 설명하도록 돕는 것으로 이 과정을 시작한다. 그리고 나서 그들이 어떤 상처에 대해 말하는 것이 가장 중요한지 혹은 어디서부터 이야기하는 것이 가장 좋을지 결정하도록 돕는다. 때때로 우리는 초기에 특정 이슈를 꺼내기 전에 내용 자체보다는 과정에 집중하게 하는 일종의 관계에 대한 메타대화를 하도록 장려한다. 그렇게 우리는 청소년들이 신뢰와 존경, 지지 그리고 의사소통에 대해 이야기 나눌 수 있도록 준비시킨다. 이러한 주제에 대한 논의는 가족이 가족의 구조와 가족관계에 기본이 되는 규칙을 재협상하는 데 도움이 된다. 가족끼리 서로 들어 줄 수 있는가? 서로를 신뢰할 수 있는가? 부모는 청소년이 상처받지 않고 자신을 표현할 수 있도록 허락할 수 있는가? 부모는 이 대화를 비밀로 할 수 있는가? 부모가 논쟁에 참여하지 않는 것에 동의할 수 있는가? 이러한 과정 문제에 대한 논의는 종종 신뢰를 깨뜨린 것으로 애착 단절의 존재를 나타내기 때문에 강렬할 수 있다. 과정 그리고 대화가 잘못될지도 모른다는 청소년들의 두려움에 대한 논의는 내용 그 자체(예: 이혼, 엄마의 우울, 성폭행 등)에 대한 대화를 실제로 시작하기 위한 필수 선행 조건이다.

한 사례에서 딸이 막바지에 자신이 어떻게 느꼈는지 어머니에게 말하기 시작했는데, 자신의 감정이 과잉통제되고 무시받는다는 것이었다. 일단 부모가 그것을 잘 이해하게 되면, 청소년들은 부모가 다른 더 어려운 것들도 들을 수 있다는 희망을 갖게 된다. 추후 세션에서 딸은 부모의 이혼에 대해 이야기했고, 자신이 얼마나 아빠를 그리워하는지에 대해 말했다.

주제들이 확인되면 우리는 청소년들이 그것을 어떻게 표현하고 싶은지, 그들이 무엇을 다루고 싶은지, 그리고 그들이 대화로부터 무엇을 얻기를 원하는지에 대해 생각하는 것을 돕는다. 그 내용이 구체화되면 우리는 청소년들에게 대화 중에 그들이 어떻게 느낄지 생각해 보라고 요청한다. 화를 낼까? 슬플까? 마음이 닫힐까? 아니면 무관심할까? 불안해지고 혼란스러워질까? 부모의 기분을 나쁘게 할까 봐 걱정할까? 그리고 나서 청소년들이 어떻게 자신의 감정을 과대 혹은 과소 통제하며, 그러한 통제가 부모님이 듣고 이해하는 능력에 어떻게 영향을 미칠 수 있는지에 대한 관점을 가질 수 있도록 돕는다. 우리는 이것이 과거에 어떻게 진행되었으며, 미래에 무엇이 더 잘 될 수 있는지에 대해 다음의 예를 통해서 생각해 보고자 한다.

• "잠깐이라도 너에 관해 생각할 수 있을까? …… 너의 감정들을 어떻게 이야기하고 나누는지에 대해. …… 너의 자기표현 방식은 너의 부모님이 너에게 어떻게 반응하는지에 영향을 미칠 수 있어. 네가 소리칠 때, 너의

부모님이 심각하게 받아들이지 않는 것을 봐 왔어. 부모님은 단지 너를 버릇없는 아이가 화내는 걸로 보고 있어. 사실은 네가 스스로 너의 목표가 꺾이고 부모님이 너의 말을 듣지 않아도 될 구실을 주고 있는 거야."

• "전에도 이런 적이 있지. 네가 부모님을 그저 비난하고 비판하면 부모님은 방어적이게 되고 너의 말을 듣지 않게 돼. 그래서 너는 화가 나고 버림받았다고 느꼈을 거야. 하지만 네가 상처, 무시, 외로움 같은 감정에 대해 이야기할 때, 부모님이 너의 말을 더 듣는 것 같아. …… 네가 너의 화난 감정보다 슬픈 감정을 이야기하면 할수록 그들은 너에게 더욱 귀를 기울일 거야. 그게 힘들다는 것을 알지만 내 생각에는 네가 부모님에게 솔직해질수록 너를 진지하게 받아들이게 된단다."

• "종종 부모님과 이야기할 때 너는 조용해지고 내성적이게 되곤 해. 부모님이 너에게 질문하지만 너는 대답하지 않지. 이런 시간들이 너에게 불편할 것이라는 것을 알아. 너는 그것을 뻣뻣하고 닫힌 느낌이라고 표현했어. 하지만 이것이 우리가 극복해야 할 부분이야. 너는 너의 목소리를 찾아야 해. 부모님이 네가 무슨 생각을 하고 있는지 알도록 해야 해. 네가 침묵하면 부모님은 너에게 더욱 질문하게 되고 너는 부모님이 너를 추궁하는 것처럼 느끼겠지. 내가 부모님이 천천히 하도록 도와줄게. 대신 너는 부모님에게 정보를 좀 더 주어야 해. 그러면 부모님은 덜 불안해하고, 덜 통제적인 것처럼 보일 거야."

이 예들이 보여 주듯이, 우리는 청소년들의 간접적이고 절제되지 않은 분노, 좌절, 슬픔의 표현이 어떻게 부정적으로 상호작용을 하는지에 대해 그들에게 알려 주고 싶다. 이제 우리는 청소년들이 부당하다고 느꼈던 것들을 존중해 주었으므로, 그들이 부정적인 상호작용에 기여한 것에 대해 일부 책임을 받아들이도록 요구할 수 있다. 우리는 청소년들을 비난하지는 않지만, 그들의 분노나 무관심의 표현이 부모를 곤경에서 벗어나게 한다고 주장한다.

"만약 네가 정말 부모님이 너의 말을 듣고, 너를 진지하게 받아들이게 하고 싶다면 사람들이 들을 수 있는 방식으로 표현할 수 있어야 해."

이런 점에서 우리는 청소년들이 공정성을 획득하도록 고취하면서 그들의 감정과 욕구를 표현하는 더 절제된 방식을 찾도록 도전해야 한다. 그러나 지금 부모의 관점을 갖기 위한 시점(예: 청소년들이 부모의 생각이나 근본적인 취약점 또는 부모의 과거가 현재의 모습에 어떻게 영향을 끼쳤는지 보도록 돕는 시점)에 있는 것이 아니다. 대신 그들의 취약한 감정이나 격노로 가득 찬 감정들을 보다 확고한 분노로 바꾸는 데 초점을 맞춘다.

2) 부정적인 반응에 대비하기

일단 청소년들이 자신의 의사소통 방식과 그것이 부모들에게 미치는 영향에 대해 이해하고 나면, 어떻게 우리가 자신의 감정을 조절하도록 도울 수 있는지에 대해 논의한다. 우리는 청소년들이 내부 자원이나 기법들에 기대도록 도울 수 있다. 예를 들어, 복식호흡, 점진적 근육이완법 또는 긍정적인 사고나 마음챙김 활동들을 알려 줄 수 있다. 이러한 기법들은 ABFT와 호환되어 보다 효과적인 대화를 촉진하기 위해 사용될 수 있다.

내부 자원과 더불어 치료사는 애착 과제 진행 중에 청소년에게 도움을 제공할 수 있다. 치료사는 청소년의 생각과 기분을 관찰하고, 청소년이 길을 벗어나거나 감정적으로 산만해졌을 때(예: 너무 화를 내거나 너무 소심할 경우) 부드러운 안내와 지지를 제공할 것이다. 분명한 것은 청소년들이 그러한 전략에 동의해야 하고, 치료사가 애착 작업 중에 그들의 반응을 다듬고 안내하는 것에 대한 청소년들의 허락이 있어야 한다는 것이다. 치료사가 청소년들을 어떻게 지지할지를 함께 정리하는 것은 10대들을 치료사로부터 무엇을 기대해야 할지 알고 애착 과제에 들어가도록 준비시킨다.

치료사: 봐, 이런 이완 기법들을 함께 작업해서 기뻐. 이것들은 네가 속상할 때 정말 도움이 될 거야. 하지만 나는 대화가 복잡해 질 수도 있다는 것을 알고 있어. 얘기해야 할 것은 많고, 네가 많은 다른 감정을 느낄 수도 있어. 그래서 이 대화 과정 동안 내가 너를 도와도 괜찮을까? 내가 너의 안내자가 되어 줄게. 네가 도움이 필요한 것처럼 보이면 지원해 줘도 될까?

청소년: 무슨 의미인가요?

치료사: 음…… 무엇보다도 너를 보호하고 싶다는 의미야, 다시 다치지 않도록. 하지만 난 네가 물러나는 것이 쉽다는 것을 알고 있어, 또 난 네가 정말 부모님에게 우리가 의논했던 것들에 대해 말할 필요가 있다고 생각해. 그래서 내가 끼어들어서 네가 정직할 수 있게 그리고 큰 소리로 말할 수 있게 중간에 개입해서 너를 조금 이끌어도 된다는 허락이 필요해. 또 만약 네가 너무 속상하고 화가 났을 때 진정할 수 있게 도와줄 수 있도록 말야. 내가 너를 도와줘도 될까?

　애착 과제를 준비하면서 우리는 또한 부모들이 어떻게 반응할지에 대한 청소년들의 가장 큰 두려움에 대해 계획해야 한다. 청소년들은 전형적으로 부모들이 집에 돌아가면 비판적이거나 화를 내거나 멀리하거나 보복할 것을 걱정한다. 우리는 이러한 두려움을 이해하고, 진지하게 받아들일 필요가 있다. 그러나 그것에 대항도 한다. 우리는 종종 그들이 두려워하는 것이 현재의 상황과 크게 다르지 않을 수도 있고, 이 과제가 상황을 개선할 가능성이 있다고 주장한다. 그런 의미에서 청소년은 정말로 잃는 것은 없고, 얻을 것이 많다. 또한 부모들이 처음부터 최상의 반응을 보이기를 기대하는 것은 비현실적이라고 말한다. 우리는 과정 중에 종종 두 발짝 나아가고 한 발짝 뒤로 물러서며 인내심을 가져야 한다고 설명한다. 비록 부모의 마음이 진심이고 더 잘 듣기 위해 노력하기로 합의했다고 할지라도 이렇게 하는 것이 항상 쉬운 일은 아니다. 부모는 평생 동안 해 오던 대로 반응적이었던 역사가 있고 다른 행동을 하도록 돕는 데는 시간과 인내심이 필요할 것이다.

만약 부모들이 정서적 또는 신체적 학대를 받은 이력이 있다면, 치료사는 분명히 이 전반적인 전략의 안전에 대해 더욱 신중하게 생각해야 한다. 우리는 이것을 부모님과 진행하는 세션에서 접근하고 탐구한 다음, 어떻게 진행할지 결정한다. 때때로 우리는 애착 과제의 시작에서 청소년과 부모의 두려움을 모두 꺼낸다. 가족의 두려움에 대해 논의하고, 어떻게 하면 서로에게 상처를 주거나 보복을 두려워하지 않고 좀 더 정직한 대화를 나눌 수 있는지 의논하게 한다. 대화가 힘든 감정을 불러일으킬 경우에 치료사는 그 주에 전화 상담이 가능함을 제안할 수 있다. 만약 우리가 공정하고 안전한 대화에 대해 협의하지 못한다면 대안적인 전략에 대해 생각해야 한다.

3) 실패 가능성에 대해 예측하기

아쉽지만 기획, 준비, 노력이 반드시 성공을 보장하지는 않는다. 청소년들은 준비하고 있거나, 이미 준비되어 애착 과제에 참여할 수 있는 것처럼 보이지만, 결국 부모들이 그에 따라 반응하지 않는 경우가 있을 수 있다. 부모의 우울증, 성격장애, 미해결 트라우마 또는 자신의 애착 역사는 원칙에 맞는 애착 촉진 양육을 제공하는 능력을 제한한다. 때때로 부모의 강한 종교적 신념이나 문화적 배경이 청소년기의 심리적 자율성과 정서적 표현을 허용하는 양육방식을 취하는 것을 어렵게 한다. 우리는 이러한 부모들을 쉽게 포기하지 않지만, 결국 그들이 가지고 있는 한계와 가치관도 받아들여야 한다. 대부분 청소년과 과제 2를 진행하는 동안 우리는 아직 완전히 부모의 능력을 알지 못한다. 부모를 따로 만난 적도 없으며, 애착 대화가 용이하게 하도록 노력하지도 않은 상태다. 그러므로 우리는 희망적인 자세를 가지고 앞으로 나아가기 위해 노력하고, 가능한 도전들을 준비해야 한다. 그러나 청소년은 부모의 이런 행동에 대한 의지와 능력에 대해 의구심을 나타낼 수 있으며, 우리는 설명한 바와 같이 그러한 우려를 해소해야 한다.

여전히 우리는 이것이 가치 있는 시도임을 청소년들에게 납득시키기 위해 노력한다. 이러한 논의에 몇 가지 중요한 점이 있다. 먼저, 우리는 청소년들이 우려와 불만을 분명하게 표현할 수 있는 성숙하고 통제된 목소리를 찾기를 원한다. 그래서 설사 부모가 반응하지 않더라도, 이것이 새로운 대인관계 문제 해결 기술을 연습할 수 있는 좋은 기회가 되도록 한다. 다음으로, 만약 부모가 반응하지 않을 때 청소년들이 그들이 할 수 있는 최선을 다함으로써 최소한 그들의 감정을 해소할 수 있게 한다. 우리의 도움으로 청소년들은 부모의 강점과 약점에 대한 새로운 시각을 갖기 시작한다. 그러면 청소년들은 부모에 대한 그들의 기대를 재조정하거나 수정할 수 있게 된다. 만약 청소년들이 부모의 한계에 대해 더 잘 이해하게 된다면, 청소년들은 실망과 자책에서 스스로를 더욱 잘 보호할 수 있게 된다. 이런 점에서 우리는 청소년들에게 만약 부모가 우리가 바라는 대로 반응하지 않더라도 이 대화를 통해 그들이 성장할 수 있다고 말할 수 있다.

4. 결론

청소년 동맹 과제는 어렵고 좌절감을 줄 수 있다. 하지만 만약 우리가 그들의 애착 상처를 확인하고 인정할 수 있다면, 청소년들은 보통 치료 계획에 참여하며 애착 작업을 준비한다. 청소년들은 부모에게 애착 안정을 원하거나 필요로 할 만큼 아직 어리기 때문에, 이러한 문제를 쉽게 파헤쳐 다른 문제에 직면하는 동기로 이용하기 용이하다. 우리는 종종 부모 동맹 과제가 더 복잡하고 예측할 수 없다는 것을 발견하고는 한다. 자, 이제 부모 동맹이 어떻게 펼쳐지는지 살펴보도록 하자.

제5장

과제 3: 부모 동맹

동맹이 가족치료(Friedlander, Escudero, Heatherington, & Diamond, 2011; Shelef, Diamond, Diamond, & Liddle, 2005)와 개인치료(Horvath, 2006) 모두에서 치료의 유지와 결과에 관련이 있다는 것은 잘 알려진 사실이다. 그러나 가족치료에서 여러 가족과 동맹을 맺고 유지하는 것은 본질적으로 더 복잡하다. 이러한 이유로 애착기반 가족치료(ABFT)에서는 각 핵심 가족구성원 또는 하위체계(청소년, 어머니, 아버지 그리고 가능한 다른 구성원들)가 단독으로 충분히 강한 동맹을 구축하기 위해 개별 회기를 진행한다. 청소년들뿐만 아니라 부모들과의 강력한 동맹관계가 없다면, 가족구성원들은 우리가 그들이 탐색하기를 원하는 어려운 감정과 대인관계에 도전할 만큼 우리를 신뢰하지 않을 것이다.

우리가 청소년 동맹 회기에서 주장했듯이, ABFT는 치료사가 단순히 친절하거나 무조건적인 긍정적 관심을 제공한다고 해서 동맹이 형성될 것이라고 생각하지 않는다. ABFT에서 동맹은 치료 목표와 이를 달성하는 데 필요한 과제에 대한 합의에 기초를 두고 있다. 만약 치료사가 부모-자녀 관계 구축을 치료의 주요 목표로 두고 있더라도, 부모가 청소년이 보다 더 순종적이 되도록 하는 데 초점을 맞추고 있다면 부모는 치료사의 제안과 지시에 저항할 것이다. 만약 치료사가 세션 안에 가족 대화를 준비하고 설계하길 원하지만, 부모는 치료사가 청소년과 단둘이 만나 그들을 '고치기'를 원한다면 부모가 애착 대화에 생산적으로 참여할 가능성이 낮다. 따라서 치료 과정을 용이하게 하기 위해서는 목표와 과제에 대한 합의가 필수적이다. 재정의 과제에서 우리는 관계 손상의 회복을 치료 목표로 삼았다. 부모 동맹 과제에서 우리는 부모들이 그것을 얻기 위한 방법에 동의할 수 있도록 조건들(예: 애착 회기)을 설정했다.

과제 3의 성공은 부모의 양육 본능에 접근하고 증폭시키는 우리의 능력에 달려 있다. 우리는 청소년들의 애착 욕구에 대한 부모들의 이해와 공감을 증가시키기 위해 이러한 본능을 지렛대로 사용한다. 그러나 이러한 본능에 접근하는 것은 복잡할 수 있다. 비록 많은 부모가 청소년과의 관계를 회복하는 데 관심이 있고 기꺼이 노력하려고 하지만, 그렇지 않은 경우도 있다. 부모들은 종종 그들 청소년과의 관계에 대해 좌절하고, 분노하며, 거부하고, 절망적이거나 무력감을 느낀다. 이러한 부모들은 사기가 저하되고, 취약하고, 조심스러워져서 관계 구축의 영역으로 이동하는 것을 주저할 수 있다. 이때 부모가 희망과 헌신을 되살리도록 돕는 것이 결정적인 목표가 된다.

부모-청소년 갈등과 더불어, 우리는 부모들이 관계회복 작업에 참여할 수 있는 능력과 동기를 저해할 수 있는 세 가지 영역을 생활 스트레스 요인, 정신병리, 불안정 애착이라고 생각한다. 이런 문제들/장애물들을 무시하기보다는 부모들을 우리의 내담자로 본다. 때때로 우리는 부모들이 자신의 삶에서 스트레스를 줄이도록 도와주고, 더 많은 자원을 구축하는 데 도움이 되도록 사례 관리 서비스를 제공한다. 그리고 가끔 그들의 정신적 고통을 평가하고 공감하며, 필요할 경우에 그들을 서비스에 의뢰한다. 모든 사례에서 우리는 부모 자신의 애착 상처가 어떻게 그들의 부부관계와 양육 유형에 영향을 미치는지 탐색한다. 불안정 애착 유형을 가진 부모들은 그들 아이들의 욕구에 대해 정서적인 관심을 지속시키기 어렵다. 이 영역에서 작업하는 것은 부모의 양육과 정서적 조율을 위한 본능적인 능력을 다시 일깨우는 필수적인 측면이다. 우리는 일여 년의 개인치료나 부부치료를 시작하지는 않지만, 이러한 문제 영역들에 충분히 깊이 파고들어 부분적으로 작업하고, 이것을 발판 삼아 부모들이 청소년들을 더 잘 이해하고 도울 수 있도록 한다.

양 부모 가정에서는 이 과제를 여러 가지 방법으로 구조화할 수 있다. 양쪽 부모가 모두 참석하여 상호 간의 생각 공유, 위로, 지지가 있는 대화를 함께 할 수 있다. 다른 경우, 임상적 이유(예: 부모들 사이의 비협조적 관계)나 물리적 이유(예: 배우자 한 사람이 참석할 수 없음)로 인해 우리는 이러한 대화를 나누기 위해서 각 부모와 단독으로 만난다. 가족치료사들은 매일 이런 임상적 판단을 내린다. 치료사는 누구를 먼저 만날지 결정하기 전에 몇 가지 질문을 고려할 수 있다. 부모들의 사이는 어떤가? 그들은 이런 대화에서 서로를 지지할 수 있을까, 아니면 갈등이 폭발할 것인가? 부모 중 한쪽이 더 괴로워하거나 방어적인가? 부모와 개별적으로 만나는 것이 치료 일정에 가능한가? 이러한 질문들에 대한 답은 부분적으로 개인과 결혼생활의 기능에 의해, 그리고 부모가 관계적 재정의를 받아들이는 정도에 의해 이루어진다. 이것은 ABFT의 기본 전략이다. 우리는 내담자와 함께하고자 하며, 더 잘 이해하도록 노력하고, 내담자의 관계 또는 행동에 대한 스키마나 행동 모델을 탐구하고, 내담자가 치료 목표를 받아들이도록 안내하며, 타인에 대한 행동 변화를 준비한다. 그리고 나서 새롭고 긍정적인 상호 작용 경험을 만들기 위해 가족구성원들을 다시 한자리에 모이게 한다. 이를 변화의 경로로 삼으면서 일반적으로 치료 과정 중 어느 시점에 각 부모와 개인 회기를 갖는다.

이 장에서는 한부모 가정, 양 부모 가정과 관련된 다양성에 대해서도 다룬다. 과제의 일반적인 목표는 가족 구조와 상관없이 그대로 유지된다. 즉, 청소년에 대한 부모의 공감을 소생시키고, 부모들로 하여금 애착 과제에 전념하고 준비하도록 하는 것이다. 한부모 가정에서 우리는 부모들과 함께 누가 치료의 일부가 되어야 하는지(예: 아버지, 할머니, 형제자매)에 대해 생각한다. 만약 우리가 두 번째로 중요한 성인을 데려온다면, 먼저 그 상대(또는 일차 부양자)와 단둘이 만나서 그들이 치료 목표와 전략을 지지하도록 하기 위해 과제 1과 과제 2 절차의 요소들을 되풀이할 수 있다.

  청소년 동맹 과제와 마찬가지로, 부모 동맹 과제는 유대, 목표, 과제의 3단계로 구성된다. [그림 5-1]에 이러한 단계가 요약되어 있다. '유대 단계'는 부모들과 함께 그들의 강점, 현재 스트레스 요인 그리고 자신들의 애착과 관계 손상의 역사에 초점을 맞춘다. 이러한 영역을 탐색하는 것은 부모에 대한 더 깊은 이해를 가능하게 하고, 공감과 염려를 전달하며, 양육에 영향을 주거나 어렵게 할 수 있는 과제를 식별하게 한다. 이 일은 또한 부모들이 그들 자신의 애착 상실을 슬퍼하도록 도와줌으로써 자식들의 애착 욕구에 더 민감해지도록 도와준다. '목표 단계'는 청소년들과 보다 긴밀한 관계를 구축하기 위해 노력하겠다는 명확한 동의와 헌신을 얻는 데 초점을 맞춘다. 마지막으로, '과제 단계'는 부모에게 관계에서 고통과 소외를 야기하는 상처와 분노를 헤쳐 나가도록 설계된 그룹 대화이자 곧 있을 애착 과제를 준비하는 데 초점을 맞춘다. 이러한 준비는 부모들이 애착 과제의 목적을 이해하고, 애착 과제의 성공 가능성을 높이는 몇 가지 간단한 정서 중심의 양육 기술을 배우도록 돕는다. 일반적으로 '유대 단계'와 '목표 단계'는 한두 번의 회기로 함께 달성될 수 있으며, '과제 단계'는 세 번째 회기에서 달성될 수 있다.

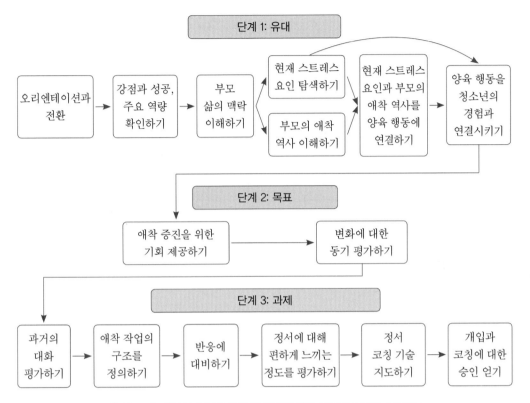

[그림 5-1] 치료사가 부모 동맹 과제(과제 3)를 도모하기 위한 수행지도

1. 단계 1: 유대

초기 오리엔테이션과 진행 후 유대 단계의 세 가지 주요한 하위 작업은, ① 강점, 성공 및 주요 역량을 식별하고, ② 현재 스트레스 요인 및 부모 삶의 배경(결혼의 괴로움을 포함할 수 있음)을 이해하며, ③ 부모 자신의 애착 역사를 이해하는 것이다. 처음 두 가지 하위 작업은 부모가 되는 것과 구별되는 성인의 삶을 이해하는 것을 돕는다. 세 번째 하위 작업은 부모 자신의 애착 역사를 이해하는 것이다. 이것은 자녀의 생각과 감정을 이해하고 인정할 수 있는 부모의 능력을 향상시키기 위함인데, 포나기, 죄르지, 쥬리스트와 타깃

(Fonagy, Gyorgy, Jurist & Target, 2005)은 이를 '반영적인 기능'이라고 불렀다.

1) 오리엔테이션과 전환

부모에게 자녀가 없는 회기에 오라고 하면 의혹이나 걱정을 불러일으킬 수 있다. 일부 부모는 자신들이 아이들의 문제 때문에 비난받을 것이라고 생각하고 이 회기에 참여한다. 이러한 두려움은 부모 자신의 죄책감, 배우자의 비난 또는 학교, 이전 치료사 또는 기타 사회 서비스 제공자들이 한 언급 때문에 생겨났을 수 있다. 이 두려움은 세심하게, 직접적으로 다루어져야 한다. 우리는 부모들에게 굴욕감을 주려는 것이 아니라 힘을 실어 주고 싶은 것이다. 하지만 부모를 지지하는 것은 어려울 수 있다. 어떤 부모들은 분명히 청소년들의 우울증에 기여하고 있다. 부모가 비판적이거나 통제적일 수 있고, 곁에 잘 없거나 거부적일 수 있다. 또한 부부 갈등에 휘말리거나 우울증에 시달리거나, 마약이나 술로 정신이 팔려 있을 수도 있다. 우리는 판단을 내리기 위해 여기에 있는 것이 아니다. 우리의 목표는 그들 안에 여전히 좋은 부모가 되기를 원하는 부분, 아이가 고통받을 때 여전히 깊은 사랑, 죄책감 또는 아이를 보호하고 싶은 충동을 느끼는 부분을 찾아 증폭시키는 것이다. 그러므로 우리는 부모를 비난하거나 그들의 문제를 무시하는 것이 아니라, 이러한 문제들이 그들이 원하는 종류의 부모가 되는 것을 어떻게 방해하고 있는지를 더 잘 이해할 수 있도록 오히려 공감적이고 연민적인 태도로 부모를 돕는다.

부모들이 비난받을 것이라는 염려가 있든 없든 치료사는 부모와 단독으로 만나는 이유를 제시해야 한다. 우리의 접근법은 간단하고 직설적이다. 우리가 자녀를 더 효과적으로 도울 수 있도록 부모의 강점과 취약점, 도전과 자원을 포함하여 부모를 더 잘 알고자 함을 설명한다.

아시다시피 저는 오늘 깁슨 부부를 만나게 되어 매우 기쁩니다. 저는 부모님과 따로 만나는 것이 두 분 삶의 맥락을 더 잘 이해할 수 있기 때문에 매우 도움이 된다고 생각합니다. 여러분의 자원은 무엇인지, 스트레스는 무엇인지, 우울증에 빠진 딸을 키우는 것이 어땠는지에 대해서요. 제가 두 분에 대해 알면 알수록 여러분의 목표를 더 잘 잡을 수 있을 거예요. 아시겠죠? 저는 개인치료나 부부치료를 위해 여기 있는 것이 아니라는 것을 말씀드립니다. 하지만 가끔 저는 여러분을 더 잘 돕기 위해서 두 분의 결혼생활에 대해 조금 이해할 필요가 있을지도 모릅니다. 괜찮으신가요? [논의를 한다.] 좋아요, 시작하기 전에 지난주 첫 세션에 대해 어떻게 느끼셨는지 알고 싶네요.

청소년 동맹 과제와 비슷하게, 우리는 주로 첫 번째 세션에 대한 부모들의 감정을 체크하는 것으로 이 세션을 시작한다. 관계적 재정의 과제는 몇몇 부모에게 화가 나거나 혼란스러울 수도 있다. 그러므로 언급하지 않더라도 가능성이 있는 걱정들을 인정할 필요는 있다. 우리는 지난번에 진행된 세션에 대해 드러나지 않은 염려로 이 과제의 중간에서 방해받고 싶지 않다. 따라서 우리는 첫 번째 세션의 부모의 감정과 경험에 대해 간략하게 확인하고, 계속 진행하는 것에 대한 승인을 받는다. 그러나 몇몇 경우에는 부모가 주저하거나 양가적이거나 저항할 수도 있다. 다음에서는 이 일이 어떻게 진행될지 보여 준다.

치료사: 첫 번째 진행된 세션에서 우리가 나누었던 대화에 대해 생각해 보았나요?

어머니: 음, 저는 제가 학교에서 다루어야 하는 문제들의 종류에 대해 당신이 완전히 이해했는지 잘 모르겠어요.

치료사: [얘기를 계속 하도록 잠깐 있다가 정중하게 개입한다.] 네, 알겠습니다. 우리가 분명 이 일에 더 시간을 써야 할 것 같군요. 오늘이 아니

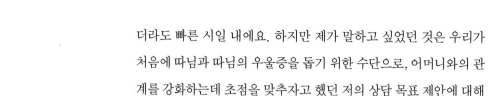

더라도 빠른 시일 내에요. 하지만 제가 말하고 싶었던 것은 우리가 처음에 따님과 따님의 우울증을 돕기 위한 수단으로, 어머니와의 관계를 강화하는데 초점을 맞추자고 했던 저의 상담 목표 제안에 대해 어떻게 생각하시냐는 것입니다.

어머니: 음……. 아…… 저는 선생님께서 딸과 더 편안하게 지낼 수 있도록, 아이의 편을 들어주고 싶어 했다는 것에 감사해요. 딸이 다른 치료사를 좋아하는 데 어려움을 겪었다는 걸 하느님도 아세요. 선생님을 좋아하는 것 같던데. …… 하지만 저는 이것이 어떻게 도움이 될 것인지 여전히 확신할 수 없어요. 저와 딸과의 관계 말이에요, 그러니까…… 딸은 오랫동안 우울해 있었어요. …… 그리고 그것은 저 때문이 아니에요.

치료사: 어머님이 말씀해 주셔서 기쁘네요. 어머님이 매우 통찰력이 있으세요[어머니에 대한 칭찬]. 저는 따님이 치료의 한 부분이라고 느끼도록 하기 위해 노력하고 있어요. 저는 청소년들이 자신의 욕구가 진지하게 받아들여지고 있다고 느낄 때 부모님의 염려에 더 잘 반응한다는 것을 알고 있습니다.

어머니: 음……. 아…… 그러니까 제가 딸의 염려를 심각하게 받아들이고 있지 않다는 말인가요?

치료사: 아니요, 전혀 아니에요. 사실 그 반대예요. 저는 어머님이 매우 걱정하고 도움이 되고 싶어 하는 어머니로 보여요. 하지만 어떤 이유로 따님은 어머님께 도움을 청하지 않고, 받아들이고 있지 않아요. 우리는 왜 그런지 알고 싶은 거지요. 따님은 어머님을 필요로 하고, 어머님의 도움을 필요로 해요. 그래서 어머님이 자녀를 보호할 수 있도록! 저는 어머님을 문제로 보지 않고 해결책으로 봐요. 따님은 의지할 사람이 필요하고 그 사람은 어머님이어야 해요. 이해가 되시나요?

어머니: 네.

치료사: 좋아요. 그게 저의 목표예요. 어머님과 따님이 어떻게 더 가까워질 수 있는지 알아내는 것이요. 괜찮나요?

어머니: 좋아요.

치료사: 그리고 어머님을 좀 더 잘 알게 되면, 일반적으로 제가 어떻게 이 일을 해낼지 생각하는 데 도움이 돼요.

어머니: 네. 선생님 말의 요점을 알겠어요.

치료사: 좋아요. 시작해 볼까요? 오늘 대화하면서 이 문제에 대해 더 논의할 수 있어요.

이 축어록에서 치료사는 저항, 의심, 방어의 지뢰밭으로 걸어 들어갔다. 만약 치료사가 첫 번째 세션부터 부모의 반응을 탐구하지 않았다면, 어머니의 의심과 양면성은 뒤에 남아 과제 3에 대한 작업을 약화시켰을지도 모른다. 치료사는 이 염려들을 다루어야 하지만 세션을 중단하지는 말아야 한다. 따라서 치료사는 관계적 재정의 및 그 목표를 다시 세우고, 어머니의 강점과 애착 욕구에 맞추어 진행한다. 치료사는 어머니를 치료 계약에 참여시키기 위해 기본적인 양육 본능(예: "어머님은 따님을 사랑하시죠." "어머님은 따님을 걱정하시죠." "어머님은 따님과 더 가까워지고 싶으시죠.")에 대해 말하고 있다. 이러한 언급들은 부모로서 가장 좋은 점을 존중하고, 그녀의 의심을 완화시키는 데 도움을 준다. 공감과 존중으로 말하는 이 메시지는 아무리 방어적인 부모라도 부드럽게 할 수 있다. 그러나 치료사는 이 모든 일이 부모의 재정의 목표에 대해 깊이 전념하고, 애착 과제에 대한 준비를 목적으로 한다는 것을 인지하며, 이 대화를 짧게 하도록 한다.

2) 강점과 성공, 주요 역량 확인하기

일반적으로 우리는 어렵고 힘든 작업에 파고들기 전에 항상 능숙하게 이끈다. 이러한 지지와 존중은 선의의 기준을 세우고, 존경심을 전달하며, 그들의 강점에 대한 우리의 관심을 재확인시켜 준다. 그것은 또한 부모들에게 약간의 자긍심과 자부심을 제공하며, 어렵고 복잡한 자신의 심리적·관계적 삶의 측면을 더 자유롭게 돌아보도록 해 주는 자신감을 높여 준다. 또한 우리는 대화가 어려워질 때 이러한 강점으로 돌아가는 것이 부모들에게 보다 효과적으로 질문할 수 있는 기반이 되는 공고한 동맹관계에 도움이 된다는 것을 깨달았다.

우리는 종종 성공에 대한 탐색으로 이 대화를 시작한다. 우리는 부모들에게 직장에서의 성공, 능력, 활동 그리고 긍정적인 사회적 지지에 대해 물어볼 수 있다. 대화는 짧거나 길어질 수 있다. 목표는 대화와 관계에 긍정적인 에너지를 주입하고, 부모로서의 역할을 넘어 개인으로서 그들에 대한 우리의 관심을 보여 주는 것이다.

3) 부모의 삶의 맥락과 최근 스트레스 요인에 대한 이해

일단 긍정적인 관계가 형성되기 시작하면, 치료사는 부모들의 삶에서 현재의 스트레스 요인과 그것이 그들의 양육과 청소년에게 어떤 영향을 미치는지 탐색하기 시작한다. 이 대화는 부모로서가 아닌 한 개인으로서 그들에게 초점을 맞춘다. 우리는 부모들의 삶의 맥락을 이루는 더 넓은 도전, 요구, 희망, 꿈을 인식하고 싶다. 이러한 초점은 양육에 영향을 미치는 압박감, 구속력, 산만함에 대한 치료사의 민감성을 높인다. 우울증, 여러 자녀, 병든 할머니, 부부간의 갈등이 있거나 또는 직업이 없는 부모는 우울증에 걸린 청소년을 위한 시간, 인내심, 관심을 덜 가질 수 있다.

내용 수준에서 우리는 일, 재정, 결혼, 노부부, 이웃, 건강 또는 다른 아이들에 대해 물어볼 수도 있다. 또한 정신 건강, 약물 복용, 가정 폭력, 부부 갈등과 같은 것들에 대해 물어볼 수 있다. 치료사는 이런 것들이 양육에 미칠 수 있는 영향을 고려하여 이 영역을 평가해야 한다. 때때로 부모들은 이러한 어려움에 대해 이야기할 사람이 없기 때문에 이러한 개인적인 관심을 환영한다. 다른 경우에 부모들이 보호받거나 혹은 방해를 받는다고 느낄 수도 있다. 더욱 방어적인 부모들은 대화를 막거나, 자녀와 자녀의 문제에 대해 이야기하는 것으로 되돌아가게 될 것이다. 이 하위 작업 동안 우리는 한 개인으로서의 부모에게 초점을 유지하며, 양육이나 아이들에 관한 대화로 조심스럽게 되돌아간다.

　예를 들어, 부모의 우울증에 대해 생각해 보자. 불행한 일이지만 청소년의 우울증과 부모의 우울증 사이에는 높은 상관이 있다(Goodman & Gotlib, 1999). 그러므로 우리가 보는 많은 부모가 우울증을 겪었거나 앓은 적이 있다. 이에 맞서 우리는 간단한 임상검사를 할 수도 있다. "당신은 우울증으로 고생해 본 적이 있나요? 현재인가요? 얼마나 나빴나요? 그것이 당신의 삶에 어떤 영향을 끼쳤나요? 치료를 받으셨나요? 도움이 되었나요?" 만약 부모가 현재 치료를 받고 있다면, 우리는 일반적으로 현재 치료하고 있는 치료사에게 정보를 제공하고 대화를 해도 되는지 허락을 받는다.

　이 대화를 하는 동안 치료사는 주로 호기심, 질문, 이해를 구하는 지지적인 심리치료 접근법을 제공한다. 가장 중요한 것은 치료사가 공감과 존중을 하는 것이다. 부모들은 수입이 높든 낮든, 좋은 결혼이든 나쁜 결혼이든 종종 칭찬에 굶주리고 자신의 삶에 지지와 위안이 거의 없는 채로 우리에게 온다. 우리는 일시적으로 좋고, 양육적이며, 보호적인 부모로서의 역할을 한다. 부모가 말하는 각각의 이야기에서, 우리는 고통과 불평등을 인정하면서도 또한 부모의 용기를 인정하고 그들의 행동에 동기를 부여한 강점을 찾으려고 노력한다(예: "당신은 당시에 할 수 있는 최선을 다하고 있었다."). 이런 대화 중에 많은 부모가 운다. 그들은 보통 '나쁜 부모'라고 비난받아 왔고, 그들의 행동을 그들 삶의 더 큰 맥락에서 이해한 제공자들은 거의 없었다. 부모들은 그들이 좋은 부모가 되기 위해 그렇게 열심히 노력했다고 느끼지만, 누구도 그들이 받고 있는 압박감이나 느꼈던 실망감을 이해하지 못했다. 그래서 우리는 부모의 좋은 의도를 보고, 그들의 좌절이나 실망에 대해 공감해 준다. 보통 부모 자신이 상담을 받고 있지는 않지만, 상담으로부터 도움을 얻을 수 있다. 그래서 이런 잠깐의 개인적인 관심은 순간 그들에게 그들이 거의 경험하지 못했던 편안함과 희망을 제공한다. 이는 또한 스스로 치료를 모색하는 동기의 씨앗을 심을 수도 있다(나중에 논의됨).

> **어머니:** 저는 이제 이혼한 싱글맘으로, 투잡을 뛰고 있고, 이 집을 유지하려고 애쓰지만, 제 전남편은 스물네 살 된 새 여자 친구와 함께 유럽으로 갔어요. 그리고 제 딸은 제가 아이의 축구 경기에 전부 가지 않았기 때문에 화가 났어요. [울기 시작한다.] 전 더 이상 못하겠어요. 다들 제가 모든 것을 다 잘 해내길 바라는데…… 글쎄요, 전 못하겠어요.
>
> **치료사:** 세상에, 어머님이 얼마나 노력하고 있는지 알겠어요. 하지만 또 그만큼 큰 압박을 받고 있다는 것도 알겠어요. 그리고 아무도 어머님이 어떤 느낌인지 이해하지 못하고, 도움을 주려 하지도 않는 거 같네요.

이때, 우리는 일반적으로 부모의 자원체계를 탐색한다. "이러한 어려움에 직면했을 때 누구에게 도움과 지원을 요청하는가?" 만약 부모에게 누군가가 있다면, 그 관계를 탐색하고, 그것이 어떻게 강점이 되고 더 잘 사용될 수 있는지에 대해 함께 생각해 본다. 만약 부모에게 아무도 없다면 우리는 그들의 외로움 또는 고립에 대해 공감해 준다. 또한 그들이 손을 뻗고 싶은 욕망이 있는지, 누군가에게 의지하고 싶은 욕망이 있는지, 그리고 그것이 얼마나 도움이 될 수 있는지를 탐구한다. 이 대화의 단계에서 우리는 청소년에게 초점을 맞추지 않는다. 부모의 삶을 이해하고 싶은 것이다. 10대에 대해 너무 빨리 토론하는 것은 이 주제를 복잡하게 만들 수 있다.

4) 현재 스트레스 요인과 양육 행동의 연결

우리가 부모가 직면하고 있는 스트레스 요인에 대해 충분히 이해하게 되면, 치료사는 양육에 초점을 맞출 수 있다. "그래서 얘기해 볼까요? 이런 어려움들이 너무 커서 그것들이 당신의 양육에 어떠한 영향을 미쳤다고 생각하나요?" 여기서 주목하라. 우리는 이러한 문제들이 청소년 스스로에게 어떤 영향을 끼쳤는지 아직 묻지 않았다. 그것은 부모들에게 죄책감과 비난받는다는 느낌을 불러일으킬 수 있다. 우리는 단지 작은 걸음을 내디뎠을 뿐이다. 만약 부모들이 지지받고 인정받았다고 느낀다면, 그들은 부모로서 실패는 아니더라도 그들의 갈등에 대해 방어적이지 않게 이야기할 가능성이 더 높다. 이 과도기적 순간의 주요 주제는 다음의 대화 일부분에 수록되어 있다.

> 당신의 삶에는 많은 스트레스 요인이 있습니다. 저는 당신이 하고 있는 것만큼 잘한다는 것이 놀랍습니다. 하지만 10대들을 키우는 것은 정말 어렵지요. 실망스러운 것은 말할 것도 없고요. 여기에 당신이 하고 있는 모든 것을 고려하면, 당신이 왜 당신이 원하는 만큼 아들과 함께해 주거나 기다려 주지 못하는지는 명백한 것 같습니다.

이 메시지는 이야기를 '나는 나쁜 부모'에서 '나는 어쩔 줄 모르는 부모'로 바꾼다. 이런 종류의 지지와 공감을 통해 부모들은 자신의 양육 실패를 더 솔직하게 평가하게 된다. 예를 들어, 부모들은 "나는 가끔 내가 더 도움이 되어야 할 때, 오히려 그에게 더 참을성이 없어져요." "남편과 내가 싸우면 나는 내 딸에게 쓸 에너지가 없어요." "나는 내 아이 곁에 충분히 있어 주지 못해요. 딸이 학교에서 집으로 돌아오면 나는 막 일하러 나가야 하거든요." 이러한 진술들은 부모들이 자신의 양육을 개방적으로 평가하겠다는 작은 발걸음을 나타낸다. 이 순간의 힘은 치료사가 지적하기보다 부모들이 기꺼이 자신의 결점을 스스로 확인하려 하고 또 그렇게 할 수 있을 때 최대로 늘어난다. 여기서의 목표는 문제 해결을 시작하는 것이 아니라는 점에 유의해야 한다. 대신, 치료사는 정직한 자기평가와 더 잘하고 싶은 욕망의 순간을 기대한다. 이 과제에서 우리는 행동을 변화시킬 동기를 찾고 있는 것이지 행동을 변화시키려는 것이 아니다.

5) 양육 행동을 청소년의 경험과 연결시키기

일단 부모들이 그들의 스트레스가 양육에 어떤 영향을 미치는지 되돌아볼 수 있다면, 우리는 그들의 위태로운 양육이나 스트레스 그 자체가 청소년들에게 어떻게 영향을 미치는지에 초점을 맞출 수 있다. 예를 들어, 이혼은 부모들의 스트레스 요인(예: 부모는 더 오랜 시간 동안 일터에 있어야 한다)이 되는데, 이것은 양육에 영향을 줄 수 있으며(예: 부모가 부재중이고 집에 오면 지친다), 결국 청소년들에게 영향을 미치게 된다(예: 청소년들은 부모가 시간이 없거나, 부모에게 부담을 주고 싶지 않다고 느끼거나, 피로와 스트레스로 인해 청소년들의 요구에 잘 반응하지 않는다고 느낀다). 그렇지 않으면 부모의 이혼은 이사를 하거나, 전학을 가거나, 사이가 좋지 않은 부모를 다루어야 할지도 모르는 식으로 청소년들에게 직접적으로 영향을 미칠 수 있다. 이러한 연결 고리를 탐구하기 위해 우리는 다음과 같은 질문을 던진다. "어머님은 남편과의 싸움이 자녀에게 어떤 영향을 미친다고 생각하시나요?" "일 때문에 집에 원하는 만큼 있을 수 없다고 하셨잖아요. 그게 아드님에게 어떤 영향을 미치는 걸까요?" 우리는 이미 일어난 일에 대해 비난받는다고 느끼거나, 잘못을 느끼는 것보다 스트레스 요인들과 그것들이 미치는 영향을 순서대로 탐색할 때, 부모들이 변화를 일으키려는 동기를 갖게 된다는 것을 알아냈다(그러나 약간의 죄책감 또한 동기 부여에 도움이 될 수 있다).

때때로 우리는 스트레스 요인에서 바로 목표 단계로 간다(예: "이러한 스트레스 요인이 청소년에게 영향을 주었고, 그래서 그것을 바꾸고 싶으신가요?"). 하지만 때로 우리는 차후에 세대 간 주제 또한 탐색할 것이라는 것을 알기 때문에, 부모들이 어떻게 변화하기를 원하는지에 대한 토론을 시작하고 싶지 않다. 따라서 스트레스 요인에 대한 대화를 다양한 방법으로 끝낼 수 있다. 한 옵션은 말한 것을 요약하고 마무리 짓는 것이다. 이 목표를 염두에 두고 치료사는 다음과 같은 말을 할 수도 있다.

> 페이털 씨, 저는 당신에게 정말 감명받았어요. 대부분의 사람보다 더 할 일이 많은데도, 여전히 어머님은 자신과 가족을 위한 비전을 가지고 있군요. 그것은 존경할 만한 일이며, 이런 종류의 부담은 당신이 원하는 부모가 되기 어렵게 만들고, 그것이 당신의 아들에게 영향을 끼쳤다는 것에 동의합니다. 그래도 아드님은 꽤 공손하고 사려 깊고 예의가 바르더군요. 이것은 어머님이 잘하고 있다는 증거예요.

이 시점에서 또 다른 일반적인 선택사항은 부모 자신을 위한 치료법을 찾는 것에 대해 부모와 논의하는 것이다. 많은 부모는 이 의견을 거부하거나 그들이 시간이나 자원을 가지고 있지 않다고 느낀다. 하지만 우리는 만약 그들이 상담을 받는다면 자녀에게 엄청난 도움이 될 것이라는 것을 알기에 설득한다. 대화는 다음과 같이 이뤄질 수 있다.

> 파크 씨, 지난 몇 년간 아이와 함께 치료를 많이 받았다고 하셨잖아요. 하지만 저는 당신만의 치료를 받아 본 적이 있는지 궁금해요. 우리가 오늘 여기서 탐색한 것들에 대해 얘기할 누군가가 있나요? [대답은 보통 "없다."이다.] 음,

저는 분명히 치료의 힘을 강하게 믿고 있고, 당신이 이러한 문제들, 특히 당신의 우울증에 대해 약간의 도움을 받을 수 있다고 확신하고 있어요. 이렇게 고생할 필요는 없어요. 우울증에 걸린 어른들을 위한 매우 좋은 치료법이 있습니다. 또 당신의 기분이 나아지면, 딸이 우울할 때 당신이 함께 있어 주는 것이 더 쉬울 거예요. 당신이 말했듯이, 당신이 우울할 때 자녀를 돕는 것은 어렵고 딸에게도 불편한 일이지요. 당신에게 힘이 생기면 인내심이 많아집니다. 이것에 대해서 어떻게 생각하나요? [대화 참여] 이 의견을 탐색해 보는 것에 관심이 생기나요? 치료사를 만나 보고 뭘 제안하는지 보면 어떨까요? 제가 좋은 치료사 몇 명을 알고 있어요!

이 장면에 대한 가능한 또 다른 결론은 나중에 청소년들과 함께 이 문제들 중 일부에 대해 대화할 수 있도록 기초를 마련하는 것이다. 다시 말하자면, 우리는 우울증에 걸린 부모의 자녀들이 종종 부모의 기분 변화와 부재에 혼란을 느낀다는 광범위한 연구에 대해 부모들에게 말할 수 있다(Beardslee, 2003). 많은 아이가 부모의 분노나 회피에 대해 자신을 탓할 수도 있다. 우울증에 대한 부모의 고군분투에 대해 알고 있는 청소년들조차 부모의 병리적인 부분과 더불어 그들의 분노, 좌절, 혼란에 대해 한 번도 말하지 않은 경우가 많았다. 우리는 우울증(또는 다른 주요 스트레스 요인)이 부모들의 삶과 양육 행동, 효능감에 어떤 영향을 미쳤는지를 청소년들이 더 잘 이해하도록 돕고, 청소년들이 부모들과 우울과 관련한 경험에 대해 이야기하도록 돕는 것이 종종 안도감과 친밀감을 위한 기회를 가져다준다고 부모들에게 설명한다. 비록 부모들의 어려움이나 경험에 대해서 이른 시기에 이야기하거나 이를 모두 공개하는 것은 반대하지만, 청소년들에게 부모의 우울증이나 다른 특정한 스트레스 요인에 대해 부모와 이야기할 기회를 제공하는 것은 강력하고 유익한 토론이 될 수 있다. 다음은 우리가 어떻게 제안하면 좋을지에 대한 예다.

어머님이 그렇게 오랫동안 우울해 있었다는 것을 딸이 알고 있는지 궁금하네요. 딸이 우울을 이해하고, 그것이 어머님과 딸에게 어떤 영향을 미칠지 알고 있나요? 어머님은 딸에게 그것에 대해 물어본 적이 있나요? 있잖아요, 가끔 아이들은 왜 부모가 힘들어하는지에 대해 많은 생각을 하게 되거든요. 저는 때때로 딸이 두렵고 혼란스러울 것이라고 확신해요. 이게 저와 함께 어머님이 딸과 대화할 가치가 있는 일이라고 생각되나요? 아마도 딸이 어머님을 더 잘 이해할 수 있을 거예요.

이 내용을 작업하는 것은 중요할 수 있다. 하지만 이것만큼 중요한 것은 청소년들이 가족의 어려움에 대해 진실되고 방어적이지 않은 상태로, 마음을 터놓고 이야기할 수 있게 하는 이 과정은 청소년들로 하여금 자기반영을 할 수 있는 맥락을 제공하고, 부모에 대한 더 깊은 이해할 수 있게 하며, 관점 전환 능력을 확장시키고, 정서 조절을 연습하도록 도와준다. 부모의 어려움(예: 정신병리, 아빠와 이혼한 이유, 어머니의 부모와의 관계)에 대해 대화를 나누는 것은 더욱 진실되고 존중하는 관계로 전환하는 데 도움이 될 수 있다. 게다가 시기가 적절할 때(애착 과제의 후반부 참조), 청소년들이 그들의 부모에 대한 이상화를 없애고, 부모를 더 정확하게 볼 수 있도록 돕는 것은 부모에 대한 이해와 공감을 증가시키는 데 도움을 줄 수 있다. 치료사는 이 대화가 언제 일어나야 하는지, 그리고 어느 정도까지 말해야 하는지에 대해 전략적으로 생각하기만 하면 된다.

6) 부모의 팀워크와 부부 갈등 평가

양 부모 가정과 함께 작업할 때, 유대 단계에서 부모의 팀워크와 부부 갈등에 대한 평가를 포함할 필요가 있다. 가족치료 작업의 50%는 양육 기술에 초점을 맞춘다. 양육 기술의 향상은 종종 청소년의 우울증을 관리하는 데 가장 큰 기여를 할 수 있다. 부모가 자녀를 부양하고, 지도하며, 격려하고, 양육하는 방법에 대해 서로 합의할 수 없다면, 자녀들은 일관성 없는 메시지를 받게 되고, 이는 가족생활의 안전한 기반에 손상을 줄 수 있다. 부모가 서로 양육 기술에 동의하지만, 한쪽이 더 권위적이거나 더 방임적인 접근법을 사용한다면 그들의 양육은 청소년에게 적절하지 않을 것이다(Baumrind, 1989). 이 전제가 과제 3과 부모와의 작업 대부분을 주도한다.

타이밍이 맞으면 우리는 항상 아주 직설적으로 질문을 한다. "그래요, 토머스 부부께서는 부모로서의 팀워크가 어떠신가요? 두 분 다 같은 입장이세요, 아니면 아드님에게 어떻게 야단치고 지지하는지에 대해 이견이 있으세요?" 불가피하게 부모들은 다른 스타일이나 관행을 가지고 있다. 보통 한 부모는 더 너그럽고 공감적이며 다른 한 부모는 더 엄격하고 가혹하다. 건강한 부부는 이러한 차이가 견딜 만하거나 합의점을 끌어낼 수 있다. 더 갈등이 있는 결혼생활에서 양육은 분노와 불신이 쉽게 표출될 수 있는 영역이 된다. 대화의 이 단계에서 우리는 양육에 대한 심리교육을 시작하지 않는다. 그 대신 이러한 갈등의 본질과 그 뒤에 숨은 동기 그리고 그것들이 아이에게 끼친 결과를 이해하고자 한다. 우리는 또한 이 영역을 탐색해야 한다는 것을 분명히 하고자 한다.

> 두 분도 알다시피 저는 두 분이 딸을 사랑하고, 딸에게 최선을 다하고자 하는 부모라는 걸 알겠어요. 그리고 대부분의 경우 비슷한 양육 방식을 나누고 있네요. 하지만 우울증을 앓고 있는 청소년을 키우는 것은 어려울 수 있습니다. 우리는 부모로서 두 분의 협력과 지지에 대해 함께 생각할 필요가 있습니다. 준비되셨나요?

때때로 혹은 어떤 경우에 우리는 더 직설적이고 도전적일 필요가 있다. "자녀에게 양육에 관한 두 사람의 갈등은 매우 파괴적이다. 이 문제에 대해 서로 지지하는 방식을 바꿔야 한다. 그렇지 않으면 여기서 진전이 매우 느릴 것이다." 그러나 처음에 우리는 부모의 '변화'에 초점을 맞추지 않는다. 대신, 우리는 이 목표를 달성하기 위한 그들의 이해, 동기, 의지 그리고 장애물을 평가하고자 한다. 다른 방법으로는 그 과제에 집중하기 전에 목표에 대한 합의를 하고자 한다. 우리는 종종 "저는 부모님 두 분을 더 잘 도와드릴 좋은 아이디어가 많이 있지만, 두 분이 진정으로 변화하고 싶다고 동의하기 전까지 제 아이디어는 쓸모가 없다."라고 말한다.

　양 부모 가정에서 우리는 또한 추가적으로 부부 갈등의 복잡한 요소를 가지고 있다. 우리는 부부간의 갈등 그 자체가 아동 문제를 외부화하고 내부화시키는 강력한 위험 요소라는 것을 알고 있다(Cummings & Davies, 2010). 정서적으로 격렬하고 해결되지 않은 부모의 갈등에 아이들이 노출되는 것은 종종 저조한 적응을 예측하게 한다. 또한 부부간의 갈등이 부모들의 팀워크를 해칠 수 있다는 것도 알고 있다. 그렇다면 가족치료사에게 있어서 과제는 어떻게 부부 갈등을 관리하여 양육 활동을 저해하거나 방해하지도 않고, 청소년의 복지에 직접적으로 부정적인 영향을 미치지도 않게 할 것인가 하는 것이다. 많은 위대한 연구자(예: Framo, 1976; Haley, 1997; Nichols & Schwartz, 1984)는 우리가 여기서 할 수 있는 것보다 훨씬 더 깊이 있게 이러한 어려움을 연구했다. 가장 고전적인 모델(Haley, 1987)은 청소년이 회복되었다고 확인될 때까지 부부 갈등을 막는 것이다. 심지어 치료사들은 아이가 퇴원하거나 다시 안정될 때까지 부모들에게 이혼에 대해 논의하거나 계획을 세우지 말라고 요청할 수도 있다.

　우리는 유사하지만 그 영역 간에 조금은 덜 경직된 구분을 한다. 양육과 아이에 대한 부정적인 영향을 분산시킬 수 있을 정도로만 부부간의 갈등에 관여한다. 할 수 있다면 우리는 앞으로 나아가려고 노력한다. 만약 그렇지 않다면, 부부에게 몇 세션으로 목표를 달성할 수 있을지 혹은 부부치료에 대한 의뢰가 필요한지 결정한다. 비록 많은 부부가 이 제안을 거부하지만, 그것이 아이에게 도움이 된다는 재정의를 해 줄 때 부모는 더 수용적이게 된다. 우리가 취할 방법에 개의치 않고, 부부관계 문제에 대한 우리의 초점은 항상 효과적인 부모로서의 능력을 향상시키는 데 있다.

우리는 종종 부모들이 부부 갈등의 내용이 아니라 갈등의 영향에 대해 터놓고 이야기할 수 있도록 도와준다. 청소년들은 부모들이 싸울 때 걱정, 실망, 두려움에 사로잡히곤 한다. 이것은 우울증과 분노를 부채질한다. 사실, 종종 청소년이 인식한 애착 손상의 중심에 부부간의 갈등이 있다. 그러므로 말하지 않은 사람들을 말하게 하기 위해 이러한 두려움과 걱정거리들을 개방적으로 표현할 필요가 있다. 부모의 우울증과 마찬가지로 청소년들은 부부간의 갈등을 관찰하고, 그것에 대한 생각과 공포를 가지고 있으며, 이에 대해 혼란스러워하고, 종종 이러한 갈등에 원치 않게 관여하게 된다. 아이들이 이러한 일상적인 싸움에 의해 희생되는 경우가 많더라도, 부모들은 아이들에게 이 싸움에 대해 어떻게 생각하는지 거의 묻지 않는다. 부모들은 자신들이 비밀리에 싸운다거나 상황이 그렇게 나쁘지 않다고 생각한다. 그러나 아이들은 부모들을 경계하며 관찰한다. 특히 폭력 사태가 일어날 때 종종 최악의 상황을 두려워한다. 어떤 아이들은 편들기를 택하기도 한다. 또 어떤 아이들은 중재하거나 부모 중 한 명을 보호해야 한다고 느끼기도 한다. 이러한 나열은 끝이 없고 이 책을 읽고 있는 어떤 치료사에게도 전혀 낯설지 않을 것이다. 비록 치료사들의 행동에 대한 경고가 부모들이 이러한 갈등을 더 잘 숨기는 데 도움을 주지만, 이것은 일시적인 안도감을 줄 수 있을 뿐이다. 청소년들은 여전히 격동 속에서 지금은 어떻고 앞으로 어떻게 될 것인가에 대한 상상에 정서적으로 시달린 채 남겨져 있다. 부부 갈등은 아이가 느끼는 안전성에 직접적인 영향을 미쳐 우울증에 더 취약하게 한다(Cummings & Davies, 2010). ABFT에서는 부모가 청소년에게 이러한 두려움을 표현하여 청소년이 이러한 스트레스에 대처하는 방법을 개선하고, 바라자면 부모가 새로운 방법으로 이러한 부부간의 차이를 해결하는 것에 동기가 부여되도록 돕는 것을 목표로 한다.

7) 부모 자신의 애착 역사에 대한 이해

치료사는 다음으로 부모 자신의 애착 역사로 넘어간다. 이것은 부모와의 동맹관계에서 중요하고 강력한 부분이며, 부모의 애착 욕구에 대한 민감도를 높이고, 보살핌에 대한 본능을 활성화하며, 새롭고 정서적으로 적절한 양육 행동을 촉진하기 위해 고안되었다. 그 순서는 전형적으로 치료사가 부모들에게 그들 자신의 부모와 현재 관계에 대해 물어보는 것으로 시작한다. 현재의 스트레스 요인 단계에서 우리는 부모의 부모가 어느 정도 지지적이며 그들의 부모가 그들의 양육을 지지하거나 저해하는지 탐색한다. 필요하다면, 우리는 부모의 애착 안전성의 핵심으로 가는 더 날카로운 질문들을 하면서 다시 논의할 수도 있다. 부모의 부모가 살아있다고 가정할 때, 우리는 종종 부모가 지금 그들에게 감정적인 지지를 할 수 있는지의 여부를 물어본다. "부모를 믿고, 위로와 이해를 얻기 위해 부모에게 의지할 수 있는가?" 이와 같은 질문은 사랑, 안전, 지지 그리고 존중이라는 주제에 대한 대화에 초점을 맞춘다. 이 짧은 대화는 그들이 어렸을 적 부모와의 관계가 어떠했는지를 물어볼 수 있는 디딤돌이 된다. "그래서 어렸을 때 부모님과 친했나요?"

우리는 왜 현재의 애착 안전성에 초점을 맞추기보다 어린 시절 부모들의 애착 경험에 대해 탐구하는가? 아마도 가족관계는 그때와 지금이 같을 것이며 어쩌면 더 좋아졌거나 나빠졌을 것이다. 더 중요한 것은 사람들이 부모와의 관계를 어른으로서라기보다는 아이로서 다르게 경험한다는 것이다. 아이들과는 달리, 어른들은 자급자족하고 자신을 방어하거나 다른 곳에서 욕구를 충족시킬 수 있다. 어른으로서 사람들은 대안을 찾거나 거리를 두면서, 현재의 애착 실망으로부터 자신을 보호할 수 있다. "아, 우리 아버지는 여전히 못됐지만 더 이상 괴롭지는 않아요. 저는 아빠를 그렇게 많이 만나지 않아요." 또는 "이제 닥치라고 말하면 돼요." 그러나 아이로서 사람들은 부모에게 더 많이 의존하고, 더 무력하고 연약하며, 지원과 보호에 대한 더 강한 욕구를 가지고 있다. 아이들은 또한 좋지 않은 양육에 대한 방어력이 거의 없고, 이러한 관계에서 쉽게 벗어날 수 없다. 그러므로 어린 시절에는, 그리고 어쩌면 사람들의 어린 시절의 기억 속에서는 사랑을 소망하고 거부를 두려워했던 갈등이 더욱 날것 그대로 여과되지 않고 존재할 것이며, 방어는 충분히 개발되지 못하고, 그들이 실망으로부터 제대로 보호받지 못했을 수 있다.

부모들을 그들의 애착에 대한 기억과 다시 연결되도록 돕는 것은 현재의 방어기제를 무력화시켜, 부모들과 치료사들이 실망, 슬픔, 분노, 사랑에 대한 갈망과 같은 좀 더 근본적인 감정에 접근할 수 있도록 도와준다. 치료사가 공감과 정서 중심의 질문을 사용하는 것은 이러한 탐색 및 환기의 순간을 지속하거나 깊게 하는 데 도움이 된다. 이런 연약한 상황에서 부모들은 그들 자신의 애착 욕구와 아동기 및 청소년기의 어려움을 기억해 내기 시작한다.

다음의 대화에서 우리는 치료사가 상호작용에 초점을 맞추기 시작하는 것을 알 수 있다. 처음에 어머니는 자신의 부모와 형제들과의 현재 관계에 대해 긍정적인 견해를 제시한다. 어린 시절의 관계에 대해 물어보면 이야기가 바뀌기 시작하지만, 어머니의 정서는 무관심하거나 이야기의 트라우마와 일치하지 않은 채 그대로다.

치료사: 그래서 얘기해 보세요, 부모님과는 얼마나 잘 지내시나요?

어머니: 우리는 매우 친해요. 엄마와 아빠는 아직 살아 계시고, 잘 지내고 계세요. 매일같이 대화하죠. 저는 오빠 한 명과 언니 한 명이 있어요. 제가 얘기했듯이, 언니와는 친했는데 지금은 사이가 좋지 않아요. 하지만 우리는 다 잘 지내요, 진짜로요.

치료사: 부모님과는 항상 잘 지내 오셨던 건가요? 어렸을 때는 어땠어요?

어머니: 아, 제가 어릴 때는 엉망이었죠, 항상 싸웠어요. 아빠가 지배적이고 술을 많이 마셨거든요.

치료사: 아버지가요?

어머니: 네. 집 밖에서 차가 들어오는 소리가 나면 모두 소파에서 일어나서 뭔가 할 일을 찾아서 흩어졌어요. 그 후로 아버지가 많이 원숙해지셨죠. 그리고 저도 아버지에게 "그쯤 하세요."라고 할 수 있게 되었고요.

치료사: [어머니를 계속 과거에 집중하게 하고 싶다.] 그래서 10대 때는 어땠나요?

어머니: 오, 저는 아빠한테 죽을까 봐 겁이 났었어요. 죽을까 봐요! [웃음] 아빠가 우리를 엄청 두들겨 팼거든요, 특히 언니를요.

치료사: 그래서 당신은 어땠나요?

어머니: 정말 끔찍했어요! 제가 "그만 때려!"라고 소리 지르곤 했지요. 엄마가 끼어들곤 했어요. [한숨을 쉰다. 불편한 느낌이 들기 시작한다.] 하지만 그건 오래전 일이에요. 아빠는 아직도 화를 내시지만, 예전 같지는 않아요. [현재로 돌아와서, 학대에 의한 극심함과 공포감을 떨쳐 낸다.]

이 발췌문에서 어머니는 자신의 이야기를 하지만, 더 이상 그녀에게 영향을 미치지 않는 지나간 과거일 뿐이라고 논쟁을 하고 있다. 애착 용어로 다시 설명하자면, 어머니는 간과하는 경향이 있으며 일관성 있게 이야기를 하는 데 어려움을 겪고 있다. 이것은 그녀가 어렸을 때 느꼈던 공포의 강렬한 감정을 자각하도록 하는 것이다. 우리는 이러한 경험과 감정을 일치하도록 조율하고 싶다. 또한 부모들이 이러한 경험들이 얼마나 끔찍한지, 그리고 그것이 자신에게 어떤 영향을 미쳤는지에 대해 더 진실된 이해를 하도록 돕는다. 우리는 내담자가 폭력에 대해 이야기할 때 웃거나, 방치되었다고 말할 때 무관심하지 않고, 자신의 정서와 이야기의 내용이 일치되었으면 한다. 생각과 감정 사이의 단절은 불안정한 애착을 가진, 심리적 고통과 연관된 사람들에게서 나타내는 표시다(Yap, Allen, & Sheeber, 2007). 따라서 우리는 이러한 애착 손상들에 대한 보다 복잡한 긍정적인 기억과 부정적인 기억 그리고 감정을 모두 통합한 이야기를 하도록 돕는다.

　이 대화의 목적은 궁극적으로 부모의 보호와 위안에 대한 자녀의 갈망에 대해 부모가 깊은 공감을 발견하도록 돕는 것이지만, 우리는 부모의 경험(현재의 대화 주제)을 청소년기의 애착 욕구와 연결시키는 데 급급해하지 않는다. 오히려 부모의 추억 속에 머물면서 그 이야기의 세부사항을 풍성하게 하고, 회피된 감정을 발굴하고 증폭시키고자 한다(White & Epston, 1990). 이 대화를 장려하고 지속하는 것은 쉽지 않을 수 있다.

　치료사는 부모들이 자신의 이야기를 할 때 쏟아지는 수많은 이야기와 세부사항에 길을 잃을 수도 있다. 〈표 5-1〉은 한 가지 이야기를 선별하여 부모의 애착 역사에 접근하기 위한 전략을 요약한 것이다. 본질적으로 우리는 이 대화가 하나의 실질적인 애착 손상 사례에 집중되도록 한다. 너무 많은 이야기를 하는 것은 대화를 피상적이게 만들 수 있다. 이와는 대조적으로 하나의 단편적인 기억에 초점을 맞추어 중요한 사건의 세부사항에 몰두하도록 하는 것은 부모들로 하여금 강한 기억과 감정을 더 잘 불러일으킬 수 있게 한다. 치

표 5-1　애착 손상 경로

- 하나의 적절한 실질적인 이야기를 찾으라.
- 강한 기억을 불러일으키기에 충분한 세부사항을 자세히 말하게 하라.
- 그 당시 경험했던 핵심적인 1차 정서를 파악하라.
- 이러한 경험을 애착 손상으로 재정의하라. 버려짐, 방치됨, 보호의 부족, 배신감 등을 강조하라.
- 부모의 정서가 누그러질 때를 시작 신호로 기다리고, 적응적 1차 정서와 기억을 증폭시키도록 하라.
- 강한 정서적 단어(예: 외로움, 슬픔, 공포감)를 사용하여 이야기를 강조하라.
- 그들의 아픔과 고통에 공감을 표현하라.
- 부모 자신의 충족되지 않은 애착 욕구로 마무리하라.

료사는 특정한 시간, 장소, 순서 그리고 결과에 대해 질문함으로써 기억을 떠올리는 것을 도운다. 이러한 세부사항들은 부모들을 자서전적 기억에 몰입시키는 것을 도와준다. 이것은 그 당시 부모가 느꼈거나 방어했던 두려움, 그리움, 슬픔, 방임 또는 분노 같은 1차 정서를 발견하고 증폭시키는 맥락을 제공한다. 치료사는 좌절된 애착 욕구에 초점을 유지하고 싶어 한다. 이는 대화의 강력한 핵심이 된다.

이러한 1차 정서에 도달하기 위해 우리는 슬픔, 유기, 거부, 외로움 등의 단어를 사용한다. 치료사는 부모를 이러한 기억에 대한 감정적 지대로 이끌어야 하며, 부모의 주의가 산만해지지 않도록 한다.

우리는 일련의 질문들을 사용하여, 원했지만 충족되지 않은 애착 욕구가 대화의 초점으로 유지되도록 한다. 우리는 종종 부모-자녀 관계의 질에 대해 질문하는 것으로 시작한다. "그래서 저는 당신의 부모님에 대해 할 말이 많은 걸 알지만, 저는 부모님과 당신의 관계에 가장 관심이 있어요. 어머니, 아버지와 얼마나 가깝다고 느꼈나요?" 이 질문은 우리가 원하는 곳으로 대화를 이끈다. 그리고 나서 우리는 날카롭게 묻는다. "당신이 지지나 도움이 필요할 때 부모님에게 갈 수 있을까요? 그들에게 지지나 도움을 받으려고 찾아갔나요? 당신의 부모님은 그러한 욕구들에 반응할 수 있었나요?" 이러한 질문은 부모의 지지, 보호 및 위안에 대한 기대와 경험에 관한 것을 목표로 한다.

우리는 종종 "부모님을 믿거나 의지하는 데 방해가 된 것은 무엇입니까?"라고 묻는다. 어떤 부모는 그들의 부모를 원망하고, 어떤 부모는 부모를 보호하며, 또 다른 부모는 부모의 강점과 약점, 환경적 요인에 대해 좀 더 복잡한 시각으로 보다 조리 있게 서술할 것이다. 우리는 그들의 관점을 이해하고, 그들이 느낀 경험에 대해 그들과 함께하려고 노력한다. 하지만 만약 그들이 여전히 그들의 부모를 보호하거나 이상화시키거나, 분노를 부정하거나 상처를 무시한다면, 우리는 이러한 저항을 뚫고 들어가려고 노력한다. 우리는 공감을 통해 1차 정서를 불러오고, 그들의 방어 본능을 인정하지만, 이러한 이야기들의 밑바탕에 깔린 고통도 인정한다. 그래서 비록 우리가 그 내용에 주의를 기울이지만 항상 그 정서에 대해 묻곤 한다. "그래서 그때 기분이 어땠나요? 그 어린아이의 느낌은 어땠을까요?" 또는 "그랬군요, 화가 났군요. 하지만 굉장히 두렵기도 했을 거예요." 이러한 종류의 정서 중심 질문은 이성적인 세부 진술 대화에서 심오하지만 종종 잊히거나 무시되고, 충족되지 않은 정서적인 경험으로 옮겨 가게 한다. 감정을 실은 언어를 사용하는 것 외에도 치료사는 더 깊은 애착 감정에 접촉하도록 하는 비언어적 단서(예: 눈물, 경직된 팔)를 기다린다. "이 이야기들을 하는 것이 매우 힘들어 보이세요. 팔짱을 끼고 앉아 있는 모습조차 이런 사건들을 기억하는 것이 얼마나 어려운지를 짐작하게 합니다." 이런 감정의 바다 밑바닥에서 치료사는 부모들이 그들의 어린 시절에 겪었던 핵심 애착 손상을 찾고자 한다. "그래서 당신은 정말 의지할 사람이…… 당신을 보호할 사람이 없었군요. …… 당신은 이 혼란과 위험의 바다에서 완전히 혼자였던 거군요."

그런 후에 치료사는 정서적인 닻을 추가한다. "이것은 당신에게 정말 [두렵고, 외롭고, 실망스러운] 것이었음이 틀림없을 듯하네요. 어머니를 믿지 않은 것도 당연하겠어요." 이러한 진술이나 해석은 부모들을 그들의 안락한 영역에서 벗어나게 하고, 비록 잠시일지라도 부모가 제공할 사랑과 보호에 대한 갈망뿐 아니라 자기 자신의 고통과 실망감을 느끼도록 돕는다. 치료사의 공감과 인정은 부모들이 이러한 감정적 기억에 과감히 뛰어들게 하고, 자신의 애착 실패의 경험에 직면하는 것을 안전하게 느끼도록 해 주는 지지환경을 제공한다. 부모가 불편해질수록 치료사는 더 지지 자원이 되어야 한다. 우리는 부모가 그들 자신의 고통과 욕구에 연결될 수 있도록 그들을 감정적으로 충분히 오랫동안 지지해야 하고, 그들이 안전한 기틀에 대한 욕구를 기억해 내도록 도와야 한다.

치료사: 아버지가 차도에 차를 세우는 소리를 들었을 때 어땠나요?

어머니: 저는 아빠의 기분이 어떤지 알 수 없었기 때문에 항상 무서웠어요. 제가 뭔가 할 수 있는 일이 있었으면 하길 원했지만, 뭘 할 수 있었겠어요?

치료사: 아버지를 멈출 수 없고, 당신 자신과 가족들을 지킬 수 없어서 무력하게 느껴졌겠군요.

어머니: 네.

치료사: 자신이 아버지의 화를 멈추게 해야만 한다고 느꼈을 것 같아요. 그리고 그것은 어린 당신이 짊어지기에는 너무 큰 짐이었고요.

어머니: 음. 저는 정말 화가 났고, 아빠가 엄마에게 왜 그러는지 정말 이해할 수 없었어요. 하지만 그렇게 말을 하는 것은 더 상황을 악화시키는 것이었지요. 그래서 나중에 저는 입 다물고, 아빠가 화가 나지 않게 노력했어요.

치료사: 그래서 어머님은 목소리 내기를 포기했군요. …… 그리고 도움이 되기를 바라며 조용히 지냈군요. [어머니는 울지 않았으나 생각에 빠진 듯 보였다. 치료사는 그 경험에 더욱 가까이 가기를 원해서 좀 더 생생한 세부사항을 물어본다.] 싸우고 있을 때 당신은 어디에 있었나요?

어머니: 계단 밑에 숨어서 귀를 막고 있었어요. 그리고 아빠가 떠나는 소리가 들리면 엄마가 괜찮은지 보러 갔어요. 저는 엄마가 너무 걱정이 됐어요. 하지만 아빠가 우리를 찾기 위해 방으로 왔기 때문에 우리의 방도 안전하지 않았죠.

치료사: 어머님은 무섭고, 혼자만 남은 것 같고, 무엇이 일어날지 알 수 없었군요. [어머니를 불편하게 만드는 긴 침묵이 이어진다.] 당신이 얼마나 겁에 질렸을지 알 것 같아요. 지금도 어머님의 얼굴에 나타나는군요.

어머니: 말로 표현도 못하겠어요. …… 너무 무서웠고 항상 주위를 살피고.

…… 그 누구도 아무것도 할 수 없었어요.

이 대화는 어머니의 초기 애착 환경에 대한 집중적이고 공감적인 탐색을 보여 준다. 일단 이 치유적인 순간이 만들어지면, 치료사는 그 속에 머물며 부모가 자신의 아픈 기억 깊은 곳에서 머무를 수 있도록 한다. 다시 수면 위로 나오기 전에 치료사는 애착 손상의 핵심인 보호의 결핍을 발견해 내길 원한다. 그래서 치료사는 한 번 더 숨을 쉬고, 이 과거의 어두운 물속으로 다시 잠수한다.

치료사: 당신은 어머니와 가까웠다고 했어요. 하지만 아버지에게 화가 났을 때나 아버지가 무서웠을 때, 어머니에게 위로받을 수 있었나요?

어머니: 네. 항상요.

치료사: 그녀가 당신을 위로해 줄 수 있었나요?

어머니: 오, 그럼요. 그 이후에도 우리는 매우 친근했어요.

치료사: 그러면 당신의 집에서 폭력이 일어나고, 아버지가 어머니와 언니를 때린 그 후에 어머니랑 얘기할 수 있었던 거네요?

어머니: 네, 할 수 있었어요. [불안해 보이기 시작하며 혼란스러워 보인다.]

치료사: 하지만 그랬나요? 위로를 받거나 아버지로부터 도와달라고 어머니에게 갔나요?

어머니: [더듬거린다. 더욱 불편해 보인다.] 음……. 사실 이야기를 꺼낸 적은 없어요.

치료사: 그럼 그런 대화는 없었군요.

어머니: 아니요. …… 제 말은…… 네…… 하지 않았던 것 같아요. [결국 어머니의 저항이 조금 무너지고, 빠른 대답에 당황해한다. 이것이 처음으로 버림받음 또는 외로움을 느꼈음을 인정하는 순간이다.]

치료사: 어머님은 혼자였군요. 누구도 당신을 위로해 주거나 보호해 주지

않고. …… 그래서 그게 어떤 기분인지 아시나요?

어머니: [밑을 쳐다보고 울지 않으려 하며] 네, 알 것 같아요.

이때 몇몇 부모는 울거나 큰 불편함을 보일 수도 있다. 일부 부모는 이러한 기억들에 대해 거의 생각해 본 적이 없거나, 잊기 위해 열심히 노력하기도 한다. 또 다른 일부 부모는 여전히 그들의 부모와 계속해서 갈등을 빚고 있거나, 이러한 패턴이 반복되는 파트너를 선택하기도 한다. 그리고 몇몇은 이러한 상실을 이겨 내며 만족스러운 성인관계를 발전시켰다.

부모들이 이런 경험을 어떻게 관리했든 간에 우리의 목표는 똑같다. 우리는 부모들이 그들 자신의 애착 경험에 접촉하고 더 성찰하기를 원한다. 부모들이 삶에서 가장 심오한 심리적 힘을 직면하거나, 검토하게 되는 강력하고, 정서적이며, 반영적인 순간을 만들고자 한다. 이것은 어린 시절의 애착 손상이나 관계적 실망을 포함한다. 부모가 좀 더 일관되고 복잡한 어린 시절의 이야기의 퍼즐을 맞춰 갈수록, 그들은 거부되거나 무시되어 왔던 고통스러운 기억과 1차적인 감정에 덜 회피적이게 된다. 당신은 그 공간에서 바로 지금 이 순간을 느끼는 것이다. 시간은 멈춘 것 같다. 치료사와 부모는 자연스러운 흐름 안에 있다(Csikezentmihalyi, 1997). 진실이 만져질 듯하다. 취약함과 겸허함이 자유롭게 풀려났다. 이런 취약한 상태에서 부모들은 그들의 방어막 아래로 미끄러져 들어가, 사랑받고 위로받고자 하는 어린 시절의 자신을 기억하게 된다. 이 순간은 부모들이 사물을 더 명확하게 보고, 새로운 감정적 정보에 개방적이고, 잊힌 애착 욕구를 재경험할 수 있는 강력한 변화의 기회를 제공한다.

8) 부모 자신의 애착 경험을 양육 행동과 연결시키기

우리는 부모가 가진 자녀로서의 경험이 그들의 양육 행동에 어떤 영향을 미치는지 탐색할 수도 있다. 일부 부모는 결코 그들의 부모처럼 되고 싶어 하지 않았고, 자녀들에게 더 나은 것을 주고 싶어 한다. 부모는 종종 자신이 자신의 부모와는 반대라고 생각한다. 그래서 자신의 부모가 했던 것과 동일한 행동들을 하고 있다는 것을 발견했을 때 적지 않게 놀란다. 어떤 부모들은 자신이 훨씬 더 심하게 겪었다고 불평하며, 지금 아이들은 감사해야 한다고 한다. 여기서 공감을 높이고, 부모 개개인의 경험을 존중하는 것은 부모들이 그들의 양육 방법을 재평가하는 데 도움이 될 수 있다. 우리는 종종 양 부모 가정에서 세대를 통해 전해지는 양육에 대한 가치관이 동등하게 적용되고 있는지, 아니면 한쪽의 원가족이 다른 쪽에 비해 지배적인지에 대해 이야기한다. 일반적으로 과거의 양육 기억이 이 가정에 중요한 공헌을 하고 있는지, 아니면 그들을 괴롭히는지를 탐색한다.

이 순간적인 깨달음이 부모의 자아개념 등에 장기적으로 영향을 미치는지에 대한 여부는 알려지지 않았다. 그러나 우리는 이 역동적인 순간에 부모들이 자기반영과 정서처리가 확대되는 경험을 한다는 것을 관찰했다. 이 부드러운, 거의 무섭기도 한 진솔한 평가의 공간에서, 부모들은 적어도 순간적으로 자기 자신에 대한 연민을 자녀에게 돌릴 기회를 갖게 된다. 그 안에서 자녀에 대한 공감을 발견하면서, 부모들은 동일하게 명확하면서 복잡하기도 한 대인관계의 렌즈를 통해 자녀를 볼 수 있는 능력을 회복한다. 그러므로 이 애착의 바다 저변에서 우리는 그들에게 본질적인 과도기적 질문을 하게 된다.

가르시아 씨, 당신이 얼마나 상처받았는지, 얼마나 무서웠는지 이제 알겠습니다. 그런데도 당신은 말할 사람도, 위로할 사람도, 당신을 지켜 줄 사람도 없었네요. 저는 가끔 당신의 딸이 당신이 어렸을 때 느꼈던 감정과 같은 방식으로 느끼는지 궁금합니다. 외롭고, 고립되며, 겁에 질려, 의지할 사람도 없는 그런 느낌을 말입니다.

그들 자신의 애착 욕구와 실망감을 기억하는 것은 부모가 자기 자녀의 애착 욕구에 민감하도록 만든다. 증진된 반영적 기능을 이용해 부모들은 자녀의 내적 분투와 감정, 필요, 욕구에 대한 새로운 공감을 갖추게 된다. 일부 부모는 동일하다고 보는 것을 거부하거나 자신보다 아이들이 훨씬 좋은 상황이라고 항의한다. 그러나 대부분의 부모는 이 깨달음으로 인해 고통을 느끼거나 아니면 매우 큰 충격에 빠진다. 어떤 부모들은 아이들에게 일어난 일이 결코 원했던 일이 아니라며 울지만, 그들의 모든 노력에도 불구하고 과거가 어떻게 반복되어 왔는지를 깨닫게 된다.

　자녀에 대한 부모의 공감이 증가함에 따라, 그들이 어떻게 반응하는지와 상관없이, 본능적으로 아이를 보호하고 위로하고 싶은 충동이 증폭되게 된다. 그러므로 부모들을 그들의 충족되지 않는 애착 욕구에 연결시킴으로써, 우리는 그들의 동기를 일으켜 부모들이 청소년들에게 더 안전에 기반한 양육을 제공하도록 한다. 우리는 이러한 깨달음을 기반으로 부모들이 상담 계획 (애착 과제)을 수용하도록 돕는다. 절망의 순간에 우리는 그들에게 희망을 준다. 그리고 학대와 방임의 순환에 끼어들어, 그들의 딸이나 아들이 자신의 삶에 부담을 주는 미해결된 실망감을 안고 살아가는 것을 막을 기회를 제공한다. 30년이 지나 딸이 성인이 된 후 불행한 결혼 생활에 음주 문제가 있고, 어린 시절 애착 상처에 대한 작업을 위해 치료가 필요한 상황을 초래하기보다는, 부모들에게 현재의 관계적 상처들을 작업할 기회를 지금 제공한다. 이를 통해 우리는 자녀를 더 잘 이해할 뿐만 아니라 관계적 상처를 바로잡아 안전한 피난처가 소생되고 유지될 수 있도록 그들이 자녀들을 도울 수 있는 기회를 제공한다.

　과제에서 바로 이 순간이 목표 단계의 진정한 시작이다. 만약 그들이 "그래, 난 이 일을 하고 싶어."라고 말한다면 우리는 치료의 목표에 대해 동의받은 것이다. 때때로 이 순간이 목표에 대한 추가적인 설명이나 합리화에 대한 대화의 시간이 될 수도 있다. 이것은 나중에 다시 이야기할 것이다. 이 회기

의 중요한 성과는 치료 목표에 대한 합의라는 것을 기억하라. 만약 우리가 목
표에 대한 긍정적인 대답을 얻는다면 과제에 대해서도 긍정적인 대답을 얻을
것이다.

9) 깊이 들어갈지 말지 그것이 문제

목표 단계에 대해 논의하기 전, 우리는 유대 단계에 대해 한 가지 주의를
기울여야 한다. 수련생들은 종종 유대 단계에서 우리의 개입이 부모들의 고
통스러운 기억, 감정, 고군분투의 장을 연다는 우려를 표하곤 한다. 이 우려
에 대한 답이 몇 가지 있다.

첫째, 우리는 이 과정에서 부모들에게 장기간의 개인치료나 부부치료를 제
공할 수 없다는 것에 동의한다. 우리는 청소년들을 돕기 위해 고용되었다. 그
러나 부모의 우울증, 약물 사용 문제, 부부간의 갈등 또는 부정적인 애착 도
식 등이 치료와 관련 없는 척하는 것은 부모의 개인사와 경험이 그들의 양
육 행동과 청소년들에게 미치는 영향을 과소평가하는 것이다. 따라서 우리
는 이러한 문제들에 어느 정도 주의를 기울여야 하며, 그렇지 않으면 치료가
저해될 수도 있다. "만약 내담자의 삶에 중요한 변화를 만들고자 한다면 우
리는 그들의 내적 세계와 외적 세계를 모두 다루어야 한다."(p. 27)라고 존슨
(Johnson, 2004)은 말했다. 그렇다면 문제는 어떻게 균형을 찾을 것인가다.
우리는 부모의 심리적 영역이 청소년들과 맺는 대인관계에서 새로운 행동을
시도하기에 충분히 동기가 부여되고 자유로워지는 것을 목표로 삼는다.

둘째, 부모나 부부의 정서적 안정에 따라 부모들은 이러한 공감 형성 전략
에 다르게 반응한다. 많은 부모는 안전하고 안정적이며, 이러한 역사적 영역
을 빠트림 없이 탐색할 수 있다. 다른 부모들은 매우 방어적이며, 경직된 방
어 구조를 뚫기 위해 이러한 전략이 필요하다. 대부분의 부모와 함께 우리는
방어용 갑옷을 뚫고, 더 부드럽고, 더 반영적인 자아에 접근하게 된다. 하지

만 대부분의 부모가 다시 돌아가려 하기 때문에 우리는 그 문을 계속 열어 두기 위해 열심히 노력해야 한다.

만약 우리가 삶을 변화시키는 깊고 심오한 작업을 하고 있지 않다면 무엇을 하고 있는 것인가? 우리에게는 치료의 의무가 있다. 가족들은 고통스러워하기 때문에 우리에게 온다. 그들을 돕기 위해 열심히 일하지 않고, 그들을 방해하거나 화나게 하고 싶지 않기 때문에 가장 중요한 주제를 회피하고 있다면, 그런 치료사는 이런 종류의 일이 자신에게 적합한지 생각해 보아야 한다. 우리는 물론 비전문적이고 무감각한 탐색을 옹호하지 않지만, 우리는 정신외과 의사다. 우리의 일은 공감적이고 사려 깊은 방법으로, 이 가족을 죽이고 있는 감정적 암 세포의 핵심을 파고들어 그것을 잘라 내는 방법을 찾는 것이다. 좀 더 연약한 부모와 함께한다면 더욱 조심해서 진행해야 한다.

조울증으로 고생하고 있는 한 어머니를 예로 들면, 우리는 회기가 시작될 때 그녀의 어린 시절을 이해하고 싶지만 (이전 회기를 통해 우리가 알게 되었던) 학대당한 과거에 깊이 들어가고 싶지 않은 마음도 존중한다고 말했다. 어머니는 목표를 이해했고, 우리의 솔직함에 감사했다. 그녀는 우리와 대화를 하는 것에 동의했지만, 필요하다면 화제를 바꾸거나 대화를 중단할 수 있다고 했다. 그리고 나서 부드럽게 그녀의 가족사와 그것이 그녀의 양육에 어떤 영향을 미쳤는지 알아보았다. 그녀는 몇 번 그만두라고 했지만 다시 계속하기를 원했다. 그녀는 수년 동안 치료받지 못한 조울증 때문에 어린 시절의 경험이 그녀의 양육 행동과 아들에게 어떤 영향을 미쳤는지에 대해 생각해 본 적이 없었다. 그녀는 그 대화가 통찰적이고 참을 만하다는 것을 알았다.

셋째, 청소년들이 안정되고 필요한 진전을 이룬 후에 청소년들을 위한 가족치료는 종종 부모들을 위한 부부치료나 개인치료로 전환되는 것을 논의한다. 이는 가족구성원들이 치료사와 연결되었다고 느끼고, 정신건강 관리에 어떤 지속성을 원할 때 일어나게 된다. 좀 더 정신분석적인 어떤 치료사들은 이로 인해 청소년들이 배신감, 버림받음 혹은 자신이 대체되었다고 느낄

것을 우려한다. 그러나 다른 치료사들은 좀 더 가족치료 모델의 입장을 취한
다. 가족 담당의가 가족 전체를 치료하듯이, 많은 가족치료사가 서로 다른 시
점에, 다른 하위체계가 상담을 오갈 때 다양한 관계와 동맹을 효율적으로 관
리한다. 자녀와 부모는 의사가 계속해서 가족을 돕고 있다는 것을 알기에 편
안함을 느낀다.

2. 단계 2: 목표

유대 단계는 부모들로 하여금 관계 작업에 동의하게 하고, 애착 작업에 참
여하도록 하며, 애착을 촉진하는 양육 기술(예: 정서적 지도)을 배우는 데 동
의하게 하는 등 목표 단계들의 바탕을 마련했다. 때로는 이 목표에 대한 동
의(애착 과제에 참여하는)가 치료 목표에 대한 합의가 과제 단계에서 자연스럽
게 흘러나오는 것처럼 초기 유대 단계의 대화에서 자연스럽게 전개되기도 한
다. 그럼에도 불구하고 교육학적인 목적을 위해 이것을 분석할 필요가 있다.
그래서 때로는 목표에 대한 합의가 유대 단계에서 전개되기도 한다. 다른 경
우, 우리가 부모의 감정을 부드럽게 하고, 자신과 자녀에 대한 반영적 사고
능력을 증가시켰더라도 애착 작업에 참여하기 위한 동의를 얻는 것은 저항을
유발할 수 있다. 이러한 저항은 유대 단계에서 우리가 공감과 지지를 이용하
여 부모들의 자기반영과 탐색에 집중하기 때문에 생겨날 수 있다. 하지만 목
표 단계에서 치료사들은 부모들에게 그들의 행동을 바꾸는 데 동의하기를 요
구하기 시작한다. 그럼에도 우리는 부모들이 이러한 치료 목표를 수용하도
록 돕기 위해 유대 단계에서 시작된 관점의 변화를 활용한다.

1) 애착 증진을 위한 기회 제공하기

상담 목표를 수용하기 위해, 부모의 마음을 열 수 있는 대화에는 몇 가지 방법이 있다.

첫째, 앞에서 말한 바와 같이, 자기반영을 하며 연약해진 순간에 부모들은 회피했던 주제와 감정에 접근하게 된다. 이렇게 되면 이러한 기억과 감정을 제약하는 데 들어갔던 심리적 에너지가 해방되어 자기 자신과 다른 사람을 평가하는 데 더 자유로울 수 있게 된다(Main, 1995). 앨렌과 포나기(J. G. Allen & Fonagy, 2006)는 이를 자신의 생각이나 다른 사람의 생각, 감정, 욕구를 생각할 수 있는 능력인 '반영 기능'의 증진이라고 했다. 우리는 부모들이 청소년들의 생각, 감정, 욕구에 대해 생각하는 것을 돕기 위해 반영 능력이 향상된 이 순간을 활용한다. 그렇게 하면 분노나 무관심 뒤에 숨어 있는 청소년의 1차 정서에 대한 부모의 이해와 감수성이 높아진다.

둘째, 우리는 부모들에게 그들 자신의 애착 손상과 맞닥뜨리는 가장 깊은 순간인 이 중대한 시기에 희망과 기회를 준다. 자녀의 근본적인 애착 욕구를 인지하게 되는 이런 통찰은 부모들의 양육 본능을 활성화시킨다. 이러한 활성화는 변화에 대한 욕망과 낙관론을 증가시켜 새로운 행동을 시도할 동기(예: 정서 중심의 양육 전략)를 제공한다. 이러한 낙관론을 이용하여 우리는 그들에게 미래를 바꿀 수 있는 계획을 제공한다. 지금은 권한 부여의 순간이고, 구원의 순간이며, 부모들이 과거를 바꿀 수는 없지만 어쩌면 미래를 바꿀 수 있다는 것을 아는 순간이다. 부모들은 자녀를 위해 누군가가 자신을 위해 해주기를 바랐던 것을 해 줄 수 있다. 이는 학대와 방치의 유산을 영구화하는 것을 피하고 대신 위안, 지지, 이해, 인정을 제공할 기회다. 그들은 피해자로서 과거를 반복하는 과오에 빠지지 않음으로써 어떻게든 그들 자신의 일부를 치유한다. 어쩌면 부모가 아이였을 때 자신이 경험하지 못한 방식으로 자녀를 보호하고 정서적으로 아이 곁에 있어 주는 것은 수동적이거나 방어적이었던 과거 경험으로부터 부모를 해방시켜 주고 희생된 과거의 경험을 극복했다고 느끼게 해 줄 것이다.

> **치료사:** 어머니, 어렸을 때 힘든 경험이 있었고, 부모님이 아이가 필요했던 방식으로 어머님 곁에 있어 주지 못했던 것 같아요. 아버지는 무서웠고 어머니는 수동적이었고요. 누구도 어머님을 위로하거나 보호해 주지 않았군요. [동의를 바라며 쳐다본다.] 그런 위험에 혼자 있는 것은 정말 힘든 일이지요.
>
> **어머니:** [울어야 할지 비명을 질러야 할지 몰라 멍하니 바라본다.]
>
> **치료사:** 확인하기 힘들다는 건 알지만, 어머님의 딸이 지금 당신이 어렸을 때 느꼈던 것과 같은 걸 느끼고 있는지 궁금합니다.
>
> **어머니:** 무슨 뜻이죠?
>
> **치료사:** 음, 딸이 당신과 당신 남편 사이에 있었던 좋지 않은 모습들을 봤어요. 싸움과 음주, 경찰이 출동했던 것들이요. 당신에게도 힘든 일이겠지만, 딸에게도 쉽지만은 않은 일이었겠지요.
>
> **어머니:** [눈물을 흘리며] 제 아이에게만은 제가 겪은 일을 똑같이 겪게 하지 않겠다고 스스로에게 다짐했어요. 하지만 실패한 것 같네요. 모두 겪게 했네요.
>
> **치료사:** 그런 생각을 하는 것이 고통스럽고 실망스러운 일이라는 것을 잘 압니다. [눈물을 닦을 수 있도록 휴지를 건넨다.]
>
> **어머니:** 제가 그 애를 망쳤나 봐요.

때때로 우리는 이러한 절망감이 잠시 머물게 하고 그 의미를 탐색한다. 그리고 이러한 경험들이 어떻게 자녀의 행동을 형성하고, 부모의 양육 방식에 영향을 끼치며, 결혼에 영향을 끼쳤는지를 부모들이 볼 수 있도록 돕는다. 우리는 부정과 비관론을 일으키는 것이 아니라 자기반영과 이해를 불러일으키고자 하는 것이다.

2) 변화에 대한 동기 평가하기

어느 순간, 우리는 그들을 슬픔에서 끌어내어 다음과 같은 말을 하면서 희망을 주고자 한다.

> 우리가 과거를 바꿀 수는 없지요. 저는 당신이 어렸을 때 필요했고, 또 받아 마땅했던 사랑을 되찾는 것을 도울 수는 없어요. 또한 수년간 당신과 당신 남편 사이에 이루어진 술과 폭력에 대해 물을 수도 없어요. 하지만 저는 당신의 미래를 도울 수 있습니다. 저는 당신이 외로움과 유기의 유산을 끊어낼 수 있도록 도와줄 수 있어요. 아이들은 무서운 경험에 대해 이야기할 사람이 아무도 없습니다. 당신의 어머니가 당신에게 하지 않았던 방식으로, 당신이 딸을 위해 곁에 있게 도와줄 수 있어요. 그럴 마음이 있으신가요?

일부 부모는 이 제안에 즉시 긍정적인 반응을 보인다. 그것은 부모들에게 의미가 통하며, 부모들은 그 잠재적인 가치를 이해한다. 이러한 부모들과 함께 우리는 새로운 것을 시도하려는 그들의 용기를 칭찬하고 존중한다. 그러나 다른 부모들은 좀 더 양면적이고, 저항적이거나, 심지어 무시하는 경향을 보이기도 한다. 예를 들어, 일부 부모는 "내 아이의 '고통'은 나와는 전혀 달라요. 걔는 자기가 얼마나 행복한지 몰라요!"라고 말한다. 우리는 부모의 고통을 경청하면서도, 각자가 자신의 인생 경험을 가지고 있으며, 자신만의 고통을 느낀다는 것을 이해하도록 도와줌으로써 이에 대응할 수 있다.

부모들이 저항할 때, 다른 전략을 시도할 수도 있다. 정서적 위안을 도모하기보다는 그들의 저항에 동참하는 것이다. 우리는 다음과 같이 말할 수 있다.

어머님이 맞아요. 아이는 어머님만큼 강하지 않아요! 어머님은 고통을 이겨 내고 잘 지내고 있어요[사실은 아니라 해도]. 그러나 어머님의 아이는 미성숙하고, 정서적으로 더 발달되지 않았으며, 회복할 수 있는 내적 기술이 부족합니다. 갈등을 보다 잘 처리하기 위해서 아이는 성장할 필요가 있어요. 아이가 화를 내는 대신에 직접적으로 자신을 표현할 필요가 있습니다. 우리는 이 모든 것에 동의하고 단지 변화를 위한 다른 전략을 가지고 있을 뿐이에요. 어머님이 훈육[그리고 수치심]을 사용하길 원하는 곳에서 우리는 공감과 이해를 사용하고 싶어요. 우리는 아이가 능숙해질 때까지 자신의 감정에 대해 생각하고 표현하는 법을 배워야 한다고 생각합니다. 어머님이 아이에게 더 정서적으로 곁에 있어 준다면 정말 도움이 될 거예요.

전략이나 경로와 상관없이 우리의 목표는 '예'에 도달하는 것이다. 부모가 다음과 같이 말할 때 결과를 알 수 있다.

그래요, 당신이 무슨 말을 하는지 알겠어요. 그래요, 제가 제 아이의 정서적 욕구에 더 민감하게 반응할 수 있다는 것에 동의해요. 네, 저는 기꺼이 새로운 양육 기술을 배우고 싶어요. 다음 회기[애착 과제]에 참석하고 노력할게요.

이렇게 되면 바로 종결이다. 최소한 이 목표에 동의할 때까지 우리는 과제 4(애착 과제)의 일정을 잡는 것을 망설일 것이다. 만일 부모가 이러한 관점을 이해나 동의, 수용하지 못한다면 정서 코칭 기술을 가르치는 것은 저항에 부딪히게 될 것이다. 목표에 대한 동의가 없으면 부모들은 과제에 덜 수용적이 되고 동기가 부여되지 못할 것이다.

반면, 우리는 항상 '충분히 좋은' 원칙을 가지고 있다. 어쩌면 부모들이 지금 할 수 있는 최대한으로 하게끔 이끌 것이다. 또 우리는 부모와 다시 만날 수도 있다. 어쩌면 또 한쪽 부모가 다른 부모보다 더 관대할지도 모른다. 어면 부모들은 우리가 정서 코칭 기술을 가르치기 시작할 때, 좀 더 구체적이고 더 잘 반응하기 위해 이것이 필요할 수도 있다. 마지막으로, 좀 더 직접적이고 솔직해질 준비가 되어 있는 자녀와 함께 부모를 한 공간에 있게 하는 것은 부모의 마음을 감동시키고, 저항을 녹이고, 기꺼이 대화에 참여하게 하는 데 도움이 될지도 모른다. 이 모든 과정은 가능하며 일반적이다. 따라서 우리는 저항에 직면해도 포기하지 않고, 유연하고 창의적인 자세를 유지하며 대체 경로를 모색한다. 하지만 우리는 모든 가족을 보호한다는 목표를 가지고 있고, 누군가를 정서적으로 학대받을 수 있는 상황에 놓지는 않을 것이다.

3. 단계 3: 과제

일단 부모가 청소년과 함께 애착 작업에 참여하기로 동의하면, 치료사는 보통 추가적인 후속 회기에서 가족을 준비시킨다. 이 시점에서 치료는 심리 교육, 기술 발전 형식으로 옮겨 간다. 전형적으로 이 단계의 작업으로 네 가지 주제를 꼽을 수 있다. 첫째, 치료사는 문제 혹은 감정에 초점을 맞춘 대화가 과거에 얼마나 진행되었는지를 평가한다. 둘째, 우리는 애착 작업의 계획과 부모에 대한 우리의 기대에 대해 논의한다. 셋째, 치료사는 대화 중에 사용할 수 있는 특정한 정서 코칭 기술을 가르친다. 넷째, 치료사는 부모가 청소년과 대화하는 동안 치료사가 어떻게 도움이 될 수 있는지를 협상한다.

1) 부모와 청소년 간의 과거 대화 평가하기

우리는 종종 부모와 아이 사이의 과거 대화의 효과(또는 그 효과의 결여)를 평가함으로써 이 단계의 대화를 시작한다. 부모들이 청소년들과 민감한 주제들을 토론하기 위해 어떻게 접근했는지, 청소년들이 어떻게 반응했는지,

그리고 부모들이 어떻게 반응했는지에 대해 탐구한다. 이것은 부모와 치료
사에게 전형적인 부정적 의사소통 패턴에 대한 통찰력을 준다.

> **치료사:** 랜들 씨, 과거에 아버님과 존이 학교에 낙방한 것에 대해 대화를 나
> 눌 때 대화가 잘 이루어지지 않았다고 하셨죠? 두 사람 사이에 어떤
> 일이 있었는지 좀 더 자세히 얘기해 주실 수 있나요?
>
> **아버지:** 음, 우선 대부분 학교에서 무슨 일이 있었는지 제가 물어봤을 때 거
> 짓말을 하고 아무 일도 없었다고 했어요.
>
> **치료사:** 그랬을 때 어땠나요?
>
> **아버지:** 정말 화가 났죠. 그래서 제가 밀어붙였죠. 결국 시험에 떨어졌다고
> 사실대로 얘기했고, 아니 더 나빴죠. 학급에서 떨어졌다고 말했어요.
>
> **치료사:** 그래서 사실대로 말하도록 아들을 압박했군요. 그리고 무슨 일이
> 있었나요?
>
> **아버지:** 그리고 제가 폭발했죠. 처음에 거짓말한 것이 나를 너무 화나게 했
> 거든요.
>
> **치료사:** 폭발했다고 하셨는데 무슨 의미인가요?
>
> **아버지:** 소리 지르고, 아마도 해서는 안 될 말을 했겠죠.
>
> **치료사:** 존의 침묵과 거짓말이 대화가 잘 진행되지 못하게 한 것으로 들리네
> 요. 아버님이 왜 화가 났는지 이해할 수 있어요. 아버님의 반응과 화
> 는 이 대화에 어떤 영향을 미쳤을지 궁금해요.
>
> **아버지:** 화낼 만했어요.
>
> **치료사:** 동의해요. 존이 아버님에게 거짓말을 한 것은 신뢰를 저버린 일이
> 죠. 어떤 부모라도 화를 냈을 거예요. 저는 부모들이 그들의 감정을
> 그들의 아이에게 전달해야 한다고 믿어요. 당신의 분노를 존에게
> 전달하는 방식이 대화에 어떻게 영향을 미친다고 보시나요?
>
> **아버지:** 제가 화낼 만했지만…… 솔직하게 말하면 상황에 좋진 않았죠. 존

은 입을 다물었고, 그래서 대화가 안 됐어요. 그래서 이제 제 아내가
이 상황을 처리하도록 내버려 둔 거예요!

치료사: 학급에서 떨어졌을 때 존의 기분은 어땠을까요?

아버지: 신경 쓰는 거 같지 않았어요.

치료사: 확실한가요? 제가 느끼기에는 굴욕적이지는 않더라도 당황한 것 같
았어요. 그리고 아버님이 소리 지른 것이 아이의 기분을 더욱 악화
시켰죠. 이런 상황에서 아버님이 자신에게 연민을 느낄 것이라고
믿지 않을 것 같아요. 기억하나요? 아버님도 아버지에 대해 충분히
기분 좋았던 적이 없었다고 말했던 것을? 존이 같은 식으로 느낄 수
도 있어요.

아버지: 알아요. 제가 분명히 그랬어요.

치료사: 네, 정확해요. 아버님은 아버지를 실망시키고, 그의 허락을 바라고
있다고 생각하는 기분이 어떤지 알고 있어요. 만약 아버님이 자신
을 멈추고, 아이가 처음에 어떻게 느끼고 있었을지 생각해 볼 수 있
다면 아버님이 대화를 시작하는 더 좋은 시작점이 될 것 같아요. 저
는 존이 스스로의 기분을 알기 어려울 수 있다고 생각해요. 아버님
이 도와줄 수 있을 거예요.

이 순서는 두 가지 전략을 보여 준다.

첫째, 치료사는 아버지가 부정적인 상호작용 순서에 기여하는 것을 알아차
리도록 돕는다. 미쿠치(Micucci, 1998)는 이것을 부정적인 행동이 부정적인 반
응을 이끌어 내고, 결과적으로 더 많은 부정적인 반응을 영속시키는 '증상의
순환'이라고 불렀다. 아버지는 성적에 대해 묻고, 아들은 그를 무시하며, 아버
지는 좌절하고, 아들은 물러나며, 아버지는 존중받지 못했다고 느끼고 화를
내고, 아들은 아버지와 대화하는 것을 두려워하며, 이후에는 그를 피한다.

둘째, 이 순서는 우리가 어떻게 순환을 방해하기 위한 정서 중심의 전략을

제공할 수 있는지를 보여 준다. 우리는 어린 시절 아버지 자신의 욕구에 대한 새로운 성찰 능력을 바탕으로 아이의 욕구와 감정에 대해 먼저 생각해보라고 요구한다. 아들의 무관심(2차 정서)이 상처와 굴욕(1차 정서)을 어떻게 가리고 있는지 생각해 보라고 한다. 이것은 자기파괴적인 행동을 부추길지도 모르는 청소년들의 연약한 감정에 아버지가 더 집중할 수 있도록 준비시킨다.

2) 청소년의 비밀 유지

이 대화 속에는 청소년의 비밀 유지와 특정 주제를 다루기 위한 부모의 준비 사이에 내재된 긴장이 있다. 우리는 부모들에게 청소년들이 어떻게 느끼는지, 그리고 청소년들이 애착을 느끼는 동안 무엇을 다루고 싶은지 정확히 말하지 않는다. 그러나 많은 부모가 애착 상처와 관련된 내용과 영향을 알고 있다는 것은 놀랄 일이 아니다. 왜냐하면 이미 그들과 청소년 사이에는 오랜 문제가 있거나 과제 1을 하는 동안 일부 내용과 정서가 드러났기 때문이다. 드물게 부모들은 무엇이 자녀를 괴롭히는지 전혀 알지 못하기도 한다. 이 경우 치료사들은 관련 주제에 대해 질문할 수 있으나 구체적인 불만사항은 밝히지는 않는다. 예를 들어, 만약 청소년이 동성 간의 성적 성향 때문에 거부당하는 느낌에 대해 말하고 싶다면, 치료사는 부모들에게 이것이 아들에게 얼마나 어려운 주제인지, 그리고 왜 그런지 물어볼 수도 있다. 만약 부모가 이것을 모른다면, 우리는 결코 부모에게 청소년이 게이라고 말하는 사람이 되어서는 안 된다. 일반적으로 다음과 같이 말할 수 있다.

잠시만요, 저는 당신의 아들을 대변하고 싶지 않습니다. 아드님은 부모님한테 하고 싶은 얘기가 있어요. 하지만 부모님이 추측하고 있는 대로, 아드님의 우려는 확실히 우리가 토론하고 있는 주제들과 관련이 있습니다.

3) 애착 작업의 구조 정의하기

때가 되면 과제 중에 애착 작업의 구조와 우리가 가지는 부모에 대한 기대에 대해 설명한다. 치료사는 무엇이 자신을 괴롭히고 있는지에 대해 청소년에게 먼저 말하도록 할 것이라고 부모에게 설명한다. 부모가 할 일은 경청하며 호기심을 갖고, 질문을 하며, 우리가 알려 준 정서 코칭 기술을 사용하는 것이다. 우리는 부모에게 방어적이게 되거나, 문제를 해결하려는 노력을 자제하기를 요청한다. 우리는 청소년들이 자신의 생각, 감정, 불만을 표현하는 힘든 일을 하도록 한다. 부모가 너무 빨리 뛰어들면 청소년은 입을 다물 것이다. 우리는 청소년들이 의미 있고 정서적으로 강력한 주제에 대해 이야기하기를 원한다.

또한 우리는 부모들에게 말할 기회가 있지만, 이 기회는 청소년이 충분히 자신을 표현하고 난 후라고 설명한다. 그리고 부모들에게 처음에는 청소년이 관심의 중심이 될 필요가 있고, 부모들의 관점에서 그것이 완전한 이야기가 아니거나 부정확하다고 할지라도 충분히 들어주고 이해할 필요가 있다고 설명한다. 그래야 청소년들이 더욱 부모의 관점을 이해하고 제대로 인식하고자 할 것이다. 이것은 청소년(그리고 부모)에게 심오하고 경험적인 순간을 만들어 낸다.

4) 반응에 대비하기

부모들은 비난과 비판받는 것을 두려워할지도 모른다. 이러한 두려움을 줄이고 동기를 높이기 위해 우리는 때때로 이 대화를 청소년을 위한 기술 습득 연습으로 구조화한다. 이 대화는 특정 문제를 해결하는 것 외에도, 청소년들이 새로운 문제 해결 기술을 연습하는 기회가 된다. 구체적으로, 우리는 청소년들이 자신의 생각을 명확히 하고, 감정을 조절하며, 어려운 대인관계에 지속적으로 참여하는 연습이 필요하다고 주장한다. 많은 부모에게 있어 이러한 도구적인 전략은 성공적으로 부모들이 과제에 참여하도록 도와준다.

치료사는 또한 부모들이 이 대화를 하는 동안 어떻게 감정과 반응을 예상하는지 탐색하며, 다음과 같은 질문을 던질 수 있다. "이 대화 중에 무엇이 당신에게 어려울 것이라고 생각하세요? 뭐가 잘못될까요? 비난을 받거나 다치거나 화가 나면 어떻게 하실 건가요?" 치료사는 이런 가능한 어려움을 예상하고 해결책을 계획해야 한다. 예를 들어, 만약 부모가 쉽게 화를 내거나 화를 낸다는 것을 인식한다면, 치료사는 일단 화가 났을 때 부모가 화를 예방하거나 멈추는 방법을 계획하는 것을 도울 수 있다. 부모들은 내적 자원(예: 깊게 숨쉬기)이나 옆에 앉아 있는 배우자를 이용할 수 있으며, 아니면 치료사가 그들을 좀 더 경청하는 자세로 지도하도록 할 수 있다.

부모의 잠재적인 정서적 반응을 탐구하는 것 외에도, 우리는 치료사가 부모에게 요구하는 행동에 대한 부모의 생각과 신념을 탐구한다. 종종 부모들은 과거의 실수를 인정한다면 자녀들로부터 존중을 잃게 될 것이라고 걱정한다. 우리는 힘든 사건들을 공개하고 인정하는 것으로부터 파생되는 솔직함의 힘, 자기반영적 생각의 모델링 그리고 정서적인 자유로움에 대해 이야기하면서 이를 반박한다.

그러나 보다 일반적으로 부모들은 자녀의 경험을 인정하거나 연민을 가지고 지지하는 것이 자녀를 훈육할 권한을 상실하는 것을 의미한다고 우려한다. 이는 전형적으로 권위적인(authoritarian) 접근 방식으로 양육하는 아버지들에게서 더 자주 발견할 수 있다. 일부 연구는 또한 민족성과 문화적 배경이 양육 신념에 영향을 줄 수 있다는 것을 보여 주었다. 예를 들어, 일부 연구는 아프리카계 미국인 가정들이 더 권위적인 양육 방식(낮은 친밀성, 높은 통제; Bhandari & Barnet, 2007; Julian, McHenry, & McKelvey, 1994, Keels, 2009; Kelly, Power, & Wimbush, 1992)을 사용하는 경향이 있다고 주장했다. 그러나 이 자료는 또한 이것이 민족성보다는 소득의 기능일 수도 있음을 시사한다. 저소득층 가정은 보통 범죄율이 높고, 학교 교육이 열악하며, 지역사회 자원(예: 공원, 레크리에이션 센터)이 거의 없는 더 혼란스러운 사회에서 살고 있다. 이러한 공동체에서 권위적인 양육 방식은 잠재적으로 위험한 상황에 노출되고, 인종차별적 상호작용을 방지하는 보호막(즉, 규칙을 따르면 상처받지 않는다)을 제공할 수도 있다(Julian et al., 1994). 또한 이러한 배경의 아이들은 명확한 규칙, 엄격한 제한, 높은 기대를 가진 부모들을 보다 보호적이며 곁에 있어 주는 것으로 인식할 수 있다. 근본주의적인 종교적 신념을 강하게 갖고 있는 부모들도 정서 중심의 양육에 대해 강한 저항을 보일 수 있다. 때때로 부모들은 이러한 종교적 가치들과 자녀 양육에 대한 현대의 이론이 서로 모순된다고 생각한다.

이러한 우려에 대처하기 위한 우리의 주요 전략은 한계를 설정하는 것과 따뜻함을 두 가지 다른 독립적인, 그러나 상호 보완적인 양육의 차원이라고 설명하는 것이다. 여기서 종종 바움린드(Baumrind, 1989)의 양육 모델을 언급한다. 우리는 다음과 같이 이야기한다.

한편으로, [왼손을 내밀며] 아이들은 규칙과 기대를 필요로 합니다. 반면에 [오른손을 내밀며] 아이들은 사랑과 지지도 필요하지요. 한쪽이 너무 과한 것은 좋지 않습니다. 아이들은 두 가지 모두의 균형을 필요로 합니다. 그리고 때때로 어떤 상황들은 한쪽을 더 많이 필요하게 되기도 합니다. 당신의 청소년이 좀 더 솔직하고 반영적으로 대화에 참여하도록 하기 위해서 당신이 내미는 사랑과 지지의 손길이 가장 필요합니다. 일단 당신의 청소년이 좀 더 반영적이고 자신의 말을 듣고 있다고 느끼게 되면, 그들은 당신의 규칙을 더 쉽게 따를 것입니다. 우리는 당신의 규칙이 중요하다고 믿지만, 청소년의 경험을 먼저 들을 필요가 있기 때문에 기다려 달라는 것입니다. 궁극적으로 당신이 부모이며, 규칙은 만들어야 하니까요.

이러한 대화는 길고 어려울 수 있다. 왜냐하면 우리는 종종 경직까지는 아니더라도 꽤 확고한 양육 신념과 맞서기 때문이다. 이것이 왜 초기 동기 부여 작업이 이 과제의 기반을 닦는 데 핵심적인가를 설명한다.

5) 정서에 대해 편하게 느끼는 정도를 평가하기

준비가 되면 치료사는 부모에게 정서에 대해 편안한 정도와 자신이 청소년기에 어떻게 정서적 성장을 이뤘는지에 대해 이야기하도록 한다. 이 대화의 길이와 범위는 부모의 정서에 대한 이력과 경험에 달려 있다. 어떤 부모들은 분노에는 익숙하지만 연약한 감정에는 익숙하지 않을 수도 있다. 예를 들어, 부모들은 말다툼과 분노가 많지만 보다 연약한 감정들(슬픔, 실망감, 수치심)을 표현하는 것에 대한 지지는 거의 없는 가정에서 자랐을 수도 있다. 이러한 가정에서 부모들은 참을 수 없는 감정을 무시하거나, 이것을 위한 양육 모델이 없다고 주장할 수 있다. 부모의 현재 상태가 이 대화를 어디서 어떻게 시작할 것인가를 결정한다. 우리는 어린 시절 부모 자신의 애착관계에 대한 이야기가 취약한 감정에 대한 더 많은 관심이 필요하다는 것을 그들이 받아들이도록 이끌 것이다. 만약 우리가 그 전투(목표)에서 성공하지 못했다면, 이러한 기술(과제)들을 가르치려고 하는 것은 강한 저항에 부딪힐지도 모른다.

그러므로 우리는 종종 부모의 의견이나 생각 그리고 감정에 대한 감정인 '메타정서체계'(Gottman, 2011)를 탐색한다. 이 대화는 탐색으로 시작해서 심리교육으로 끝난다. 치료사는 일반적으로 다음과 같은 질문을 하면서 정서에 대한 부모의 관점을 탐색한다.

- 당신은 어떤 감정을 느낄 때 가장 편안하고, 어떤 감정을 피하게 되나요? 슬픔과 아픔, 즐거움과 기쁨 중 어떤 것이 편안하게 느껴지나요? 다른 사람들과 강렬한 감정들을 나누는 것이 편안한가요?

- 감정을 보이는 것, 특히 슬픔을 나타내는 것이 약한 모습을 보이는 것이라고 생각하나요?
- 다른 사람들이 슬픔이나 연약한 감정을 보였을 때 어떻게 반응하나요?
- 슬프거나 불행하다고 느낄 때 누군가 지지해 주기를 원하나요, 아니면 혼자 있기를 원하나요?
- 감정에 대한 당신의 신념이 얼마나 당신에게 적응적이라고 생각하나요?

　이런 종류의 질문들은 정서의 기능에 대한 부모들의 암묵적인 신념과 규칙을 드러내게 한다. 부모의 현재 정서적 편안함을 이야기하는 것 외에도 치료사는 부모의 원가족이 감정을 대하는 태도도 탐색해야 한다. 대부분의 사람은 그들이 자란 가족 내에서 어떻게 생각하고 느끼며 감정을 다루는지를 배우게 된다. 많은 부모는 감정이 용납되지 않거나 잘 조절되지 않는 가정에서 자랐을 것이다. 예를 들어, 어떤 가정에서는 화를 내는 것이 금지되었거나 위험했을 것이다. 분노는 통제의 상실이나 폭력을 의미했을지도 모른다. 다른 가정에서는 슬픔을 표현하는 것이 나약함의 표시로 보였을 수도 있다. 따라서 치료사는 다음과 같은 질문을 할 수 있다.

- 당신이 자랐던 가정에서 정서는 어땠나요?
- 슬픔이나 기쁨을 표현해도 괜찮았나요?
- 당신의 가정에서 여성들은 어떤 감정들을 표현하면 안 되었나요?
- 당신의 가정에서 남성들은 어떤 감정들을 표현하면 안 되었나요?
- 당신의 어머니나 아버지가 부정적이거나 긍정적인 감정을 보이는 방식이 어떻게 느껴졌나요?
- 당신이 슬프거나 화가 났을 때 부모님이 지지적이었나요, 아니면 무시했나요?

그들의 정서와 메타정서철학에 대한 약간의 통찰을 얻은 후에, 치료사는 부모들이 그들의 관계와 결혼, 특히 양육에 영향을 미치는 정서 신념체계를 평가하는 것을 도울 수 있을 것이다. 부부에게 다음과 같은 몇 가지 질문을 할 수 있다.

- 부모님 두 분은 감정에 대해 비슷한 관점이나 규칙을 가지고 있거나 허용하십니까?
- 어떤 분이 슬픔이라는 감정을 더 편안하게 느끼고, 어떤 분이 화라는 감정을 더 편안하게 느끼시나요?
- 두 분 중 부정적인 감정을 빨리 극복하고 긍정적인 감정을 쉽게 유지하는 분이 있으신가요?
- 두 분 중 누가 감정을 표현하기를 원하고, 누가 피하려고 하나요?
- 누구의 정서 규칙이 가정에서 더 지배적인가요?

우리는 이러한 차이점들에 대해 부부치료를 하려는 것이 아니다. 사실 대화에 대한 심리교육적인 어조는 이러한 질문들이 갈등을 유발하는 것을 막는 데 도움이 되며, 실제로 부모들이 이러한 기술과 철학에 대해 방어적이지 않은 태도로 사고할 수 있게 한다. 정서 신념과 실천이 양육에 어떻게 영향을 미치는지에 대한 논의만큼 덜 민감한 것도 없다. 심리치료사의 비판단적이고 거의 객관적인 관심은 부모들이 덜 방어적이고 자기평가를 더 많이 할 수 있도록 도와준다. 양육에 관한 중요한 질문에 다음의 문항이 포함될 수 있다.

- 양육에 관한 감정에 대해 당신과 배우자가 비슷한 가치를 두나요, 아니면 다른 가치를 두나요?
- 당신이 생각하기에 당신의 자녀들에게 당신이 어렸을 때 배웠던 것과

동일하게 정서의 가치에 대해 가르치고 있나요?

- 당신이 생각하기에 그때 잘 되었고, 지금도 잘 되고 있나요?
- 당신이 생각하기에 당신의 자녀들은 자신의 감정에 대해 확신하고 편안하게 느끼는 것 같나요?
- 당신의 자녀는 슬픔과 어려운 감정들에 대해 이야기할 수 있나요, 아니면 말없이 무시하나요?
- 정서에 대한 자녀들의 접근이 그들에게 적응적인가요?

6) 정서 코칭 기술 지도하기

부모의 정서 기술과 가치에 대한 이해를 증진시킨 후, 치료사들은 부모들에게 양육 기술로서 정서 코칭의 가치에 대해 교육하기 시작한다. 우리는 치료사가 이러한 양육 방식의 가치를 깊이 이해하도록 돕기 위해 권장되는 추가 독서 목록을 강력히 추천한다. 이것은 치료사가 부모들과 이 양육 접근법에 대해 가르치고 토론할 때 정서의 중요성을 전달하는 데 도움이 될 것이다. 아주 간결하게 우리는 다음의 사례를 만들었다.

우울증에 걸린 청소년들은 자신들의 목소리를 잃었습니다. 그들은 강한 정서를 가지고 있지만, 그것들을 표현하는 대신에 갈등을 피하고, 내면으로 돌리며, 최악의 경우 자기 스스로를 다치게 합니다. 부모가 아이들의 정서를 받아들이고 표현하는 것을 도울 때, 아이들의 감정 조절 능력을 향상시켜 더 나은 문제 해결과 의사소통을 이끌어 냅니다. 감정을 표현하고 조절할 수 있는 능력을 가진 청소년들은 더 나은 자부심, 사회적 기술, 학교 성적 그리고 신체적 건강을 가지고 있습니다. 이것은 또한 성인기에 파트너의 친밀감을 위한 토대가 됩니다.

부모들은 아이들의 정서적 지능을 향상시킬 수 있는 의사소통 기술을 배울 수 있다. 가트만(Gottman, 2011)은 이 기술을 '정서 코칭'이라고 불렀다. 그는 어린아이들과 함께 일하면서 이 틀을 개발했지만, 우리는 청소년들과 함께 일하기 위해 그의 원칙을 적용했다. 일부 부모에게는 이러한 원칙과 수행에 대한 짧은 검토와 논의만으로도 충분하다. 다른 부모들은 더 긴 대화, 역할 연기 및 연습이 필요할 수 있다. 전반적으로 정서 코칭은 그리 복잡하지 않고 기술은 간단하다. 그러나 이러한 기술을 검토하는 것은 부모와 치료사 사이의 애착 작업 중에 도움이 될 수 있는 공통 언어를 제공한다. 애착 과제 동안 개념을 가르치기 위해 공유된 개념과 어휘들을 갖는 것은 치료사가 부모의 경험적인 대화나 행동을 멈추게 하는 것보다 더 효과적으로 부모를 세우거나 재조정할 수 있게 한다. 자녀의 감정 인식하기, 공감적으로 듣고 자녀의 기분 인정하기, 문제를 해결하기 전에 공감과 수용을 보여 주기의 세 가지 핵심 영역이 정서 코칭의 정신을 망라하고 있다.

(1) 청소년의 정서를 인식하기

정서 코칭의 첫걸음은 청소년 자녀의 정서에 대한 부모의 자각을 높이는 것이다. 치료사들은 "자녀가 언제 슬픈지 아십니까? 화가 났나요? 혼란스러워하나요? 자녀가 이런 방식으로 느낀다는 신호는 무엇인가요?"라고 질문할 수 있다. 때때로 청소년과 부모들은 감정을 구별하는 데 어려움을 겪으며, 종종 청소년들은 한 번에 여러 감정을 느끼기도 한다. 부모는 청소년이 감정 모두를 식별하고, 차별화하며, 수용하고, 표현할 수 있도록 도와주어야 한다. 우리는 또한 부모들이 방어적인 감정(2차 정서)과 더 연약한 감정(1차 정서)의 차이를 이해하도록 돕는다. 종종 청소년들이 상처받았다고 느낄 때 아이는 화를 낸다. 또는 청소년들은 슬플 때 덤덤한 척하기도 한다. 그러므로 우리는 부모들이 표현된 감정의 이면을 들여다보고, 그 감정의 근원을 생각해 보도록 돕는다.

(2) 청소년의 감정을 공감적이고 허용적으로 경청하기

공감을 보이고 청소년의 경험을 인정하는 부모의 능력은 정서 코칭의 핵심이며, 애착 과제의 성공을 좌우하는 경우가 많다. 우리는 부모에게 그들이 들은 것을 반영해 주는 적극적인 경청 기술을 가르친다. 이것은 부모가 듣고 있다는 것을 증명하고 청소년들이 이해받는다는 느낌을 갖게 한다. 부모들은 청소년들의 감정을 무시하거나 판단하거나, 그들이 어떻게 느낄지 말하거나, 그들의 감정을 '고치려고' 해서는 안 된다. 부모들이 이런 행동을 하면 우울증에 걸린 청소년이 방어적이게 되거나, 화를 내거나, 움츠러들기 쉽다. 부모들이 그들의 부모로부터 비슷한 어린 시절을 경험했을 경우, 우리는 그들이 어렸을 때 부모와 대화하려고 했을 때 어떤 기분이었는지를 기억해 보라고 말한다. 이것은 부모들이 그들의 청소년 자녀를 공감하도록 돕는다.

또한 우리는 부모들이 조언이나 설교를 하기보다는 질문하기를 권장한다. 이것은 청소년들이 단지 부모에게 반응하기보다는 그들 스스로 생각하기 위해 도전하는 것이다. 그러나 부모들은 청소년들을 방어적으로 만들 수 있는 '왜'라는 질문에 갇혀서는 안 된다. 부모는 또한 '무엇'과 '어떻게' 질문을 해야 한다. 그러므로 "왜 그렇게 화가 났니?"라고 묻는 것 외에, 부모들은 "그게 너에게 어떤 영향을 미쳤니?" "그건 너에게 어떤 느낌이었는지 말해 줄래?" 또는 "그것의 어떤 부분이 너를 그렇게 화나게 만들었니?"라고 물어야 한다. 우리는 또한 부모들이 수사적인 질문을 하는 것을 막는다. 수사적인 질문이 너무 많으면 청소년들은 방해받고 조종당한다고 느낀다.

(3) 문제 해결 전에 공감과 인정을 표현하기

종종 청소년들이 그들의 감정과 어려움을 부모님과 공유할 때 부모들은 문제를 빨리 해결한다. 치료사들은 부모의 이런 동기를 인정하지만 그것에 따라 행동하지 말라고 충고해야 한다. 어린아이들에게 문제를 해결하는 것은 보호적일 수 있다. 하지만 청소년에게는 자신의 감정을 표현하고, 문제를 통해 생각할 시간을 주는 것이 더 보호적이다. 이것을 촉진하는 한 가지 방법은 경청과 허용 그리고 지지를 제공하는 것이다. 이것은 청소년들이 감정 표현을 위한 기틀을 구축하도록 돕는 정서적 기반을 제공한다. 많은 경우에서 경청하고 인정하는 것은 청소년들이 원하고 필요로 하는 모든 것이다. 일단 청소년들은 자신을 괴롭히는 것이 무엇인지 이해하게 되면 더 쉽게 해결책을 생각해 낸다. 청소년들이 자신을 방어하거나 부모의 충고를 거부하는 것에 덜 몰두할 수 있을 때, 부모들은 청소년들이 내면으로 향하고 그들이 원하고 필요한 것에 대해 생각해 보도록 좀 더 쉽게 도전할 수 있다. 부모들이 청소년들 스스로 문제를 해결할 수 있도록 더 많은 자신감을 주기 때문에, 청소년들은 더 많은 조언과 도움을 받기 위해서 부모에게 의지할 것이다.

(4) 기술을 사용하지 않는 경우

부모들은 종종 정서 코칭 기술이 규율이나 규칙을 포기하는 것을 의미한다고 생각하지만, 이는 사실과 무관하다. 정서 코칭은 부모가 청소년에게 동의하거나, 그들이 말하고 있는 것에 찬성한다는 것을 의미하지 않는다. 정서 코칭은 청소년들을 대화에 끌어들이는 데 도움이 된다. 심각한 문제나 규율의 필요성에 직면했을 때는 또 다른 부모 기술이 필요할 것이다. 갈등 후에 정서 코칭은 무슨 일이 일어났는지 파악하는 데 도움이 될 수 있지만, 부모들은 그들이 여전히 파괴적이거나 무례한 행동을 교육하고 또는 일상적 문제(예: 통금, 숙제, 데이트)에 경계를 만들어 줄 필요가 있다. 정서 코칭은 문제 해결에 이해와 공감을 더해 줄 수 있어, 모두가 협력하고 존중하고 싶은 욕구를 높여 준다. 게다가 나쁜 행동의 동기를 가려 내는 데 도움을 줄 수 있고, 청소년들이 그들의 행동에 대해 좀 더 성찰하도록 가르칠 수 있다. 마지막으로, 우리는 부모들이 집에서 감정을 사용하기 전에 치료 시간 동안 정서 코칭 연습을 하도록 권장한다. 이는 초기 실패와 좌절을 방지한다. 다가오는 애착 과제는 이러한 기술을 연습할 수 있는 기회가 된다.

7) 개입과 코칭에 대한 승인 얻기

애착 작업 준비 시 우리가 하는 가장 중요한 일 중 하나는 작업 중 부모를 지도해도 되는지 허락을 요청하는 것이다. 이러한 모든 준비에도 불구하고, 부모는 종종 방어나 문제 해결로 빠지는 것을 막기 위해 정서 코칭 기술을 사용하는 데 도움이 필요하다. 그러므로 우리는 다음과 같이 말할 수 있다.

> 부모님은 이 대화를 준비하기 위해 엄청난 양의 일을 했습니다. 저는 그것이 잘 되도록 확실히 하고 싶어요. 제가 세션 중에 가끔 개입해서 부모님을 도와주는 것이 괜찮을까요? 그저 몇 가지 제안을 한다거나 올바른 방향을 알려주는 것 같은 거요.

가족 회기 전에 이것을 협상하면, 치료사가 실시간으로 대화를 끌어내려고 할 때(예: 개입하기, 제안하기, 화를 막기, 격려 질문) 부모들의 저항이 줄어들게 된다. 또한 이에 대해 미리 협의를 하는 것은 부모들을 지지하려는 치료사의 헌신으로 보일 수 있다.

4. 결론

우리는 부분적으로 청소년과 부모와 동맹관계를 쌓아 가는 것을 왕복 외교로 본다. 우리는 그들이 자신의 욕구와 상대의 욕구를 이해할 수 있도록 돕기 위해 각 측과 협력한다. 또한 우리는 가족에게 그들 사이의 협력을 증진시킬 수 있는 몇 가지 기술을 가르친다. 청소년과 부모에 의해 중요한 내용 영역이 발견되었고, 부모와 청소년 모두 더 풍부하고, 더 의미 있으며, 생산적으로 대화하게 만드는 연약한 정서에 접촉했다. 이제 모든 당사자가 대화에 동

의하고, 대화 중에 사용할 새롭고 더 효과적인 의사소통 기술을 갖추었다. 이
모든 것이 곧 다가올 애착 과제의 기반이 되는 것이다.

제6장

과제 4: 애착 회복

이제 청소년과 부모들은 각자 준비되었다. 이 시점에서 우리는 애착 작업을 '표면화할' 준비가 되어 있어야 한다. 이러한 교정적인 애착 경험은 이 모델에서 자녀와 부모 사이에 관계의 질을 바꿈으로써 자신과 타인에 대한 내적 작동 모델의 개선을 돕는 핵심적인 변화의 원리로서 역할을 한다. 이상적으로, 청소년들은 새로운 통찰력을 획득하고 일관성을 증가시키며, 정서적 복잡성을 허용하면서 과거의 사건이나 부정적인 과정, 트라우마 이야기를 탐색하는 데 안전함을 느낄 것이다. 더 이상 심리적으로 부모를 거부하거나 부모와의 관계에 사로잡히지 않고, 청소년들은 그들 자신과 다른 사람들의 행동, 생각, 감정, 욕구를 자유롭게 생각하고 평가할 수 있는 좀 더 반영적인 사고를 할 기회를 갖게 된다. 부모는 청소년이 사고와 감정을 탐색하고 공유하는 것에 대해 편안함을 느끼도록 감정을 조율하고 적절히 반응한다. 그리고 심리적 자율성을 장려하고, 성찰적 사고를 촉진하며, 어려운 감정을 받아들이고, 자녀를 인정하며, 새로운 정보를 제공한다.

이러한 교정적인 애착 경험을 하는 동안, 서로의 내적 작동 모델의 수정이 가능하다. 청소년들은 자신의 부모를 더 수용적이고, 더 매력적이며, 격려해 주는 사람으로 보기 시작한다. 결과적으로, 청소년들은 더 많은 자기 개방, 정직 그리고 1차 정서의 표현으로 반응하게 된다. 마찬가지로 부모들은 자신의 아이가 더 성숙하고, 취약하며, 보호가 필요하다고 보기 시작한다. 그 결과, 청소년의 우울증과 부정적인 상호작용이 빚어낸 작동 모델(Kobak & Esposito, 2004)을 수정하게 된다. 아이에 대한 모델(예: '아이는 나를 싫어한다.'에서 '내가 필요하다.'로)을 수정하면 보살핌 본능이 활성화하게 되는데, 이것은 정서적으로 민감하게 반응하도록 하여 양육에 대한 의지와 능력을 향상시킨다. 이렇게 우리는 새로운 생각과 감정이 새로운 상호작용 과정을 강화하고 또 그에 의해 강화되는 상호교류 학습 경험을 제작했다.

이 장은 미누친(Minuchin, 1976)이 개발한 치료 전략인 실연(enactment, 상담 현장 내에서 변화를 경험하는 순간을 마련하기 위해 개발된 기법)에 대해 설명하면서 시작한다. 그런 다음 3단계를 포함하여 애착 작업에 대해 심도 있게 설명할 것이다. 그리고 이 과정을 용이하게 하는 데 도움이 되는 진행 기술에 대한 토론으로 이 장을 끝맺을 것이다.

1. 실연: 방법론의 변화

애착 작업을 촉진하려면 초반의 세 가지 과제와는 다른 치료 구성이 필요하다. 재정의와 동맹 과제에서 치료사는 치료법을 위한 관계 프레임을 구축하고 참여자의 관계 구축 동기를 높이기 위해 주로 지지적이고 반영적이며 탐구적인 전략을 채택했다. 이 시점까지 치료에서 대부분의 작용은 각 가족구성원들과 치료사 사이에서 일어났다. 애착 에피소드 동안은 치료사의 목표가 바뀐다. 우리는 이제 가족구성원들 사이의 대화와 의미 있는 상호작용을 촉진하기를 원한다. 미누친과 피시맨(Fishman, 1981)의 핵심 개입 전략은 실연에 대한 아이디어를 제공하고, 실연은 치료 세션에서 사람들과 상호작용하거나 대화를 하도록 지시하며 새로운 상호작용 경험을 만들어 내는 새로운 대인관계 기술을 촉진한다.

미누친은 1974년에 처음으로 실연의 개념을 도입했으며 그것은 경험적·행동적 변화이론에 기반을 두고 있다. 처음에 미누친은 부정적인 상호작용 패턴으로 진입하기 위해 이 기술을 사용했다. 그는 부모들을 치료실에서 직접 교류하게 하여 그들이 자연스럽게 하는 일을 관찰할 수 있도록 했다. 그의 유명한 수련 테이프 '괴물들 길들이기'(Minuchin, 1980)에서 주의력결핍 과잉행동장애(ADHD)인 8세 소년의 부모에게 아이를 의자에 조용히 앉게 해 달라고 부탁했다. 약간의 당황과 저항 후에 어머니는 아이를 통제하기 위해 비효과적인 시도를 한다. 아버지는 조용히 앉아 있고 아이는 둘 다 무시한다. 어머니의 시도가 몇 번 더 실패하자 아버지는 화를 터트리며 아이를 향해 소리를 지르고 아이를 위협해 굴복시킨다. 어머니는 안도감을 느끼지만 또한 굴욕과 원망을 느낀다. 그리고 1분 후 아이는 다시 방 안을 서성거리고 있다. 5분간의 연속적인 사건 안에서 가족은 제대로 기능하지 않는 그들의 전형적인 상호작용 스타일을 드러내거나 혹은 실연하게 된다.

실연의 기능은 평가의 수준을 넘어선다. 그런 다음 미누친은 일부 부정적이고 비생산적인 상호작용을 차단하고 긍정적인 상호작용을 지시하며 촉진하기 위해 개입하게 된다. 그래서 방금 설명한 수련 테이프에서 미누친(1980)은 나중에 아버지의 비난을 막고 어머니가 더욱 확고하고 일관되도록 지도한다. 결국 소년은 조용히 앉아 색칠을 하고 어머니는 놀라움과 자부심을 가지며 뒤에 앉게 된다. 이것은 미누친이 가족치료에 준 훌륭한 선물 중 하나였다. 미누친은 통찰력의 증진에만 의존하기보다는 경험적인 변화 모델을 제시했는데, 그것은 사람들이 방 안에서 다르게 '할 수 있도록' 도와주고, 그 경험은 새로운 행동의 배움과 표현을 가속화시키게 된다. 경험적 학습은 구조적 가족치료에만 국한된 것은 아니다. 인지행동치료와 노출치료(Foa, Humbree, & Rothbaum, 2007; Kendall, 2011), 경험치료(Greenberg & Johnson, 1988; Perls, Hefferline, & Goodman, 1951), 행동치료(Wolpe, 1973)가 모두 변화의 핵심 메커니즘으로서 새로운 행동의 경험에 의존하고 있다. 또한 구조적 가족치료를 포함한 이러한 모델들은 통찰, 인지적 재구조화 및 기술 증진의 역할을 간과하지 않는다. 그러나 가장 강력한 학습의 순간은 새로운 행동의 경험으로부터 일어난다.

애착기반 가족치료(ABFT)에서는 실연에 대해 약간 다르게 생각한다. 우선, 실연에 관한 기존의 글들은 준비 작업에 거의 관심을 기울이지 않았다. 많은 치료사가 "힘든 일이 있을 때 엄마한테 가서 말해 보면 어때……."라고 말하는데, 가족들은 치료사가 무엇을 원하는지 전혀 모르는 상태다. 결과적으로 상호작용은 종종 안 좋게 진행되며, 치료사는 상호작용이 부정적으로 치닫는 것을 막고 더 생산적으로 만들기 위해 허둥지둥한다. 이런 모델은 준비되지 않은 가족들이 새로운 무언가를 하기 위해서 치료사의 매력과 카리스마에 의존하게 한다. 실연에 대한 안 좋은 평판은 전략의 모호함 때문이다(Butler & Gardner, 2003). 설사 좋은 결과가 있더라도, 우리는 이 경험적인 변화를 반복하고 지속시킬 수 있는 능력이 있는지에 대해 의문을 제기하게 된다.

리들(Liddle, 2002)의 생각에 영향을 받아 ABFT 치료사들은 많은 준비 작업을 한다.

첫째, ABFT의 초반 세 가지 과제는 과제 내에서나 그 자체로 중요한 치료 작업이지만 이러한 과제들은 또한 가족들이 애착 과제를 대비하게 한다. 재정의 과정에서 우리는 치료에서 관계에 초점을 둘 것을 제안한다. 동맹 과제에서 우리는 애착 세션에 참여하는 동기를 생성하고, 참가자들에게 가장 도움이 될 행동의 유형을 설명하고, 그 근거를 설명한 후 세션 성공이나 실패를 불러일으킬 수 있는 장벽과 촉진제를 식별한다. 우리가 애착 작업에 들어갈 때쯤, 가족구성원들은 치료 목표와 과제에 동의했고 그 과정에 참여할 수 있을 만큼 동기화되며 충분히 안전하다고(유대감) 느끼게 된다.

둘째, 미누친(예: Minuchin & Fishman, 1981)과 달리 우리는 대화의 내용에 훨씬 더 많은 관심을 기울인다. 미누친이 작업했던 대상인 행동 문제를 일으키던 사춘기 이전의 소년들을 고려하면, 그의 주된 임상적 초점은 가족 구조, 일관성 그리고 부모의 팀워크에 있었다. 그러나 이러한 목표들은 위축되고 고립된 우울증 청소년들에게 잘 맞지 않았다. 부모의 통제에 집중하는 것은 청소년들을 더 밀어낼 뿐이었다. ABFT의 핵심적인 목표는 적어도 초반에 통제와 가족 구조가 아닌 애착 대화를 촉진하는 것이다. 따라서 우울증을 앓고 있는 청소년들을 대화에 끌어들이기 위해서 이 치료법은 청소년들에게 개인적으로 의미 있는 중요한 내용에 초점을 맞춰야 한다(Diamond, Liddle, Hogue, & Dakof, 1999). 따라서 비록 좋은 진행 과정(정서적으로 조절하는 청소년, 정서적으로 적절히 대응하는 부모)이 필수적이지만, 대화의 내용 또한 중요하다. 대화의 내용은 신뢰를 손상시킨 부정적인 대인관계 과정이나 사건에 초점을 맞춰야 한다.

셋째, 실연에 대한 논의로써 이러한 변화의 과정에서 역사적으로 감정의 중요한 역할에 대해서는 주의를 별로 기울이지 않았다. 가족치료 문헌은 정서처리보다 행동적 변화, 협상보다 전략적 변화 그리고 사랑과 연결에 대한 인간의 근본적이고 본질적인 욕구보다 가치에 자유로운 사회구성주의를 강조해 왔다. 이와는 대조적으로 우리의 변화 접근 방식은 그린버그와 존슨(Greenberg & Johnson, 1988)의 작업에 큰 영향을 받았다. 따라서 우리는 가족들을 배신, 무시, 방임 또는 통제와 같은 핵심적인 애착 주제들에 대한 깊이 있고 중요하며 정서적으로 충만한 대화로 초대하고 안내하기 위해 실연을 활용한다. 우리는 가족구성원들이 상처받지 않기 위해 주로 방어하는 분노, 상처, 사랑, 그리움과 같은 적응적인 1차 정서들에 접근함으로써 이러한 심오한 내용 영역에 접근하게 된다. 그러나 가족구성원들 사이의 안정성이 증가하면, 더 취약한 감정이 드러나기 시작한다(Friedlander, Heatherington,

Johnson, & Skowron, 1994). 청소년들이 어려운 감정을 표현하는 데 안전함을 느끼면서 부모와 청소년들은 더 자유롭게 토론하게 된다. 이와 같이 ABFT에서는 가족에 대한 신뢰를 무너뜨린 감정이 가득하고 매우 중요하며 종종 고통스러운 애착 손상에 대해 강력하고, 정직하며, 탐색적이고, 안전하며, 지지적인 대화를 촉진하기 위하여 실연을 사용한다.

[그림 6-1]과 같이 과제 4는 세 단계로 구성된다. 1단계에서 청소년은 부모와의 관계 및/또는 가족 내에서 발생한 특정 트라우마 또는 문제적 사건에 대한 자신의 생각과 감정을 드러내게 된다. 부모는 청소년이 이러한 사건들에 대한 기억, 감정, 생각을 탐색하도록 돕는다. 이 대화 단계가 완료되었다고 느낄 때 2단계가 시작된다. 이 단계에서 부모는 이러한 사건에 대한 자신

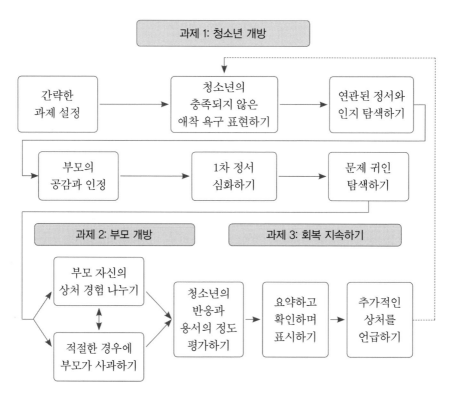

[그림 6-1] 치료사가 애착 회복 과제(과제 4)를 도모하기 위한 수행지도

의 기억, 생각, 감정에 대해 간략하게 이야기할 수 있다. 치료사는 청소년들이 이러한 사건이나 문제에 대해 새로운 정보를 수집하게끔 부모에게 질문하도록 권장한다. 3단계에서 치료사는 가족구성원들이 확인된 상처나 주의가 필요한 새로운 영역에 대해 계속 논의함에 따라 이러한 수준의 진솔한 참여를 지속시킨다. 마지막으로, 치료사는 좀 더 애착 중심의 대화를 대비하거나 자율성을 촉진하는 과제 5로 이동하기 위해 이 대화에서 얻은 것들을 통합하고자 한다. 전반적으로 과제 4는 대화의 내용 못지않게 대화의 과정, 대화의 질에 초점을 맞춘다. 일반적으로 이 작업은 1~3회기까지 소요된다.

2. 단계 1: 청소년 개방

1) 간략한 과제 설정

우리는 이 대화를 위한 강력한 토대를 마련했으며 더 이상의 준비나 방해는 필요하지 않다. 그러므로 빠르게 살펴보고 바로 과제로 돌입한다. 세션 사이에 일어날지도 모르는 진짜 위기(예: 누군가가 체포되었다, 누군가가 자살을 시도했다)를 제외하고, 우리는 그 주간의 작은 갈등이나 문제들을 지나서 오늘의 안건으로 이동한다. 처음 몇 분 동안 다음과 같이 진행할 수 있다.

> **치료사**: 부모님이 오늘 오실 수 있어서 기쁩니다. 데이비드, 반가워. 오늘은 특별한 대화를 나눌 계획입니다. 시작하기 전에 이번 주에 제가 꼭 알아야 할 위급하거나 안 좋은 일이 있었나요?
>
> **어머니**: 음……. 데이비드가 또 좋지 않은 점수를 받았어요. 계속 이런 상태면 학교에서 쫓겨날지도 몰라요. …… 그리고…….
>
> **치료사**: 어머님, 잠시만요. 지금 말씀하신 것은 심각한 문제이지만 올 한 해

계속 고민하던 것과 다르지 않네요. 오늘 저는 우리가 가족에게 새로운 방향을 찾을 수 있는 다른 이슈를 논의하기를 바랍니다. 괜찮나요?

어머니: 그럼요.

치료사는 부모가 한 주간의 위기에 집중하는 것을 효과적으로 차단한다. 부모가 이러한 경향을 보이는 것은 가족의 부정적인 것에 대한 일반적인 성향의 일부일 수도 있고, 계획한 과제로부터 치료사의 주의를 산만하게 하려는 시도일 수도 있다. 많은 부모 및 청소년은 두려움과 경계심을 갖고 이 세션에 참석한다. 이 대화에 참여하려는 지난주의 결심은 상처받거나, 당황하거나, 비난받을 염려로 인해 위축되었을지도 모른다. 약간의 불안에도 불구하고 우리는 가족구성원들에게 일단 시작하면 대화가 자연스럽게 진행될 것이라는 믿음과 자신감, 용기를 나눠 주며 앞으로 나아간다. 한 가족구성원이 진술함과 연약함을 가지고 용기 있게 시작할 수 있다면, 다른 가족구성원은 일반적으로 안도감을 느끼고 같은 수준의 개방성과 연약함을 보이며 대화에 참여한다. 그래서 확인 후에 치료사는 다음과 같이 시작할 수 있다.

치료사: 좋아요. 그러면 부모님도 아시다시피 저는 자녀분과 만나면서 아드님이 생각하기에 중요하다고 여기는, 아드님을 힘들게 하는 것들을 찾는 것을 도왔습니다. 그리고 데이비드, 너도 알다시피 선생님은 부모님을 만나 너의 이야기를 새로운 방식으로 들을 수 있도록 도와드렸어. 내가 생각하기에 부모님은 내가 요청한 것을 충분히 이해하셨고 오늘 실제로 시도해 보려고 오셨단다. [부모님을 바라보며] 맞나요?

아버지: 네, 잘 이해했고 오늘 잘 되기를 바랍니다.

어머니: [끄덕이며 동의를 표시한다.]

치료사: 좋아요. 데이비드, 먼저 부모님께 우리가 얘기했던 네가 부모님에
　　　게 손을 내미는 것을 방해하는 몇 가지 사항을 말씀드리는 것으로
　　　시작하면 좋을 것 같아.

　이 순서가 잘 진행되면 치료사는 직접적이고 명확해질 수 있다. 그러나 때
로는 치료사가 직접 다뤄야 할 정도의 긴장감이 감지되기도 한다. 부겐탈
(Bugental, 1992)이 "저항은 치료의 방해물이 아니라 치료를 선도하는 것이
다."(p.184)라고 썼듯이, 치료사는 긴장감을 무시하기보다는 대화의 출발점
으로 삼는다. 우리는 공감할 수 있는 말을 할 수 있다. "오늘은 긴장한 것 같
네요. 무슨 걱정인지 말해 줄 수 있나요?" 이 질문은 내용 그 자체(예: 이혼)가
아니라 가족들이 초조함을 이야기하도록 지시한다. 흔히 대화 과정 자체(예:
어떤 것이 논의되고 있는가보다 어떻게 논의되고 있는가)가 내용이 되는 경우가
많다(예: "모두 긴장한 것 같다. 그 얘기를 먼저 해야 할 것 같다."). 청소년들이 "나
는 이런 일에 대해 부모님과 이야기하는 것이 불편하다."라고 대답하면 우리
는 "왜?"라고 공감적으로 묻는다. 이것은 우리를 애착 주제의 중심인 믿음,
안전함 그리고 솔직함에 대한 대화로 바로 이끌어 준다. 이때가 항상 결정적
인 순간이다. 때때로 그 과정이 대화를 억제하기도 한다(예: 부모가 비판적이
다). 그래서 우리는 그 내용이 올바른 방향으로 진행되기를 바라거나(예: 애착
주제로 가고 분위기가 부드러워지기), 아니면 대화의 진행 과정을 대화의 주제
로 전환한다(예: "데이비드, 어머니가 지금 비난하는 것 같아서 그만두고 싶은 마음
이 드니? 어머니에게 그렇게 말해 줄 수 있을까?").
　몇몇 구체적인 불만에 대해 이야기하기 전에 신뢰와 의사소통에 관한 준비
된 대화—딸은 어머니와 의논해야 할 주제를 가지고 있었다. 부모의 이혼, 어
머니의 분노가 어떻게 아버지를 멀어지게 했는지, 그리고 어머니는 딸의 감
정을 얼마나 심각하게 받아들이지 않았는지—의 예를 들어보겠다. 과제 2에
서 우리는 딸이 어머니가 얼마나 자신의 감정을 진지하게 받아들이지 않았는

지에 대해 이야기하는 것으로 세션을 시작하도록 계획했고, 그녀가 다른 영역에 대해 말하는 것을 편안하게 느끼도록 했다. 이 토론은 한 시간을 채웠고, 정서적으로 꽤 격렬해졌으며, 모녀가 서로 어떻게 상호작용하는지를 재정의하는 데 도움을 주었다. 신뢰가 늘어남에 따라 딸은 부모의 이혼에 대한 감정과 아버지에 대한 어머니의 파괴적인 원한을 토론하는 것이 더 편해졌다. 이것은 애착 작업 대화가 내용(예: 일어난 나쁜 일)과 과정(예: 우리가 서로 의사소통하는 방법)을 오갈 수 있는 방법을 보여 준다. 이는 세션이 시작되는 방식과 관련이 있지만, 또한 어떻게 과정에 대한 대화가 안정성과 친밀함을 증가시키며, 어려운 내용을 이야기하고 작업할 수 있게 하는지와도 관련이 있다.

이전의 세 가지 ABFT 과제에는 모두 마무리 포인트가 있었다. 그것은 임무를 성공적으로 완수하는 것을 의미하는 목표였다. 이와는 대조적으로, 애착 작업에서는 대화 과정이나 경험 자체가 크게 보면 목표나 결과물이다. 우리는 가족구성원들이 의미 있는 대화와 진실한 감정에 머물러 있기를 바란다. 행동적 관점에서 우리는 일반적으로 회피되는 감정적 경험에 지속적으로 노출되는 것이 새로운 학습과 발전을 돕는다고 생각한다. 우리는 정서 중심의 틀에서 이를 가족구성원들이 1차 정서에 접근하고 표현하며 의미를 만드는, 그래서 자신의 감정을 사용하고 이해하는 능력을 향상시키는 정서처리를 위한 기회로 생각한다. 애착의 관점에서는 청소년이 위안을 구하고 부모가 그에 민감성을 갖고 반응하는 동안 교정적인 애착 경험이 형성되어, 그로 인해 청소년이 부모가 곁에 있을지에 대한 기대를 바꿀 수 있다고 생각한다. 이론적 관점에 관계없이 우리는 이 새로운 학습 환경에 지속적으로 관여하는 것이 사건의 치료적 가치에 깊이를 준다고 믿으며 이 경험을 지속시키고자 한다(Friedlander, Escudero, Heatherington, & Diamond, 2011).

겉으로 보기에 확실하지 않은 이러한 과정에서 무엇이 우리를 끌어가 주는가? 한 과정 연구에서 우리는 12개의 애착 과제를 면밀히 검토했다(G. S. Diamond & Stern, 2003). 우리는 대화가 어떻게 진행될 것인지에 대한 복잡성과 다양성을 담은 이상적인 임상 지도를 만들었다. 생성된 임상 지도는 치료과정의 정점에 가능한 풍경을 어느 정도 이해할 수 있게 도와준다. 지도([그림 6-1] 참조)에 따르면 애착 작업은 청소년 개방, 부모 개방, 회복 지속하기의 세 단계로 구성된다.

2) 청소년의 충족되지 않은 애착 욕구 표현하기

　소개가 끝난 후, 청소년은 자신을 괴롭히고 있는 것 중 적어도 하나를 부모와 공유하기 위해 참여했다. 어떤 경우에는 더 이상 재촉하거나 돕지 않아도 청소년들이 이 첫 번째 위험을 무릅쓸 용기와 자신감을 가지고 있다. 전형적으로, 청소년들은 부모들이 얼마나 개방적이고 비판적이지 않은 모습을 보이는지를 판단하기 위해 부모의 얼굴을 볼 것이다. 다른 경우, 청소년들은 시작하는 데 어려움을 겪고 치료사가 부모에게 질문하도록 한다. 어느 쪽이든 청소년들이 의미심장하고 연약한 감정을 나누기 위해서는 청소년이 자신의 부모가 공감, 호기심, 수용, 들을 준비가 되어 있음의 자세로 대화에 접근하고 있다는 것을 느껴야 한다.

3) 연관된 정서와 인지 탐색하기

　일단 청소년들은 부모들이 그들의 말을 들을 준비가 되었다고 느끼면 새로운, 더 명확하고 조절된 방식으로 걱정과 감정을 드러낸다. 이상적으로 청소년들은 고통, 실망, 상처 혹은 불만족에 대한 이야기를 공개한다. 일반적으로, 사랑받지 못하고, 보살핌을 받지 못하며, 보호받지 못한 듯한 느낌을 주제로 다룬다. 치료사의 도움을 받아 부모들은 이러한 경험과 관련된 슬픔, 상처 그리고 확고한 분노와 같은 1차 정서들을 더 깊고 충만한 방식으로 확인하고 표현하도록 청소년들을 정서적으로 지도한다.

4) 부모의 공감과 인정

치료자는 부모들이 제안이나 해결책을 제시하거나, 설명하거나, 그렇지 않으면 자신을 방어하려는 충동을 억제하도록 돕는다. 우리는 청소년의 경험이 관심의 중심이 되기를 원한다. 또한 청소년들이 부모의 반응을 살피거나 그에 반응해야 한다고 느끼기를 원하지 않는다. 대신 부모가 청소년들의 자기탐색을 목격하고 장려하기를 원한다. 이는 청소년들이 자신의 생각, 감정, 소망을 검토하고 표현하도록 하고 심리적 자율성과 자기반성을 촉진한다. 부모가 민감하고 반응적일 때 청소년은 더 많은 생각과 감정을 나누고 탐구하게 된다. 이와 같이 청소년들은 자신의 애착 욕구와 취약한 감정에 대해 더 성찰적이게 되고 더 이야기함에 따라 부모의 지원, 공감, 인정이 늘어난다. 청소년의 취약성은 부모의 양육 본능을 자극한다. 이를 반복하는 방식으로, 상실, 갈망 그리고 충족되지 않은 애착과 같은 주제에 참여를 지속하는 것은 청소년과 부모 간의 유대감을 깊게 한다.

치료사는 가족들이 가능한 오랫동안 이 대화를 지속하도록 돕는다. 우리는 청소년들이 부모로부터 지지받고 이해받는다고 느끼면서 자신의 애착에 대한 욕구와 접촉하는 경험을 장시간 동안 갖기를 바란다. 또한 청소년들이 개방적이고, 공감하며, 사랑으로 부모님을 경험하길 원한다. 욕구를 충족시키지 못한 것과 그에 따른 좌절감을 공개적으로, 그리고 자유롭게 경험하기를 바란다. 이러한 노력을 지속하는 것은 부모와 청소년의 불안감을 줄이고 가족의 성공 경험을 증가시킨다. 이것은 보다 만족스럽고 이로운 관계가 가능하다는 경험적인 증거를 제공한다. 애착의 관점에서 이러한 상호작용은 부모가 민감하고 나와 함께해 줄 수 있다는 방향으로 청소년의 기대를 수정하는 데 도움이 된다. 치료사는 이러한 에피소드가 현재 또는 과거의 관계 문제를 해결할 수 있는 일생에 단 한 번뿐인 기회라는 것을 인식해야 한다. 치료 후, 가족들은 특히나 무거운, 트라우마적 사건이나 과정으로 가득한 이러한 문제들을 자신들 스스로 다시 꺼내지는 않을 것이다. 이 기회가 가족구성원들에게 이러한 경험이나 과정이 무엇을 의미했는지를 합리적으로 논의하고 탐구할 수 있는 유일한 기회일지도 모른다. 이를 염두에 두고, 치료사는 가족이 가능한 한 오랫동안 이 반영적이고 탐색적인 상태에 머물도록 돕고 이 대화의 모든 부분이 탐색되도록 한다.

5) 1차 정서 심화하기

(1) 절제된 방식으로 분노 표현

전형적으로 청소년은 분노를 드러내면서 시작하는데, 몇 년 동안 방치되거나 기피되었던 감정과 기억을 처음으로 표현하기도 한다. 때때로 청소년은 보통 걱정거리(예: "저보다 언니에게 더 잘해 줘요.")에 대해 불평하면서 2차 정서인 분노로 시작하기도 한다. 우리는 이것을 잠시 용인할 수도 있지만, 더 취약한 1차 정서를 찾아야 한다. 일부 청소년의 경우에는 분노가 회피되는 1차 정서일 수 있다. 방임에 대한 분노, 학대에 대한 분노 그리고 지나치게 비판적인 부모에 대한 분노 모두 회피되고 거부되며 무시되었지만 여전히 정당한 감정의 표현일 수 있다.

그러나 이는 카타르시스를 목적으로 분노를 표출한다거나, 억제되지 않은 분노를 표출하도록 조장하고 있지 않다는 점에 유의해야 한다. 과제 2 동안, 치료사는 청소년들이 그들의 분노를 좀 더 통제된 방식으로 표현하는 법을 배우도록 도와준다. 결과적으로, 우리는 청소년들의 분노를 직접적으로, 일관성 있게, 그리고 비난과 공격을 덜 하면서 표현하는 능력을 증진시켰다. 그 결과, 부모들은 청소년의 경험에 대해 덜 위협적이며, 덜 방어적이게 되고, 궁금증과 공감대를 더 느끼게 된다. 청소년들이 주요 분노를 표출하도록 허락받았을 때, 좀 더 연약한 1차 정서도 느낄 수 있을 정도로 자유로워진다.

어머니: 샐리, 아빠가 그런 기분들 중 하나인 상태로 집에 왔을 때 그런 아빠를 보면 어떤 기분이고 어떤 생각을 하는지 묻고 싶어.

청소년: 모르겠어요.

어머니: [계속하여] 음, 기분이 어땠어?

청소년: 화가 났어요.

어머니: [긴 침묵 후에] 오, 그래. 무엇에 화가 났는지 말해 줄 수 있을까?

청소년: 당연히 아빠죠. 아빠는 머저리예요. 나는……. [침묵]

어머니: 계속하렴. 말해도 괜찮아.

청소년: 나는 아빠를 죽이고 싶고…… 집에서 내쫓고 싶고, 그리고 다시는 보고 싶지 않아요. 아빠가 미워요.

어머니: [청소년의 분노에 약간 당황하며] 오…… 아…… 내 생각에는 네가 아빠를 죽이고 싶을 정도는 아니지만 미워할 이유는 충분하구나. …… 그는 우리에게 매우 좋은 사람은 아니지…….

청소년: [아래를 쳐다본다. 화가 나 보인다.]

치료사: [어머니에게] 잘 하고 계십니다. 계속하세요.

어머니: 네. 오…… 음…… 샐리, 무엇 때문에 화가 난 거니?

청소년: 아빠가 우리를 대하는 모습 때문에요!

어머니: 네 말은 우리에게 소리 지르는 것을 말하는 거니?

청소년: 네, 그리고 엄마를 때리는 거요! [어머니에게 절망을 표현한다.]

어머니: [놀라며] 오, 아, 네가 봤을 줄은 몰랐구나.

청소년: 내가 바보 같아요? 당연히 봤죠, 우리 모두 봤어요.

어머니: 봤을 때 어떤 마음이 들었어?

청소년: 화가 났어요. 정말 아빠를 죽이고 싶었어요.

어머니: 정말 그렇게 하지는 않을 거야, 그렇지?

치료사: 어머님, 제가 생각하기에 지금은 가장 어둡고 강렬한 감정에 대해 이야기해도 괜찮을 거 같아요. 따님에게 그런 감정을 표현할 수 있

게 허락해 주시겠어요?

어머니: 네. …… 난 단지 네가 그런 감정을 느꼈을 줄 몰랐어. 그 당시에 네가 속상했을 거라는 건 알았지만 그 정도까지인 줄 몰랐어. [눈물을 글썽이지만 여전히 청소년에게 집중하며] 그래 또 다른 건? 무서웠니?

청소년: 네! 무서웠어요! 엄마를 죽이는 줄 알았다고요!

어머니: [눈물을 흘리며 침묵한다.]

청소년: 그리고 나 자신에게도 화가 났어요.

어머니: [놀라며] 왜 너 자신에게 화가 났어?

청소년: 아무것도 할 수 없어서 화가 났어요. 내가 더 커서 아래층에 내려가 엄마에게 했던 것처럼 똑같이 해 줄 수 있었다면 하고 바랐어요.

어머니: 오, 샐리! 그건 네가 할 일이 아니란다. 네가 나를 보호해야 하는 게 아니라 내가 너를 보호해야 하는 거야. 너는…… 오…… 너는 나에게는 화가 난 적은 없었니?

청소년: [불편한 표정으로 아래를 쳐다본다.]

어머니: 괜찮아. …… 얘기해도 돼…….

청소년: [긴 침묵] 네…… 엄마는 멍청해요. 아빠랑 계속 같이 지내는 거요.

어머니: 내가 어떻게 했어야 한다고 생각해?

청소년: [좌절감에 신음한다.] 엄마! 엄마는 엄마예요! 왜 나한테 물어봐요? 물론 아빠한테서 떠나야죠. 다 챙겨서 떠나요!

어머니: 그래, 나에게 화가 나고 실망했구나.

청소년: 으…… 엄마…….

어머니: 괜찮아. 넌 화낼 만해. 내가 잘 하지 못했어. 내가 너를 보호하지 못했어.

　어머니는 딸의 분노를 불편하게 느끼면서도 참는 일을 아주 잘 했다. 딸은 이런 정도의 감정을 표현해 본 적이 없고, 이런 이야기와 기억에 대해 얘기한 적도 없다. 대개 심경을 묻는 질문에는 무관심하게 어깨를 으쓱할 뿐이었다. 하지만 어머니는 분노가 딸을 갉아먹고 있다는 것을 알고 있었기 때문에, 딸이 자신의 분노를 좀 더 충분히 표현하게 하는 치료사의 방향을 받아들였다.

(2) 부드러운 감정으로 접근

분노는 때때로 필요하지만 부모들은 화를, 특히 화가 그들에게 향할 때 아주 오랫동안 참아야 한다. 1차 정서라고 해도 이 기분은 결국 가장 인내심이 강하고 감정 이입이 많은 부모까지도 지치게 할 것이다. 그래서 우리는 이 과정을 탐색하여 부드러운 감정으로 움직일 수 있는 시작점을 찾는다. 또한 부모들이 청소년들을 돕거나, 청소년들이 더 부드럽고 더 취약한 감정에 접근하는 것을 돕도록 권장한다.

> 샐리, 네가 굉장히 화가 나고 또 너는 그럴 권리가 있다는 것을 알아. 하지만 나는 네가 상처받았다는 것 역시 알고 있어. 엄마가 너를 실망시켰다고 느껴지지. 이것에 대해 이야기했잖아. 혹시 이런 감정들을 엄마와 나눠 볼 수 있을지 궁금하구나.

이상적으로, 이것은 슬픔, 실망, 비애, 애도의 탐색으로 이어질 것이다.

이러한 취약한 1차 정서를 대화에 끌어들이는 것은 청소년들이 자신의 경험에 대해 더 풍부하고 복잡한 이해를 하도록 돕는다. 일반적으로 내담자에 따라 다르지만, 우리는 분노보다 슬픔을 중시하지는 않는다. 전형적으로 취약한 감정은 더 자주 부정되거나 기피되기 때문에 청소년들이 감정의 전체 범위를 느끼지 못하게 한다. 게다가 우리의 많은 청소년과 부모에게 이것은 배움의 순간이다. 그들은 슬프거나 상처받은 감정이 종종 분노와 문제 행동을 불러일으킨다는 것을 더 잘 이해하게 된다. 이를 강조하기 위해 치료사가 생각하기에 정서적으로 어떤 일이 일어나고 있는지를 설명할 수도 있다. 대

화의 경험적인 상황을 방해할 수 있는 심리교육을 하겠다고 이를 중단하지
않는다. 대신에 그냥 심리교육을 끼워 넣고 부모들을 코치한다.

치료사: 어머님, 당신의 딸은 분명히 매우 화가 나 있어요. 그리고 그래야만
하죠. 하지만 만약 딸에게 다른 감정들도 있는지 궁금하군요. 알다
시피 굉장히 복잡한 상황이니까요.

어머니: 네. …… 아…… 그래 샐리, 너는 어떻게 생각해? 다른 감정들도 있
었니?

청소년: 어떤 거요?

어머니: 음……. 아……. 실망스럽다던가…… 아빠가 널 실망시켰고…… 내
가 너를 실망시켰으니까…… 내가 너를 보호하지 못했으니까…….

청소년: [울기 시작한다.]

어머니: [청소년에게 다가가 청소년의 무릎에 손을 얹고 휴지를 건네준다.]

이렇게 고조된 흥분 상태에서는 딸의 평상시 방어를 뚫고 들어갈 수 있다.
어머니가 부드럽게 슬픔에 대해 물었을 때, 딸은 그런 감정을 억누를 수 없게
된다. 딸이 울기 시작하고, 그것은 어머니를 다가가게 하며 위로와 위안을 주
는 문을 열어 주게 한다. 상실과 그리움의 숨겨진 혹은 부인할 수 없는 이러
한 감정들은 이제 나눔과 대화를 위해 사용할 수 있게 되었다. 딸은 여러 해
동안 묵묵히 분노와 슬픔을 함께 안고 살면서 자신과 어머니를 이러한 감정
으로부터 보호해 왔다. 그러나 이러한 감정적 제약과 관계적 양면성이 원인
은 아니더라도 그녀의 우울증, 회피, 고립을 더욱 악화시켜 그녀를 사랑하고
보호하려는 어머니의 시도에도 문을 닫아 버렸다. 하지만 여기서 문이 열렸
다. 딸은 어머니가 자신을 위로할 수 있도록 해 주며, 어머니는 수년 동안 학
대를 당했을 때 베풀 수 없었던 지지와 보호를 제공하게 된다. 믿음이 생겨남
에 따라 부모들은 청소년들이 무력감, 죄책감, 수치심 같은 생각과 감정을 탐

색하도록 안내할 수 있다.

앞의 순서는 우리가 의미 있는 순간을 어떻게 고려하는지를 나타낸다. 이 한 번의 상호작용 속에서 샐리는 어머니에게 처음으로 보호받지 못해서 슬펐다고 말한다. 아마도 그녀는 어머니가 신경 쓰지 않는다고, 어머니가 함께 있어 주지 못할 것이라고 생각했을 것이다. 어찌 되었든 간에 샐리는 혼자 남겨진 경험을 했다. 이 순서에서 중요한 것처럼 어머니는 완전히 방어적이지 않고, 공감하며, 진실하고, 자상하고, 후회하는 태도로 반응한다. 이것은 별것 아닌 것이 아니다. 많은 부모에게 그들의 아이가 보호받지 못하고, 두렵고, 화가 난다는 것을 듣는 것은 마치 자신이 아이를 망친 것처럼, 심장에 대못이 박힌 것처럼 느껴질 수 있다. 어머니는 자신의 슬픔, 자아비판, 그 밖의 어려운 감정을 담고 조절하며 대신 딸의 체험에 집중하여 회복적 애착 과정을 촉진시킨다. 딸에게 주의를 기울이려는 어머니의 반응을 제하더라도 어머니가 이 장면에서 보여 주는 용기와 이타심은 이루 말할 수 없다. 바로 이러한 반응적이고 유용한 행동이 자녀가 어머니에 대한 기대를 수정할 수 있도록 돕는다.

6) 문제 귀인 탐색하기

일단 청소년들이 자신의 요구와 감정을 표현하면 우리는 그들에게 왜 이런 종류의 사건이 종종 일어났는지에 대해 생각할 수 있도록 돕는다. 청소년은 이 문제들에 대해 어떤 귀인을 하는가? 누구를 탓하는가? 청소년이 다른 사람들의 동기와 선택을 고려할 수 있는가? 이혼, 아버지의 알코올중독, 과잉통제하는 부모, 입양, 부모의 죽음, 이런 것들을 어떻게 이해하는가? 이러한 탐구 방향은 "내가 더 나은 아이였다면, 아버지가 우리를 떠나지 않았을 것이야."라는 자기비난과 낮은 자존감의 부정적인 귀인을 밝혀내는 데 도움이 된다. 또한 이 단계에서 대화는 관점 전환을 촉진하는 과정을 시작한다. 청소년들이 다른 사람들의 동기와 요구를 고려하거나 추측해 볼 수 있는가?

관점 전환의 출현은 오랫동안 청소년기의 두드러진 발달 과제였다(Steinberg, 1990). 청소년들은 추상적인 사고를 위한 새로운 인지 능력을 습득함에 따라 자신들이 세계의 중심이 아니며 다른 사람들의 욕구와 감정에 대해 고려할 가치가 있을 수도 있다는 점을 깨닫기 시작한다. 그러므로 왜 나쁜 사건이나 과정이 일어났는지에 대한 귀인 탐색은 적어도 한 사람의 자기 중심적인 관점으로부터 순간적으로 발생하고 다른 사람의 필요와 경험을 위험에 빠트린다. 또한 관점 전환은 마음을 가다듬는 것의 핵심이다. 포나기, 죄르지, 쥬리스트와 타깃(Fonagy, Gyorgy, Jurist, & Target, 2005)은 안정 애착을 이해하기 위한 메커니즘을 제안했다. 아이들은 부모가 반응하고 인정한 자신의 내적 세계를 가지고 있을 때, 자신 및 타인의 생각과 느낌을 인정할 수 있는 능력을 내면화하게 된다. 타인의 요구, 감정, 동기를 인식하는 능력은 대인관계에서 자신의 요구를 성공적으로 협상하기 위한 중요한 토대를 형성한다.

따라서 애착 회복 작업은 이 발달 과제를 기반으로 한다. 대화가 잘 진행되었다면 청소년들은 이해와 인정을 받게 된다. 이는 청소년이 상처받은 감정을 피하거나 억누를 필요와 자신의 목소리를 내고 진지하게 받아들여지기 위한 고군분투로부터 자유롭게 한다. 청소년들은 부모들이 자신의 관점을 이해하고 인정한다고 느낄 때 싸움에 덜 몰입하게 된다. 청소년이 자신의 목소리를 찾기 시작하면서 문제를 향한 자신의 부정적인 원인 제공에 대해, 그리고 자신의 귀인과 행동이 다른 사람들에게 어떤 영향을 주었을지에 대해 더 기꺼이 검토하게 된다.

대부분의 치료사는 공개 단계를 너무 빨리 끝낸다. 그들은 감정과 인식에 대한 충분한 탐구를 수행하지 않는다. 대부분의 가족은 이러한 핵심 애착 손상들에 대해 다시는 이 정도의 집중된 관심을 가지고 논의하지 않을 것이다. 그래서 우리는 그것이 가능한 한 완전해지기를 원한다. 치료사는 부모가 청소년의 성찰과 표현을 가능한 한 오래 지속하도록 도와야 한다. 앵거스, 레빗, 할드케(Angus, Levitt, & Hardtke, 1999)의 정서 중심 이야기 과정 모델은 여기에서 도움이 된다. 치료사는 부모가 청소년들을 기억에 세세하게 몰입하도록 하고 이런 경험의 밑바탕에 있는 1차 정서를 파헤치도록 도와준다. 치료사는 부모들이 과거에 이러한 사건들이 청소년들에게 어떤 의미가 있었는지를 탐색하도록 돕고, 현재에는 청소년들에게 어떤 의미를 가지고 있으며, 미래에는 어떤 의미를 지닐 수 있는지에 대해 탐색하도록 돕는다.

때때로 이 대화는 성스러운, 시대를 초월한, 보호를 받는 솔직함과 진실의 공간이라고 느껴진다. 보통 가족구성원들은 마침내 피하던 문제에 대해 이야기하는 것에서부터 대화가 기대했던 것만큼 무섭거나 어렵지 않았다는 것을 배우며 엄청난 안도감을 느낄 것이다. 그러나 결국 이러한 공개 단계는 자연스럽게 끝나게 된다. 부모(그리고 치료사)는 청소년이 갈 수 있는 데까지, 또는 이때 가야 할 필요가 있는 데까지 밀어 놓았다. 이때 고요함과 깊은 상호 존중이 종종 방을 가득 채우게 된다. 부모는 흔히 청소년의 정직함과 성숙함에 감탄하고 청소년은 안도감과 자부심을 느낀다.

3. 단계 2: 부모 개방

1) 부모 자신의 상처 경험 나누기

청소년기의 개방이 끝났다고 느낀 후에는 부모가 그 주제에 대해 이야기할 시간인데, 이는 매우 연약하고 깨지기 쉬운 순간이다. 우리는 부모들이 자신의 경험에 대해 이야기하기를 원하지만, 부모가 방어적이거나, 없던 일로 하거나, 무시하는 것을 원하지 않는다. 또한 방금 청소년이 말한 것에 대해 부모들이 이성적으로 말하기를 원하지도 않는다. 부모의 요구와 감정이 갑자기 대화를 지배하게 되고 청소년이 무시받았다거나 자신이 부모의 욕구를 보살필 책임이 있다고 느끼게 되는 것을 원하지 않는다. 많은 청소년이 이미 부모화되었으며 부모의 정서적 욕구를 돌보고 있다. 이 과제에서 우리는 그 반대인 부모가 청소년을 양육하는 경험을 만들어 내려고 한다.

　여기서의 목표는 무엇인가? 우리는 부모가 청소년에게 자신의 삶의 배경에 대한 새로운 정보, 청소년이 맥락에서 애착 손상을 찾도록 도울 수 있는 정보를 주기를 바란다. 그리고 청소년들이 상처에 대해 보다 복잡하고 일관된 이해를 할 수 있도록 이야기의 조각들을 더 많이 갖기를 원한다. 하지만 청소년이 새로운 정보를 얻되 그로 인해 과부화되거나 압도당하지 않기를 바란다. 부모는 알코올중독자 배우자와 함께한 자신의 경험이나 왜 그렇게 오랫동안 학대적인 결혼생활을 했는지에 대해 이야기할 수 있다. 또한 부모는 자신의 우울증과 그것이 어떻게 양육을 어렵게 만들었는지에 대해 이야기할 수 있고, 또한 자신의 어린 시절과 그 경험들이 어떻게 관계적 능력을 만들었는지에 대해 말할 수도 있다. 그리고 부부간의 갈등으로 인해 육아에 어떤 부정적인 영향을 끼쳤는지에 대해, 그들의 이혼 조정 기간 동안 아이에 대한 헌신적인 태도를 어떻게 유지할 것인가에 대해 이야기할 수도 있다.

　부모 개방 단계는 짧아야 한다. 아이가 질문을 할 경우가 있다. 부모는 대답할 수 있지만, 모든 것을 말할 필요는 없다는 것을 상기한다. 부모들이 자신의 이야기를 공유할 것으로 예상되는 경우 우리는 부모 동맹 과제 동안에 그것을 계획한다. 아이들은 세부사항을 필요로 하는 것이 아니며 그저 맥락을 더 잘 이해할 수 있을 만큼 충분히 알 필요가 있는 것이다. 청소년들이 부모의 이야기를 듣는 것이 이번이 처음이기 때문에, 우리는 여기에 좀 더 머물지 혹은 다른 회기에서 다시 이야기를 꺼낼지에 대해 계획을 세워야 하는 경우가 생길 수도 있다. 때때로 청소년들은 이러한 이야기들에 대해 눈치를 챘지만 완전히 알지는 못하거나 질문할 기회를 갖지 못했을 수 있다.

　부모 개방의 순간은 청소년들이 모든 사람처럼 부모 또한 불완전하다는 것을 볼 수 있도록 도와준다. 부모는 단지 청소년의 아버지나 어머니일 뿐만 아니라 인생의 어려움을 겪는 사람이기도 하다. 이는 청소년이 부모의 행동을 좀 더 긍정적인 동기로 재해석하는 데 종종 도움이 되기도 한다. "그래서 아빠가 엄마를 학대해도 나한테 아빠가 있었으면 해서 계속 함께 있었던 거야?" 일부 청소년, 특히 나이가 많은 청소년에게 이것은 부모들을 유치하고, 태생적이며, 이상화된 방식이 아니라 단지 부모들도 강점과 약점을 가지고 있는 사람이라고 지각하는 놀라운 발달의 순간일 수 있다. 한 사례에서 청소년은 강간 경험으로 2년 동안 고군분투해 왔으며, 종종 어머니에게 "내가 겪은 일을 절대 이해할 수 없을 거야."라고 소리치곤 했다. 애착 작업에서 매우 조심스럽고 감정적으로 제한되었던 어머니는 놀랍게도, "나는 네가 겪은 일을 네가 알고 있는 것보다 더 잘 알고 있어."라고 말했다. 자세한 내용을 밝히지는 않았으나 어머니 역시 어렸을 때 강간을 당했다는 것을 암시했다. 딸은 갑자기 어머니를 다르게 보았고, 마침내 어머니가 자신을 이해한다고 느꼈다. 부모들의 적절한 개방은 청소년들이 그들의 행동 뒤에 숨겨진 부모들의 동기를 더 잘 이해하도록 돕는다. 그렇게 함으로써 청소년들은 부모들의 느낌과 욕구를 인식하기 시작한다.

일부 부모는 이러한 개방이 자신에 대한 자녀들의 존경심을 떨어뜨릴 것이라고 우려한다. 우리는 임상 경험에서 전형적으로 그 반대가 사실이라는 것을 발견했다. 이 단계가 잘만 되면 공감대를 형성하고 청소년들의 입장에서 이해를 증진시킨다. 이제 청소년은 자신의 이야기가 전달되었고 이해받았다고 느끼기 때문에 타인의 관점, 심리적 욕구, 동기를 고려하는 데 정신적으로 자유롭게 된다. 우리는 청소년들의 정신화 능력을 향상시키고 있는 것이다 (J. G. Allen & Fonagy, 2006). 청소년들이 부모의 욕구를 더 완전하게 인식함에 따라 그들 사이에 따뜻함과 긍정적인 관점이 증가하게 된다. 부모들은 청소년에게서 존경과 인정을 더 받고 있으며, 청소년들은 부모에게서 더 큰 인내심과 이해심을 느낀다. 상호 신뢰와 보살핌의 순간에 청소년의 애착 욕구가 더욱 안전하게 나타날 수 있고 부모의 반응도 더욱 커질 수 있다. 우리는 많은 청소년이 이러한 부모들의 개방 이후에 부모들을 더 보호하게 된다는 것을 발견했다.

> **치료사:** [청소년에게] 알다시피 샐리, 나는 네가 가끔 엄마가 왜 아빠와 지내는지 궁금해한다고 생각을 해.
>
> **청소년:** 맞아요. 하지만 적절한 답을 찾지 못했어요. 엄마가 우리에게 아빠가 있기를 바라는 것으로는 답이 안 돼요. 왜냐면 처음부터 아빠는 아빠답게 행동한 적이 없었거든요.
>
> **어머니:** 음, 샐리, 난 매일 그 질문과 싸운단다. 나는 네가 아빠 없이 자라는 것을 원치 않아. 아빠가 언제나 좋은 아빠가 아니라는 것을 알고 있어. 또 아빠를 미워하는 만큼 사랑하기도 한단다. 엄마는 아빠 또한 돕기 위해 애쓰고 있어.
>
> **청소년:** 그런 것 같아요.
>
> **치료사:** [청소년에게] 나는 네가 엄마를 만만한 사람이라고 생각하는지 궁금하구나. 아빠가 했던 자기 방식을 바꾸고 상황을 좋게 만들겠다고 말했던 모든 약속을 엄마가 믿었다는 거에 대해서.
>
> **청소년:** [어머니에게] 저는 엄마가 왜 아빠가 엄마를 그런 식으로 때리도록 놔두는지 모르겠어요. 왜 싸우지 않아요?
>
> **어머니:** [청소년에게] 맞서 싸웠단다. 맞받아 때리기도 몇 번 했어.
>
> **청소년:** [어머니에게] 왜 아빠를 내쫓지 않는지 모르겠어요. 어떤 남자도 나를 그렇게 때리게 하지 않을 것이라고 단언할 수 있어요. 그런 상황에 놓이지 않을 거예요. 어떻게 아빠를 한 번도 쫓아내지 않을 수 있어요?
>
> **어머니:** [청소년에게] 샐리, 너는 나보다 더 강한 사람이구나. 내가 더 강해져야 했다고 생각하지 않은 날이 하루도 없었단다. 몇 번 그를 내쫓은 적이 있어. 아빠가 멀리 출장 가서 몇 주간 집에 오지 못할 거라

고 한 적이 있던 거 기억나니? 사실 그때 약물치료 센터에 그를 보냈
단다. 만약 가지 않으면 집에 들어올 생각은 하지 말라고 했어.

치료사: 샐리, 알고 있었니? 엄마가 약하지만 때때로 강하기도 했다는 걸…….

청소년: [아니라며 고개를 젓는다.]

이 순서에 따라 딸은 지금까지 감히 물어보지 못했던 질문을 자유롭게 할 수 있었다. 대화하기 전에 샐리는 어머니가 순진하고 약하며 길을 잘못 들었다고 인식했다. 이제 그녀는 어머니의 동기와 생각, 몸부림을 더 잘 이해하고 어머니의 행동에 대한 새로운 정보를 갖게 되었다. 또한 그녀는 어머니가 자신을 보호하려고 노력했다는 것을 더 잘 이해했다(예: 아버지의 2주간의 공백은 샐리를 보호하려는 어머니의 행동이었다). 어머니가 어떤 사람이고, 얼마나 자신을 신경 쓰고 있으며, 자신을 위해 어머니가 싸울 것이라는 이 새로운 정보는 딸의 인식을 바꾸는 데 도움이 되었다. 이런 종류의 대화는 어머니에 대한 딸의 내적 작동 모델을 변화시키기 시작한다.

이 부모 공개 단계에서는 어느 정도 면밀한 모니터링이 필요하며, 우리를 안내할 세 가지 요소가 있다(G. S. Diamond & Stern, 2003). 첫째, 공개 시점이 적절한가? 너무 이른 경우, 그것은 청소년들이 자신이나 자신에 대해 이야기하는 것을 중단하게 하고 진정성이 없어 보일 수도 있다. 둘째, 내용은 청소년을 위한 새로운 정보를 나타내는가? 그렇지 않다면 청소년은 냉담하거나 심지어 교육을 받는다고 느낄 것이다. 셋째, 우리는 그 감정이 적절한지 확인해야 한다. 부모는 화가 나 있는가, 아니면 연약한가? 분위기는 청소년들의 이해와 공감을 불러일으키는가, 아니면 방어적이며 무시하는 것인가? 청소년이 부모의 자기 개방을 부모 자신의 행동을 변명하기 위한 시도로 보는가? 이러한 요소들은 부모들이 언제 말해야 하는지, 무엇을 이야기해야 하는지, 그리고 그것이 성장을 촉진하는지를 결정하도록 돕는다.

2) 적절할 경우에 부모가 사과하기

청소년들은 사랑과 신뢰에 대한 심각한 위반인 학대, 방치, 거부, 유기를 경험했을 수도 있다. 애착 작업에 참여하는 부모가 이러한 학대의 가해자일 수도 있고, 이러한 경험으로부터 아이를 충분히 보호하지 못했을 수도 있다. 우리는 여기서 아이를 성적으로 학대했던 부모에 대해 이야기하려는 것이 아니다. 그렇게 하는 게 적절하다 해도 그것은 깊은 배려와 광범위한 준비 그리고 많은 계획이 필요한 훨씬 복잡한 상황일 것이다. 그 대신, 우리는 회복된 알코올 중독자인 부모, 이전에 진단되지 않은 조울증을 가진 부모, 또는 다른 부모나 다른 가족이 아이를 소홀히 하거나 학대하는 동안 보호하지 않은 부모 같은 상황을 말하고 있다. 이러한 상황에서 부모 개방 단계는 종종 부모가 진실하고 진심 어린 사과를 하는 것으로 결론짓게 된다.

이 복잡한 순간을 면밀히 관찰할 필요가 있다. 부모의 사과는 청소년에게 필요한 인정을 구체화하는 매우 감동적이면서 자녀를 승인해 주는 행동이 될 수 있다. 그것은 부모가 청소년들의 고통을 듣고 이해했다는 사실을 확실히 한다. 이런 문제들에 대해 기여한 책임을 인정하고 사과하는 것은 부모 측의 겸손과 강함에서 나오는 엄청난 행동이다.

4. 단계 3: 회복 지속하기

1) 청소년의 반응과 용서의 정도 평가하기

사과했을 때 부모들은 종종 용서를 기대하거나 적어도 용서를 바라곤 한다. 이때 역시 복잡하고 섬세한 순간이다. 일부 청소년은 부모의 솔직한 뉘우침에 감동하고 자발적으로 부모를 용서하는 마음을 느낀다. 이것은 청소년들이 자신의 분노와 보상에 대한 요구를 그냥 보내게 하는 강력한 심리적인 순간이 될 수 있다(McCullough, Pargament, & Thoresen, 2000). 다른 청소년들은 사과를 받아 기쁘긴 하지만, 용서할 준비가 되어 있지 않거나, 아니면 용서는 하지만 면죄부는 주지 않을 수 있다. 이러한 청소년들은 조심스럽거나 의심스러운 태도로 상황이 바뀔 것인지 기다린다. 우리는 대화 중에 청소년들의 경험과 반응에서 일어날 수 있는 변화나 뉘앙스에 민감하게 반응해야 한다. 청소년들이 죄책감이나 순종으로 인해 용서해야만 한다고 느끼기를 원하지 않는다. 우리는 청소년(그리고 부모)의 속도를 낮추고 그들이 자신의 생각과 느낌을 통해 생각할 수 있는 기회를 주려고 한다.

어머니: 샐리, 내가 무슨 짓을 했든 간에 너에게 상처 주려고 했던 건 아니었다는 것을 알아주었으면 해. …… 그리고 샐리, 그 당시에는 내가 할 수 있는 최선을 했단다. 알다시피 나 역시 매우 우울했잖니. …… [한숨] 하지만 너를 아프게 한 나의 모든 일에 대해 사과하고 싶구나.

청소년: [밑을 처다보면서 오랫동안 생각에 잠겨 있다.]

치료사: [청소년의 긴 침묵] 엄마의 사과에 대해 어떻게 생각하는지 궁금하구나. 진실되게 느껴졌니? 엄마의 말을 믿어?

청소년: 네. …… 믿는 거 같아요.

치료사: [청소년에게] 지금 너의 마음속에서 무슨 일이 일어나고 있는지 잘 모르겠구나. 사과가 너무 늦었니? 내가 느끼기에는 네가 엄마의 사과를 정말 받아들인 것 같지 않고 괜찮다고 생각하는 것 같지 않구나.

청소년: 아니요, 받아들였어요. 엄마를 믿어요. 단지 아직 무슨 뜻인지 모르겠어요.

여기서 치료사는 어머니가 진심 어린 사과를 했다고 해서 청소년이 자동적으로 보답하거나 용서하지 않아도 된다고 허용한다. 이는 복잡하지만 심오한 순간이며, 우리는 이 순간이 진실성을 갖기 원한다. 또한 치료사는 이 순간을 청소년들이 정서처리와 관련된 미묘한 변화들과 복잡성에 민감해지도록 활용하고, 때로는 모순되는 많은 다른 감정이나 충동을 느끼도록 허용한다. 예를 들어, 청소년들은 사과를 믿지 않을 수 있고, 용서한다지만 잊지 않을 수 있으며, 여전히 복수심을 느끼고 보상을 원할 수도 있다. 청소년 자신이 느끼고 있는 것을 이해하고 솔직해지도록 노력하는 것 외에 옳고 그른 반응은 없다.

2) 요약하고 확인하며 방점 찍기

앞에서 설명한 실연의 유형은 고통스러우면서 희망적일 수 있다. 논의된 주제들은 특정한 사건들이 연루되었을 수 있지만, 더 일반적인 관계에 대한 주제들도 다루었다. 세션이 끝나감에 따라 우리는 일어난 일을 이해하려고 노력하며, 모든 사람이 어떻게 느끼는지 확인하고, 그 재료나 사건을 미래의 치료 과정, 과제, 목표를 나타내는 데 사용한다.

치료사: 음, 우리는 오늘 모든 걸 끝내지 않을 거예요. 여러분은 오늘 엄청난 일을 하셨습니다. 지금 어떠신가요?

어머니: 저는 좋았어요. 샐리는 제가 알지 못했던 많은 것을 저와 공유했어요. 몇 개는 저도 생각만 했지만 샐리가 이야기 꺼내 주어서 기뻤어요.

치료사: 샐리, 너는 엄마가 너의 말을 정말 잘 들어 주었다고 느끼니?

청소년: 네, 잘 들어 주었어요.

치료사: 좋아요. 모두 정말 잘 하셨어요. 앞으로 몇 주 동안 이 작업을 좀 더 해야 할 것 같습니다. 어머님은 샐리가 어머님이 왜 그런 결정을 내렸는지, 어떻게 그런 결정을 내리게 되었는지 알게 되면 자신에 대한 존중이 낮아질까 봐 걱정하셨지요? 그렇게 된 것 같나요?

어머니: 잘 모르겠어요. [청소년을 돌아보며] 샐리, 내가 말한 것 중에 엄마
가 더 약해 보이거나 잘못된 결정을 한 것처럼 느껴진 게 있을까?

청소년: 아니요! 그 반대예요!

어머니: 정말?

청소년: 네, 엄마는 엄마가 할 수 있는 최선을 다했어요.

어머니: [치료사에게 감사의 미소를 보낸다.]

치료사: 좋아요. 모두 정말정말 좋습니다. 저는 우리가 앞으로 다뤄야 할 몇
가지 현실적인 시급한 문제들을 보았지만, 오늘은 두 분이 다리를
건넌 특별한 하루였어요. 앞으로 어려운 대화를 해 나가는 것이 덜
무섭게 느껴졌으면 좋겠습니다.

마지막으로 남은 결정은 방금 일어난 일을 어떻게, 얼마나 처리할 것인가
이다. 한편으로는 친밀감, 따뜻함, 성공이라는 분위기를 유지하고 싶다. 우
리는 자존심, 친밀감, 희망이 과거의 부정적인 기대와 부실한 상호작용을 상
쇄시키는 수단으로 자리 잡기를 원한다. 다른 한편, 우리는 정서 중심 경험적
치료의 연구를 통해 의미 만들기가 더 나은 결과와 관련이 있음을 알고 있다
(Greenberg, Auszura, & Herrmann, 2007; Greenberg & Watson, 1998). 또한 노출
치료에 대한 연구는 경험적 학습 후 약간의 검토와 평가가 학습 경험을 공고
히 하는 데 도움이 된다고 주장한다(Foa, Huppert, & Cahill, 2006). 그런 이유
로 우리는 종종 가족들에게 방금 일어난 일을 조금 성찰해 볼 것을 요청한다.

대화의 느낌이 어떠했나요? 엄마가 차이를 만들기 위해 무엇을 한 것 같
아? 어머니, 이런 대화를 하는 데 당신의 딸이 어떤 도움을 주는 것으로 보이
나요? 무엇이 이런 성과가 일어나게 했을까요? 개인적으로 여러분 각자가 무
엇을 다르게 했다고 생각하시나요?

이러한 종류의 질문과 토론은 가족에게 긍정적인 의사소통을 위한 기술과 그 과정이 자리 잡을 수 있도록 도와준다.

3) 추가적인 상처를 언급하기

청소년이 분노, 고통, 충족되지 않은 욕구를 이야기한 뒤 부모가 인정, 공감, 공개, 경우에 따라서는 사과까지의 과정을 거치면, 전형적으로 방 안에서는 안도감과 친밀감, 심지어 사랑까지 느껴지게 된다. 비밀 혹은 말해지지 않은 진실이 마침내 드러났다. 가족들은 그들이 가장 두려워했던 이야기를 나눴고 살아남았다. 이 짧은 대화에서도 긴장은 사라지고 신뢰의 수준은 적어도 순간적으로 높아지게 된다. 청소년과 부모는 적어도 순간적으로 서로 다르게 보게 된다. 청소년은 더 능숙해지고, 부모는 더 반응적으로 곁에 있어 주게 된다. 이 시점에서 치료사는 적어도 두 가지 선택권을 갖는다. 때때로 대화는 길고 철저했고, 세션을 끝내는 것이 가장 적절한 일인 경우도 있다. 그러나 다른 경우에는 아직 세션에 시간이 남아 있어 치료사가 편안함과 안전이라는 특별한 분위기를 활용하기 위해 노력할 수 있다. 치료사는 세션 중에 제기된 주제나 이슈 중 일부를 밀고 나가거나, 계획 단계에서 제시될 필요가 없었던 것이나 애착 세션의 초기 의제에 포함되지 않은 내용을 다룰 수 있다.

단계 3의 내용으로 다양한 이슈를 다룰 수 있다. 때때로 우리는 핵심 관계 문제에 대해 계속 이야기하기도 한다. 청소년들이 더 많은 질문을 할 수도 있고 부모들이 더 많은 이야기를 할 수도 있다. 또는 첫 번째 주제가 진행되면 다른 관계적 주제로 넘어갈 수 있다. 치료사는 다른 주제로 어떤 것이 적절한지 혹은 그것이 너무 심각하기 때문에 가족들이 토론할 더 가벼운 주제가 필요한지에 대해 결정을 내려야 한다. 사실 우리는 회복의 순간에 도출된 선의를 발판으로 더 긍정적인 대화를 만들어 낼 수도 있다. 가족들은 상황이 어떻게 달라지기를 바라는가? 어떻게 하면 호의와 사랑의 감정을 계속 유지할 수

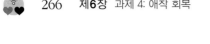

있는가? 그러나 대화가 행동 관리 문제로 바뀌지 않도록 유의해야 한다. 우리는 학교 출석, 통금, 집안일을 돕는 것에 대해 말하고 싶은 것이 아니라 대인관계에서 유대의 따뜻한 순간을 유지하고 싶은 것이다. 행동에 관련한 문제들은 전형적으로 가족을 부정과 대립으로 돌아가게 한다. 게다가 그들은 이번에 만들어진 감정적인 친밀감에서 주의가 분산될 수 있다.

단계 3은 진행의 변화와 관련 있다. 단계 1에서는 청소년이 중심이고 부모가 '세심한 증인'이었으며, 단계 2에서는 부모가 이야기하고 청소년이 질문했으며, 단계 3에서는 더 균형 잡힌 상호작용을 했다. 가족들은 호기심을 갖고 서로를 존중하며 듣는 법을 배웠다. 긴장이 사그라들고 난 후, 이 세 번째 단계에서 더 많은 상호작용이 일어난다고 우리는 생각한다. 각자가 질문을 하고, 적절하게 대응하며, 반성하고 탐색한다. 대화가 잘 이루어지는 한 자연스럽게 전개되도록 한다. 우리는 이 과정을 그렇게 엄격하게 관찰할 필요는 없을 수도 있지만 세션을 언제 어떻게 끝낼 것인지 염두에 두고 있어야 한다. 우리는 드러난 긍정적인 감정과 호의를 유지하기를 바란다. 첫 번째 애착 작업 세션을 마칠 때까지 단계 3이 일어나지 않으면 이 단계는 그다음 애착 세션에서 일어나게 될 것이다.

5. 실연을 촉진하는 과정 기술

지금까지 우리는 애착 과제의 일반적인 구조나 경로를 기술해 왔다. 그러나 우리가 말했듯이, 세션은 내용이나 목표만큼 과정에 관한 것이기도 하다. 사실 여러 가지 면에서 그 과정은 결과와 같다. 그래서 다른 과제와 달리 애착 과제의 구조와 단계가 덜 구별되고 서로 모호할 수 있다. 우리는 단계 2(부모 개방)를 위해 시간을 할애하려고 노력하지만, 일반적으로 세션의 나머지는 우리의 일반적인 목표(관심의 중심인 청소년, 증인 역할의 부모)를 충족하는 한 일관되게 진정하고 존중이 바탕이 된 대화에 할애된다. 세션의 생산적인 흐름과 과정을 지원하기 위해 애착 과제에서 실연을 활용하고자 할 때 사용할 수 있는 치료사의 진행 기술 몇 가지를 설명하겠다.

1) 내용, 영향, 과정

애착 세션을 실시하는 데 필요한 가장 중요한 치료 기술은 대화 내용의 가치, 정서의 질, 대화의 순간순간을 평가하고 관찰하는 능력이다. 내용적으로는 가족이 실제로 무슨 말을 하고 있는지에 관한 것이다. 가족구성원들이 자녀가 숙제를 하지 않는다고 불평하거나 부모의 이혼으로 야기된 고통이나 혼란을 이야기하고 있는가? 아니면 통행금지나 신뢰에 대해 이야기하고 있는가? 애착 작업의 경우 내용은 행동 관리나 규칙에 관한 것이 아니어야 한다. 그 대신 애착 손상에 초점을 맞춰야 한다. 여기에는 학대나 무시, 포기와 같은 특정 사건이나 비판 또는 과잉 통제와 같은 부정적인 대인관계 과정이 포함될 수 있다. 이러한 주제는 동맹 세션 중에 잘 개발되었어야 하므로, 이 시점에서 치료사는 애착 과제의 새로운 주제를 탐색해서는 안 된다. 전형적인 대화 내용을 찾는 것은 동맹 회기의 필수 요소며 이를 애착 과제에서도 꺼낼 것이다. 새로운 내용이 나온다면 치료사는 그것이 이 과제의 목표를 지지하고 촉진하는지, 아니면 방해하는지를 결정해야 한다.

예를 들어, 애착 과제가 시작되었을 때 치료사는 딸에게 시작하기를 요청했다. 딸은 언니가 성가시고 어머니가 벌을 줬으면 한다고 불평하기 시작했다. 치료사는 대화가 어떻게 전개되는지를 보려고 잠시 귀를 기울였다. 그러자 어머니는 방어적이 되어 딸이 언니에게 너무 심하게 대한다고 비난하기 시작했다. 그때 치료사가 끼어들어서 딸을 신뢰, 헌신, 포기와 같은 근본적인 애착의 주제를 반영하는 다른 대화 내용으로 방향을 바꿔 주었다. "알렉시스, 우리가 지난주에 논의했던 것에 대해 좀 더 얘기해야 할지도 몰라…… 네가 얼마나 화가 났는지. …… 언니와 싸웠을 때마다 엄마가 너를 할머니 집으로 보내는 게 너를 얼마나 화나게 하는지 말이야." 유기에 대한 이슈는 딸이 자신의 삶과 부모와의 관계 그리고 자기존중감을 어떻게 이해할 것인지에 대한 바탕이 되는 구조화된 주제로서 역할하게 된다. 자녀가 이것에 대해 말하고, 반사적인 분노보다 적응적인 1차 정서(상처)를 확인하도록 돕는 것은 이를 훨씬 심오하고 의미 있는 대화로 만들었다(Greenberg, 2011).

　우리는 정서를 이용해서 사춘기 청소년이나 부모가 세션의 순간순간 표현하고 있는 감정이 무엇인지, 그리고 그러한 감정이 상담 목표인 손상 해결을 촉진시키는지, 아니면 저해하는지를 말한다. 이는 복잡한 개인적 판단을 요구하며 항상 가족의 이야기에 의지하게 된다. 1차 정서나 2차 정서에 대해 생각하는 것은 무엇을 증폭시키고 무엇을 막을 것인가를 결정하는 데 도움이 된다. 때로는 청소년의 분노가 상처에 대한 방어고, 회피도 분노에 대한 방어다. 방어하거나 회피하는 정서 중에 어느 것에 접촉하는 것이 중요한가? 청소년들이 자신의 적응적인 1차 정서를 인정하고, 그러한 정서를 인식하며, 이름을 지어 주고, 그것들을 애착 손상 이야기에 통합시키도록 돕는 것은 청소년이 과거와 현재 삶의 부정적인 사건이나 과정을 더 잘 이해하는 데 도움을 줄 수 있다. 부모들이 청소년의 취약한 1차 정서를 수용하도록 돕는 것은 가장 방어적인 부모조차도 부드럽게 만든다. 이런 관점에서 올바른(예: 정확하고 유용한) 정서를 느끼는 것은 이 대화가 변화를 부를 것인지, 아니면 그냥 익숙한 것이 될 것인지를 결정한다. 부모들의 감정적인 태도가 얼마나 생산적인지를 평가하는 것은 우리가 주로 부모들이 공감적이고 지지적이기를 원하기 때문에 좀 더 쉽다. 만약 부모들이 짜증 내고, 평가적이거나, 비난하거나, 경시한다면 부모들이 좀 더 부드럽고 수용적인 감정 상태로 들어갈 수 있도록 도와주어야 한다.

　취약한 정서에 접근할 때는 질문을 하는 방법이 매우 중요하다.

　첫째, 분노에 대해 물으면 분노에 대해 듣기 쉽다. 슬픔에 대해 물으면 슬품에 대해 더 많이 듣게 된다. 즉, 당신은 물어보고자 하는 것을 얻게 될 것이다. 1차 정서에 접근할 수 없을 때는 산만하고 비생산적인 2차 정서를 차단하고 다시 물어봐야 한다.

둘째, 치료사들은 가족구성원들에게 감정에 대해 생각하거나 감정을 느껴 보도록 요청할 수 있다. "이게 당신을 때때로 슬프게 만드나요?" vs "눈빛이 매우 슬퍼 보여요. …… 엄마에게 당신이 어떤 기분인지 말해 줄 수 있나요?" 이 두 가지 질문 모두 가치가 있지만, 치료사들은 의식적으로 적절한 순간을 위해 적절한 질문을 선택해야 한다. 우리는 치료사들이 후자의 질문을 더 자주 할 것을 권한다.

셋째, 감정을 구분(parsing)하는 것은 때때로 청소년들이 덜 방어적으로 느끼도록 돕는다. 예를 들어, 질문들을 "너의 한 부분은 이렇게 느끼고 다른 부분은 저렇게 느끼는구나."라고 틀을 잡아 주는 것은 청소년들이 좀 더 회피해 온, 최근에 올라온 '위험한' 기분들 중 일부를 탐색할 가능성을 높여 준다. 이런 틀은 청소년에게 안정감을 주고 대립하는 감정을 인정하는 기틀을 만들도록 도와준다.

넷째, 보다 부드러운 감정에 대한 요청은 공감과 존중이 충분한 태도로 이루어져야 한다. 이러한 감정에 접근하는 것은 많은 사람, 특히 청소년들, 그중에서도 우울증이 있는 청소년들에게는 매우 어렵다. 치료사는 이러한 순간에 다음의 예와 같이 청소년에게 기대를 하는 동시에 위안, 보호, 존중을 제공하는 완벽한 부모가 되어야 한다.

　　루이사, 이런 이야기가 어렵다는 것을 알아. 난 너한테 자신에 대한 통찰과 힘이 있다는 것에 감동했어. 우리가 몇몇 문제를 함께해 나갈 수 있을 거야. 하지만 지금 너는 매우 슬퍼 보여서 나는 엄마가 너의 그런 부분도 더 잘 알았으면 좋겠어.

'과정'은 가족구성원들이 서로 어떻게 상호작용하는지를 의미한다. 대부분의 애착 과제 동안 우리는 청소년들이 말하고 부모가 듣기를 바란다. 우리는 청소년들이 이전에 말하지 않은 이야기를 하며, 이전에 회피한 감정을 표현하기를 바라며 부모들이 질문하고, 호기심과 공감을 표현하며, 인정과 새로운 정보를 주기를 바란다. 그렇지 않고 청소년이 호전적이거나 내향적이거나 혹은 부모가 가르치려 들거나 문제를 해결하려 한다면 대화의 과정이 좋지 않은 것이고, 우리는 이것이 가족의 목표 달성을 방해할 수 있다는 것을 알게 되었다.

치료사는 내용, 영향 그리고 과정을 항상 모니터링해야 한다. 이상적인 것은 세 가지 모두가 함께 통합되어 이 과제의 목표를 지지하는 것이다. 때때로 이 영역 중 두 영역은 잘 작동하지만 세 번째 영역은 잘 작동하지 않을 수 있다. 예를 들어, 내용이 잘못되었다고 가정해 보자(예: 우리가 계획했던 핵심 애착 손상이 아닌 경우). 딸은 이혼 얘기를 하는 대신 학교에서의 좌절에 대해 이야기한다. 하지만 자녀는 자신의 걱정을 표현했고 부모들이 공감해 주었기 때문에 그 영향은 좋을 수 있다. 딸은 도움을 요청하고 있고 부모는 사려 깊은 경청과 기꺼이 돕겠다는 의지를 통해 보호를 제공하고 있다. 그래서 내용은 관계 상처에 관한 것이 아니더라도 영향과 과정이 좋다. 이런 상황에서 우리는 후에 더 어려운 대화를 나눌 때 도움이 될 수 있는 호의와 신뢰를 쌓고 있다고 생각하며 이러한 대화 과정을 내버려 둘 수 있다.

다른 예로, 아들이 아버지의 가혹한 징벌적 양육 방식에 대해 이야기하고 있다고 가정해 보자. 아버지는 사실 꽤 잘 듣고 있을지도 모르지만, 대화가 계속되면서 아들은 점점 더 화가 난다. 청소년의 분노가 정당화될 수는 있지만, 부적절하게 표현된 너무 큰 분노는 아버지의 문을 닫게 할 것이다. 세션을 정상 궤도에 올리고 생산적으로 유지하기 위해 치료사는 청소년들이 자신의 감정을 조절하거나 이러한 상황과 관련된 다른 감정들, 즉 아버지와 더 가까워질 수 없다는 실망감을 표현하도록 하는 데 도움을 줄 수 있다. 일반적으로 대화의 상대적 가치를 판단하는 데 도움이 되는 것은 치료사가 세션의 모든 순간에 내용, 정서 및 대화 과정을 관찰하는 것이다.

2) 실연을 설계하고 대화가 조율될 필요가 있는지 결정하기

실연의 핵심 가정은 가족이 서로 새로운 방식으로 대화하는 경험을 가져야 한다는 것이다. 되도록이면 가족끼리 대화할 수 있도록 격려해야 한다. 만약 치료사가 여전히 관심의 중심이 되거나, 그 과정에 대한 통제력을 너무 엄격하게 유지한다면, 가족은 서로 직접적으로 대화하고 참여하는 경험을 갖지 못하게 된다. 우리는 많은 치료사가 교류의 중심에서 빠지는 것에 어려움을 느끼는 것을 발견했다.

일반적으로 무대를 정하고 내용을 결정한 후, 치료사는 실연 중에 가능한 한 방해가 되지 않도록 노력한다. 이것은 치료사를 통해서가 아니라 가족구성원들 사이에서 일어나는 과정이다. 애착 손상에 대한 생산적인 대화를 가능하게 하는 것은 일반적으로 강력하고 감동적인 경험이며, 가족구성원들은 언어적 · 비언어적으로 서로의 반응에 매우 세밀하게 대응한다. 그러므로 치료사는 너무 빨리 간섭하거나, 가족을 위해 말을 하거나, 가족구성원이 말한 것이 무엇을 의미하는지 설명하는 것을 스스로 자제해야 한다. 때때로 이것은 가족이 조금 어려움을 겪도록 내버려 두는 것을 의미하기도 한다.

> **어머니:** 샨텔, 아빠가 좋지 않은 기분으로 집에 왔을 때 너의 기분이 어땠는지, 무슨 생각을 했는지 물어보고 싶구나.
>
> **청소년:** 모르겠어요.
>
> **어머니:** 음…… 어떤 기분이었어?
>
> **청소년:** 화가 났어요.
>
> **어머니:** [긴 침묵] 좋아, 다른 건 없을까?

청소년: 없어요.

이 시점에서 어머니는 치료사에게 도움을 요청했다. 그러나 치료사는 어머니가 계속하도록 "잘 하고 있어요. 계속하시면 돼요!"라고 말하며 격려했다. 치료사는 이 중요한 대화가 전개되는 것의 증인 역할을 하게 된다. 이 주제가 핵심 관계적 주제를 반영하고, 소재가 새롭고, 가족구성원들이 성실하고 개방적인 한, 치료사는 그들이 자신의 길을 스스로 찾을 수 있도록 둔다. 하지만 가족이 도움이 필요하거나 대화가 잘 되지 않을 때는 어떻게 해야 하는가? 대화가 제대로 진행되도록 하기 위해 치료사는 얼마나 관여해야 하는가? 치료사가 대화에 얼마나 참여하고 얼마나 빠져 있어야 하는가? 그리고 치료사가 대화에 참여했을 때 대화가 제대로 진행되도록 하기 위해 무엇을 해야 하는가? 우리는 이것을 4단계로 생각한다.

첫째, 비록 우리가 중심이 되지 않으려고 노력하지만 우리는 부모들을 지도하고, 내용을 제공하며 구체화하고, 그 정서를 심화시키기 위해 질문하며 말을 더해 준다. 그리고 가족구성원들에게 대화를 유지하고 더 깊이 파고들 것을 촉구한다. 이는 가능한 한 부모를 통해서 이루어진다. 치료사는 부모에게 자녀한테 질문해 보라고 하거나 자녀가 더 말할 수 있도록 속도를 조절할 것을 제안할 수도 있다. 때때로 치료사는 자녀가 부모에게 대담하게 하기 위해 부모들이 무엇을 물어보고 지시해야 하는지에 대한 모델이 되어 준다. 치료사는 연주자가 언제 들어올 것인지, 언제 더 부드러워지거나 더 크게 될 것인지, 언제 포인트를 강조할 것인지, 그리고 언제 다음 동작을 시작할 것인지를 지도하는 지휘자다. 따라서 치료사는 대화를 조성해 가는 데 매우 적극적이지만, 치료사가 통해서가 아니라 가능한 한 가족구성원들은 서로 이야기하도록 한다.

둘째, 치료사가 상황이 궤도에서 벗어나고 있는 것을 보았을 때(예: 내용이 잘못되었고, 감정은 사람들을 하나로 모으기보다는 소외시키고 있으며, 그 과정이 새

로운 것을 지지하기보다는 익숙한 역기능적 상호작용 패턴을 강화시키고 있을 때),
치료사는 조금은 방향 제시 이상의 일을 할 필요가 있을 수 있다. 그러한 경우
에 치료사는 이전 세션에서의 준비 작업과 각 가족구성원들과의 군건한 동맹
관계에 의지해야 한다. 치료사는 대화를 잠시 멈추고, 가족의 관심을 자기 자
신에게로 끌며, 이전 세션의 대화를 상기할 수도 있다. "아버님, 우리가 따로
만났을 때 무슨 이야기를 했는지 기억하시나요? 아버님이 감정 코치가 되어
주는 게 얼마나 중요한지에 대해 이야기했는데요. 아드님이 지금 그걸 필요
로 하고 있어요. 지금 아드님을 도와주실 수 있을까요?" 이러한 유형의 개입은
부모에게 이전에 논의된 기술을 상기해 주기 위해 실연의 경험적 행동을 잠시
중단시킨다. 간단한 개입은 주로 부모들이 지난주 세션에서 배운 내용을 상기
해 주는 정도면 충분하다. 부모는 스스로에게 "아, 네, 가르쳐 준 것이 생각나
요. 네…… 네…… 그렇게 할 수 있어요."라고 말한다. 그런 다음 치료사는 부
모(또는 청소년)를 다시 시도하게 하고, 지금 여기에서 경험적인 대화를 다시
시작한다.

　셋째, 간단한 방향 제시나 상기가 가족구성원들을 궤도에 올려놓지 못할
때 치료사는 훨씬 더 지시적이어야 할 수도 있다. 예를 들어, 대화가 매우 서
툴렀고 파괴적이지는 않지만 도움도 되지 않는, 보통 집에서 일어나는 대화
의 반복에 불과한 채 빠르게 사라져 갈 때 필요하다. 이러한 도전에 직면했을
때 치료사는 더 빨리 지시를 내려야 한다. 치료사는 행동을 완전히 멈추고 그
일에 대한 목표와 약속을 다시 세워야 한다. 예를 들어, "잠깐 여기서 잠시 멈
춰 볼게요. 지난주 논의했던 주제 중 일부를 다시 볼 필요가 있을 거 같군요."
이것은 긴장감을 흐트러뜨리고 세션의 의도를 다시 확보하기 위해 더 많은
치료사-부모 또는 치료사-청소년 간의 대화로 이어질 수 있다. 치료사는 자
신의 대인관계 강점과 명확한 이론적 관점을 사용하여 이 과정이 부정적 상
호작용으로 완전히 퇴행되지 않도록 애써야 한다.

　넷째, 가장 극단적인 상황에서 치료사는 대화를 완전히 중단하고 다시 모

일 준비를 해야 한다. 아마도 청소년 우울증의 심각성이 이 과정에 청소년들이 참여하지 못하도록 하고 있는지도 모른다. 어쩌면 부모들의 부부 갈등이나 정신적 고통이 장벽으로 남아 있을 수도 있다. 또는 그날 가족구성원들이 그냥 지나칠 수 없는 의견 충돌이 있었을 수도 있다. 이 과정이 위태로워진 이유는 얼마든지 있을 수 있다. 치료사가 몇 번의 용기 있는 시도에도 불구하고 그 과정을 회복할 수 없을 때, 우리는 더 저항적인 대상과 이야기하는 동안 좀 더 협조적인 가족이나 구성원들에게 잠깐 방에서 나가 있어 달라고 요청할 수도 있다. 한 사례에서 청소년은 입을 다물고 준비한 합의된 문제에 대해 이야기하기를 거부했다. 치료사는 청소년에게 격려를 하는 동안 어머니에게 방에서 나가 달라고 부탁했다.

> 있지, 여기서 포기할 수는 없을 거야. 이 순간을 위해 엄청 노력했잖아. 할 수 있어. 이 상황을 충분히 헤쳐 나갈 수 있어. 다음 주면 방학이어서 떠날 거고 이런 상황이 오래 지속되기를 원하지는 않을 거야. 지금이 바로 그 순간이야. 네가 이걸 해결할 시간이란다.

다른 사례에서 치료사는 부모에게 그들이 부부 갈등의 주제를 끌어들인 것에 대해 설명하는 동안 청소년에게 잠시 나가 있기를 권유했다.

> 두 분…… 또 같은 상황이네요. 두 분이 단 5분도 아들의 말을 들어 주지 못하고 서로 싸우는 모습에 아들이 얼마나 충격받고 실망했는지 보셨나요? 두 분이 아드님을 사랑한다는 것을 알아요. 하지만 두 분이 싸울 때는 아들을 무시하고 회피하고 있다고 말할 수밖에 없네요. 아들을 위하여 한 번만 더 노력해 보실 수 있을까요? [동의를 받는다.] 좋아요. 아버님, 로비로 나가셔서 아드님을 데리고 들어와 주시겠어요? 그가 들어오면 두 분이 아드님에게 사과하셨으면 해요.

6. 결론

애착 과제는 가족에게 변화무쌍한 순간일 뿐만 아니라 치료사에게 가장 보람 있는 순간 중 하나가 될 수 있다. 잘 되었을 때 우리는 왜 우리가 이 직업을 택했는지를 기억하며 세션을 마치게 된다. 이 대화들은 심오하고, 친밀하며, 인생을 바꿀 수 있다. 이러한 대화들은 신뢰를 쌓게 하고, 애착 욕구를 다시 활성화시키며, 보살핌 본능을 재정비하고, 앞으로 새로운 관계의 토대를 마련하게 한다. 물론 이러한 대화들은 답답하거나 지칠 수도 있고, 계속해서 반복될 필요도 있다. 우리는 매번 우리가 만들려고 하는 작은 단계들을 오르지만 치료사는 이 대화를 조성하기 위해 열심히 해야 한다. 이것은 4쿼터이고, 치료사는 쿼터백으로 팀을 맡아 승리에 도전하는 것이다. 이 작업이 성공적이거나 부분적으로 성공한다면 치료사는 과제 5(자율성 촉진)로 이동하거나 과제 4의 에피소드들을 과제 5에서 대화로 통합하기 시작할 수도 있다. 과제 5로 너무 빨리 이동하면 과제 4가 물거품이 될 수 있지만 때때로 과제 5로 이동하는 것이 과제 4에 대한 새로운 내용을 확인하거나 보충하는 데 도움이 될 수도 있다. 이 과제들 사이를 왔다 갔다 하는 것은 제7장에서 탐색될 것이다.

제7장

과제 5: 자율성 증진

우리는 자율성과제(과제 5)에서 가족구성원들이 더 나은 목표-수정된 협력관계를 발전시키기 위해 새롭게 구축되거나, 증진된 안정적 기반을 사용할 수 있도록 돕기 시작한다. 이 과제는 청소년들과 부모들이 청소년기의 규범적 발달 과제를 협상하는 것을 돕는 것을 포함한다. 그러나 이 단계의 치료법에서 갑자기 행동 관리에 초점을 맞춘다는 것을 의미하지는 않는다. 대신, 이전 과제에서 훈련된 가족구성원의 성찰적 기능, 감정 인식 및 조절 능력과 의사소통 능력의 향상을 통해 청소년 자율성과 능숙함에 초점을 맞출 수 있는 대화를 이끌어 내는 것을 목표로 한다. 우리의 관점에서 발달적인 도전 과제들은 해결되어야 할 구체적인 문제일 뿐만 아니라, ① 청소년과 부모 사이의 안정적인 기본 상호작용을 강화하며, 자신과 타인에 대한 내적 작동 모델을 수정하고, ② 새로운 대인관계 기술을 연습할 수 있는 기회를 제공하기도 한다.

만약 자율성 과제에 도달했다면, 우리는 관계적 갈등이 충분히 가라앉았는 것을 가정하며 일반적인 가족 문제로 돌아가서 작업을 진행하거나, 부모들이 청소년들의 우울에 기여하는 다른 문제들을 해결하도록 도와줄 수 있을 것이다. 또는 매일 일어나는 몇몇 갈등에 대해 진전을 보이는 것이 우호적인 관계를 형성하는 데 도움이 될 것이라고 생각한다. 두 가지 전략 모두 이러한 대화의 배경이 되는 몇 가지 규범적 발달의 이슈를 염두에 두는 것이 도움이 된다. 치료사가 이러한 갈등을 예측하고, 이해하며, 정상화할 수 있는 본보기를 갖추는 것은 치료사가 이러한 갈등의 공통 영역을 구조화하고 초점을 맞추도록 이끌어 준다. 따라서 과제 5의 구조에 대한 간략한 개요를 거친 후, 우리는 이러한 발달적 문제에 대한 논의로 이 장을 시작하고자 한다. 다음으로는 자율성을 증진하는 치료 과정을 기술하며, 그것이 애착 증진 치료 과정과 어떻게 다른지 비교하고자 한다. 우리는 가족과 치료사가 다루어야 할 세 가지 수준의 자율성 증진을 확인할 것이다. 마지막으로, 과제 5의 단계들을 논의할 것이다.

자율성 과제(과제 5)는 이전의 과제와 같은 종류의 체계적 구조를 가지고 있지 않는다. 첫 네 가지 과제에서는 치료 내용을 규정하며, 애착 내러티브를 치료 대화의 중심으로 두고, 구체적이면서도 쉽지 않은 대화를 위해 부모와 청소년 모두를 준비시킨다. 자율성 과제에서는 가족구성원들이 대화의 내용과 초점에 대해 더 많은 통제권을 가지게 된다. [그림 7-1]과 같이, 자율성 과제는 다른 단계로 명확하게 세분화되지 않는다. 다만, 일반적인 목표에 따라 자율성 증진을 위한 여러 단계가 발생한다. 우리는 가족구성원들이 도전을 확인하고 우선순위를 정할 수 있도록 돕는다. 그들이 어떻게 이 문제에 접근하고 토론할 것인지에 대한 전략을 짜고 그들이 필요한 경우에 그 계획을 실행하거나 수정할 수 있도록 돕는다. 더불어 그들이 배운 대인관계 기술을 떠올리며, 오랫동안 지속되었던 대인관계 논쟁보다는 구체적이고 분명한 문제에 관한 대화에 참여시키는 방법에 대해 생각해 볼 수 있도록 돕는다.

자율성 과제는 대개 치료 전체의 후반기 반 정도가 소요된다. 16주 치료 과

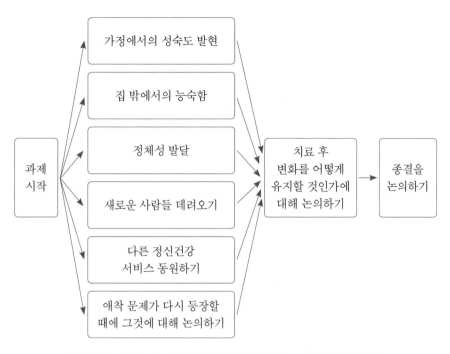

[그림 7-1] 치료사가 자율성 증진 과제(과제 5)를 도모하기 위한 수행지도

정의 맥락에서 과제 1~4를 완료하는 데는 일반적으로 8~9주가 소요된다(법칙이 아닌 추정치임). 그런 다음 9주부터 10주까지 자율성 증진 과정인 과제 5에 초점을 맞춘다. 16주간의 치료 과정 외에 자율성 과제는 가족이 직면하고 있는 문제에 따라 몇 주에서 몇 달까지 지속될 수 있다.

1. 청소년 발달 문헌에서 우리는 무엇을 배울 수 있는가

청소년기는 아이의 생물학적 발달, 사회적 맥락, 가족 내 역할 등에 있어 급격한 변화의 시기다. 사춘기의 시작과 성적 성숙은 많은 생화학적·신체적 변화(예: 체중, 키, 2차적 성 특징)를 유발한다. 이러한 변화들은 자신의 이미

지와 대인관계를 변화시키며, 부모들의 걱정을 가중시키고 더 많은 행동 통제와 갈등으로 이어질 수 있다. 흥미롭게도 대부분의 연구에서 사춘기의 기분은 급속한 호르몬 변화에서 비롯된다는 일반적인 가정을 뒷받침하지 않고, 오히려 사회적 상호작용과 다른 상황적 요인의 급격한 증가에 기인한다는 것이 드러났다.

또한 청소년들은 더 추상적이고 개념적으로 생각할 수 있게 해 주는 중요한 인지 발달을 경험한다. 사회적 대화와 도덕적 기준에 대해 더 쉽게 의문을 제기하고 의사결정에 포함되리라는 기대가 높아진다. 이것은 새롭게 떠오르는 자율성의 느낌을 강화한다. 부모들의 가치관을 거부하는 능력, 독립적인 인생관의 발달 그리고 부모와의 의사결정 과정에서 더욱 평등할 것에 대한 기대는 긴장과 갈등으로 가득 찰 수 있는 과도기에 부모가 권위와 통제에 대한 그들의 관점을 재조정할 필요를 불러일으킨다.

사춘기는 사회적 세계 안에서 보다 확고한 자아개념과 정체성을 발달시키는 탐구의 시작을 신호한다. 독립성이 부각되면 또래들과의 연대가 높아지게 되고, 이는 가족과 보내는 시간이나 가치관과 상충할 수 있다. 아이들의 의존도를 유지하고, 복종을 기대하며, 가족 규범의 연속성을 요구하는 부모들에게는 심리적·행동적 자율성을 높이는 것이 상당히 어려운 일일 수 있다. 청소년이 최근 생겨난 자신의 자율성을 올바르게 협상하기 어렵고, 부모가 그러한 자율성 발달을 용인하고 조율할 수 없다는 것은 청소년기에 큰 갈등 요인이 될 수 있다.

발달적 변화 이외에도, 청소년들은 사회적 맥락에서 변화를 경험하고 있다. 적어도 서구화된 사회에서는 청소년들의 규제가 느슨해지고 독립성이 높아진다. 이러한 것들은 간섭하지 않는 시간의 증가, 특히 학교에서 자기주도적인 책임에 대한 기대와 대중매체에 대한 더 넓고 빈번한 노출로 나타난다. 양육이 관리에서 관찰로 옮겨 가면서 청소년들은 그들의 시간을 어떻게 보내야 할지 점점 더 스스로 결정하게 되고, 부모들은 활동과 학교 성적에 대한 정보를 청소년들에게 점점 더 의존하게 된다.

사춘기가 아이들의 주요 변화를 이끄는 것 외에도, 부모들 또한 주요한 과도기에 들어가게 된다(Steinberg, 1990). 이것은 문화나 사회계층에 따라 다를 수 있지만, 부모들은 보통 첫아이가 청소년기에 접어들면 40대인 경우가 많다. 만족스럽지 못한 결혼은 종종 이 몇 년 동안 한계에 도달하고 이혼할 확률이 높아진다. 청소년들이 최고의 성장과 기회의 시기에 접어들면서 부모들은 성공, 실현되지 못한 꿈, 체력 저하, 노령화, 쇠약해져 가는 그들의 부모, 이에 따라서 그들 자신의 죽음에 대한 더 깊은 깨달음의 한계에까지 직면하기 시작한다.

부모와 청소년이 이러한 발달적 동요를 인지하고 있거나 혹은 인지하지 못하더라도, 이러한 주제들은 종종 규범적 가족 발달에 적지 않은 역할을 한다. 적절한 강도의 범위 내에서의 갈등은 성장을 증진시킬 수 있다. 청소년들은 자유의 한계를 확장하고, 의견을 말하는 법을 배우며, 부모와 분리되어 스스로를 정의하기 시작하고, 대인관계 문제 해결을 연습한다. 동시에 이러한 사소한 갈등들은 부모로 하여금 청소년과 자신 그리고 청소년이 보다 자율적인 삶의 단계로 이동함에 따라 양육에 대한 그들의 관점을 재조정하도록 압박한다. 이러한 전환 단계에서의 가족 유연성은 새로운 규칙과 기대를 성공적으로 재협상하기 위해 중요하다(Walsh, 2006). 이러한 발달 상황을 염두에 두는 것은 청소년이 직면한 새로운 목표와 도전을 수용할 수 있는 예시와 기준선을 제공한다.

2. 애착 증진과 자율성 증진 치료 과정의 구분

애착 증진과 자율성 증진 사이의 경계는 명확해야 하지만 서로 스며들 수 있고 유동적이어야 한다. 일반적으로 애착 안정성이 강화됨에 따라 자율성 증진에 대한 집중도가 높아진다. 치료사들은 이 균형에 대해 항상 임상적으로 판단해야 한다. 몇몇 가족은 처음 몇 가지 치료 과제 동안 깊은 진전을 이루었고 신뢰와 안전의 새로운 기틀을 확립했다. 다른 가족들은 계속해서 갈등과 긴장을 가지고 있다. 따라서 애착을 강화하는 것과 자율성을 증진시키는 것 사이에서 필요할 경우 양측으로 대화가 오고 갈 수도 있다. 때로는 순간의 긴장감을 줄이기 위해 애착과 관련된 주제에서 벗어나도록 하는 전략적 가치가 있다. 자율성 관련 주제로 눈을 돌리면 주제별로 직접 초점을 맞추지 않고도 서로의 긍정적인 경험을 할 수 있는 새로운 기회를 제공할 수 있다. 애착기반 가족치료(ABFT) 시스템상에서 항상 그렇듯이, 의사결정을 안내하는 데 있어서 기본 원리만 있을 뿐 법칙은 없다.

우리는 애착 증진 치료 과정과 자율성 증진 치료 과정을 구별하는 것이 도움이 된다고 생각한다. 일반적으로 애착 중심의 주제를 청소년-부모 관계에서의 신뢰, 배려, 안전, 수용, 사랑에 대한 대화로 정의한다. 또한 신뢰, 안전 그리고 청소년들이 사랑과 인정을 받는다는 인식을 훼손하는 과거의 충격적인 사건이나 진행 중인 부정적인 과정(예: 지속적인 비판)에 대한 대화도 포함한다. 이것들은 허드렛일이나 통금 또는 숙제와 같은 조직적 혹은 행동적인 충돌에 대한 이야기가 아니다. 좀 더 큰 관점에서 애착에 초점을 맞춘 대화는 가족구성원들이 관계 자체에 대한 기대, 요구 그리고 기본 규칙에 대해 이해하고 재협상하도록 돕는 것을 목표로 한다. 이러한 애착 중심의 대화에서 청소년들은 자신의 견해, 감정, 기억, 우려를 표현하고 부모들은 공감, 호기심, 수용을 통해 대화를 증진한다. 이러한 대화들은 종종 무시되거나 거부되었다기보다는 숨겨졌거나 인식되지 않은 주제들(예: 원망, 불신)을 더욱 공공연하게 하고 논의를 위해 수면 위로 올린다. 포나기, 죄르지, 쥬리스트와 타깃(Fonagy, Gyorgy, Jurist, & Target, 2005)은 이러한 대화를 각 가족구성원이 자신의 내적 경험을 반영하고 다른 사람들의 내적 경험 또한 이해하려고 노력하는 정신 과정을 증진한다고 말했다.

이와는 대조적으로 자율성을 증진하는 대화는 청소년들이 자율적으로 되는 과정에서 겪는 딜레마나 도전에 초점을 맞춘다. 교육 목적을 위해 우리는 세 가지의 다른 영역인 가정 안에서의 성숙도, 집 밖에서의 능숙함 그리고 정체성 발달에 대해 생각한다. 다음으로는 자율성을 증진하는 세 단계를 좀 더 깊이 있게 논의해 보겠다.

3. 자율성 증진의 단계

1) 가정에서의 성숙도 발현

가정 안에서의 성숙도는 규칙(예: 통금), 집안일, 책임, 가족생활에 대한 기여 등 가족 내 자율성에 대한 규범적 협상을 말한다. 애착 구조가 불신과 공포로 가득 차 있을 때, 규범적인 청소년 발달 문제에 대한 협상은 애착 상처에 대한 분노의 감정을 간접적으로 표현하기 위해 종종 사용되었다(예: "너는 어렸을 때 내 곁에 있어 준 적이 없는데, 내가 왜 지금 네 말을 들어야 하지?"). 이와는 대조적으로, 청소년들은 부모가 함께하고 반응적이라고 인식할 때 그들의 독립성을 더 협상할(요구하거나 방해하기보다는) 의향을 가지게 된다. 청소년이 존중받고, 경청되며, 사랑받고, 지지를 받을 때, 비록 그것이 희생(예: 일요일 저녁식사를 위해 집에 머무르는 것)을 의미하더라도 그들은 관계를 유지하는 데 더 많은 투자를 한다. 사실 애착 과제에서 과거의 관계적 상처를 어느 정도 해소하거나 현재에 있어서 가족 상호작용을 일부 변화시킨다면, 청소년들은 부모의 한계 설정(발달적으로 적절한 경우)을 더 흔쾌히 수용한다는 것을 알게 되었다. 그러므로 애착 과제의 결과로 부모들은 보다 권위 있는 양육 스타일(예: 온기와 통제의 균형)을 사용할 수 있으며, 청소년들은 자율성을 협상하는 과정에서 보다 성숙하고 협력적인 참가자(수정된 목표 파트너십)가 될 것이다(Bowlby, 1988). 하지만 일부 청소년은 계속해서 부모의 규칙을 위반하기도 한다. 이런 일이 일어나면 치료사는 부모들이 청소년들과 그들의 기대에 대해 이야기하고 적절한 한계와 결과를 정할 수 있도록 돕는다. 부모들이 과잉관리를 할 때, 치료사들은 보통 나이에 맞는 규칙을 정의하는 것을 돕기 위해 부모와 단둘이 만나게 될 것이다. 이 대화에는 자율성과 애착의 균형에 대한 심리적 교육과 그 목표를 뒷받침하는 한계를 설정하는 것이 포함될 수 있다. 우리는 부모들에게 궁극적으로 그들도 말을 할 것이라고 상기하지만 청소년들이 대화에서 목소리를 내도록 하는 것이 중요함을 알려 준다.

치료사: 오늘 호세가 집 안에서의 규칙에 대해 이야기하기를 원하는데 어떤가요?

어머니: 저는 괜찮아요.

청소년: 저도요.

치료사: 좋아요! 그럼 이제 두 사람이 그것에 관해 대화를 나누시면 돼요. 호세, 솔직하게 얘기하면 되고 흥분하지 말고 무엇이 고민이 되고 어떤 기분인지 이야기하면 된다는 것을 기억하면 돼. 곤잘레스 부인, 호세가 이야기하는 것을 우선 들으시고 정서 코칭 기술을 사용해서 그것에 관해 이야기 나누시면 됩니다. 자, 호세, 시작해 보렴.

청소년: 주말에 통금시간을 늦춰 줬으면 좋겠어요. 저는 지금 열여섯 살이에요.

어머니: 이유가 있는 통금시간이라는 것을 알고 있지 않니?

청소년: 말이 통하지 않네요.

치료사: 호세, 어렵겠지만 인내심을 발휘해 봐. 두 분 모두 이것은 새로운 시도이잖아요. 곤잘레스 부인, 통금시간이 저녁 9시인 것에 분명 이유가 있겠지요. 하지만 마지막 결정을 내리기 전에 호세가 하는 이야기를 들어 봤으면 좋겠어요. 호세에게 통금시간을 늦추는 것이 왜

중요할까요?

어머니: 호세, 통금시간을 왜 늦추고 싶은 거야?

청소년: 지금보다 친구들하고 더 놀고 싶어서요. 그러면 기분이 좀 나아지거든요. 그게 저한테 더 좋을 거 같아요.

어머니: 친구를 만나는 것이 도움이 된다는 것은 이해가 되지만 누구냐가 중요하겠지.

청소년: 엄마, 엄마가 싫다고 한 친구랑은 안 만났잖아요. 두 달 동안 아무 문제도 안 일으켰다고요. 라이언하고 루카스[가족 친구]하고만 만나고 있어요.

어머니: 맞아. 학교와 이웃에 문제를 안 일으키고 있지. 왜 통금시간을 늦추고 싶은 거야? 저녁 9시 전에는 할 수 없는데 그 이후에는 할 수 있는 것이 뭐가 있지?

치료사: 좋은 질문이네요, 곤잘레스 부인.

청소년: 음. 제 친구가 8시 영화를 보러 가는 것을 좋아해요, 그리고 시내 커피숍에서 지역 음악 무대에 출현하고 있어요. 저녁 8시 30분까지는 시작하지 않아요.

어머니: 그렇구나, 그럼 몇 시가 적당한 것 같아?

청소년: 자정이요.

어머니: 절대 안 돼!

치료사: 곤잘레스 부인, 호세에게 걱정되는 부분을 얘기해 보면 어떨까요? 일전에 우리가 이야기 나누었을 때 나이에 비해 주말 통금시간으로 저녁 9시는 조금 이르지만 그렇게 정한 데는 그럴 만한 이유가 있었잖아요?

어머니: 좋아요. 내가 걱정하는 것은 네가 다시 문제에 휘말리거나 통금시간을 어기는 것이야. 지난 두 달 동안 네가 좋은 모습을 보였다는 것을 알아. 하지만 네가 문제를 일으키는 모임에 다시 들어갈까 봐 걱

정된단다. 원래 너의 통금시간은 더 늦었지만 지켜지지 않았어. 그리고 너의 통금시간이 늦은 시간이었을 때가 네가 문제를 일으키는 아이들과 어울릴 때였지.

청소년: 제가 전에 통금시간을 어겼다는 것은 알아요. 하지만 지난 두 달 동안 어긴 적이 없잖아요. 그리고 이미 그 아이들과 더 이상 어울리지 않는다고 말했어요. 진짜 도대체 언제가 돼야 저를 믿어 줄 건가요?

치료사: 호세, 잘 하고 있어. 지금 화를 내면 이 대화는 어디로도 갈 수 없다는 것을 기억해. 좋은 질문을 꺼냈구나. 엄마가 언제쯤 너를 다시 믿어 줄까?

어머니: 믿기 시작했지만 완전히 다시 믿기까지는 조금 시간이 필요해.

치료사: 곤잘레스 부인 말이 옳아요. 지금 이 상황을 호세가 엄마의 신뢰를 얻을 수 있는 기회로 삼으면 어떨까요? 타협점이 있을 거 같은데요. 함께 시간을 정하고 시험 기간으로 삼으면 어떨까요?

어머니: 흠. 할 수 있을 거 같아요. 하지만 호세 만약 통금시간을 어기면 다시 저녁 9시인 거야.

청소년: 알겠어요, 엄마. 몇 시로 할까요?

어머니: 2주간 10시로 해 보자. 네가 잘 할 수 있으면 저녁 11시도 노력해 볼 수 있을 거 같아. 하지만 만약 늦으면 9시로 할 거야.

청소년: 그 정도는 할 수 있어요.

이 발췌문은 부모와 청소년이 어떻게 그들의 새로운 기술을 사용하여 자율성과 새로운 성숙도를 협상할 수 있는지를 보여 주고 있다. 청소년들의 이야기는 경청될 필요가 있다. 그들은 부모들이 그들의 요구를 진지하게 받아들이는 것처럼 느낄 필요가 있다. 부모들은 청소년들의 말을 듣고 그들의 관점을 이해할 수 있어야 한다. 결국 궁극적으로는 부모들이 규칙을 만들지만, 청소년들을 그 과정에 참여시키고 충분히 타협할 수 있다면 양쪽 모두에게 만족스러운 결의가 나올 수 있다.

2) 집 밖에서의 능숙함

집 밖에서의 능숙함을 확고히 하는 것은 학교, 직장, 형제자매 또는 또래 사이에서 청소년이 직면하는 딜레마나 도전과 관련이 있다. 여기에는 현재와 미래의 학교 성적, 사회적 참여(또래 갈등, 연애, 왕따), 활동 재참여(예: 취미, 취업), 위험 감수 행동 또는 기능적 삶의 목표가 포함될 수 있다. 이 영역의 문제가 우울증의 원인은 아니라 하더라도 우울증에 기여할 수는 있다. 우리가 이 책을 통해 주장했듯이, 가족 간의 갈등과 관계적인 상처는 우울증을 유발하거나, 우울증의 원인 또는 결과로 발생할 수 있다. 어쨌거나 우울에 빠진 청소년들은 항상 가족 간, 학교 그리고 사회에서의 어려움을 이야기한다. ABFT에서 우리는 이러한 갈등을 없애거나 줄일 수 있도록 애착 안전성의 구조를 재정비하는 것은 물론, 청소년들이 문제를 해결할 수 있는 안전한 기반을 제공할 수 있도록 부모들의 능력을 높이는 것을 목표로 한다. 즉, 우리는 가족 간의 갈등을 해결하지 않고, 다른 문제들을 다루기 위해 개인치료로 넘어간다. 대신 문제 해결의 맥락으로 가족을 활용한다(가능한 한 적절한 경우).

어떤 청소년들은 왕따, 학교에서의 실패, 신체 이미지, 불량 청소년들과의 어울림, 성적 정체성, 편견/인종주의, 물질 오용 그리고 위험한 성행위로 인한 어려움 등으로 힘들어한다. 치료의 시작 과제를 통해 치료사는 가족의 말을 듣고 어떤 주제가 청소년들에게 적절해 보이는지 주목한다. 우울증을 유발할 수 있는 가족 밖에서의 어려움들은 대개 치료사가 청소년 우울증에 대한 정보를 수집할 때 과제 1과 2에서 확인된다. 다음의 사례는 자율성 과제로 전환하는 일반적 접근을 보여 주고 있다. 이것은 또한 내용의 중심을 선택하고 자율성 발달을 논의할 때 우리가 직면하게 되는 전형적인 도전 과제들의 예다.

치료사: 자, 그래서 우리가 지난 10주 동안 함께 작업하고 있습니다. 과거의 어려움을 풀어 나가고 인식하기 위해 많은 노력을 하시는 여러분의 모습을 보니 매우 기쁩니다. 저는 이러한 주제들이 끝났다고 이야기하고 있는 것은 아닙니다. 다만 저는 이러한 주제들에 대해 조금 나아진 상황이 되었다고 생각합니다. 모두 동의하시나요?

청소년: [어깨를 으쓱하며 절제되고 소극적인 동의를 표현한다.]

어머니: 음, 쉽진 않았지만 갈등을 해결하고 더 나은 가족이 될 기회였다고 생각해요.

아버지: 저도 그렇게 생각합니다.

치료사: 함께할 시간이 6주 정도 남았는데요, 그 시간 동안 사라의 우울증의 원인이 되는 것들에 대해 이야기해 보면 어떨까 합니다. 괜찮을까요? [가족이 고개를 끄덕이며 동의를 표현한다.] 사라, 네가 몇 주 동안 우울한 기분을 느끼게 하는 몇 가지 원인이 있다고 말했어. 학교, 몸무게, 엄마 없이 집에 있는 것 그리고 동생과의 관계 등을 걱정한다고 했잖아. 이 중에서 어떤 주제로 오늘 이야기하고 싶어?

아버지: 제 생각에는 학교에 대해 얘기해야 될 것 같은데. …… 알다시피 사라가 학업에 뒤처지기 시작했거든요. 그게 매우 걱정이 되네요.

치료사: 따님에게 직접 얘기해 보시겠어요?

어머니: 사라, 우리는 그게 매우 걱정이 되는구나.

청소년: [눈동자를 굴린다.]

치료사: 흠…… 어렵네요. 학교는 중요한 주제이죠. 하지만 사라, 너는 어떻게 생각하니? 이 문제들은 우리가 처음 다루는 것 같구나. 부모님께 네가 학교와 관련된 걱정이 있는지 얘기해 줄 수 있겠니?

청소년: 아니요! [부모를 쳐다보며] 잘 모르면서 하는 얘기잖아요. 저는 매일 학교에 가요. 그리고 지난번 테스트에서 A를 받았다고요!

아버지: 그래서 네가 생각하기에는 학교는 괜찮다는 거니?

청소년: 작년보다는 나아졌어요.

치료사: 사라에게 여유를 주죠. [부모에게] 이번 주에 공개 수업 참관을 하실 예정이잖아요? 학교에 가서서 사라의 선생님들에게 좀 더 많은 이야기를 들어 보시면 좋을 거 같아요. 그리고 다음 주에 이 부분에 대해 다시 이야기해 보는 게 어떨까요? 괜찮을까, 사라?

청소년: 좋아요.

치료사: 너도 알겠지만 11학년이잖아. 아직 대학을 생각하고 있다는 것을 알고 있어. 심지어 대학을 가기 위해 멀리 떠나는 것도, 맞니?

청소년: 네.

치료사: 그러니 올해 학교는 너의 도전 과제가 되는 것이겠구나, 부모님의 문제가 아니라.

청소년: 네. 저는 정말 집에서 멀리 떠나고 싶어요.

치료사: 그래, 그렇구나. 너의 부모님은 네가 떠나는 것을 보고 싶어 해. 그렇지만 결국 부모님의 도움이 필요할 거야.

어머니: 무엇이든지 우리가 할 수 있는 것이라면 다 할 거야. 우리가 지난해에 너를 힘들게 하고 도움이 되지 못했지. 우리가 필요한 게…… [치료사를 향해] 지난주에 뭐라고 하셨죠? 우리가 어떻게 사라, 너를 도울 수 있을지 네가 가르쳐 주었으면 좋겠어.

치료사: 훌륭해요!

청소년: [세션에서 처음으로 웃는다.] 좋아요. 다음 주 화요일에 담당 지도 선생님과 만나기로 했어요. 부모님이 함께 오셔도 괜찮다고 했어요. [조금 부끄러운 듯 밑을 쳐다본다.] 주중이라 못 오시겠지만…….

어머니: [흥분을 자제하며] 당연히 가야지.

청소년: 그럼 아기는 누가 봐요?

어머니: 아, 음…….

아버지: 언제라고 했지? 화요일? 내가, 음, 아, 내가 사무실에 조금 늦게 출근

하면 될 것 같은데? 내가 아기를 볼 테니 당신이 사라와 함께 그 약
속 장소에 가 봐.

치료사: 정말 훌륭하군요!

치료사는 학부모들의 학교에 대한 공황, 즉 지난해에 분노, 갈등, 회피로
인해 치닫던 공황을 막을 수 있다. 치료사는 또한 이 문제를 부모뿐만이 아니
라 아이도 자신도 걱정하고 있으며 부모만큼이나 해결하고자 하는 동기가 강
하다는 것을 언급한다. 부모가 딸을 지지하면서 공간을 내어 주면, 딸은 도움
을 구하러 다가오게 되는 것이다.

치료사: 사라, 오늘은 무슨 얘기가 하고 싶어?

청소년: 오래전부터 몸무게 때문에 너무 힘들었어요. 음, 몸무게에 대해서?

치료사: 좋아요. 어머님, 사라가 몸무게가 걱정이라고 하네요. 함께 이야기
나눠 볼까요?

어머니: [청소년이 이 문제에 대해 함께 이야기하길 원해서 충격받은 듯]
오…… 음…… 그러니까…… 사라, 몸무게가 어떻게 신경 쓰이는
거야?

청소년: 저는 뚱뚱한 게 싫어요. 반에 있는 여자애들 중에 제가 제일 덩치도
크고 옷은 꽉 껴요. …… 저도 제 몸을 사랑해야 한다는 것은 알지
만…… 지금 제 몸은 싫어요!

어머니: 사라야, 너는 아름답단다!

치료사: 어머니, 우리가 이야기했던 것에 대해 기억하세요? 어머니께서 딸
의 기분을 좋게 하려는 마음은 잘 알지만, 따님이 어떤 경험을 했는
지 더 알아보는 것은 어떨까요?

어머니: 오…… 아, 네…… 음, 그래 너보다 마른 여자애들이 주변에 있다는
것은 어떤 느낌이야?

청소년: 나 자신을 굉장히 의식하게 돼요.

어머니: 그러한 부분에 대해서 너는 어떻게 하고 싶어?

치료사: 어머니, 문제를 해결해 주기보다는 따님이 어떤 경험을 했는지 알아보고 있다는 것을 기억하세요.

어머니: 아, 맞아요! 음, 사라, 그렇게 의식되면 어떤 것 같아?

청소년: 굉장히 슬퍼요.

어머니: 그렇구나. 그게 너를 슬프게 하고 실망하게 하는구나?

청소년: 네. 제가 괜찮은 사람이 아닌 것 같다는 걱정을 하게 되고, 남자애들이 나를 좋아하지 않을 거 같다는 생각을 하게 되거든요.

어머니: 얼마나 슬픈지 이해가 되는구나. 몸무게가 얼마나 신경 쓰이는지 나도 충분히 이해한단다.

이 발췌문은 많은 것을 보여 준다.

첫째, 치료사는 그 과정을 면밀히 추적해야 한다. 우리는 청소년이 자신의 인생 속에서 주도적으로 문제를 해결하기를 바라며, 그들 스스로 문제를 해결하고 부모에게 도움을 요청하기를 바란다. 우리는 종종 청소년이 부모를 컨설턴트 겸 조언자로 고용했다고 농담한다. 그녀는 점차 부모의 개입 방식이나 관여 수준을 뛰어넘어 어느 정도 통제할 수 있는 위치에 놓이게 된다. 부모가 책임을 지긴 하지만 청소년은 점점 더 자기효능감을 느끼기 시작한다.

둘째, 부모들은 그들만의 새로운 정서 코칭 기술을 사용해야 한다. 이런 문제 해결적 대화에서도 부모는 공감적이고, 정서적으로 화목하며, 존중해야 하고, 대화 과정 자체를 학습 경험으로 삼아야 한다. 치료 장면에서 청소년들이 그들 삶의 도전에 대해 생각하도록 돕는 것은 이러한 도전들을 해결하는 것만큼이나 중요하다.

때때로 어떤 부모들은 청소년 자녀에게 가지고 있는 걱정과 관련지어 토론의 주제를 만들기도 한다. 부모들은 청소년의 기능에 영향을 미치는 도전과 관련된 많은 주제를 가지고 있고, 그것을 청소년들에게 말해 주고 싶어 한다. 그러한 걱정의 영역은 청소년이 누구와 시간을 보내는지와 학교 성취도에 대한 걱정에서부터 물질 남용 및 위험한 성행위에 이르기까지 다양할 수 있다. 필요하다면 치료사는 부모들과 개별적으로 만나 이러한 대화 주제를 준비할 것이다. 부모가 발달적으로 적절하지 않거나 청소년의 기질이나 능력에 맞지 않는 기대를 가질 때 치료사는 심리교육을 제공할 것이다. 우리의 목표는 청소년들이 하는 대화에 부모들이 참여하게 하며, 그 속에서 청소년들의 이야기를 듣고, 청소년들의 경험을 인정한 다음, 앞으로 나아갈 방법을 논의하게 하는 것이다. 이러한 주제들 중 일부는 아마도 해결책이 없을 수도 있겠지만, 개방적이고 생산적인 대화를 더 잘 할 수 있는 능력은 미래에 좋은 결과를 보장할 것이다.

치료사: 지난주에 우리는 탈리아의 학교에 대한 걱정에 대해 이야기 나누었어요. 브라운 씨, 따님의 친구들 중 몇 명이 탈리아의 학교 성적에 영향을 미칠까 봐 정말 걱정된다고 이야기하셨는데, 거기서부터 시작해 볼까요?

청소년: 네.

치료사: 좋아요. 브라운 씨, 당신이 염려되는 부분에 대해 탈리아에게 이야기해 보면 어떨까요?

아버지: 음, 사실 대부분은 너의 친구인 라일리와 관련되어 있어. 네가 대부분의 시간을 라일리의 집에서 보내면서 해야 할 일을 하지 않는 것으로 보인단다. 라일리의 어머니는 라일리의 학교 과제에 대해 그다지 신경 쓰는 것 같지 않더구나. 아빠는 그래서는 안 된다고 생각해. 거기다 많은 시간을 너희 둘만 그 집에 있는 게 난 별로 마음에 들지 않는구나.

청소년: 지금 라일리랑 친구 하지 말라고 하시는 거예요? 정말 황당하네요!

라일리는 제가 마음을 터놓고 이야기할 수 있는 유일한 친구인데,
아빠는 그런 사람을 떨어뜨려 놓으려고 하고 있어요!

아버지: 나는 부모란다, 탈리아…….

치료사: 브라운 씨는 부모이고 규칙을 정할 수 있죠. 하지만 여기에서 목표
가 무엇인지 기억해 보세요. 탈리아가 과제에 집중할 수 있도록 하
는 것이잖아요?

치료사: 지난주에 탈리아에게 사용했던 정서 코칭 기술을 기억해 보시겠어
요? 탈리아에게 라일리가 왜 그렇게 중요한지 알 수 있을 거예요.

아버지: 음…… 네. 라일리를 왜 좋아하는 거니?

청소년: 라일리는 제 옆에 있어 준 유일한 사람이에요, 아빠. 지난해에 그 모
든 걸 헤쳐 나가는 동안 라일리만이 저를 챙겨 주고 제 옆에 있어 줬
다고요! 제가 매일 학교를 가는 가장 큰 이유는 라일리가 있기 때문
이에요. 절대 라일리랑 떨어질 수 없어요!

아버지: 라일리는 너에게 매우 중요한 사람이구나. 알겠어. 아빠는 네가 상
처받기를 원하는 게 아니란다. 네가 알아줬으면 하는 것은 나는 네
가 아주 훌륭하길 바라는데, 그중에는 학교를 졸업하는 것도 포함되
어 있단다. 라일리를 싫어하는 것이 아니라, 나는 단지 네가 라일리
집에서 너무 많은 시간을 보내는 것이 불편한 것뿐이란다.

청소년: 하지만 아빠, 우리는 나쁜 짓을 하지 않는 걸요.

아버지: 하지만 과제를 하는 것도 아니잖니.

치료사: 탈리아, 아빠가 하는 말을 이해할 수 있겠니? 아빠가 너의 학교생활
에 도움이 되고자 하고, 보호하고자 하는 것이 느껴지니?

청소년: 그런 것 같아요. 하지만 제 친구를 못 만나게 한다면 저를 보호하는
게 아니에요.

아버지: 그래, 라일리가 중요하다는 것은 이해했어. 하지만 좋은 점수를 내
서 네가 말하던 자연과학대학을 가고 싶다고 했던 것은 우리 모두

동의한 것이잖아.

청소년: [고개를 끄덕인다.]

아버지: 그래서 학교 끝나고 너희가 우리 집에서 더 많은 시간을 보내면 좀 더 마음이 편할 것 같아.

청소년: 어, 그래서 아빠가 우리를 계속 지켜볼 수 있게요?

아버지: 아니, 너희만의 공간은 줘야겠지. 하지만 과제도 하기를 기대하겠지. 만약 너희가 과제를 다 끝낸다면, 음, 그래! 매일 방과 후에 너희가 만나도 좋아. 하지만 그렇지 않다면 주말에는 만나게 할 수 없겠구나.

치료사: 탈리아, 내가 보기에는 아빠가 너에게 꽤 공평한 제안을 한 것 같은데. 아빠가 원하는 것도 어느 정도는 맞춰야 하지 않을까? (네가 원하는 것을 맞춰 주기 바란다면) 그러면 아빠도 어느 정도 맞춰 주실 것 같아. 어때 해 보겠니?

청소년: 네, 그렇게 해 볼 수 있을 거 같아요.

여기서 보듯이, 때때로 부모와 청소년은 부모의 걱정을 덜어 주는 임시 해결책이나 예비 계획으로 타협한다. 이것은 미래의 대화와 계획에서 조정을 위한 여지를 남겨 준다. 그러나 더 중요한 것은 그들이 청소년들의 자율권을 효율적으로 협상하는 연습을 한다는 것이다. 부모들이 청소년들의 고민을 들어주고 배려해 줄 용의가 있다는 것을 보여 줄 수 있다면, 그들이 경계와 한계를 정할 때 청소년들로부터 강한 저항에 부딪힐 가능성이 작아진다. 이 과정에서 아버지는 딸과 협상하지만 딸이 성공할 것이라는 아버지의 기대(예: 성숙 영역; Baumrind, 1989)와 딸 자신의 뚜렷한 장기적 목표는 유지되고 있다. 이것은 궁극적으로 통제에 대한 권력 투쟁이라기보다는 딸에게 있어서 자율성 협상을 가능하게 한다.

부모들의 걱정을 논하는 것과 함께, 부모들은 그들의 청소년 자녀들이 행동하도록 돕는 것이 중요하다. 행동 활성화 관점(Lewinsohn, Clarke, Rohde, Hops, & Seeley, 1996)에서 우리는 유능감을 경험하는 것과 긍정적인 경험이 우울증을 줄이고 완충하는 데 도움을 줄 수 있다는 것을 알 수 있다. 우울증을 앓고 있는 청소년들은 긍정적인 감정을 유지하는 데 어려움을 겪으며, 더 부정적인 기분 상태로 빠르게 돌아간다(Yap, Allen, & Sheeber 2007). 따라서 긍정적인 감정의 지속 시간과 빈도를 증가시키면 우울증 성향에 대항하는 데 도움이 될 수 있다. 때때로 부모들은 청소년이 능력을 발휘할 기회를 발견하고 습득하도록 도와야 한다. 부모들은 이러한 삶의 도전들에 대해 언제 더 확신을 가져야 하는지 알아야 한다. 우리는 부모가 "나는 아이가 직업을 갖기를 원하지만, 이제 나이를 충분히 먹었으니 스스로 해야 한다."라고 할 때 다음과 같이 말한다.

더 행복한 아이가 있는 이상적인 세계에서는 그것이 올바른 접근법일지도 모릅니다. 하지만 우리는 그가 직업을 갖는 것 자체가 아니라 직업을 가지고 일을 하는 것을 통해 도전을 받기 원합니다. 그러니 일자리를 얻을 수 있도록 도와주세요. 그럼 저희는 일자리를 유지하는 것에 관한 더 많은 책임을 그에게 돌릴 수 있을 것입니다.

부모들은 청소년들을 의사결정 과정에 포함시키기를 원할 뿐만 아니라 문제가 해결되고 기회가 개발되기를 원한다.

행동 활성화는 청소년들이 우울증으로 잃어버린 사회적 세상과 활동에 그들이 다시 참여하도록 돕는 것이다. 사회적 세상에 다시 참여하는 것은 청소년들의 자긍심과 유능감을 높이는 데 도움을 줄 수 있는데, 이것은 절망감, 우울증, 심지어 자살 충동을 완충하는 것으로 보인다. 또한 유쾌하거나 의미 있는 활동에 다시 참여하거나, 처음으로 하는 활동에 참여하는 것은 우울증을 앓고 있는 사람들에게 효과적인 개입으로 알려져 있다. 치료사는 치료 초

기에 대화를 통해 이러한 활동에 대한 지식이 있어야 하며, 부모와 청소년이
이 주제에 대해 토론하도록 도울 것이다. 또한 필요할 경우에는 치료사들이
청소년들을 대변하면서 부모를 도와줄지도 모른다.

치료사: 제가 계속 생각했던 것은 킴이 춤추는 것을 정말 좋아하는데 춤을
추지 않은 지 오래됐다고 한 것이에요. 그것에 대해 다시 이야기해
보면 어떨까요?

청소년: 네. 저는 춤을 추곤 했는데 지금은 안 춰요.

어머니: 다시 춤을 추고 싶니?

청소년: 잘 모르겠어요.

어머니: 그래, 좋아!

치료사: 어머님, 그녀에게 춤이 왜 좋은지 자세히 물어볼 수 있겠네요.

어머니: 왜 그렇게 춤이 좋았어?

청소년: 음, 재미있고, 제가 정말 잘 하는 것이라는 느낌이 들게 했거든요.

어머니: 정말 훌륭하구나!

청소년: 고마워요. 제 생각에 저는 춤을 출 때만큼은 제 문제에 대해 생각하
지 않았어요. 하지만 에너지가 너무 많이 들긴 하죠.

어머니: 그래, 네 말이 맞아.

치료사: 어머님, 어머님께서 따님이 춤출 때 어땠는지 알려 주시는 것도 좋
을 거 같아요.

어머니: 나는 네가 춤추는 것을 보는 게 너무 좋았어. 굉장히 편안해 보였거
든. 거기다 그게 건강에도 좋고 다른 사람들과 어울리게도 해 주잖니.

청소년: 그런 것 같네요.

어머니: 다시 시작하면 좋을 것 같아.

청소년: 다시 시작하기에는 너무 늦은 것 같아요.

어머니: 음?

치료사: 어머님, 저는 어머님께서 따님이 춤을 배우도록 도와줄 수 있을지 궁금하네요.

어머니: 가능할 것 같은데 보통은 저의 도움을 원하지 않아서요.

치료사: 물어보면 어떨까요?

어머니: 내가 너를 도와줘도 되겠니?

청소년: 그래도 될 것 같아요. 제 말은 엄마가 저를 위해 모든 것을 다 하는 것은 바라지 않지만 춤을 다시 추는 것에 대해서는 도와주셔도 좋을 것 같아요.

이 발췌문에서 알 수 있듯이 치료사는 대화를 안내하며 돕고 있다. 이것은 단순히 청소년이 그 활동을 다시 하고 싶은가에 대한 부분보다 더 깊은 내용의 대화며, 또한 그 활동의 의미와 관련된 대화다. 게다가 우리는 그녀가 과거에 비해 어머니의 도움을 더 개방적으로 수용하게 되는 것을 볼 수 있었다.

3) 정체성 발달

세 번째 단계에서 우리는 자율성을 증진하는 대화를 정체성 발달을 증진하는 기회로 생각한다. 청소년기는 가족, 또래, 공동체, 문화와의 관계에서 자기 자신에 대한 개념을 형성하는 데 있어 중요한 시기다. 이러한 대화들은 더 높은 수준의 성찰적 사고를 목표로 하고 있으며, 청소년들은 부모에 대한 높은 신뢰도를 가지고 있어야만 한다. 때때로 이러한 문제들은 데이트, 섹스, 마약과 같은 청소년의 규범적인 과제와 관련이 있다. 부모들은 이러한 영역에 대해 구체적인 내용을 알 필요가 없을 수도 있지만, 청소년들에게 그들의 가치관과 걱정, 의문점에 대해 물어볼 수 있어야 한다. 부모들은 청소년들이 대화 속에서 계속 개방적이기를 원한다면 이 순간을 조심스럽게 다루어야 한다. 그렇다고 해서 부모들이 의견이 없는 척을 할 필요는 없지만, 청소년들이 이런 복잡한 주제에 대한 자신의 생각을 탐구하는 것을 들을 수 있도록 열린 자세를 유지해야 한다. 부모들은 다음과 같이 말할 수도 있다.

> 있지, 내가 약물과 술에 대해 어떤 생각을 가지고 있는지 네가 알고 있을 거라고 생각해. 내가 그것을 숨기지 않았으니까. 너는 어떻게 생각하는지 궁금하구나. 자세히 얘기해 주지 않아도 되지만 어떻게 생각하는지는 궁금하단다.

부모들이 좀 더 개방적인 접근법을 취할 때 청소년들은 세부사항, 생각 그리고 걱정들에 대해 좀 더 솔직해진다.

민족·인종·종교·문화적 정체성 또한 많은 가족의 대화에서 중요한 주제가 될 수 있다. 청소년기의 정체성 발달은 청소년의 행복과 회복력에 영향을 미치는 것으로 나타났다. 이러한 문제들은 가정과 더 넓은 사회적 맥락에서 청소년들의 소속감과 자기효능감에 영향을 미칠 수 있다. 좌절된 소속감의 감정은 고립감, 혼란감, 우울감, 자살 충동의 감정에 크게 기여할 수 있다. 인종차별, 성차별, 동성애 혐오 그리고 다양한 형태의 차별에 대해 논의하는 것은 고도로 기능하는 성인들에게도 극도로 어렵고 감정적일 수 있는 문제다. 청소년들이 이러한 주제를 안전한 상황 속에서 가족들과 함께 논의할 수 있다면, 금기시되고 매우 어렵다고 생각했던 주제 또한 부모와 함께 탐구할 수 있는 안전하고 만족스러운 영역이라는 것을 배우게 된다. 이러한 대화는 청소년들에게 비판적이지만 종종 무시되는 자기정체성에 대한 과제와 관련하여 다른 관점으로 생각하고, 표현하며, 시험해 보도록 돕는다.

> **치료사:** 리타, 이전에 몇 번 사람들이 너에 대해 고정관념을 가지고 있다고 이야기했지. 어머님, 이게 따님에게 어떤 의미인지 알아보시면 어떨까요?
>
> **어머니:** 좋아요. 제 생각에 제가 아는 부분인 것 같아요. 하지만 리타, 그게

무슨 의미인지 말해 주겠니?

청소년: 우리는 항상 그런 통념적인 사고에 대해 듣고 있는 것 같아요, 알잖아요? 중남미 출신 사람들 같은 것에 대해서, 마치 임신하고 학교를 계속 다니고 있는 것 같은, 그리고 때때로 사람들이 나에 대해서 그렇게 생각할 것 같아서, 그렇게 끝나지 말아야겠다는 것에 동기 부여가 돼요. 하지만 사람들이 그렇게 생각할지도 모른다는 것에 불공평하다는 느낌도 들어요.

어머니: 나는 이 두 가지가 모두 맞다고 생각해. 그건 불공평하지만 또한 확실한 현실이기도 하지. 너는 이 현실에 대해 어떤 방향으로 행동하고 있다고 느끼니? 아니면 어떤 방식으로 행동해야 한다고 생각하고 있니?

청소년: 네! 엄마는 항상 우리가 동네 안의 '이 거리'를 떠나야 한다고 했죠. 때때로 엄마가 우리 앞에서와는 완전히 다르게 행동하는 모습을 봤고요. 직장에서 전화 왔을 때 엄마가 목소리를 완전히 바꿔서 마치 직장에 있는 다른 사람들처럼 되려고 노력하기도 하셨어요.

어머니: 아, 전에 네가 얘기했던 거지? 내가 '백인 목소리'로 이야기한다고? [둘 모두 키득거린다.]

청소년: 네. 하지만 어쩔 때는 그게 너무 싫어요.

어머니: 왜 그게 싫은데?

청소년: 가짜 같아요. 제 말은 그게 중요한 일이고 선 같은 것이 있다는 건 알아요. 하지만 가끔 그런 것들이 그냥 불편해요.

어머니: 이해가 되는구나. 그건 아마도 내가 완전히 나처럼 보이지 않는다는 것이겠지?

청소년: [고개를 끄덕거린다.]

어머니: 하지만 이 사회 안에서 적응하는 법을 배우는 것은 나에게 중요했어. 내가 진짜 부동산 중개업으로 일하기 시작했을 때 그리고 다른

동네에서 일했을 때, 처음에는 가끔 내가 우스꽝스럽다고 느꼈어. 어떨 때는 사람들이 나를 진지하게 받아들이지 않는 것 같은 느낌이 들었고, 그럴 때 나는 화가 났단다. 내 사업이 번창하기 위해서는 나와 함께 일하는 사람들에게 맞춰야 한다고 생각했어. 하지만 업무상 전화나 소통을 위해 평소와 다른 톤으로 말할 때도 내 마음은 여전히 똑같아. 그리고 나는 너도 그러길 원한단다. 네가 누구인지 그리고 어떤 뿌리를 가지고 있는 지에 대해 스스로 자랑스럽게 생각하기를 원해.

청소년: 저도 그래요, 엄마. 제 말은, 어렵지만 좋다고 생각해요. 라틴계라는 것은 엄마를 강하게 만든다고 생각해요. 엄마도 알다시피 엄마는 모든 것을 위해 열심히 일해야 하잖아요. 나는 엄마랑 할머니, 아빠로부터 모두 얼마나 멀리 왔는지 그 모든 이야기를 들었고, 그런 저의 가족이 저는 너무 자랑스러워요. 하지만 여전히 불공평한 부분이 있을 것이라는 것을 알고 있어요.

이 사례에서 모녀는 민족 정체성 발달에 중요한 몇 가지 주제를 끄집어냈다. 명확한 결론이나 결심은 내려지지 않았다. 어머니는 딸의 생각과 경험에 대해 궁금해하면서도 자신의 경험에 근거한 관점을 제시한다. 가장 중요한 것은 어머니와 딸 모두 일전에 이 문제에 대해 이야기한 적이 없다고 말했고, 딸은 어머니가 자신과 같은 문제로 어려움을 겪고 있다는 것을 알고 안도감을 느꼈다는 것이다.

다른 사례에서 부모와 10대들은 종교에 대해 대화를 나눠 왔고, 그것이 청소년들의 삶과 어떻게 잘 맞을지, 그렇지 않을지에 대해 논의했다. 하지만 또 다른 사례에서 부모들은 동성애자였던 10대가 그의 강한 종교적 신념에 비추어 게이가 된다는 것이 무엇을 의미하는지 생각하게 했고, 또한 그의 정체성의 두 부분을 어떻게 조화시킬지에 대해 생각하게끔 도왔다. 정체성 발달에 관한 과제 5의 대화는 가족 및 개인의 정체성과 관련하여 때로는 어렵고 민감한 주제에 대한 지속적인 치유와 열린 토론의 장을 마련하는 데 도움이 된다. 청소년들은 이러한 문제들에 대해 생각하고 고심하고 있다. 과제 5의 대화들은 청소년들이 이러한 영역들과 더불어 새롭게 부상하는 자율성과 자기개념이 무엇을 의미하는지를 탐구하는 데 있어서 부모를 활용할 수 있는 기회를 열어 준다.

4. 과제 5 진행

1) 과제 시작

과제 5를 시작하기 위해 치료사는 아마도 명백하고 뚜렷한 초점의 전환을 신호할 것이다(예: "좋아요, 이제 열 번째 세션이고 우리는 학교에 대해 생각하기 시작해야 합니다."). 다른 경우에는 과제 5의 주제가 애착 중심 대화에 스며들기 시작하는 전환이 점진적으로 이루어지기도 한다. 이 과제에서 대부분의 세션은 부모(또는 부모들)를 모두 포함한다. 이 세션 동안 가족들은 서로 직접 주제를 토론하고, 치료사는 양쪽 당사자를 지도하는 데 점점 덜 관여하게 된다. 부모와 청소년이 새로운 의사소통 기술을 습득하고 협상하는 것을 배우고 있지만, 치료사는 이 과정을 격려하고 관찰하며 지원한다. 따라서 치료사가 개별적으로 가족구성원들과 만나는 경우도 있을 수 있다. 일반적으로 자율성을 증진하는 과제는 문제 해결에 더 초점을 맞추고 있다. 우리는 애착을 유지하면서 자율성을 협상하는 규범적 가족 기능으로 돌아가고 있는 것이다. 그러나 우리는 안전 기반의 관계를 증진하는 시각을 잃지 않아야 한다. 실제로 우리는 가족의 새로운 대인관계 기술을 실천하거나 굳건히 하기 위해 일상적인 문제를 해결하는 과정을 활용하고 있는 것이다.

2) 청소년을 대화에 참여시키기

청소년들은 토론에 적극 참여해야 한다. 이건 강의가 아닌 대화여야 한다. 청소년이 참여하지 않는다면 치료사는 가족을 도와 왜 참여하지 않는지 알아 내야 한다. 이 과정은 토론의 내용이 된다. 주제가 재미없는가? 그 과정이 불쾌하게 느껴지는가(예: 부모들이 다소 품위를 떨어뜨리고 있는 것)? 청소년들은 부모와 함께 작업하는 것에 여전히 저항하는가? 근본적인 문제가 그보다 근본적인 대인관계 불신으로 되돌아간다면 대화는 신뢰와 안전에 대한 초점으로 다시 옮겨 가게 된다. 무언의 감정과 생각이 가족의 신뢰와 협력의 동기를 해치게 될 때 문제 해결로 나아가는 것은 매우 어렵다. 그러나 우리는 때때로 작은 저항에도 불구하고, 오히려 그 내용을 진전시켜서 그 과정에 깊게 집중하는 것이 긍정적인 변화의 경험을 만들 수도 있다.

3) 문제의 소유권 결정

이러한 문제에 대해 부모가 청소년 자녀들보다 더 많이 걱정하는가? 만약 그렇다면 우리는 왜 그리고 어떻게 그 균형을 바꿀 수 있는가? 우리는 청소년들, 특히 우울한 청소년들이 이러한 문제를 해결하는 데 책임감과 투자를 느끼기를 바라고 있다. 그리고 청소년의 수동적 경향성과 피해자 같은 느낌에 도전하고자 하며, 청소년들의 갈등 회피에 도전하고, 통제적이거나 무관심한 혹은 반응이 없거나 함께하지 않는 부모의 내적 작동 모델을 강화하는 환경적 압력을 바꾸어 왔다(그러길 바란다). 청소년은 이 변화를 인식하고 신뢰해야 하며, ① 부모를 계속 비난하거나, ② 부모가 모든 것을 해결해 주길 바라며 의존하는 것보다 내적으로 돌아서서 자기 자신에게 도전하기를 시작해야 한다. 자신의 이야기가 경청되어야 했던 청소년의 싸움은 끝이 났다. 그들은 더 이상 무시당하거나 오해받거나 과대 평가되었던 감정에 사로잡혀서는 안

된다. 이러한 장애물들은 치료의 이 시점으로부터 사라져야만 한다. 청소년
이 우울과 불만을 앞세워 대화에 참여하길 꺼릴 경우 다음과 같이 시도해 볼
수 있다.

> 빌리, 네가 무엇 때문에 망설이는지 잘 모르겠구나. 네 아버지는 정말 달라
> 지기 위해서 여기에 계신단다. 그를 믿으려면 시간이 걸리겠지만, 이렇게 열심
> 히 노력하신 것에 대한 부분은 인정해야 한단다. 이제는 너 스스로가 너의 삶
> 의 주인이 될 차례인 것 같아. 뒷좌석에서 일어나 최소한 운전석 자리는 아니
> 더라도 앞좌석에 앉아 보렴. 너의 부모님은 더 이상 너를 방해하지 않아. 너 스
> 스로 결정을 내리기 시작하고 네가 무엇이 되고 싶은지 찾기 시작할 수 있단
> 다. 만일 네가 넘어진다면 부모님은 곁에 서 있겠지만, 그들은 네가 선두에 서
> 서 이끌어 나가길 바라실 거야! 네가 원하는 건 무엇이니? 이제 열여섯 살이 되
> 었으니 몇 시에 집에 와야 한다고 생각하니? 그리고 그렇게 하기 위해 어떻게
> 부모님의 신뢰를 얻을 수 있을까? 이번 기회에 너의 의견을 꺼내 놓아 보렴.

4) 부모가 정서 코칭 기술을 사용할 수 있도록 돕기

우리는 부모들이 지지와 통제 사이에서 균형을 찾을 수 있도록 도와야 한
다. 부모들은 처음 몇 가지 과제에서 배운 정서 코칭 양육 기술을 수행해야
하고, 구체적인 일상적 문제 해결을 위한 토론과 청소년들의 과제들과 정체
성 발달에 대한 토론에 적용해야 한다. 애착 과제를 준비하는 동안 많은 부모
가 정서 중심 양육 훈련에 저항한다. 그들은 우리가 지나치게 자유로운 양육
방식을 옹호하고 있다고 비난한다. 모든 것이 청소년들의 감정에 관한 것이
며 아무런 결론도 없다고 말이다. 이런 의견들은 사실과 다르다. 우리는 부모
들이 어떻게 정서 코칭과 통제를 동시에 설정할 수 있는지에 대해 교육한다.
과제 4에서와 달리, 여기서의 초점은 청소년들이 스스로를 표현하는 법을 배

울 뿐만 아니라 삶에서 몇몇의 심각한 문제에 대해 협상하고 해결하는 것에 있다. 따라서 부모는 지지와 통제 사이에서 새로운 균형을 찾아야 한다. 한편, 청소년들은 이러한 도전들에 점점 더 주도적으로 참여해야 한다. 어쩌면 청소년이 부모의 감독 없이 숙제에 대한 책임을 져야 할 때인지도 모른다. 그리고 청소년들은 학교 모임에 참석해서 재수강이나 좀 더 합리적인 일정으로 수강 단축을 논의해야 할 수도 있다. 또한 부모의 도움 없이 취업 원서를 작성해야 할 수도 있다. 부모들은 여전히 관여해야 할 수도 있지만, 청소년들은 자신의 삶의 결정과 활동에 대해 점점 더 주체성을 가져야 한다. 일반적인 사건들 속에서 청소년들은 삶의 다양한 영역에 대해 의사결정을 내리는 책임을 점점 더 떠안게 된다. 안타깝게도, 아직은 이 균형에 대한 명확한 공식이 없고 청소년, 부모, 가족의 문화적 맥락에 맞게 조정되어야 한다.

치료사들은 지지와 통제의 균형을 잡고, 독립성을 증진하며 지원을 해 주는 것에 있어서 부모들이 청소년기의 성격 특성, 기질, 지적 · 정서적 자원과 취약점을 고려하도록 도와주어야 한다. 예를 들어, 청소년들의 지적 능력과 성향을 측정하기 위해 부모들은 학업 성공에 대한 기대를 낮추거나 증가시킬 필요가 있을 수 있다. 우울증에 걸린 많은 청소년은 그들이 규범적인 고등학교 생활과는 거리가 멀다는 것을 알게 되고 삶에서 이 부분을 어떻게 다시 세울 것인가에 대해 새로운 관점으로 생각할 필요가 있을 것이다. 해결책에는 학기를 다시 듣거나, 검정고시를 치거나, 지역의 전문대학 또는 직업학교에 등록하거나, 1년 동안만 일하는 것이 포함될 수 있다. 우리는 이러한 젊은 시절의 목표를 낮게 설정하고 싶지 않지만 성공의 기회를 극대화할 현실적인 목표를 원한다.

부모들은 또한 청소년의 기질적인 특성을 이해하는 데 도움이 필요하다. 우울증에 걸린 많은 청소년은 수줍음을 많이 타며 스스로 어떤 것들을 관리할 자신이 없다. 예를 들어, 한 청소년은 동물을 좋아하고 동물들과 함께 일하는 직업을 상상했다. 부모는 딸이 경험과 자신감을 얻고 집 밖에서 지내는 시간을 갖는 등 좋은 의도에서 동네 애완동물 가게에 취직할 것을 권했다. 그러나 딸은 너무 수줍음이 많아서 지원을 하거나 다음 일들을 이행할 수 없었다. 안타깝게도 부모는 이것이 딸이 스스로 직업을 구하기 위해 필요한 중요한 교훈이었다고 생각했다. 치료 시간 동안 딸이 자신의 능력에 대한 믿음이 너무 작다는 것을 감안할 때, 딸이 스스로를 탐색하는 것이 얼마나 불편한지 분명히 표현할 수 있도록 도왔다. 새로운 경청 기술을 통해 부모는 이러한 실수를 무시하기보다는 딸의 도전에 더 공감하게 되었다. 함께 계획을 세우면서 부모는 취업 지원 과정에 더 많이 관여하게 되었다. 지원서를 받아 딸이 작성하도록 돕고, 이후 전화 통화를 하고, 그녀를 면접에 데려갔다. 딸은 고등학교를 마치는 동안 일자리를 얻어 가게에서 2년 동안 일했다. 그래서 이런 경우에 부모는 딸의 독립에 대한 기대치를 조정하고 처음에 생각했던 것보다 더 많은 초기 지원을 해야 했다. 하지만 일단 그 직장에 들어가면서, 이것은 딸에게 책임감과 유능감을 키울 수 있는 커다란 경험이 되었다.

부모들은 또한 청소년의 우울증 자체에 대해서도 충분히 생각하고 고려해야 한다. 우울증이 자율성을 향한 성장 과정을 복잡하게 만드는 것은 안타까운 일이다. 낮은 자존감, 희망 없음, 사회적 고립은 부모에 대한 의존으로 이어진다. 우울증에 빠진 청소년들은 집에 더 많이 있고 자기주도적인 활동이 적다. 우울증을 앓는 많은 청소년에게 있어서, 우울증에서 비롯된 부모에 대한 의존성과 부모로부터의 독립 및 주체성에 대한 갈망 사이의 충돌은 좌절과 분노의 원천이 될 수 있다. 부모들에게 이러한 갈등들은 승산 없는 밀고 당기기의 과정이 될 뿐이다. 부모들이 너무 많이 도와주면 청소년들은 그들이 통제하고 있다고 불평하고, 너무 적게 도와주면 버림받는다고 느낀다. 종종 우울증에 빠진 청소년들은 그들이 원하는 것에 대해 혼란스러워하고 불확실함을 느낀다. 그들은 회피하고 도움을 거절하거나 수동적이 되어 부모가 모든 것을 돌봐 줄 것으로 기대할 수도 있다.

치료사들은 이러한 딜레마에 대해 부모들이 인내심을 갖도록 도와야 한다. 청소년의 양면성에 좌절하기보다 이러한 것을 협상하는 것은 우울에 의해 더 복잡하게 되어 안타깝지만 핵심적 발달 과제라는 것을 부모들이 이해할 필요가 있다. 일방적으로 문제를 해결해 주거나 아이를 혼자 내버려 두기보다는 부모가 청소년이 빠져 있는 딜레마를 그들이 직접 이해할 수 있도록 도와주어야 한다.

부모들은 이러한 대화에 청소년들을 초대하며, 청소년들이 도전을 정리하는 데 가능한 한 적극적인 역할을 할 것을 기대할 필요가 있다. 이러한 도전은 청소년들이 자기성찰과 문제 해결에서 최근 떠오른 기술들을 연습해 볼 수 있는 기회가 된다. 정신병원에서 한 달 후에 다시 학교에 가려고 하는 한 아이를 예로 들어 보자. 부모는 청소년에게 그가 학교로 돌아갈 능력이 있는지, 그의 수업시간을 단축할 필요가 있는지, 대안학교가 필요한지, 홈스쿨링 혹은 검정고시를 치르는 것을 결정해야 하는지에 대해 생각하도록 도울 수 있다. 부모는 청소년이 이러한 선택지들을 통해 생각하도록 도와주어 부모가 청소년의 삶을 계획하는 데 있어 보다 적극적인 파트너처럼 느낄 수 있도록 해야 한다. 비록 이 대화가 끝날 때 부모가 최종 결정을 내려야 한다 하더라도 사고 과정은 치료적이고 발달적으로 적절하다.

지지와 통제의 균형 또한 청소년의 문화와 환경의 맥락에서 고려되어야 한다. 도심 속 가정의 부모들은 더 많이 관찰하고, 더 많은 통제력을 발휘하며, 그들의 아이들에게 더 많은 것을 기대해야 한다. 이러한 이웃들은 종종 안전하지 않고 많은 부적절한 방해물을 가지고 있다. 이러한 우려를 고려할 때 교외에 거주하는 청소년들에게 제공되는 안전하고 발달적으로 적절한 자유 수준은 도시에 거주하는 자녀들을 위험에 노출시킬 수 있다. 예를 들어, 도심 속 가정의 부모들은 자녀들이 언제 집에 있어야 하는지, 어디에 가고 또 가지 말아야 할지, 그리고 누구와 함께 있을 수 있는지에 대해 좀 더 명확한 규칙을 만들어야 할지도 모른다. 자율성을 증진하기 위해 이러한 규칙들을 제정하고 청소년들과 협상할 필요가 있다. 우리는 청소년이 규칙 뒤에 숨겨진 논리를 이해하고, 그러한 규칙들이 부모의 통제와 복종의 필요에서 나온 것이 아니라 사랑과 보호에서 나왔다는 것을 이해하기를 바란다. 더 위험한 환경에서는 부모들이 청소년들에게 커뮤니티 센터, 스포츠, 방과 후 활동과 같은 더 체계적인 활동을 찾고 참여하도록 특별한 노력을 기울여야 할 것이다. 또래들끼리의 어울림과 사회생활은 어느 공동체에서나 자연스럽고 강력하며 완전히 제한될 수는 없다. 그러나 서로를 존중하는 협상과 토론은 이러한 혼란을 더 잘 관리할 수 있도록 하고 좋은 배움의 기회로 만들 수 있다.

5. 과제 5의 과정

효과적인 문제 해결을 위한 모델은 잘 개발되어 왔고 많은 학부모 교육 매뉴얼에 포함되어 있다. 이러한 모델은 보통 몇 가지 단계로 구성된다. 문제 식별, 해결 방법 만들기, 해결 방법 선택, 계획 작성 및 결과 평가가 그것이다. 치료사들이 이 모델들에 익숙하지 않다면 복습할 것을 권고한다. 여기서는 문제 해결 또는 자율성 증진 대화를 수행하기 위한 접근 방식을 대략적으로 설명하고자 한다.

1) 대화의 포물선

본질적으로 우리는 포물선과 같은 대화에 대해 생각한다. 포물선과 같다는 것은 시작점이 있고, 그 과정에서 몇 가지 포인트가 있으며, 약간의 접선이 있고, 굴곡지며 움직이고 구부러지는 대화와 같은 것을 의미한다. 우리는 이러한 대화를 학습의 기회로 사용한다. 우리는 처음에 자기반영과 정서적 인식을 증진시키고자 한다. 그러므로 해결책과 행동 계획으로 넘어가기 전에 감정, 생각, 의미, 기억 그리고 두려움을 탐구하는 것으로 시작한다. 우울

중에 빠진 청소년들이 직면한 많은 문제는 심리적·대인관계적·환경적 요소들을 포함하며 다층적이다. 우리는 청소년이 부모와의 대화를 통해 이러한 딜레마에 대해 이야기하고, 탐구하며, 이해할 수 있는 능력을 증가시키는 것을 목표로 한다. 또한 부모의 지도, 안전, 수용을 통해 자신을 더 잘 이해하게 되는 안전한 피난처로서 청소년이 부모를 인식하기를 바란다. 더 이상 분노나 불신에 사로잡히지 않는다면, 청소년은 더 자유롭게 내면으로 돌아서서 더 많은 자기인식을 발달시키기 시작한다. 우리는 결코 행동 변화를 피한다는 사실과 다른 인상을 주고 싶지 않다. 그러나 만약 청소년이 문제에 대한 소유권을 갖지 않는다면, 문제를 일으키는 복잡한 배경을 조금이라도 이해하려 하지 않고 그것을 바꾸려는 동기도 갖지 못한다면, 부모들이 제안하는 그러한 행동 변화 전략들은 저항의 벽에 부딪히게 된다.

   그런 이유로 우리는 변화 모델에서 청소년과 부모 사이의 대화가 가능한 한 많이 이루어지기를 희망한다. 우리는 그들에게 우리가 필요한 만큼 돕게 된다. 그다지 중요한 내용은 아니어도 과정이 좋은 때(부모가 질문을 하고, 사춘기 청소년들이 생각과 견해를 나누는 경우)를 보기도 한다. 우리는 가족구성원들이 서로 호의를 쌓고 있다고 믿고 이것을 그냥 지켜본다. 그리고 어떤 점을 명확히 하기 위해 대화에 참여하고, 대화가 원활하게 진행되도록 도우며, 새로운 정보를 제공하기 위해 대화에 참여한다. 그러나 과정을 주시하지만 내용 자체에 관여를 많이 하지는 않는다.

   최근 한 세션에서 청소년이 이 과거와 현재의 이야기를 잘 이야기할 수 있도록 돕기 위해 한 청소년의 언니가 방문했다. 언니는 항상 힘이 되어 주고, 어머니의 혼란스러운 양육 방식으로부터 동생을 보호해 주었다. 지금은 많이 좋아졌지만, 언니는 회기 중에 동생이 어떻게 느꼈는지에 대해 어머니에게 설명하면서 동생에게도 빠른 속도로 말하기 시작했다. 치료사는 언니를 정중하게 말리고, 동생을 보호하려는 언니의 시도에 감사했지만, 이 정도의 도움을 원했는지 청소년에게 물어봤다. 처음에 청소년은 그렇다고 말했다.

그러나 어느 정도 대화를 나눈 후, 우리는 모두 청소년이 자신의 목소리를 찾아야 하고 스스로 목소리를 높여야 한다는 데 동의했다. 언니는 동생이 자신의 생각과 감정을 어머니에게 직접적으로 표현하도록 지원하고 도전함으로써 계속해서 도움을 주었다. 대화의 내용은 다르지 않았지만 이 다른 과정은 청소년의 자율성 증진이라는 우리의 목표를 더 잘 지지해 주었다.

과정이 좋으면 대화의 내용과 포물선에 집중할 수 있다. 우리는 종종 문제를 정의하는 것으로 시작한다. 치료사와 부모는 청소년이 해결하고 싶은 특정한 문제나 도전(예: 체중 감량, 친구 사귀기, 학교로 돌아가기, 집에서 더 많은 특권을 가지기)을 청소년 스스로 정의하도록 돕는다. 내용에 대해 합의한 후에 치료사들은 청소년들이 이 딜레마를 탐구하도록 격려하기 위해 부모들을 지도한다. 우리는 부모들이 문제를 해결하기 위해 뛰어들지 못하도록 막고, 대신에 그들이 긍정적이며, 열린 마음으로 호기심을 가지도록 돕는다. 부모들은 청소년기의 독립적 사고, 정직하며 성찰적인 사고, 어렵고 모순된 감정의 수용을 장려하며, 청소년기의 경험을 인정하고 지지해 주어야 한다. 부모들은 청소년들을 대화의 중심으로 만들어, 그들이 목소리를 낼 수 있도록 권한을 부여하고, 자아감과 주체성을 가질 수 있도록 힘을 실어 줄 필요가 있다. 그런 와중에 청소년들은 정직하고, 자기반영적이며, 마음을 열고, 자신의 감정을 조절할 것이다.

청소년들이 앞장서고, 할 말을 하고, 이해받는다고 느끼고, 자기 자신에 대해 더 잘 이해하게 되면, 그들은 부모의 관점과 생각을 듣는 데 더 마음을 열게 될 것이다. 이것이 갑자기 잔소리나 비난 또는 다짐 등으로 바뀔 수는 없다. 이 모든 함정은 대화의 문을 닫게 된다. 우리는 부모들이 그들의 관점에 대해 정직하되 마음을 열어 두도록 격려한다.

있지, 네가 사귀고 있는 남자아이를 내가 좋아하지 않는다는 것은 비밀이 아니야. 하지만 나는 더 이상 너를 위해 이런 선택을 할 수 없어. 하지만 몇 가지 걱정되는 부분에서 대해 너와 이야기할 수 있을까? 너를 비난하거나 통제하는 것이 아니야. 난 그냥 네가 이런 것들을 어떻게 생각하고 있는지 궁금하단다.

이러한 상황은 대화에서 쉽지 않은 순간이다. 부모들은 화가 나거나, 겁을 먹거나, 상처받을 수 있지만, 청소년들을 계속 참여하게 하는 것은 서로 존중하며 생각을 나누는 방법 중 하나다. 예를 들어, 우리는 종종 부모에게 다음과 같이 말한다.

따님은 더 이상 여섯 살짜리 아이가 아닙니다. 부모님이 말한다고 그저 따르지는 않을 거예요. 지금은 서로 주고받을 때입니다. 친구나 직장에서 이야기 나누는 것처럼 해야 하죠. 설명이나 협상 없이 그저 하라고 할 수 없어요. 만약 딸을 초기 성인으로서 그녀의 새로운 자아를 존중해 줄 수 없다면 딸은 당신의 이야기를 듣지 않을 거예요. 당신은 여전히 부모고 여전히 책임이 있습니다. 하지만 협상의 과정은 달라야 해요.

포물선은 계속 굽어지면서 대화는 해결로 나아간다. 우리가 청소년의 문제 해결에 대한 투자와 청소년의 의미, 두려움, 희망에 대한 이해를 갖게 되면 어느 정도의 해결책, 행동적 기대, 계획을 협상하기 시작할 수 있다. 여기서도 부모는 무엇을 다르게 행동하고 싶은지, 어떤 변화를 만들 의향이 있는지를 청소년에게 물어보는 것으로 시작해야 한다. 존중의 토대가 마련되면 부모는 청소년들의 계획에 대해 대안을 제안하거나 걱정을 표현할 수 있고 다음과 같은 몇 가지 수정사항을 권고할 수 있다.

있지, 네가 홈스쿨을 하고 싶어 한다는 것을 알지만 나는 단지 그것이 너에게 최선의 선택인 것 같지 않구나. 네가 고립감을 느낄까 봐 걱정되고 너의 친구들과 잘 지내지 못할까 봐 걱정된단다. 학교 상담 선생님과 만나서 어떤 선택이 가능한지 좀 더 알아보면 어떨까?

이 시점에서 부모는 대화에서 발언권을 가질 수 있다. 만약 존중과 공감으로 끝난다면 부모는 청소년을 화나지 않게 할 수도 있다.

있지, 네가 얼마나 이 남자아이를 좋아하는지, 그리고 그 아이가 얼마나 너에게 중요한 사람인지 알겠어. 하지만 그 아이는 19세이고 (청소년은 14세) 지금 상황에서의 교제는 너를 위해서라도 용납이 되지 않는구나. 네가 나에게 화가 날 것이라는 것을 알지만 너를 그냥 내버려 두면 나는 좋은 엄마가 될 수 없단다.

여기서 대화의 포물선은 행동 변화에 대한 계획을 이끌어 낼 구체적인 결과와 함께 종결되었다. 그러나 이 계획은 존중과 이해의 기반 위에 서 있다.

포물선이 항상 행동 변화로 끝나는 것은 아니다. 사실 많은 대화에서 부모들은 청소년이 선택사항을 탐구하고 이해하는 것을 돕지만, 궁극적인 해결은 청소년들에게 맡겨야 한다. 때때로 청소년들은 부모들이 결정을 내리기를 원할 것이고, 때로는 부모들이 결정할 것이다. 또한 청소년이 스스로 책임감을 가지게 하기 위해 고군분투하도록 두어야 할 것이다. 그 대화는 결정이나 결론을 필요로 하는 것이 아니라, 청소년이 자신에 대해 좀 더 배우도록 돕는 방식으로 생각이나 느낌을 공유하는 것일 수도 있다. 이 중에서 따라가야 할 방향은 대화의 내용에 따라 정해질 것이다.

6. 다른 내용 영역

1) 치료 과정에 새로운 사람 데려오기

이 과제 동안 우리는 또한 청소년의 우울증에 영향을 받거나 원인이 될 수 있는 가족관계를 고려하고 집중하기 시작할 것이다. 여기에는 참여하지 않았던 부모, 형제자매, 사랑하는 동반자, 다른 가족구성원 또는 청소년들의 삶에 있어서 다른 지지적인 사람들이 포함될 수 있다. 예를 들면, 청소년이 오랫동안 갈등을 겪거나 부모와 비슷한 방법으로 투쟁해 온 형제나, 더 많은 자원이 되고자 하지만 부모와 갈등을 겪고 있는 조부모나 또는 어려운 시기를 거치면서 청소년들을 돕지만 부모들과는 아무런 관계도 없는 친구들이 가능하다. 우리는 청소년 삶의 생태를 살펴보고, 누가 청소년의 우울증에 영향을 미칠지, 그리고/또는 누가 이 어둡고 어려운 시기에 자원이 될 수 있는지에 대해 자녀 그리고 부모와 함께 생각한다. "그들이 치료를 받으러 올 수 있을까? 그들이 치료를 받으러 와야 하는가? 그들은 치료를 기꺼이 받으러 올 것인가?"의 질문들은 가족과 함께 성찰하는 것이며, 모든 사람이 이러한 선택에 동의하는 것은 아니다. 예를 들어, 어떤 부모는 청소년들의 바람과는 달리 형제자매가 참석하기를 바랄 수도 있고, 치료사는 어머니의 바람과 달리 아버지가 오기를 바랄 수도 있다. 이러한 복잡한 결정은 치료에서 장애물이 아니다. 그것들은 치료다. 이러한 장벽들을 밝혀내고 이해하는 것은 문제를 더욱 분명하게 하는 것이고, 생산적인 것일 수 있다.

일반적인 틀로서, 그리고 각각의 사례가 고유한 상황을 가지고 나타날 수 있다는 것을 인식하면서 다음과 같은 방법으로 이 치료 과제에 접근해야 한다. 일단 누가 참석하고 어떤 일을 해야 할지 결정하게 되면 애착 과제를 준비했던 것처럼 이러한 회의 준비에 대해 생각한다. 우리의 첫 번째 움직임은 누가 그 사람을 치료에 초대해야 하는지, 즉 부모, 치료사 또는 청소년에 대해 생각하는 것이다. 그런 다음 우리는 가끔 그 사람 또는 부모(예: 엄마, 오빠)와의 단독 모임을 갖는다. 새로운 참여자와의 첫 만남에서 우리는 과제 1(관계적 재정의)과 과제 2(동맹 구축)의 요소를 결합한 우리 자신을 발견할 수 있다. 그러므로 처음에 새로운 사람과 함께 시간을 보내며 그 사람의 삶의 맥락을 이해해야 한다. 그리고 나서 우리는 청소년과 우울증에 대한 그의 이해 정도를 파악하기 위해 노력한다. 그런 다음 우울증과 다른 문제들에 대한 그의 기여도에 집중한다. 특히 방문객들이 비난을 받는다면 이것은 분명히 복잡해질 수 있다. 그래서 우리는 천천히 진행하며 그들이 모임에 온 것에 대한 공감과 감탄을 높이고, 그들이 역할을 잘 하지 못하더라도 방문객의 좋은 의도를 부각시킨다. 가끔 우리는 방문객들이 청소년들에게 더 공감할 수 있도록 그들의 애착 갈망과 연결되도록 돕는 세대 간 작업을 할 수도 있다. 방문객은 누구고 왜 초대받았는지는 이 대화에서 우리를 여러 경로로 이끌어 줄 수 있는데, 이 장에서 그것을 완전히 탐구하기에는 너무 복잡하다. 그러나 우리는 청소년에 대한 방문객의 공감을 발생시키고, 청소년들과 다시 연결되고자 하거나 그들을 돕고자 하는 바람을 유발하는 것을 목표로 한다. 이 목표의 근사치에 다다르면 우리는 만남을 개최하는 것에 대해 이야기하기 시작한다. 그리고 과제 2에서와 같이 방문자에게 세션이 불편해지면 그들을 보호할 것이라고 안심시켜 준다. 우리는 그들이 소리 지름을 당하거나 비난받는 것에는 관심이 없고, 그들이 청소년들에게 더 나은 자원이 되는 것에 방해되는 문제들에 대해 솔직하고 직접적인 대화를 나눌 기회를 원한다는 것을 확인시켜 준다.

한 사례에서 어머니는 언니와의 약간의 차이점을 해결하기 위해 언니(제스, 17세)를 치료에 참석하도록 강요했다. 우울증에 빠진 청소년(다나, 14세)이 언니의 친구로부터 성폭행을 당했던 경우(우리 병원에 오기 2년 전에)로 매우 복잡한 사건이었다. 우울증에 빠진 청소년과 어머니는 그 폭행 사실을 신고했고, 우리가 가족들과 함께 작업을 해 나가는 동안 사건에서 체포된 소년은 법정을 오고 갔다. 우울증에 빠진 청소년은 언니가 자신보다 친구를 더 보호한다고 느꼈고, 언니가 폭행이 일어났다는 것을 믿지 못한다고 생각했다.

12주 동안의 치료에서 우리는 다음 몇 번의 세션을 계획하기 위해 어머니와 단둘이 만났다. 우리는 이것이 어머니의 새로운 양육 기술을 더욱 내재화시켜 주기를 바라면서 어머니가 이 과정을 주도하기를 원했다. 우리는 어머니가 모든 사람을 안전하고, 이해받으며, 지지받고 있다고 느끼도록 만들어야 할 것을 이해하도록 도왔다. 어머니는 가장 어려운 문제들이 논의의 주제로 대두되었을 때 모든 사람이 경청되었다고 느끼는 것을 확인하기 위해 대화를 모니터할 필요가 있을 것이다. 어느 정도까지는 어머니가 두 자매의 애착 작업을 용이하게 해 주는 치료사가 되고 있었다. 우리는 분명히 도움을 주기 위해 그곳에 있을 것이지만, 가능한 한 어머니가 이끌기를 원했다. 그리고 나서 우리는 어머니와 언니를 데리고 세션에 참석했다. 언니는 동생이 걱정되면서도 동생이 그 모든 것에 대해 약간은 극단적·불신적이라고 생각했다. "폭행이 그렇게 나쁘지만은 않았어." 어머니와 치료사 둘 다 이 무신경한 태도에 놀랐다. 치료사는 어머니를 격려하여 언니의 태도를 탐구하게 했다. 어머니는 딸의 말이 방어적인 전략이라는 것을 발견하기 위해 정서 코칭 기술을 사용했다. 언니 자신도 체포 후 친구를 모두 잃었기 때문에 성폭행을 당한 동생에 대한 분노가 컸다. 엄마가 더 많은 인정과 공감을 제공할수록 언니는 동생에 대한 애틋한 마음을 조금씩 더 표현할 수 있었다. 언니는 일어난 일들이 나쁘게 느껴진다는 것은 인정했지만 자신과 자신의 친구들 사이에 야기된 부정적인 결과에 대해서 분노가 없는 척하기는 힘들었다. 언니의 관점에 대한 새로운 이해와 언니의 감정 상태가 부드러워지는 것을 통해, 치료사는 언니를 동생과의 세션으로 데려가는 것을 편안하게 느꼈다.

치료사: 제스, 오늘 참여해 줘서 고마워. 너와 동생이 한동안 잘 지내지 못하

고 있고 그것이 서로를 힘들게 하고 있다는 것을 알아. 다나가 너의 친구 중 한 명에게 강간을 당했다고 얘기한 후로는 사이가 더 악화되었지. 그래서 이 문제에 대해서 함께 이야기 나누는 것이 모두를 위해 좋을 것이라는 데 모두 찬성했단다. 엄마가 이 이야기를 이끌어 가기를 원할 것이라고 생각되어서 엄마가 진행하실 거야.

어머니: 좋아요. 최선을 다 해 볼게요. 다나, 언니가 무엇 때문에 너를 힘들게 했는지 이야기해 줄 수 있을까?

청소년: 음, 내가 엄마에게 강간에 대해 이야기했을 때 나를 믿지 않는 것처럼 보였고 그 후에는 언니가 언니 친구들과의 일어난 일을 나 때문이라고 비난하는 것처럼 느껴졌어.

언　니: 내가 너를 믿는다고 얼마나 더 이야기해야 해? 너는 그게 나에게 어땠는지 이해하려고 하지 않잖아.

어머니: 제스, 너에게도 이야기를 할 기회가 있을 거야. 우선 동생의 말을 듣도록 노력해 주겠니?

언　니: 그렇지만 여기서 저보고 뭘 하기를 바라는지 모르겠어요, 엄마. 벌써 몇 번씩 이 과정을 거쳤잖아요.

어머니: 다나에게 네가 다나를 믿지 않는 것처럼 느껴졌을 때 어땠는지 물어보렴.

언　니: [비꼬듯이] 다나야, 어땠는데?

청소년: 정말 혼자라고 느껴졌어! 나는 내가 이전에 모든 걸 망쳤다는 걸 알아. 하지만 하나밖에 없는 언니가 나를 믿어 주지 않고 언니 남자 친구의 친구들을 선택했을 때는. 언니는 모를 거야. 충격적이었어.

언　니: 하지만 난 너를 믿었다고!

청소년: 언니는 정말 웃긴 방법으로 그것을 보여 주는 구나!

치료사: 어머니, 제스에게 다나가 왜 믿지 않았다고 생각하는지 물어보라고 하면 어떨까요?

어머니: 고마워요. 그래, 제스, 다나에게 왜 네가 믿지 않는다고 생각하는지 물어보렴.

언　니: 그래서 왜 그러는데?

청소년: 언니는 계속 그 사건에 대해 물어보고 또 물어봤지. 마치 내가 말실수하기를 바라는 것처럼 보였어. 나를 닦달했을 때는 언니가 내 거짓말을 찾아내려고 하는 것 같았고 내가 뭔가 잘못된 일을 하는 것처럼 느껴졌어.

언　니: [울기 시작한다.]

어머니: 왜 그러니, 제스?

언　니: 네가 그렇게 생각했다니 믿을 수가 없어! 질문을 많이 한 것은 너무 충격적이어서 그랬던 거야! 나와 함께 집에 있는데 네가 그런 일을 당했다는 것이 믿을 수가 없었어. 내가 몰랐다는 것에 대해 너무 죄책감이 들었고 더 몰랐다는 것에. …… 그래서 계속 물어본 거야.

청소년: 전혀 몰랐어. [울기 시작한다.]

　　이 사건은 우울증을 강화하고, 회복을 방해할 수 있는 크고 작은 문제들을 해결하기 위해 다른 가족구성원들을 참여시키는 것의 가치를 보여 준다. 앞의 사례에서 어머니는 대화를 용이하게 하는 데 어느 정도 지도력을 발휘했다. 어머니의 성공은 가족 내에서 어머니의 능력과 권위를 높였다. 우리가 세션에 데려오려고 하는 것이 이혼한 아버지라면, 어머니는 이 역할을 맡을 수 없었을뿐더러 (다시, 관계, 이슈, 실행 계획에 따라) 그는 세션에 전혀 참여하지 않을 것 같았다. 이 전체 치료 모델에서와 마찬가지로 원리를 어떻게 이행하는가를 결정하는 데는 임상적 판단이 필요하다.

2) 다른 정신건강 서비스 동원하기

치료 중 과제 1이나 2 또는 과제 5 중 어느 시점에서 일부 청소년에게는 또 다른 지원이 필요하다는 것이 분명해질 수 있다. 예를 들어, 일부 청소년은 심각한 불안감이나 약물 의존성 또는 외상 후 스트레스를 가지고 있을 수 있는데, 이것은 부모가 제공할 수 있는 것보다 더 체계적인 개입을 필요로 한다. 일부 청소년은 인지행동치료, 노출치료, 재활치료 또는 변증법적 행동치료와 같은 추가적 개입이 효과적일 수 있다. 우리는 가족치료가 개인치료의 토대를 마련하는 것으로 본다. 그것은 둘 다 회복방정식에서 가정의 긴장감을 없애고 청소년의 자원이 될 수 있는 부모의 잠재력을 증가시킨다. 게다가 이 과정에서는 때때로 부모를 위한 개인치료나 부부치료도 함께 논의될 수 있다.

3) 애착 문제가 다시 등장할 때 그것에 대해 논의하기

부모들로 하여금 청소년기의 안전한 기지가 되는 것을 막아 왔던 애착 문제가 대개 오래 지속된다는 점을 감안할 때, 과제 4에서 논의된 애착 문제 중 일부가 과제 5에서 재조명되는 것을 볼 수 있다. 만약 애착 문제가 재발한다면 치료사들은 그 문제에 대해 좀 더 명시적으로 주목해야 한다. 그렇지 않으면 그 문제는 자율성의 주제에 계속해서 영향을 미칠 것이다. 치료사는 그들이 어떻게 애착과 자율성의 주제 사이를 왔다 갔다 하는지에 대해 민감하고 유연하게 대처해야 한다.

4) 가족이 치료 후 변화를 어떻게 유지할 것인가에 대해 논의하기

치료 종료 시기가 임박하면 치료사는 가족들에게 그들이 만들어 낸 성장에 대해 논의하도록 이끌 수 있다. 그들의 대인관계를 변화시키기 위해 각 개인 들은 자기 자신의 어떤 부분을 변화시켰는가? 또한 다른 사람들이 이러한 변화를 지지하기 위해 무엇을 했다고 생각하는가? 이러한 유형의 자기성찰은 치료를 통한 성장을 확고히 하도록 도와준다. 치료사는 또한 가족들에게 그들의 관계가 어떻게 발전되기를 원하는지 논의하도록 초대할 수 있다. 이것은 가족구성원들이 미래에 대해 공유된 비전을 갖는 데 도움을 준다. 또한 치료사는 가족들이 오래된 행동으로 되돌아가는 것과 관련된 두려움과 미래에 대한 그들의 희망에 대해 토론하도록 돕는다. 모든 두려움이 논의되었을 때, 치료사는 만약 누군가가 예전의 행동으로 돌아가기 시작한다면 어떻게 해야 하는지에 대한 예방적인 문제 해결을 격려한다. 치료사는 모든 가족이 그 계획에 대해 편안함을 인정할 때까지 가족들이 문제 해결에 머물도록 한다.

5) 종결 논의하기

가족이 앞으로 어떻게 나아갈 것인지에 대한 계획을 세우면 치료사는 우선 의도적으로 종결에 관한 대화에 참여시킨다. 이것은 치료를 끝내는 것과 관련한 가족의 느낌에 대한 토론을 포함한다. 치료사는 모든 가족의 감정과 생각을 철저히 탐구한다. ABFT는 치료사와 강한 유대감을 형성하게 하는 심도 있게 경험적이며 정서에 기반한 치료이기 때문에, 이 작업을 할 때 이러한 대화가 특별히 더 중요하다는 것을 발견한다. 또한 치료사는 치료 동안 일어난 가족의 성장에 관한 피드백을 제공하고, 가족들이 치료사의 의견에 대해 고찰해 보도록 이끈다. 종종 청소년들이 좋아지기 시작하면서 가족구성원들은 그들이 이루어 온 성과에 대해 잊어버리게 된다. 이것은 가족들이 스스로 만든 긍정적인 변화에 대해 성찰할 수 있도록 돕는 또 다른 기회다.

7. 결론

과제 5에서 가족은 가정 안에서의 성숙을 증진하는 것과 가정 밖에서의 역량, 정체성 발달에 대한 이슈를 포함하는 청소년의 발달 과제를 언급하는 것으로 주의를 돌린다. ABFT 치료사들은 청소년과 부모 모두가 이러한 대화에 참여하고 부모들이 정서 코칭 기술을 사용할 수 있도록 도와줌으로써, 청소년과 부모 사이의 안정기반 상호작용이 더욱 단단해지도록 돕는다. 이것은 자신과 타인에 대한 좀 더 긍정적인 내적 작동 모델을 성장 혹은 강화시킨다. 과제 5는 또한 가족구성원들이 새로운 대인관계 기술을 연습할 수 있는 기회를 제공한다. 이 시점에서 치료사는 치료 과정에서 새로운 사람들을 소개하거나 다른 정신 건강 서비스를 동원할 수도 있다. 치료 종결이 다가올 즈음 치료사는 종결 문제를 논의한다. 제8장은 한 ABFT 가족에 대한 치료 전체 포물선을 보여 주기 위해 앞선 장들의 원리들을 적용하고 있다.

제8장

사례 연구

이 장에서 우리는 사례 연구를 보여 주고자 한다. 17세 11학년 남학생인 조시가 몇 년간 우울과 낮은 성적, 품행장애 문제로 학업 경쟁이 치열한 특성화 공립학교로부터 퇴학을 받아서 치료에 보내졌다[치료사는 가이 다이아몬드(Guy S. Diamond) 박사님이다].

1. 과제 1: 관계적 재정의

접수면접에 조시는 어머니, 아버지와 함께 왔다. 10세의 여동생은 세션에 참여하지 않았다. 가족들은 친절했지만 부모 사이의 긴장은 분명했다. 각 개인에 대해 이해하는 데 시간을 쓰고, 그들의 삶에 대한 일반적인 맥락을 얻으며, 그들의 강점을 탐구했다.

나는 조시가 불행히도 친구가 얼마 없고 취미는 더 없다는 것을 알게 되었다. 하지만 조시는 매우 똑똑하고 현 선거 정책에 대해 놀라울 정도로 높은 이해를 가지고 있었다. 조시가 나에게 현 대통령 선거에 대한 분석을 해 보일 때, 아버지의 얼굴에서는 자부심을 엿볼 수 있었다. 어머니는 펜실베이니아 주의 필라델피아에서, 아버지는 워싱턴 DC에서 성장했다. 그들은 그들의 부모들에게 경제적인 지원을 때때로 했지만 정서적인 지원은 없었으며, 부모들도 손자들에게 정서적인 지원을 제공하지는 않았다. 아버지 쪽 할머니는 아버지가 청소년일 때 돌아가셨고, 할아버지는 현재 꽤 연세가 있으시며 양로원에 머무르고 계신다. 어느 부모도 매우 종교적이지는 않았다. 어머니는 퇴근 후에 종종 만나는 꽤 큰 친구 모임이 있다. 아버지는 덜 사교적이며 쉬는 시간에 주로 TV를 보고는 한다. 이것은 아내로부터 무시를 받는 부분이기도 하다. 아버지는 종종 지역정책에 관여하기를 원했지만 아이들과 집에 있어야할 것 같은 의무감이 들었다고 한다(아이들의 저녁을 거의 챙기지 않는 아내에 대한 예방주사로써). 부모 간의 긴장감은 너무 두터워서 강점에 집중하기 힘들 정도였고 문제 정의로 넘어가기 십상이었다.

조시는 약간 과민한 기질을 가진 전형적인 초기의 어린 시절을 보냈다. 학교를 다니기 시작하면서 그의 높은 지적 능력은 더 명확해졌고 특히 수학과 독해에서 우수성을 드러냈다. 3학년이 되면서 주의집중과 정리 문제가 떠오르기 시작했다. 7학년이 되었을 때 조시는 심각한 우울 삽화를 보였다. 이것은 몇 달간 지속되었고 그가 학교를 오랫동안 결석하고 친구들과의 연락이 끊어지게 만들었다. 동시에 그는 학교에서 뒤처졌고 이어서 학업에 관심을 잃기 시작했다. 결국 낮은 학업 성적과 동기로 인해 학업적으로 경쟁이 치열한 특성화 공립학교로부터 퇴학을 맞게 되었다. 현재 조시는 일반 공립학교에 재학 중이다. 학교 밖에서 조시는 대부분의 시간을 집에서 컴퓨터 게임을 하고, 늦게까지 잠을 자지 않고, 과식하며, 친구들로부터 고립되어 지내고 있다. 조시는 치료에서 매우 말을 아끼며, 내성적이고, 화가 나 보였다.

부모 모두는 40대 중반에 교육을 받았고, 매력적인 편이지만 비만하고 성취 정도가 낮은 편이다. 아버지는 컴퓨터과학으로 메릴랜드 대학교를 졸업했고 20년 동안 광고회사에서 기술 조감독으로 일해 왔다. 그는 청소년기와 초기 성인기에 자신을 괴롭혔던 가벼운 우울증 경험이 있었다고 보고했다. 그는 1년 전에 해고되었고 결국 출판사에서 비슷한 자리를 얻었다. 하지만 더 낮은 급여에 관리자급의 책임을 맡아야 했다. 이러한 중년기의 차질은 더 심각한 우울을 초래했고 직장이 없는 6개월 동안은 TV를 보며 보냈다.

어머니는 이벤트 코디네이터로 자영업을 하고 있었다. 그녀는 일에 자부심이 있었지만 파트타임에 안정적이지 않았다. 그녀는 펜실베이니아 주립대학교를 나왔으며 공부보다는 사람들과 어울리는 데 더 많은 시간을 썼다. 부부는 대학을 졸업한 후에 만났고, 1년 안에 결혼했으며, 결혼 1년 후에 조시를 출산했다. 그 시점에 어머니는 몇 년 동안 일을 하지 않기로 결정했다. 부모는 결혼의 시작부터 힘들었다고 보고했다. 동시에 조시는 3학년부터 어려움이 시작되었고, 그의 부모는 헤어졌다가 어머니가 임신한 사실을 발견했을 때 다시 합쳤다. 아버지의 최근 우울과 실직 이후에 어머니는 더 불행해졌고, 이혼에 대해 다시 이야기하기 시작했다. 조시는 이러한 환경에 대해 알았지만 부모가 이혼할 것인지는 몰랐다.

조시는 4학년 때까지 치료를 받았고 6학년 때 다시 치료를 받았다. 치료는 주로 지지적이었지만 조시의 사회성 기술 훈련을 포함했고, 부모님의 개입을 제한했다. 그는 4학년 때 ADHD 약물치료 중이었지만 도움이 되는 것 같지 않았다. 그 이후로 그는 약물치료를 하지 않았다. 1년 전 그들이 약물치료에 대한 컨설팅을 위해 정신과 전문의를 찾아갔지만, 어머니는 의사를 좋아하지 않았고 가족은 다시 그 의사에게 진료를 받으러 가지 않았다. 아버지는 20대일 때 꽤 성공적인 치료 경험이 있지만 20년 동안 약물치료나 상담치료를 받지 않았다. 그는 약물과 임상적 시도를 스스로 공부했으며, 플라세보 효과가 아니라면 그로 인한 효과가 매우 적다고 말하는 논문을 읽었다. 어머니의 치료에 대한 부정적인 경험에 기초해서 그녀는 대부분의 정신건강 서비스를 의

심했다. 그녀는 복잡한 유년기를 보냈고 여전히 그녀 부모님과의 어려움으
로 힘들어하고 있다. 그녀는 또한 약물에 대해 부정적이며 비록 그녀의 기분
이 영향을 받기 쉽고 우울이 심각할 때조차도 약물치료를 거부했다.

　이 가족의 경험은 매우 복잡하고 고통스럽다. 나는 부모와의 개인 회기에
서 더 탐색해 봐야겠다고 결심했다. 동시에 재정의 과정으로 주의를 돌렸다.
나는 조시가 자신의 우울과 학교 문제를 해결하는 데 있어서 부모를 자원으
로 활용할 수 있는지의 여부를 탐색하기 시작했다. 부모는 즉시 누가 더 나
은 그리고 더 도움이 되는 부모였는지에 대해 반대했다. 아버지는 어머니가
감정적 기복이 심하고 여유가 없다고 꾸중했으며, 어머니는 아버지가 우울하
고 동기가 낮아서 아들에게 좋지 않은 역할 모델이라고 비난했다. 그들이 논
쟁을 하는 동안 조시는 뒤로 빠져 있었고 점점 더 대화로부터 철수되어 갔다.
나는 부모를 간섭하고 조시의 드리워진 어둠에 다가가야 했다.

　　치료사: 조시, 네가 멀어진 것처럼 보이는구나. 부모님의 논쟁이 널 화나게
　　　　　하니?

　　청소년: [놀라며] 뭐라고요? 아니…… 저는 그저 집중하지 않았을…… 부모
　　　　　님은 그들이 원하는 만큼 싸울 수 있어요.

　　치료사: 그래서 넌 그저 무관심했다고?

　　청소년: 물론이요, 그래야만 하죠. 부모님은 얼마 전에 이혼한 걸요. 그러한
　　　　　사실이 둘 모두를 행복하게 하겠죠.

　　어머니와 아버지: [약간의 부끄러움과 슬픔을 가지고 듣는다.]

　　치료사: 부모님이 네가 이러한 싸움에 대해 어떻게 느끼는지 알고 있니?

　　청소년: 물론이요. 부모님은 내가 싫어하는 걸 알아요.

　　치료사: [부모가 스스로를 방어하려는 시도를 저지하며] 네가 부모님에게 말
　　　　　했기 때문에 안다는 거니, 아니면 부모님이 단지 네가 어떻게 반응
　　　　　하는지를 보기 때문에 안다는 거니?

청소년: [대화에 대한 부모의 반응을 간단히 확인하고 어깨를 으쓱인다.] 저는 그냥 무시해요.

치료사: 나도 그럴 수 있었으면 좋겠구나. 하지만 그게 불가능할까 봐 걱정이 된단다. 넌 거기에 살고 있잖아. 그 싸움을 듣고 또 보고 말이야.

청소년: [부모를 향해] 두 분이 다툼을 하는 것에 대해 조시가 어떻게 느낄 것 같으세요?

아버지: [조금 방어적으로 보이며] 물론…… 아이의 얼굴에서 보이죠. 아이의 엄마와 제가 싸울 때 그가 어떨지를 저도 알아요. 하지만 조시도 이것이 조시에 관한 것이 아니라는 것을 이해해야 해요. 우리는 조시를 사랑해요.

어머니: 저는 모르겠어요. 조시는 단 한 번도 이것에 대해 이야기하지 않았어요.

치료사: 정말인가요? 그래서 조시가 자신의 감정을 드러내지 않는다는 것이군요.

어머니: 항상이요. 단지 방 안에 있을 뿐이죠.

치료사: 그래서 이것이 걱정이 되시는군요. [청소년을 향하며] 내 생각에 네가 최근에 무척이나 불행했던 것 같아, 사실은 오랫동안 말야. 너는 우울했고 학교에서 어려움을 겪었고, 고립감을 느껴 왔어. 그렇니?

청소년: [의심하며] 아마도요. 알았어요, 맞아요.

치료사: 내가 걱정되는 건 네가 도움을 청할 사람이 하나도 없다는 것이란다. 특별히 네가 너의 부모님에게 도움을 요청하러 갈 수 없다는 것이 나를 더 걱정되게 만드는구나.

청소년: 제가 부모님에게서 뭐가 필요한 거죠? 그들은 절 도울 수 없어요.

치료사: 그게 정확한 내 이야기야. 너는 부모님이 널 도와줄 수 없다고 느끼잖아. 왜 그럴까?

청소년: [불편해 보인다.] 도움이 안 될 거예요. 그리고 그 외에도 엄마는 필

요할 때 안 계시고, 아빠는 너무…… 아…… 너무 바빠요.

치료사: 오, 그래서 네가 부모님이 필요할 때조차도 부모님이 여유가 없을
것이라고 느끼는 것이구나.

청소년: 저는 그렇게 말하지 않았어요. 선생님이 말씀하셨죠.

치료사: 스턴 부부는 이것에 대해 어떻게 생각하세요? 조시가 두 분이 조시
를 위해 함께하지 않는 것처럼 느낀다는 것을 알았나요?

어머니: 전 조시가 어떻게 그렇게 이야기할 수 있는지 모르겠어요.

청소년: [치료사를 가리키며] 저는 그렇게 이야기하지 않았어요. 선생님이
했죠.

어머니: 내 말은 우리는 항상 그가 어떻게 느끼는지, 무엇을 원하는지 물어
보고 있어요.

아버지: 맞아요. 저는 매일 밤 집에 오고…… 조시가 원하면 저에게 올 수 있
어요.

치료사: 하지만 그는 그렇게 하지 않잖아요. 조시가 두 분에게 가지 않아요.
왜 그런가요? [방 안에 정적이 돈다.] 조시에게 물어보시겠어요?

어머니: 조시, 왜 도움을 청하러 우리에게 오지 않는 것이니?

청소년: [화난 표정으로] 제가 말했잖아요. 나는 부모님의 도움을 원하지 않
아요. 그리고 만약 그랬다고 하더라도, 엄마는 항상 집에 없었고 아
빠는 항상 방 안에만 계셨잖아요.

어머니: 그건 사실이 아니란다. 그건 네 아빠가 줄곧 이야기하는 것들이지.

아버지: 그건 사실이야, 그리고 우리 모두 다 알아. 심지어 최근 며칠 밤
도…….

치료사: 잠시만요. 잠시만요. 스턴 부부, 만약 두 분이 조시의 경험을 이해하
길 원한다면, 조시가 어떻게 생각하고 느끼는지에 대해 좀 더 호기
심을 가져야 합니다. 비록 동의하지 않더라도 우리는 모두 이야기
가 경청되기를 바라죠, 그렇죠? 우리는 우리의 입장이 이해받기를

바라죠, 그렇죠? [부모 모두 동의하고 차분해진다.] 아무도 함께하지 않는다고 생각하게 되는 것이 어떤 것인지 조시에게 물어보시는 것이 어떠세요?

어머니: 음, 조시, 그건 어떻니?

청소년: 그게 어떨 것 같으세요? 정말 최악이에요.

어머니: 난 네가 왜 그 전에는 우리에게 이야기해 주지 않았는지 이해가 되지 않는구나.

아버지: 어떻게 조시가, 당신은 항상 집에 없는데!

어머니: 그건 사실이 아니에요.

치료사: 조시, 지금 일어나고 상황이 문제의 일부인지 궁금하구나. 네가 이야기를 시작하면 부모님이 싸우기 시작하니?

청소년: 물론이요. 항상 일어나는 일이에요.

치료사: 그래서 이것 역시 도움이 필요할 때 부모님을 찾는 것을 힘들게 만드는 것 같구나.

청소년: 물론 그런 것 같아요. [눈물과 분노를 감추기 위해 등을 돌린다.]

치료사: 있지, 이 모든 것에 관해 이해할 것이 훨씬 더 많다는 것은 의심의 여지가 없어. 하지만 아마도 그걸 다음에 해야 할 것 같구나. 제가 궁금한 것은 [부모를 향하며] 조시가 조언과 위로가 필요할 때 두 분에게 다가오는 것을 두 분도 원하시는지입니다.

어머니: 음, 물론이에요. 그는 그가 저에게 올 수 있다는 것을 알아요.

치료사: 하지만 그는 그렇게 하지 않죠. 그래서 제가 두 분에게 여쭈어 보는 것은 그가 그렇게 하길 바라는지입니다.

어머니: 물론이에요!

아버지: 네, 물론이죠!

청소년: [조용히 있으며, 어떠한 반응도 하지 않는다.]

치료사: [부모에게 다시 향하며] 저는 조시가 두 분이 조시를 얼마나 그리워

하고 있는가를 아는지 궁금합니다. 그는 꽤 우울하고 위축되어 있고 이제 17세입니다. 집을 떠날 준비를 할 나이이죠. 두 분이 예전만큼 그렇게 가까워 보이지는 않는군요. [어머니가 눈물을 글썽이고, 아버지는 침묵하며, 청소년은 불편해한다.]

어머니: 물론 난 네가 그리워.

치료사: 그럴 줄 알았습니다. 하지만 어머니, 지금 조시가 그립습니까? 당신은 조시가 지금 조금 더 가까워지기를 바라세요?

어머니: [치료사에게] 조시는 제가 그를 사랑하고 그를 위해서는 무엇이든지 할 것이라는 것을 알아요.

치료사: 스턴 씨, 조시에게 고개를 돌려 그에게 직접 말해 줄 수 있나요?

어머니: 네, 네, 난 지금도 네가 그리워. 아빠나 나 둘 다 네가 그렇게 외로운 걸 보고 싶지 않아.

아버지: [어머니에게 휴지를 건넨다.]

치료사: 스턴 씨, 당신은 어떠신가요? 조시가 그리운가요?

아버지: [불행히도 농담을 하면서] 물론…… 물론 저도 농구장 코트에서 그를 때리는 것이 그립죠. 이제 그는 너무 커요…….

어머니: 존……, 좀 진지해질 수 있겠어요?

치료사: 스턴 씨, 부탁드릴게요.

아버지: 아니, 농담은 미뤄 두고, 난 네가 졸업할 때 네가 보고 싶을 것 같아. [청소년에게 다가가 청소년의 다리에 손을 얹고는] 정말 난 네가 자랑스러워. 우리 둘 다 그렇단다.

치료사: [청소년을 향하며] 부모님이 말하는 것을 어떻게 생각하니, 조시?

청소년: [어깨를 으쓱한다.]

치료사: 만약 그게 가능했다면, 너는 집을 떠나기 전에 부모님과 더 가까워진 것 같다고 생각할 것 같니?

청소년: [아래를 바라보며 불편한 듯 웅얼거린다.] 물론이요. 그럴 것 같아요.

치료사: [잠시 동안 부드러운 침묵이 지속되도록 둔다.] 좋습니다. 보세요, 이것이 바로 제가 원하는 것입니다. 저는 조시가 두 분과 다시 연결되도록 돕고 싶습니다. 저도 이것이 헤쳐 가야 할 어려운 과제라는 것을 압니다. 하지만 저는 두 분에게 이것을 해낼 충분한 사랑과 강점이 있다고 생각합니다.

2. 과제 2: 청소년 동맹

그다음 주에 나는 조시 단독으로 두 번째 세션을 위해 만났다. 목표는 관계를 쌓고, 치료 목표에 동의하며, 만약 그가 동의한다면 그의 부모와의 대화를 준비시킬 기술을 발전시키는 것이었다. 나는 첫 세션에 대한 그의 생각을 확인하면서 상담을 시작했다. 그는 첫 상담에 대해 무관심한 듯하였고 그가 정말 부모와의 더 나은 관계를 원하는지에 대해 여전히 확신이 없었다. 나는 그 주제를 바로 넘겨 버리지 않고 그의 양가감정을 공감해 주었다. 그리고 우리는 추후에 상담에서 그에 대해 더 이야기해 보기로 동의했다. 그런 후 대화는 그의 관심사와 자신 있는 영역들, 친구관계, 희망, 꿈에 대해 들어 보았다.

지적 능력으로 조시는 주변 세상에 대해 호기심이 없었다. 스포츠를 좋아하지도 않았고, 진정한 취미도 없었으며, 친구도 거의 없었다. 그는 정치에 관심이 있었기 때문에 저널리스트가 되고 싶어 했다. 심지어 자신이 단절되어 있으면서도 세상을 위한 일에 관심이 있다는 아이러니에 웃기도 했다. 이것은 그가 자기 자신과 문제에 대해 어떤 관점과 유머를 가지고 있다는 것을 발견한 자기성찰의 첫 순간이었다. 나는 저널리즘에 대한 그의 꿈에 조금 더 머물렀다. 그는 대학에 갈 것이라고 추측했고 신문사 직장을 위해서 워싱턴 DC로 옮기고 싶어 했다. 그 자신에 대한 야망은 처음에 봤던 시무룩하고, 화나 있으며, 위축되어 있던 청소년의 모습과는 대조적이었다. 나는 부모가 그의 계획에 대해 아는지 물었다. 그러자 그는 그저 어깨를 으쓱할 뿐이었다. 조시는 오래전에 아버지에게 말씀드린 적이 있지만 아버지가 그것을 기억할지 확신하지 못했다.

우리는 또한 그의 첫 번째 여자 친구와 파티에서 맥주를 마신 것이 그가 좀더 외향적이 되도록 도왔던 것에 대해서도 이야기했다. 나는 우울하거나 불안한 젊은이들이 종종 덜 내향적으로 느끼기 위해 술을 사용하는 것에 대해 인정했지만 대화의 초점이 되도록 하지는 않았다. 치료의 순간에 나는 조시가 어떤 것에 대해서 이야기해도 괜찮다고 판단되거나 평가받지 않을 거라고 느끼게 하고 싶었다. 이 대화가 진행된 지 약 20분 후에 나는 조시에게 자기자신에 대해 이야기해 주어서 고마운 마음을 표현했고, 그의 통찰과 민감성에 대해 칭찬해 주었다.

그런 다음 나는 대화를 그의 우울과 가족 갈등에 초점을 맞췄다. 우리는 그의 우울에 대해 이야기하고 어떻게 그것이 삶을 앗아 갔는지를 이야기했다. 그는 첫 상담에서 말한 것보다 훨씬 더 좌절스러웠다고 인정했다. 조시는 학교에서나 스포츠에서 친구들이 쉽게 성공하는 것을 봤고, 이제 그런 것들이 그에게는 너무 힘든 것이 되었다. 그는 분명히 우울한 것 때문에 불행했고, 그것을 변화시키기에는 무력하게 느꼈다. 그 후 우리는 부모에 대해 이야기하기 시작했다. 어떻게 그들과의 관계가 그의 우울에 영향을 미쳤는지 등을 이야기했다. 처음에 조시는 그에게 그들이 중요하지 않다고 하고, 심지어 그들에 대해 생각도 하지 않는다고 주장하면서 방어적이고 무관심한 듯했다. 나는 감정 변화를 관찰할 수 있었고 그가 철수하는 것을 보았다. 그의 저항을 피해 가기 위해서 나는 그가 감정에서 조금 떨어지도록 더 많은 사실과 세부사항을 물어보았다. 그는 부모의 싸움에 대해 이야기하기 시작했다. 그가 세부정보를 제공할수록 그는 더욱 이야기에 집중하게 되었고, 더 많은 감정이 떠올랐다. 그가 어렸을 때 두려운 감정이 들었던 것을 기억해 냈다. 그는 그 싸움이 끝이 날지, 누군가 다치지는 않을지, 부모가 이혼할지 아무것도 몰랐다. 나이가 들면서 그는 점점 더 화가 나고 분개하게 되었다. 그는 어머니와 가깝게 느꼈지만 어머니가 아버지를 무시하고 얕보는 것은 싫었다. 조시는 아버지를 보호하고 싶다고 느꼈지만 아버지의 정서적 거리와 냉소에는 화가 났다. 또한 조시는 스스로가 누군가를 옹호하려고 하고 부모의 싸움을 막으려 한다는 것을 발견했다. 그러다 갑자기 상황에 희망이 없다고 느끼면서 그냥 포기해 버리고 숨어 들어갔다. 지난 몇 년간 그는 종종 부모가 그만하고 이혼하기를 바랐다.

이야기를 진행하면서, 분노를 동반한 좌절과 슬픔의 감정을 발견하고 증폭해 줄 수 있었다. 조시에게 분노와 슬픔은 모두 주된 것이었으며, 그가 이것들을 피하고 무시하기 위해 시도했지만 정당한 감정이었던 것이다. 그는 분노 폭발이 있었지만 그것은 대개 행동적 반대에 대한 것이었다. 조시는 부모에 대한 분노와 분명한 슬픔을 스스로 거의 인정하지 않았고, 그것은 부모에 의해서도 표현되거나 인정되지 않았다. 그는 이러한 문제들이 자신을 우울하게 만들었다는 것에 대한 동의에 확신이 없었지만 부모에 대한 분노가 스트레스를 야기하고 있었고, 아마도 그것들이 그의 학교생활에도 영향을 미쳤다는 것에는 동의를 했다.

대화는 그런 후 치료 목표로 옮겨 갔다. 목표는 이러한 이슈들에 대해 부모와 이야기하는 것을 말한다. 처음에 조시는 그 아이디어에 격렬히 반대했다. 그는 그것이 도움이 될 것이라 생각하지 않았으며, 어쨌든 그가 집에서 떠나야 할 정도로 싸우게 될 것이라고 생각했다. 나는 그의 솔직함이 상황을 악화시키거나 부모를 화나게 할 것이라고 걱정하는지에 대해 탐색했다. 그는 결국 자신이 문제를 일으키면 부모가 이혼할까 봐 걱정된다고 말했다. 나는 깊이 호흡하고 그의 딜레마를 공감했다. "그건 정말 짊어지기에 무거운 부담인 것 같구나. 네가 우울한 건 당연했을 것 같아." 조시는 눈물을 훔쳤다.

하지만 나는 그의 문제 해결 전략에 도전했고, 자신의 생각을 이야기하지 않는 것과 힘든 것을 마음에 쌓아 두는 것의 결과에 대해 이야기하기 시작했다. 나는 그가 미래에 대한 꿈이 무너져 갈 때 얼마나 불행했는지, 그리고 걱정되었는지에 대해 상기해 주었다. 또한 이러한 가족 갈등의 일부가 우울에 기여하고 있어서 걱정이 된다고 표현했다. 그리고 나는 "네가 부모님께 매우 화가 난 건 분명해 보여. 하지만 넌 그걸 모두 참고만 있어. 난 그런 것이 널 갉아먹고 있을까 걱정이 되는구나."라고 말했다. 그는 조심스럽게 그것이 사실이라고 동의했다. 추가적으로 우리는 그러한 생각을 발전시키면서 그가 모든 부담을 혼자 짊어질 필요가 없으며, 모든 걸 속으로 담아 두는 것이 결국 부모와의 문제에 의해 더욱 휩쓸리게 하고 그를 사로잡을 것이라고 말했다. 아마도 만약 그가 이러한 것들을 가슴에서 좀 덜어 낼 수 있다면, 그는 자신의 삶에 더욱 집중하도록 자유로워질지도 모른다. 이러한 주제는 부모와 가까워지는 주제보다 그에게 더 잘 와닿는 것 같았다.

조시는 변화가 필요하다고 동의했지만 무엇을 해야 할지 몰랐다. 나는 그의 상황에 대한 통찰력과 성숙함을 칭찬했다. 그리고 그의 부모가 그를 사랑한다고 느끼는지 물어보았다. 조시는 그 질문을 듣고 놀랐지만 부모가 자신을 사랑하고 만약 그가 허락한다면 그것을 더 많이 보여 줄 것이라고 나를 안심시켜 주었다. 나는 그에 대해 동의하며 부모도 그가 더 나아지기 위해 무엇이든지 할 것이라 생각했다고 말했다. 조시는 동의했지만 여전히 혼란스러워 보였다. 그리고 나는 그가 분노를 누르기 위해 에너지를 모두 소모하고 있었고 부모도 그 사실을 알고 있다고 말했다. 이러한 감정들을 가슴에서 꺼내는 것이 필수적이라고 생각하며, 부모도 그의 이야기를 기꺼이 들어 줄 것이라 믿고, 그들도 이것이 도움이 된다고 생각할 것이라 이야기했다. 그는 양가 감정을 가지고 대답했지만 반대하는 것은 힘들어했다. 여전히 조시는 저항하며 생각해 보겠다고 말했다. 나는 그의 망설임을 공감해 주고 그가 그것에 대해 더 생각해 봐야 하고 다음에 만나 다시 이야기하는 것에 동의를 했다.

3. 과제 3: 부모 동맹

　부모의 갈등을 고려해서, 어머니와 아버지를 각각 따로 만나기로 결정했다. 이것은 그들 사이의 갈등으로 상담이 지속적으로 방해받는 것 없이 각자를 이해할 수 있는 기회를 줄 것이다. 또한 상대방의 존재 앞에서 매우 연약해질 필요도 없을 것이다. 다음 주는 아버지가 매우 바빠서 어머니와 먼저 상담을 시작했다.

　3번째 세션은 어머니와 함께했다. 결혼으로 인한 스트레스는 매우 팽배했으며 그것으로 상담을 시작하지 않을 수 없는 주도적인 주제였다. 어머니는 수년 동안 경험한 결혼생활의 불행에 대해 말하며 재빠르게 혹평을 시작했다. 그녀는 남편이 우울하고, 내성적이고, 비판적이며, 활력이 없는 것에 대해 불평했다. 그녀가 수년 전에 남편을 떠나고 싶었지만 둘째를 임신하게 되었다고 말했다. 비록 딸을 사랑했더라도 그녀는 결혼을 유지해야 하는 덫으로 느꼈다. 이야기가 진행되면서 어머니는 외도에 대한 몇 가지 삽화를 이야기했지만, 그것은 언제나 짧았고 남편은 절대 모른다고 이야기했다. 또한 그녀는 문제가 되지는 않지만 가끔 과음하게 된다며 음주에 대해 이야기했다. 나는 들으며 공감했고 그녀가 불만족스러운 결혼에 어떠한 기여를 하는지를 알아보려고 노력했다. 그녀는 몇 마디의 말로 대답했지만, 그녀가 그냥 가만히 물러나서 관점만 가지고 있기에는 너무나 무거운 이야기들이었다. 그녀는 피해자 그리고 죄수같이 느꼈다.

　나는 어렵지 않게 한 시간 내내 그녀가 고함치게 내버려 둘 수도 있다. 결혼생활에 대한 복잡한 이해를 얻기 전에 그녀는 많은 시간이 필요할 것이라는 것에는 의심이 없다. 하지만 나는 대화를 진행시키기로 결정하고 좀 더 부드럽고 반영적인 자기로 접근하도록 하는 다른 문이 있는지 살펴보았다. 그리고 그녀의 고통과 분노, 좌절을 강조하면서 다른 이슈들이 있는지 물어보았다. 주제에서 큰 도약을 기대하지 않고 어떻게 결혼이 양육과 아이들에게 영향을 미쳤는지에 대한 이해가 있는지를 그녀에게 물어보았다.

그녀는 깊은 후회와 죄책감을 표현하면서 거의 눈물을 쏟아 낼 것 같았고, 자신이 어머니로서 실패한 것 같으며 부모로서도 기술이 부족한 것처럼 느낀다고 기술했다. 또한 어린 시절에 사랑받은 적이 없어서 자신이 어떻게 아이들을 사랑해야 하는지도 몰랐다고 말했다. 나는 공감하며 그 이야기를 기록했고 다시 그 주제로 돌아올 것이라고 약속했다. 하지만 나는 어떻게 결혼이 아이들에게 영향을 미쳤는지에 대한 생각을 마무리하고 싶었다. 어머니는 놀라울 정도로 자신과 이것에 대해 솔직했으며 부모 사이에 따뜻함이 거의 없었던 것을 인정했다.

그녀는 좋은 엄마가 되고 싶었지만 결혼에 대한 벗어날 수 없는 느낌과 분노는 그것을 어렵게 만들었다. 나는 조시가 어머니와 가깝다고 느꼈다는 것과 때때로 그가 대화의 상대로 그녀를 생각했다는 것을 반영해 주었다. 어머니는 미소를 지으며 동의했지만 오래전에 그런 연결이 흐려졌음을 느꼈다고 했다. 그녀는 조시가 결혼 문제로 인해 얼마나 화가 났는지에 대해서 조금은 순진했다. 조시가 화가 난 것은 알았지만 대부분의 시간은 싸움에 대해 자각하지 못했을 것이라고 그녀는 생각했다. 그리고 자신이 때때로 쉽게 발끈했다는 것을 알았고 자신에게 부드러운 면이 있다는 것과 그것을 아이들과 나누고 싶었다고 말했다. 또한 그녀는 아이들이 자신보다는 훨씬 나은 어린 시절을 보내고 있으며 그것으로 행복하다고 말했다. 이러한 자신의 어린 시절에 대한 참조는 대화의 방향을 바꾸기에 좋은 시점으로 보였다.

어머니의 어린 시절은 끔찍했다. 그녀의 어머니는 우울했고 염세적이었다. 그녀의 아버지는 가족을 부양하기 위해 세 개의 직업을 갖고 일했지만 집에서는 아이들에게 극한 체벌을 하는 학대적인 알코올중독자였다. 조시의 어머니는 착한 아이였고 학교에서도 매우 잘 했으며 삶의 초기부터 독립적으로 살아가는 법을 배웠다. 이것은 그녀가 부모로부터 정서적 지지를 거의 기대하지 않는 것을 포함했다. 그녀는 아버지로부터 열심히 일하고 다른 어떤 것에는 시간을 쓰지 않으며 정서적으로 차갑고 엄격해서 어떤 누구도 자신을 상처 주지 못하게 하는 것과 같이 감정을 다루는 법을 배웠다고 말했다. 이러한 애착 실패에 대한 기억의 세부사항을 탐색하면서 어머니는 자신의 부모로부터 애정을 기대했던 것을 기억해 내지 못했고, 이는 애정을 받지 못해서 슬프거나 애도하는 감정에 접근하기 힘들게 만들었다. 나는 어머니가 좀 더 방어적이고 독립적이기 이전인 8세 때를 기억하는지 물었다. 그녀는 조용히 고개를 흔들었고 울기 시작했다. 그녀에게 무엇을 느끼느냐고 물었을 때 그녀는 "저는 제가 어머니의 사랑을 원한 기억이 없어요. 전 이미 내면으로는 죽었으니까요."라고 말했다. 그때 그리고 지금 그녀가 얼마나 외로웠으며 어머니로부터 버림받았다고 느꼈을지를 느끼면서 나도 거의 함께 울었다. 나는 그녀의 삶에서 고통, 슬픔 그리고 애정의 극심한 결핍을 강조했다. 그녀는 스스로 정서적으로 결핍된 어린 시절과 우울하고 내향적인 사람을 남편으로 선택한 것 사이의 연결을 찾았다. 하지만 이것은 분노와 좌절을 다시 불러일으켰다. 그 분노를 막기 위해 나는 그녀의 어린 시절에 대해 다시 물어보았다. 그녀는 학교에서 열심히 했고 집에서도 도움이 되려고 애썼지만 그런 것들이 상황을 다르게 만들지는 않았다. 어머니는 자신의 눈물과 싸웠다. 나는 애정을 획득하기 위한 그녀의 시도와 애정을 얻어야 한다는 느낌이 얼마나 불공평한 것인지를 깊이 공감해 주었다. 이 시점에서 나는 어머니가 아들의 슬픔과 외로움을 공감할 만한 자신의 슬픔과 외로움에 충분히 접촉했다고 느꼈다. 나는 항상 '그곳에' 더 머물고 싶어 하는 긴장감을 느끼지만, 부모들이 아이를 더 잘 이해할 수 있도록 돕기 위해 이런 힘든 기억들을 사용하고자 한다.

　타이밍이 맞는 것 같아서 다음 단계를 밟았고, 어머니는 자신의 경험과 아들의 경험을 연결시키기 시작했다. "사람마다 인생 경험이 있는데, 아드님이 당신이 겪었던 것과 비슷한 일들을 겪고 있는 건 아닌지 궁금하네요." 어머니는 허를 찔렸고 잠시 머뭇거렸지만, 강렬한 분노에 사로잡히지 않았을 때 분명히 심리적으로 관심이 많았다. 잠시 후 어머니는 다시 울기 시작했는데, 항상 자신에게 "아이들을 위해 난 다르게 할 거야."라고 말해 왔다고 했다. 이 순간 어머니는 다음과 같은 사실을 깨닫지 못했다.

> 저는 엄마처럼 차갑고 가혹해진 제 자신에게 화가 나요. 제 남편은 저를 싫어하고, 때로 저는 그를 탓할 수 없어요. 저는 그에게 매우 비판적이에요. 왜 조시가 저에게서 손을 떼고 아버지를 보호하는지 알 것 같아요. 그건 제가 저의 부모님에게 하던 것들이에요.

대화는 어머니의 불우한 어린 시절과 조시가 고립감을 느꼈던 것 그리고 둘 사이의 유사점을 탐구하면서 계속되었다. 우리는 어머니의 어린 시절이 더 무섭고 불안정했다는 것에 분명히 동의했지만 그녀는 다른 점에도 불구하고 조시가 혼자 어땠을지, 그리고 결혼 문제에 대해 얼마나 화가 났을지 알수 있었다. 이 몇 분 동안 어머니는 솔직했으며 자기성찰적이었다. 어머니는 방어적이거나 무시하는 느낌 없이 조시의 곤경을 이해할 수 있었고, 자신의 정서적 반응을 넘어서 조시의 관점을 잠시나마 이해할 수 있었다.

대화가 진행되면서 나는 어머니에게 긴박감과 유능감 그리고 희망을 일깨우려고 노력했다. 나는 그녀가 어렸을 때 사랑을 많이 받지 않았음에도 불구하고, 어떻게 그녀가 세대 간 굴레를 깨고 어머니의 어머니와 다른 방식으로 조시를 위해 함께 있어 줄 수 있었는지에 대해 이야기했다. 어머니는 이미 너무 늦었으며 조시에게 그런 사랑은 필요 없고 원하지도 않는다고 항변했다. 조시는 여전히 어린 남자였다. 나는 조시가 여섯 살 때 스스로를 돌보게 했던 것과 같은 어머니는 필요하지 않을 수 있겠지만, 지금 다른 방식으로 이해받고 보살핌 받는 것에는 여전히 목마르다고 반박했다. "그리고 당신이 그랬던 것처럼 이러한 것은 조시를 갉아먹고 있습니다." 그 순간 내 목표는 어머니를 설득하거나 새로운 것을 시도하게 하는 것이 아니라 단지 그녀가 내 말에 대해 생각하게 하는 것이었다. 나는 어머니 자신과 아들에 대한 사랑을 믿으며 어머니가 아들을 위해 어머니의 부모가 하지 못했던 것을 할 수 있다고 말했다. 어머니는 나의 칭찬을 일축했지만, 자신에 대한 나의 믿음을 반기는 듯했다. 나는 어머니에게 과거를 바꾸라고 하는 것이 아니라 조시가 현재 겪고 있는 일을 인정해 달라고 부탁한 것이다. "당신의 부모님이 단 한 번이라도 당신과 함께 앉아 이 모든 것에 대해 당신이 어떻게 느끼는지 물어본 적이 있다고 상상해 보세요. 평생 그렇게 깊은 원한을 품지 않아도 됐을 겁니다." 어머니는 침묵을 지켰지만 내가 그녀에게 부탁하는 것을 이해하기 시작했다. 조금 더 얘기를 나눴고, 세션을 마치면서 나는 그녀에게 이것에 대해 생각해 보라고 부탁했으며, 우리는 다음의 만남에서 이 문제를 다시 다룰 것이다.

4. 과제 2: 청소년 동맹(계속)

네 번째 세션에서는 조시와 단둘이 다시 만났다. 우리는 처음에 그가 학교에서 겪고 있는 몇 가지 문제와 친구들에 대해 이야기했다. 그의 몇 안 되는 친구들은 더 많은 마약을 사용하기 시작했고, 그는 마약을 끊어야 할 필요성을 느꼈지만 이것이 그를 더 고립되게 만들었다. 우리는 몇 가지 문제를 해결하고 나서 부모가 이 문제를 해결하는 데 도움이 될지 알아보았다. 그는 내 제안을 비웃었지만, 그것은 지난주의 대화로 돌아가게 했다. 그는 사실 내 의견에 더 동의했고 심지어 부모에 대해 약간 더 노골적으로 분노를 표현하는 자신을 발견했다. 이것은 그가 일상에 대한 분노와 더 심오한 관계 문제에 대한 분노의 차이를 이해하도록 도와주었다. 그는 똑똑한 아이였기 때문에 금방 그 차이를 알아차렸다. 이것은 이 부모와 관련해 가장 큰 상처를 준 것들을 확인할 완벽한 시작이었다. 그것이 새로운 내용은 아니었지만 그는 지금 그것에 대해 더 개방적이고 반영적이었다. 주제는 주로 아버지의 우울증, 어머니의 감정 기복과 어머니가 자주 집을 비우는 것을 중심으로 돌아갔다. 무엇보다도 그는 싸움과 이혼의 위협에 대해 불평했다. 이러한 각각의 주제에 대해 토론하면서 우리는 그의 복잡하고 때로는 엇갈린 감정적 반응을 더 잘 이해하려고 노력했다. 그는 때로는 슬프거나 걱정스럽고 대부분 화가 났다. 내용과 그의 감정이 좀 더 분명해진 상태에서, 그가 이런 것들에 대해 좀 더 직접적으로 부모에게 이야기한다면 그들이 어떤 반응을 보일지 생각해 보기 시작했다. 그는 그들이 상처받거나, 화가 나거나, 누구의 책임이 더 큰가를 두고 싸울까 봐 걱정했다. 우리는 각각의 반응과 그가 그 반응에 대해 어떻게 대응할지에 대해 논의했다. 무엇보다도, 나는 부모님이 어떻게 반응했는지에 상관없이 조시가 자기 자신을 표현할 자격이 있다고 느끼도록 도와주려고 노력했다. 그는 부모를 돌볼 책임이 없다.

우리는 조시가 감정을 다스리고 부모와 대화하는 동안 폭발하거나 문을 닫지 않도록 돕기 위해 몇 가지 자기조절 기술을 검토했다. 그리고 그가 막히거나 명확하지 않은 경우 내가 돕도록 할 것인지도 논의했다. 그는 괜찮다고 했으며 농담으로 내 도움을 환영했다. 나는 그가 잘 할 수 있도록 돕겠다고 그를 안심시켰다. 또한 조시의 부모가 그의 말을 경청할 수 있도록 준비하기 위해 내가 부모를 만날 것이라고 그에게 상기시켰다. 그리고 나서 대화는 그가 학교에서 좋아하는 한 소녀에 대해 농담을 하고 부모와의 대화가 잘 되면 그녀에게 데이트 신청을 할 수도 있다는 것으로 흘러갔다. 나는 함께했고 그것이 그에게 동기 부여가 된다면 찬성이라 말했으며, 부모와의 대화가 어떻게 되든 간에 그가 그녀에게 데이트 신청을 하고 싶어 할지도 모른다고 덧붙였다. 조시는 미소를 지으며 세션을 떠났다.

5. 과제 3: 부모 동맹(계속)

다섯 번째 세션에서 나는 아버지와 단둘이 만났다. 어머니와 함께한 시간만큼 만족스럽지는 않았지만 이 과제의 목표를 달성하기에 충분해 보였다. 아버지는 적당히 우울하고 절망적이었으며, 어머니에 의해 약해졌고, 가족에게 영향을 미칠 수 없었다. 그는 결혼에 대해 '그렇게 나쁘지 않은' 것처럼 이야기하며 아내가 사람들이 완벽하지 않다는 것을 받아들여야 한다고 말했다. 그녀의 거절, 성적 거부 그리고 가족생활에서의 부재를 용인하는 그의 모습은 놀라웠다. 그의 우울증은 낮은 자존감, 건강한 자격의 부족 그리고 소극성을 강화시켰다. 그는 관계적 재정의 때만큼 아내에 대한 분노를 표출하지 않았고 오히려 결혼에 대한 반성과 후회를 더 많이 보였다. 결혼생활의 문제는 너무 확고하게 느껴져서 이 주제에 머무르는 것이 비생산적으로 보였다.

조시의 아버지는 어렵지 않게 어린 시절의 애착 경험으로 전환하도록 해주었다. 그의 어린 시절은 꽤 평범했다. 가족은 워싱턴 DC에 살았고 그의 아버지는 비영리, 자유주의 사회정책 연구소에서 일했다. 그는 종종 아버지와 함께 일하러 갔고, 그래서 꽤 높은 수준의 국가 정치에 노출되었다. 10대 때 그는 정무직에 출마하고 선한 싸움에 맞서 싸우는 공무원으로서 사는 삶을 꿈꿨다. 그가 15세 때 그의 어머니는 희귀한 질병으로 사망했고 눈 깜짝할 사이에 그의 삶은 추락했다. 그의 아버지는 우울해졌고 정서적으로 여유가 없게 되었다. 성적은 떨어졌고 대학 생활은 위태로웠다. 그는 어머니가 돌아가신 결과로 삶을 통제할 수 있다는 믿음을 잃었다고 묘사했다. 그의 비극적인 상실에 공감한 후 나는 그의 버림받은 감정에 초점을 맞췄고, 그 중요한 시점에서 사랑과 지원에 대한 그의 욕구를 그에게 전달하려고 노력했다.

그 중요한 시기에 대한 그의 기억과 감정을 탐구한 후 나는 조시가 버림받은 비슷한 감정을 가지고 있었을 가능성이 있는지 물었다. 아버지는 처음에는 방어적인 태도를 취했으나 그 후 조시가 겪고 있을지도 모르는 다르면서도 유사한 경험을 이해하기 시작했다. 아버지는 조시가 필요로 할 때 조시 곁에 있지 않았을지도 모른다는 의견을 받아들였다. 우리는 이것에 대한 아버지의 이유와 후회를 잠시나마 탐구했지만, 나는 책임감과 연민의 감정을 소생시키려고 노력했다. "알다시피 당신이 열다섯 살과 열여섯 살에 아버지를 필요로 했던 것처럼 조시는 지금 당신을 정말로 필요로 합니다." 그는 소극적이고 절망감에 빠지려 했지만 나는 가능성을 잃지 않으려고 노력했다. 조시의 어머니와 했던 것처럼 나는 아버지가 아들을 돕고자 하는 열망과 동기를 보강할 가능성을 주입하려고 했다. 아버지는 항상 조시를 도와주려고 했지만 소용이 없었다고 항변했다. 이 시점에서 나는 아마 그가 잘못된 것을 시도하고 있었을지도 모른다고 제안했다. 조시는 훈육과 과외를 필요로 하지 않았다. 조시는 자신을 힘들게 하는 감정들을 좀 더 잘 이해하도록 도와줄 아버지가 필요했던 것이다. 조시는 아버지가 15세 때 느꼈던 것처럼 분노와 실망을 느꼈다. 아버지는 조시가 자신의 감정을 나누고 싶어 하지 않는다고 항변했고, 나는 조시가 자신의 이야기를 듣고 싶어 하는 사람이 있는지 확신할 수 없었던 것이라며 반박했다. 아버지는 망설였지만 궁금해했다. 나는 조시가 자신을 표현하는 것이 얼마나 어려웠는지, 정서 근육이 얼마나 연약했는지에 대해 좀 더 이야기했다. 아버지는 정서적 연습이 필요했고 가슴속에 있는 것들을 털어놓을 필요가 있었다. 그는 확실히 그것에 동의했고 내 생각에 더 수용적이기 시작했다. 나는 그에게 조시가 더 많은 말을 할 수 있도록 아들의 말을 듣는 방법을 배우고 싶은지 물었다. 나는 아버지가 얼마나 민감하며 조시의 고군분투를 잘 이해하는지에 대해 칭찬했고, 아들을 돕고자 한다면 아들에게 큰 힘이 될 수 있다고 확언해 주었다. 그는 이에 대해 동의했다.

6. 과제 2: 청소년 동맹(계속)

여섯 번째 세션에서 나는 조시와 단둘이 다시 만났다. 나는 애착 과제를 할 준비가 되어 있지 않았지만 그를 보기 전에 일주일을 더 기다리고 싶지 않았다. 그의 현재 우울증과 일반적인 감정 상태에 대해 평가한 후 학교 주제로 돌아갔다. 그의 학교 실패 이야기 중 몇 가지 세부사항을 듣고 나서 우리는 학업 수행에 대한 그의 신념을 점검하기 시작했다. 그는 몇 가지 부정적인 사건에 집중하며 자신에 대해 안정적이며 포괄적인 귀인을 하는 경향이 있는 것으로 밝혀졌다("나는 멍청할 뿐이며 대학에 절대 가지 않을 것이다."). 우리는 자신에 대한 그러한 관점을 반박하는 증거를 확인할 수 있었고, 그는 조지타운 대학교에 다니지 않더라도 대학에 진학하는 것을 상상하기 시작했다.

세션 중간에 나는 다시 애착 과제로 돌아왔다. 그는 그것에 대해 생각해 봤고, 도움이 될 수 있다는 것에 어느 정도 동의했다고 말했다. 나는 그의 용기를 칭찬했고, 우리는 그 일을 준비하기 시작했다. 우리는 대화 중에 목표, 그가 하고 싶은 말 그리고 어떻게 하면 감정을 더 잘 다스릴 수 있을지를 검토했다. 또한 부모가 어떻게 반응할지와 그들의 기분을 상하게 할 것 같은 두려움에 대해 이야기했다. 그는 마음속의 말을 하는 것보다 부모와 거리를 두는 것이 오히려 부모를 더 아프게 한다는 나의 도전에 잘 반응했고 동의했다. 그러고 나서 우리는 내가 어떻게 그를 도울 수 있는지에 대해 이야기했다. 나는 그에게 도전하고 싶고 응원도 하고 싶었다. 내가 필요하다고 느끼면 개입할 수도 있다는 것에 대해 그는 동의했다.

7. 과제 3: 부모 동맹(계속)

일곱 번째 세션에는 부모가 함께 참여했다. 나는 먼저 나와 단둘이 만나 준 두 분에게 감사를 표하며, 자신과 아들에 대한 부모의 민감함과 통찰력에 내가 얼마나 감명받았는지를 말하는 것으로 상담을 시작했다. 또한 나는 우리가 몇 가지 문제를 다뤄야 할 수도 있지만 부부치료를 위해 그곳에 있지 않다고 말했다. 대신 내 목표는 조시를 돕는 것이었다. 조시가 성인에 가까워질 준비를 시작할 수 있도록 돕는 것이다. 부모 모두 내가 그들을 도울 수 있다는 것에 대해 자신감을 표현했고, 아들을 도울 수 있다고 생각하는 어떤 일이든 기꺼이 할 것이라고 말했다.

나는 개인으로서, 또 가족으로서 그들에 대한 인상을 설명하면서 시작했다. 먼저, 나는 그들 둘 다 나름대로 매우 힘든 어린 시절을 보냈다는 것을 인정하며 그들 둘에게 깊은 공감을 표현했다. "이렇게 자라다 보면 우리는 때때로 관계에서 안전함을 느끼기 힘들어집니다. 우리는 사랑하고 사랑받고 싶지만, 때로는 자기보호적인 감정을 느끼고 상대방의 작은 실수에도 상처를 받기도 합니다." 나는 그들에게서 커다란 상처와 동시에 엄청난 회복력을 봤다고 말했다. 그들은 부부치료를 그렇게 많이 하지 않았고, 최근에는 하지 않았기 때문에, 나는 이혼에 대해 진지하게 생각하기 전에 부부치료를 한 번 더 해 보라고 권유했다. 비록 치료가 헤어짐을 좀 더 정중하고 견딜 만하게 만들어 준다고 해도 그것은 가치가 있다. 아버지는 그 생각에 마음을 열었지만 어머니는 망설였다. 하지만 어머니는 그들이 헤어지기로 결정해도 치료가 도움이 될 것이라고 동의했다. 또한 나는 아버지에게 고개를 돌려 우울증 약물치료에 대해 이야기했다. 나는 그의 양가감정에 공감했지만 좋은 정신과 의사와 함께 그것을 탐구해 보자고 제안했다. 우울이 아주 조금이라도 나아진다면 그가 잃을 것은 아무것도 없었고 얻을 것은 많았다. 나는 이 가족의 상황이 어떻게 전개되든 간에, 우울증이 어느 정도 해소되면 조시를 돕고 앞으로 닥칠 일에 대처할 수 있는 더 많은 에너지를 가질 수 있다고 강조했다. 그는 그것에 대해 더 진지하게 생각하고 싶어 했다. 어머니는 약물치료와 개인 심리치료에 반대했기 때문에 그녀가 그것에 대해 내가 생각하고 있다는 것을 알면서도 나는 그 이야기를 꺼내지 않기로 결심했다.

그러고 나서 나는 조시에 대해 말하기 시작했다. 내 접근 방식은 그의 문제를 부부 갈등 탓으로 돌리지 않는 것이었다. 대신 결혼문제가 조시가 우울증을 극복하는 데 도움을 주기 어렵게 만드는 환경을 조성하고 있다고 강조했다. 나는 조시에 대한 존경과 관심을 표현하는 것으로 시작했다. 나는 우울증에 갇혀 있는 것처럼 보이는 매우 똑똑하고 친절하고 통찰력이 있고 야망이 있는 청년을 보았다.

나는 조시가 두 가지 구체적인 방법으로 부모의 도움이 필요하다고 재차 강조했다. 먼저, 조시는 목소리를 찾아야 했다. 그는 감정으로 가득 차 있고 그것을 표현하는 능력이 거의 없는 소년이었다. 부모 모두 혼란스러운 감정이 많고 의지할 곳도 없는 외로운 청소년이라는 게 어떤 건지 알고 있다는 걸 상기시켰다. 부모 모두 인정했다. 그러고 나서 나는 부모에게 조시가 다른 경험을 할 수 있도록 돕는 기회를 제안했다. 그것은 조시의 슬픔과 분노를 들어주며, 그의 감정을 좀 더 잘 조절하는 방법을 배우도록 돕는 부모를 갖는 것을 포함한다. 부모 역시 이 말을 이해했다. 그들은 조시가 갈등과 사람들로부터 철수하는 것보다 어느 정도 성숙해지고 자신을 더 잘 표현하기를 원했다. 나는 "그가 하는 말 중 일부는 듣기 힘들지도 모릅니다. 저는 그의 감정 중 일부가 두 분에 대한 것이라고 확신합니다."라고 말했다. 부모는 방어적이기보다는 흔쾌히 동의했으며 그가 여러 가지 이유로 화가 났다고 추측했다. 나는 그들의 갈등이 그의 우울증을 야기했거나 그것이 마음속에 있는 유일한 것이라고 말하는 게 아니라고 재빨리 덧붙였다.

하지만 나는 이런 감정들이 그가 다른 문제에 대해 도움을 청하는 데 방해가 될 것에 대해 걱정했다. 나는 조금은 조심스럽고 부모에 대해 보호적이었지만, 그들 둘 다 조시가 그들의 다툼에 대해 화가 났다는 것을 충분히 이해할 수 있는 통찰력이 있었다. 우리는 이것에 대해 논의하는 데 약간의 시간을 보냈고, 나는 부모가 서로를 비난하는 것을 막기 위해 부지런히 그들을 관찰했다. 그리고 조시에게 초점을 맞추면서 조시가 부모에 대해 솔직하지만 가혹한 말을 하면 기분이 어떨지 생각해 보라고 했다. 그들 둘 다 이것의 필요성을 이해했지만, 나는 여전히 그들이 들어 주고, 호기심이 있으며, 방어적이지 않아야 한다고 강화했다.

약간의 호의가 생기면서 더 큰 문제를 해결할 수 있었다. 나는 부드럽게, 하지만 직접적으로 나의 가장 큰 관심사는 그들이 서로 다투고 비난하는 성향이며, 첫 번째 세션에서 만났을 때 그들이 싸우기 시작할 때마다 조시가 배경으로 사라지는 것을 관찰했다고 말했다. 그들의 끊임없는 싸움은 조시에게 가족 안에서 발견할 정서적 여유를 주지 못했다. 그 순간 어머니는 아버지에게 비판적이 되었고 아버지는 방어적이 되었다. 나는 그것이 바로 내가 의미한 것이라고 지적했다. 그들은 순식간에 불이 붙는 화약고 같았다. 나는 서로에 대한 분노에 공감했고 이 일이 쉽게 해결될 수 있을 거라고 생각하지 않았다고 안심시켜 주었다. 하지만 그들이 어릴 때 무섭고 아무도 의지할 곳이 없을 때 어떻게 느꼈는지도 상기해 주었다. 나는 그들이 조시에 대한 사랑을 바탕으로 조시에게 말할 기회를 줄 수 있을 만큼 오랫동안 화를 참을 수 있는지 물었다. 만약 그들이 조시를 위해 이것을 해 줄 수 없다면 조시가 포기하고 다시 고립될 것이라고 설명했다. 그때 나는 변화에 대한 비현실적인 기대를 주고 싶지 않았기 때문에 적어도 세션에서는 이 정도는 해 달라고 요구했다. 부모는 나의 도전과 충고를 이해하는 것 같았다.

목표와 과제에 대한 합의가 이루어지면서 우리의 대화는 기술 쌓기로 바뀌었다. 어조는 조금 더 심리교육적이 되었고 기본적인 듣기 기술을 가르치는 데 초점을 맞췄다. 우리는 조시를 관심의 대상으로 삼아야 할 필요성에 대해 이야기했고, 목표는 조시의 말을 경청하며, 그에게 질문을 하고, 그의 생각을 궁금해하며, 어떤 감정이 생기든 수용하는 것이라고 이야기했다. 우리는 이것이 왜 중요한지, 그리고 조시가 어떻게 감정을 말로 표현하고, 거절당하거나 처벌받지 않고 문제를 거론할 수 있다는 신뢰를 얻는 데 도움이 되는지에 대해 이야기했다. 그것은 또한 그가 부모님에게 숨겨 왔거나 극도로 걱정했던 것(예: 부모님이 이혼하는 것)을 털어놓도록 도울 수도 있다. 부모는 이러한 지시에 순응하고 동의했다.

　그리고 나서 나는 더 어려운 내용으로 넘어갔다. 나는 그들이 방어적일 뿐만 아니라 조시로부터 관심을 돌릴 수 있는 방식으로 싸우기 시작할 것에 대한 우려를 표현했다. 부모는 내게 약간 꾸중을 들었지만 나는 끈질기게 이 부분을 분명히 해야 했다. 나는 내가 하는 말이 그들에게 불편함을 야기할 수 있다는 것을 인정하고, 인정하는 것이 얼마나 중요한지 강조했다. 누가 논쟁을 시작했는지와 누가 옳고 그른지를 떠나서, 나는 온화하고 탓하지 않는 방식으로 논쟁이 어떻게 대화의 정서적인 부분을 모두 차지해 버리고 있었는지에 대해 직설적으로 말했다. 이 일이 일어나자 조시는 포기하고 물러났다. 우리는 이것에 대해 논의했고, 부모는 이 역동에 대한 분석을 더 받아들이게 되었다. 또한 세션 중에 싸움이 일어났을 때 내가 그들을 멈추게 하는 데 도움이 될 수 있는 방법에 대해 함께 논의했다. 그리고 나서 우리는 몇 가지 다른 듣기 기술과 이 세션에서 부모가 서로를 어떻게 지지해야 하는지를 검토했다. 우리는 꽤 좋은 느낌으로 마무리했다. 부모는 조시가 무엇을 생각하고 느끼는지 실제로 듣기 시작할 수 있다는 희망을 느꼈다.

8. 과제 4: 애착 회복

　여덟 번째 세션에 세 가족구성원이 왔다. 간단한 체크인을 한 후 나는 세션의 목표를 다루었다.

> **치료사**: 오늘 와 주서서 감사합니다. 아시다시피, 저는 이 대화를 준비하기 위해 여러분 한 명 한 명과 만나고 있습니다. 저는 모두가 우리가 이루고자 하는 것이 무엇인지 알고 있고 이것을 위해 노력하기로 동의했다고 생각합니다. 그럼, 조시, 어디 시작하고 싶은 곳이 있니, 아니면 내가 제안을 할까?
>
> **청소년**: 선생님이 시작해 주세요.
>
> **치료사**: 그래, 너와 나는 집에서 외로운 감정에 대해 조금 이야기해 왔었지. 그것부터 시작해 보는 건 어떨까?
>
> **어머니**: 어떻게 집에서 외로울 수 있어? 난 항상 집에 있는데…… 왜 나에게 오지 않았니? 만약 네가 외롭다면, 왜 나에게 이야기하러 오지 않은 거야?
>
> **치료사**: 스턴 부인, 그게 당신이 이해하고 싶은 주제라는 것을 압니다. 하지만 우리가 조시의 감정을 이해하고자 하려는 것과 조금 속도를 늦추기로 한 것을 다시 기억해 볼까요?
>
> **어머니**: 네. 네, 그래요. 그래, 조시, 외롭다는 것이 무엇을 의미하는지 말해 줄 수 있니? 난 정말 알고 싶어. 네가 말하고 싶은 것은 무엇이든 말하렴…….
>
> **아버지**: 그래, 조시. 네가 말하고 싶은 것은 무엇이든 말하렴.
>
> **치료사**: 조시, 부모님이 네가 말하고 싶은 것을 듣고자 한다는 그 말이 믿겨지니?
>
> **청소년**: 아니요!
>
> **치료사**: 왜 아닐까?
>
> **청소년**: 왜냐하면 부모님은 제 이야기를 단 한 번도 듣지 않았으니까요. 부모님은 저에게 소리를 지르거나 서로에게 소리를 지를 뿐이에요.

아버지: 그게 무슨 말이야?

치료사: 스턴 씨…… 제발, 제발 조금만 더 들어 보려고 노력해 볼까요? 자신을 방어하실 필요가 없으세요. 당신은 조시가 말하고자 하는 것을 듣기를 원하죠. 맞나요, 아닌가요?

아버지: 네…… 맞아요…… 그렇죠…… 그래서 네가 말하고 싶은 게 무엇이니?

청소년: [침묵하기 시작한다.]

치료사: 와우, 와우, 조시, 이게 바로 우리가 얘기했던 거지. 너 스스로를 위해 일어서야 한다는 것. 지금 후퇴하지 말자. 물러서지 말아. 넌 이걸 할 수 있어.

청소년: 선생님은 부모님이 어떤지 알잖아요.

치료사: 난 지금 노력하고 듣기 위해 최선을 다하는 부모님이 보여. 이것은 부모님에게 쉽지 않아. 그리고 부모님은 그걸 잘하지 못해. 하지만 부모님은 여기에 있어. 이건 힘든 이야기들을 털어낼 널 위한 시간이야. 이 시간을 놓치지 말아.

어머니: 조시. 넌…….

치료사: [끼어들며] 스턴 부인, 그가 말하도록 해 보죠. 그에게 말할 기회를 주세요. 계속해 봐, 조시.

청소년: 수년 동안 부모님은 서로를 미워했어요. 그리고 우리는 이걸 지켜 봐야만 했죠. [아버지를 향해] 아빠는 엄마에게 소리 지르고, 엄마는 집을 떠나고 아빤 우울해졌어요. 그리고 전 아빠를 돌보기 위해 노력해야 했죠. 그리고 엄마는 모두가 괜찮은지 확인하기 위해 저에게 전화해요. …… 그리고 전…… 전 엄마를 돌보아야 한다고요. 정말 싫어요. 그냥 절 이런 것에서 좀 벗어나게 해 주세요!

부모는 할 말을 잃었다. 그들은 조시가 이런 식으로 말하는 것을 들어 본

적이 없었고 얼마나 그들의 문제에 조시를 끌어들였는지 전혀 몰랐다. 지금
은 그럴 때가 아니기 때문에 나는 부모가 그를 방해하거나 위로하는 것을 제
지했다.

> 치료사: 그러니까 조시, 네가 부모님을 돌봐야 한다고 느꼈다는 것이니?
> 청소년: 제길, 네. 부모님은 정말 멍청해요.
> 치료사: [이것이 아버지를 모욕할까 걱정하면서] 조시…… 무엇…… 무엇을
> 말하고 싶니? 부모님을 모욕하지는 말자, 그저 이것이 너에게 어떠
> 했는지를 알려 드리자.

그러고 나서 조시는 지난 10년 동안 집에서의 삶이 어땠는지에 대해 이야
기했다. 그것들은 말다툼, 혼란, 불안정성, 예측 불가능성, 엄마의 기분 변화,
아버지의 수동성을 포함했다. 그는 또한 그가 그들의 도움이 필요하다고 느
꼈을 때 그들이 그를 위해 있지 않거나 서로 싸우느라 바빴던 모든 시간에 대
해 말했다. 부모는 대부분 경청하면서도 질문 몇 가지를 하고 조시가 자신의
이야기를 하도록 격려하는 등 자제했다. 어느 순간 어머니는 조시에게 "그래
서 우리가 이혼해야 한다고 생각해?"라고 말했다. 조시가 대답하기 전에, 나
는 그녀의 질문을 멈추고 그 질문이 어떻게 조시가 관여하지 말아야 할 것들
에 대해 이야기하도록 초대하고 있는지 생각해 보았다. 아버지는 그런 바보
같은 질문을 한 어머니를 비난하기 시작했지만, 나는 이렇게 하면 조시에 대
한 집중이 금방 사라진다고 말하면서 그를 막았다. 나는 조시의 실망감, 외로
움, 슬픔의 일부를 끌어내려 했다. 그는 조금 누그러졌고 그중 일부를 공유했
지만 그날은 대부분 화가 나 있었다. 그런 감정들은 정당하지만 보통 인정받
지 못하는 감정들이었다. 그래서 나는 그에게 부드러운 감정을 강하게 강요
하지 않았다. 조시가 말하고 있다는 사실과 부모가 듣고 있다는 사실은 그들
에게 중요한 돌파구였다. 이것은 이 가족의 정서적 규칙에서의 큰 변화였다.

나는 이것이 부모를 너무 힘들게 하지는 않는지 확인하기 위해 대화를 살폈다. 그들은 불편했지만, 조시의 정직함과 고통에 마음이 움직이고 있었다.

 잠시 후, 조시는 물도 없이 뜨거운 사막을 건넌 것처럼 지쳐 보였다. 개방은 자연스럽게 끝났고, 첫 대화에서는 상호작용이 완벽하다고 느꼈다. 그때 나는 부모가 무슨 말을 하고 싶은지 보기 위해 그들에게 눈을 돌렸고, 간단하게 말할 것과 조시에 관해 말할 것을 상기했다. 놀랍게도 조시에게 조금 더 가까이 다가가서 사과한 사람은 아버지였다. 그는 조시를 자신의 문제로 끌어들였고, 조시가 가끔 그를 정말로 필요로 할 때 자신이 우울에 빠졌다고 인정했다. 어머니가 끼어들기 시작했지만 나는 아버지와 아들이 이런 친밀한 순간을 갖기를 바라며 그녀를 멈추었다. 조시는 가만히 있지만 분명히 듣고 있었다. 아버지는 그의 우울증이 그를 정말 힘들게 만들었지만, 그는 그것이 변명의 여지가 없다는 것을 알고 더 잘하려고 노력하고 싶었다고 말했다. 조시는 침묵을 지켰다. 나는 조시에게 아버지를 믿는지 물어봤다. 조시는 어깨를 으쓱하며 "어떻게……. 하지만 상황이 정말로 바뀔까요?"라고 말했고, 아버지는 노력하겠다고 했다. 이 성공적인 순간을 바탕으로 나는 대화가 이미 내게 다르게 느껴졌다고 말했다. 그러고 나서 조시는 어머니를 바라보았다.

청소년: [연약하고 호기심 가득한 어조로] 그래서 엄마, 어떻게 할 거예요. …… 아빠를 떠날 거예요?

어머니: [무엇을 이야기해야 할지 알면서 치료사를 본다.]

치료사: 제 생각엔 이것이 조시가 물어볼 만한 적절한 질문이고 주제인 것 같군요. 이것은 그의 삶에 큰 영향을 미칠 테니까요. 그가 알아야 할 필요가 있는 것 혹은 관여할 필요가 있는 것은 무엇이고, 무엇이 부모님 사이에서 해결되어야 할 것들인지 생각해 보도록 합시다.

어머니: 조시, 난 모른단다. 네 아빠와 내가 이것을 풀어 갈 거야.

청소년: 하지만 두 분은 마치 서로를 무척이나 증오하는 것 같아 보여요.

어머니: 우리는 서로를 미워하지 않아.

치료사: 그렇게 보인다고요. 부모님은 항상 싸우기만 하니까요.

치료사: 스턴 부인, 당신도 알다시피 조시가 엄마도 자신을 떠날까 봐 걱정하고 있는 건 아닌지 전 궁금하네요.

어머니: [울기 시작하며] 조시. …… 난 널 절대로 떠나지 않아. …… 아빠와 내가 어떻게 되더라도 말이야. 넌 나의 아들이야. 그리고 난 언제나 너를 사랑하고 널 위해 함께할 거야.

청소년: [눈물을 훔친다.]

어머니: [청소년을 안아 주기 위해 소파에서 이동한다. 청소년은 어머니를 그대로 받아 주지는 않았지만, 대신 어머니의 손을 자신의 어깨에 얹을 수 있도록 허락한다.] 조시, 널 사랑한단다. 우리 둘 다 너를 사랑하고 있어. 우리가…… 내가…… 너를 무척이나 힘들게 만들었다면 정말 미안해.

우리는 몇 분 동안 그 순간의 침묵을 유지했다. 가족들은 조금 지쳤지만 후련해졌다. 몇 분의 시간이 지난 뒤, 나는 그들이 얼마나 잘 해내었는지 칭찬했고, 이것이 얼마나 힘든 일인지에 대해 공감해 주었다. 또한 이것은 새로운 시작이며, 과거와 다른 방향의 가족을 이룰 수 있는 새로운 기회라고 말하면서 희망을 불어넣어 주었다. 나는 앞으로도 대화하고 해결해야 할 어려운 것이 많을 거라 인정했지만, 만약 그들이 이렇게 진실될 수 있고 서로에게 힘이 되어 준다면 조시는 이것으로부터 더 강한 사람이 될 수 있을 것이다. 부모는 이 만남에 고마움을 표했고, 가족들은 다음 주에 다시 올 계획을 세웠다.

몇 주 동안(세션 9~10) 우리는 이러한 대화를 몇 번 더 나눴다. 비록 대화가 그렇게 격렬하진 않았지만, 조시가 대화가 필요하다고 느꼈던 부모와의 관계에 영향을 미친 중요한 기억들을 다루었다. 부모는 내게 덜 싸우기 위하여 최선을 다하고 있다고 말했고, 어머니는 저녁식사를 위해 집에 좀 더 머물렀다고 했다. 아버지는 약물치료가 그의 우울증 감소에 도움이 될 수 있는지 알아보기 위해 정신과 의사와 예약을 잡았다. 결혼생활은 여전히 좋지 않았지만 싸움은 줄어들었다. 나는 조시와 몇 가지 일이 좀 더 해결된 뒤, 몇 주 후에 부모와 만날 것을 제안했다.

9. 과제 5: 자율성 증진

집안 상황이 완전히 완벽하지는 않았지만 긴장감은 완화되었다. 세션 11~13은 조시와 그의 부모 사이의 관계 내용은 줄이고 조시가 어떻게 삶을 되찾아갈지에 중점을 맞추었다. 아버지는 정신과 의사를 만나기 시작했고, 조시도 검사를 받아 봐야 한다고 제안했다. 조시는 이것에 대해 복잡한 감정을 느꼈지만 기꺼이 약속을 잡으려고 했다. 조시는 학교에 대해 더 걱정했다. 부모도 조시의 학업에 대해 매우 염려했다. 그는 여전히 대학에 진학하기를 원했지만 성적이 떨어져서 기회를 망쳤다고 두려워했다. 그와 아버지는 항상 조시가 조지타운 대학교에 장학생으로 가는 것에 대해 이야기해 왔다. 그렇게 조시는 워싱턴에 있을 수 있었지만 조시의 성적으로 볼 때 이것은 불가능해 보였다. 나는 조시가 학교상담사를 만나 그의 성적을 고려해 볼 때 선택지로 어떤 것이 있는지 평가해 볼 것을 제안했다. 주목할 만한 순간은 그가 아버지에게 다가가 함께 학교상담에 참석해 문제를 해결하기 위한 도움을 청할 때 일어났다. 아버지는 놀랐으며 어머니는 조금 상처를 받았다. 그 순간은 어떤 식으로든 흘러갈 수 있었지만, 아버지는 아내의 허락을 구하거나 아내의 상처받은 감정을 돌보지 않고 아들을 바라보며 말했다. "그래, 나도 그 학교상담에 참석한다면 매우 행복할 것 같구나." 조시는 어머니를 바라보았고, 폭풍이 몰아칠 것 같은 혼재된 감정들과 아버지를 향한 공격을 예상했다. 어머니는 나를 보았고 자신을 향한 나의 지지를 느꼈다. 그리고 나서 그녀는

"오, 그거 정말 좋겠구나."라고 말했다.

　나는 조시에게 아버지에게 도움을 요청한 것이 힘들지 않았는지 물었다. 조시는 "엄마는 주로 절 도와주는 분이에요. 아빠는 이런 종류의 일에는 관여하지 않으시거든요."라고 말했다. 아버지는 그것에 대해 아내에게 책임을 돌리려 했고, 어머니는 아버지의 수동성에 대해 불평했다. 나는 두 사람의 갈등을 모두 중단시키고 조시가 다른 도움이 필요한지 알아보라고 부탁했다. 조시는 조금 당황했지만 자그마한 소리로 졸업파티에 가고 싶다고 말했다. 부모는 다소 놀랐다. 그들은 그것에 대해 전혀 생각해 보지 않았고, 자신들이 어떻게 도울 수 있는지 물었다. 그는 확실하지 않다고 말하였지만 티켓을 사기에는 너무 늦었다고 생각했다. 어머니는 학교에 전화를 하여 알아보겠다고 말했고, 그리고 나서 스스로를 다잡은 뒤 조시에게 다음 날 학생사무실에 가서 좀 더 알아보라고 제안했다. 그리고 그들은 대화를 이어 갔다.

　몇 주 뒤 나는 부모와 단독으로 만났다(세션 14). 조시와는 상황이 완벽하지 않았지만, 그는 학교에서 더 열심히 공부하고 있었다. 부모는 조시를 정신과 의사에게 데려갔고, 의사는 항우울제를 권했다. 셋은 상담에서 그것에 대해 논의했고, 가족은 그것을 시도하기로 결정했다. 조시를 위한 계획과 필요를 위해 부모가 더 잘 협력할 수 있게 된 기량에서 중요한 변화가 일어나고 있었다. 결혼생활은 덜 적대적이었지만 더 이상 기능적이지 않았다. 어머니는 침실에서 나와 손님방에서 자는 중이었다. 그들은 아이들에게 아버지의 코고는 소리 때문이라고 말했지만, 모두가 진실을 알고 있었다. 그들은 아직 부부상담을 받지는 않았지만, 아버지의 약은 기분을 나아지게 도와주었고 직장과 집에서 더 많은 에너지를 제공하고 있었다. 서로를 비난하지 않고 부모는 헤어지는 것에 대해 얘기했다. 아버지는 결혼생활이 잘 되도록 더 노력했지만 어머니는 나가기를 간절히 원했다. 그들이 내게 한 질문은 조시의 마지막 학년의 시작에서 헤어지는 것이 그에게 도움이 될지, 아니면 해가 될지였다. 우리는 안정감의 필요성뿐만 아니라 정중함의 필요성에 대해서도 얘기했다. 나는 그들이 무엇을 결정하든 상관없이 그들이 이 전환기에 도움을 받을 수 있는 부부치료사를 찾도록 다시 한번 독려했다.

치료의 지난 몇 주간(세션 15~17) 몇 번의 위기와 좌절이 있었다. 조시는 집에 전화도 없이 친구네 집에서 밤을 새웠다. 부모는 몹시 화가 났고 크게 혼을 냈다. 조시는 화를 냈고, 그가 마침내 자신의 삶을 살고 있는데 부모가 그를 과잉통제하고 있다며 언쟁했다. 자율성이 증가하는 이 정상적인 발달의 전환은 이 가족에게는 미지의 영역이었다. 조시는 부모와 협상하는 방법을 알지 못했고, 부모는 그에게 더 많은 자유와 적절한 결과를 점진적으로 경험하게 해 주는 방법을 알지 못했다. 이것은 조시가 17세며 성인에 근접해 간다는 사실에 의해 더 복잡해져 갔다. 이 세션에서 나는 처음에 조시의 우울증으로 인해 가족들이 몇 년간 외면해 왔던 일반적인 발달 과제의 문제를 정상화함으로써 적대감을 다시 재정비할 수 있도록 도왔다. 부모는 과민반응한 것에 대해, 조시는 전화를 하지 않은 것에 대해 사과했다. 감정을 조절하면서 나는 조시의 자립에 대한 부모의 지지를 표명하도록 도왔으며, 더 많은 협력이 필요함을 입증했다. 조시는 동의했지만 그가 거의 성인이며 더 많은 자유를 원한다고 주장했다. 이 세션은 서로의 관점과 기대치를 이해하려고 노력하고 협력과 자율성, 책임과 독립성의 균형을 찾는 데 초점을 맞췄다. 다음 세션에서 가족은 조시가 친구들의 음주를 다루는 방법에 대한 걱정과 같이, 다른 적절한 발달 과제에서 균형을 찾는 것을 연습했다.

마지막 세션에서 가족들은 치료 과정 동안 모두가 만들어 냈던 변화뿐만 아니라 앞으로 가족들에게 놓인 도전 과제들에 대해서도 반영해 보았다. 모두가 조시의 우울증이 얼마나 현저하게 감소하였는지에 대해 언급했다. 병원의 평가에 따르면 그는 최소한의 우울 정도만 경험하고 있었다. 게다가 조시는 일들이 그를 괴롭힐 때 부모에게 더 다가가고 있었다. 조시는 학업을 계속 향상시켜 나갔고 적절한 사회성을 키워 갔다. 조시와 부모는 규칙에 대해 의견이 맞지 않았지만, 그들은 조시가 규칙을 어겼을 때 이러한 어려움과 적절한 조치를 협상하는 능력을 발전시키고 있었다. 부모는 계속해서 서로에게 정중하게 대했다. 아버지는 조시를 더 돌보려 노력했으며, 조시에게 부담을 주지 않고 자신의 우울증을 적절하게 관리했다. 어머니는 조시와 함께하는 시간을 늘렸고, 함께 노력하며, 조시 스스로의 삶을 돌보는 데 더 많은 책임을 그에게 부여하기 시작했다. 가족구성원 모두 그들이 오래된 습관으로 다시 돌아갈까 봐 걱정했다. 그들은 이런 일이 일어났을 때 서로에게 어떻게 말할 수 있는지에 대해 논의했다. 그들은 누군가가 '절제를 잃었다'는 신호를 주기 위해 서로에게 말할 수 있는 암호를 생각해 내었다. 마침내, 이 가족은 부모가 함께 있든 아니든 상관없이 조시가 대학에 간 이후의 미래에 그들의 관계가 어떻게 되길 바라는지에 대해 이야기했다.

　1년 후, 나는 어머니에게 연하장을 받았다. 조시는 워싱턴 DC에 있는 작은 사립대학교에서 잘 지내고 있었다. 그는 정치학을 전공하고 있고 학교에서 성공적으로 지내고 있었다. 그의 우울증은 감소하고 있었고 부모의 바람과는 반대로 약을 중단하기로 결정했다. 그러는 동안 그는 약물이 없이도 괜찮아 보였다. 그는 학교 근처에서 치료사와 몇 번 상담을 했고 필요할 때 도움을 받았다. 그는 한 달에 한 번 정도 집에 왔고 매주 전화를 걸었으며, 대개 아버지와 정치에 대해 이야기를 나누었다. 어머니는 소외감을 느꼈지만 조시의 삶에 관여할 수 있는 다른 방법을 찾아갔다. 부모는 여전히 함께했으며 현재 15세의 딸을 키우고 있었다. 그러나 1년간의 부부치료 후 그들은 다가오는 가을에 헤어지기로 결정했다. 어머니는 자기 자신과 남편이 이 변화의 시기에 도움을 얻기 위하여 딸과 함께 상담을 받으러 수 있는지 물어보았다. 어머니는 아들을 살려 내고 가족 모두가 조금 '성장'할 수 있도록 도와준 것에 대해 고마워했다.

10. 결론

이 사례는 쉽지 않았지만 일부는 또 그렇게 어렵지는 않았다. 우리는 우리의 임상 시험과 필라델피아 아동지도 클리닉의 본거지인 필라델피아 아동병원의 정신과 외래에서 다양한 사례를 치료했다. 이 책에서 요약한 수행 모델은 단지 이상적인 순서로 따를 수 있는 길을 제공하는 것이다. 그 모델은 몇 사례에서 장갑처럼 꼭 맞다. 다른 사례들은 다른 도전 과제나 과정이 있기 때문에 접근 방식을 수정하고 조정할 필요가 있다. 그러나 기본적인 원리들은 우리가 보는 사례들과 상관없이 여전히 적용된다. 가족관계가 우울의 역경을 극복하는데 필요한 지지를 제공하는가? 가족들은 적어도 치료 계획의 일부로서 관계 형성에 동의할 것인가? 각 가족구성원들과 따로 만나는 것은 우리가 그들의 독특한 관점을 더 잘 이해하도록 돕고 그들이 향후 대화를 더 잘 준비하도록 도와준다. 그들을 다시 모으고, 우리는 대화의 매 순간마다 상처에 대한 솔직하고 반영적ㆍ지지적인 대화를 만들기 위해 노력하며, 청소년을 위해 더 적절한 역량과 자율성을 창출하는 시각을 바탕으로 일상의 문제 해결로 옮겨 간다. 우리가 앞에서 소개했듯이 우리의 주된 목표는 독자들이 사고하는 치료사에게 가까워지도록 돕는 것이다. 만일 우리가 이것을 성공했다면 우리는 목표를 달성한 것이다.

권장 도서

전문가를 위해

이 부록은 애착기반 가족치료(ABFT)에 대해 진지한 사람들을 위해 반드시 읽어야 할 저서와 논문의 목록을 제공한다. 이 자료는 작업의 미묘하지만 심오한 특성에 대한 이해와 민감성을 더해 줄 것이다. 일부는 모델의 핵심 요소를 직접적으로 다루고 있는 반면(예: Kobak & Duemler, 1994), 다른 글들은 고유한 도전이 드러나는 공통된 가족의 다양성을 다루고 있다(예: Beardslee, 2003). 그러나 전체적으로 이러한 작업들은 ABFT에 대한 이론적·임상적 배경을 제공한다. 이 목록은 드렉셀 대학교에서 ABFT를 가르칠 때 우리가 사용하는 강의계획서와 매우 유사하다.

우울 및 자살 관련

Beardslee, W. R. (2003). *When a parent is depressed: How to protect your children from the effects of depression in the family.* Boston, MA: Little, Brown.

이 책은 부모와 자녀 모두에게 우울증이 어떻게 영향을 미칠 수 있는지에 대해 논의한다. 부모의 우울증과 아이들의 뒤따르는 증상 사이의 연관성에도 불구하고, 저자는 이러한 문제들을 어떻게 예방할 수 있는지, 그리고 가족들이 함께 이 질병과 싸우는 것을 어떻게 도울 수 있는지에 대해 논의한다. 저자는 경험적 증거와 임상 사례를 결합하여 이 심각한 정신 질환을 다루는 것을 목표로 하는 포괄적인 작업을 했다.

Brent, D. A., Poling, K .D., & Goldstein, T. R. (2011). *Treating adolescent depression and suicide: A clinician's guide.* New York, NY: Guilford Press.

우울증과 자살에 대한 포괄적인 임상가의 지침은 이러한 증상을 가진 청소년에 대한 평가와 치료를 다루고 있다. 그것은 임상가들이 특정 내담자에 맞춘 고도로 개별화된 치료 계획을 발전시키는 것을 도울 수 있도록 광범위한 심리사회학 및 약리학적 개입을 다루고 있다. 또한 이러한 아이디어가 실제로 어떻게 구현되는지를 보여 주는 다양한 사례도 포함되어 있다.

Goodman, S. H., & Gotlib, I. H. (2002). *Children of depressed parents: Mechanisms of risk and iplications for treatment.* Washington, DC: American Psychological Association.

저자들은 부모의 우울증이 우울증에 걸릴 가능성을 포함하여 아이들에게 어떤 영향을 미칠 수 있는지 고려한다. 부모의 증상에 노출되면 유전적 위험이 공유될 뿐만 아니라 아이가 동일한 증상으로 발전할 위험도 증가할 수 있다. 이러한 내용을 고려하면서 이 연구는 부모의 증상과 관계없이 아이의 위험을 줄이는 보호 요인도 고려하고 있다.

Joiner, T. E., & Coyne, J. C. (1999). *The interactional nature of depression: Advances in interpersonal approaches.* Washington, DC: American Psychological Association.

이 책은, ① 한편으로는 우울증에 기여하고 이를 지속시키며, ② 다른 한편으로는 우울증을 예방하는 대인관계의 과정을 살펴본다. 질병이 개인 안에 있다고 하더라도 우울증은 근본적으로 대인관계 질병이며 이러한 요소들을 고려하지 않고는 치료할 수 없다.

애착 관련

Allen, J. P., & Land, D. (1999). Attachment in adolescence. In J. Cassidy & P. R. Shaver (Eds.), *Handbook of attachment theory and research and clinical applications* (pp. 319-335). New York, NY: Guildford Press.

저자들은 청소년들의 자율성을 확립하려고 시도하면서도, 부모에 대한 청소년들의 애착을 탐구한다. 이 장에서는 모든 청소년이 직면하는 발달상의 도전 과제와 애착이 기능함으로써 발달에서의 차이점 모두를 탐구한다.

Bosmans, G., Braet, C., & Vlierberghe, L. V. (2010). Attachment and symptoms of psychopathology: Early maladaptive schemas as a cognitive link? *Clinical Psychology and Psychotherapy, 17*, 374-385.

보스만스와 동료들은 애착 불안 및 회피와 정신병리의 증상 사이의 관계를 초기 부적응 인지 도식이 설명할 수 있는지를 조사한 연구를 논의한다.

Cassidy, J. (1994). Emotion regulation: Influences of attachment relationships. *Monographs of the Society for Research in Child Development, 59*(2-3, Serial No. 204), 228-249.

이 단행논문은 어린 시절 아이들의 애착 경험이 나중에 그들의 감정을 조절하는 능력을 어떻게 형성하는지 탐구한다. 구체적으로, 그것은 안정 애착과 더 유연하고 적응적인 감정 조절 능력을 연결하고, 불안정 애착 스타일과 부정적인 정서를 고조시키거나 축소하는 경향성을 연결한다.

Greenberg, L. S. (1999). Attachment and psychopathology in childhood. In J. Cassidy & P. R. Shaver (Eds.), *Handbook of attachment: Theory, research, and clinical applications* (pp. 469-496). New York, NY: Guilford Press.

이 장에서는 애착과 아동기 정신병리 사이의 관계에 대해 현재 발견된 것들, 특히 더 일반적인 아동기의 외재화된 어려움과 내재화된 어려움에 대해 평가한다.

Johnson, S., & Whiffen, V. (2005). *Attachment processes in couple and family therapy.* New York, NY: Guildford Press.

이 책은 커플과 가족 치료에 대한 임상적 이해의 기초로서 애착이론을 사용한다. 성인 파트너 간의 상호작용의 본질, 부모와 자녀들 사이의 고통스럽고 만족스러운 관계에서의 애착의 역할, 애착기반 개입이 결혼 갈등과 어려운 가족의 전환뿐만 아니라 개인의 문제를 다룰 수 있는 방법에 대한 통찰을 제공한다.

Kobak, R., & Duemmler, S. (1994). Attachment and conversation: Toward a discourse analysis of adolescent and adult security. *Advances in Personal Relationships, 5*, 121-149.

이 논문에서는 언어 습득의 핵심적인 발전적 변화와 애착관계가 '목표-수정된 파트너십'으로 전환되는 방법에 대한 함의를 살펴본다.

Kobak, R., & Madsen, S. D. (2011). Attachment. In B. B. Brown & M. J. Prinstein

(Eds.), *Encyclopedia of adolescence* (Vol. 2, pp. 18-24). Boston, MA: Academic Press.

코박과 매드슨은 청소년들의 부모 및 또래와의 관계를 이해하기 위해 어떻게 애착 이론과 연구를 확장할지를 연구했다. 이 논문은 애착 유대의 형성 및 유지, 청소년 과 양육자의 정서적 연결의 양육자와의 변화, 가까운 친구와 성적 파트너에 대한 정서적 유대의 출현, 부모와 또래와의 애착유대 정리하기, 청소년 성격의 애착 관 련 부분 정리하기, 청소년기의 행동 시스템과 위험한 행동, 마음의 상태 및 분열된 유대감, 정신병리를 검토한다.

Slade, A., Grienenberger, J., Bernbach, E., Levy, D., & Locker, A. (2005). Maternal reflective functioning, attachment, and the transmission gap: A preliminary study. *Attachment & Human Development, 7,* 283-298.

여기서 보고된 연구는 어머니의 반영적 기능(자녀의 정신 상태와 자신의 정신 상 태를 알아차리는 어머니의 능력)과 애착 사이의 연관성을 조사했다. 성인 애착 상 태와 유아 애착 상태는 모두 부모의 반영적 기능과 유의미한 상관관계가 있는 것 으로 나타났다. 이는 부모의 반영적 기능이 어머니의 애착 상태와 아기의 애착 상 태의 연결을 제공하고, 아마도 성인 애착 분류 자체보다는 유아 애착에 대한 더 나 은 예측 변수가 될 수 있음을 시사한다.

Waters, S. F., Virmani, E. A., Tompson, R. A., Meyer, S., Raikes, H. A., & Jochem, R. J. (2010). Emotion regulation and attachment: Unpacking two constructs and their association. *Journal of Psychopathology and Behavioral Assessment, 32,* 37-47.

이 연구는 아이에게 가벼운 좌절감을 유발한 후 아이와 어머니를 따로 인터뷰하여 애착 유형과 정서 조절 사이의 연관성을 더 잘 이해하고자 했다. 전반적으로 어머 니와 아이의 정서적 일치성은 낮았지만, 안정 애착은 더 높은 일치성과 관련이 있 었다. 어린 시절의 정서 조절 능력에 대한 애착의 영향에 관한 함의가 논의되었다.

정서

Angus, L. E., & Greenberg, L. S. (2011). *Working with narrative in emotion-focused therapy: Changing stories, healing lives.* Washington, DC: American

Psychological Association.

저자들은 개인의 정서적 경험에 영향을 미치거나 영향을 받는 내러티브(혹은 개인적인 이야기)의 역할과 이것이 정신 질환의 치료에 어떤 의미를 지니는지를 살펴본다. 그들은 또한 치료 과정에서 이러한 이야기들이 어떻게 변화하는지, 그리고 환자가 세상을 해석하는 방식을 바꾸는 것이 궁극적으로 치료 과정에 어떻게 기여할 수 있는지를 고려한다. 이 책은 서술적 · 정서적 과정이 개인의 우울과 트라우마 경험에 어떤 영향을 미치는지 고찰한 사례들로 마무리한다.

Carryer, J. R., & Greenberg, L. S. (2010). Optimal levels of emotional arousal in experiential therapy of depression. *Journal of Consulting and Clinical Psychology, 78*, 190-199.

이 연구는 적당한 양의 고양된 정서적 흥분이 치료 결과의 예측을 향상시킨다는 것을 발견했다.

Greenberg, L. S. (2002). Integrating an emotion-focused approach to treatment into psychotherapy integration. *Journal of Psychotherapy Integration, 12*, 154-189.

이 논문은 감정 변화의 세 가지 주요 원칙(정서적 인식, 조절, 변화)을 논의한다.

Greenberg, L. S., & Pascual-Leone, A. (2006). Emotion in psychotherapy: A practice-friendly research review. *Journal of Clinical Psychology, 62*, 611-630.

이 논문은 치료에 유용한 것으로 밝혀진 네 가지 유형의 정서 과정과 심리치료에 대한 실질적인 의미를 검토한다.

Greenberg, L. S. & Watson, J. C. (2005). *Emotion-focused therapy for depression.* Washington, DC: American Psychological Association.

이 책은 우울증에서의 정서적 경험과 표현의 종류 사이의 구분을 어떻게 하는지에 대해 정리했다. 이것은 우울증에서 정서를 다룰 때 다양한 종류의 상담 개입을 필요로 한다.

양육

Gottman, J. M., Katz, L. F., & Hooven, C. (1996). Parental meta-emotion philosophy and the emotional life of families: Theoretical models and preliminary data. *Journal of Family Psychology, 10*, 243-268.

이 논문은 부모의 메타감정과 메타감정철학의 개념을 소개하고 연구한다. 아이들과 부모에 대한 3년간의 종적 연구에서 연구자들은 부모의 메타감정철학을 양육, 아동의 조절 생리학, 아동의 정서 조절 능력 그리고 중기 아동기 동안 아동의 결과와 연결하는 이론적 모델과 경로 분석 모델을 발전시켰다.

Katz, L., & Hunter, E. (2007). Maternal meta-emotion philosophy and adolescent depressive symptomatology. *Social Development, 16,* 343-360.

여기서 보고된 연구는 부모의 감정에 대한 믿음과 청소년기의 우울증 증상 사이의 관계를 조사했다. 엄마가 자신의 감정을 받아들이는 것은 청소년기의 우울증 증상과 외재화된 행동과 반비례하고 자존감과 정적으로 상관관계가 있었다. 청소년 우울증을 줄이기 위한 부모의 개입 프로그램을 만드는 측면에서 이러한 발견이 시사하는 바가 논의된다.

Sharp, C., & Fonagy, P. (2008). The parent's capacity to treat the child as a psychopathology. *Social Development, 17,* 737-754.

저자들은 아이를 심리작용원으로 취급하는 부모의 능력을 작동시키기 위한 과거의 시도에 대한 개요를 제시한다. 그들은 다양한 이론적 구조를 묶고 이 이론들이 아동 발달에 미치는 영향을 고려한다.

Tokic, A., & Pecnik, N. (2010). Parental behaviors related to adolescents' self-disclosure: Adolescents' views. *Journal of Social and Personal Relationships, 28,* 201-222.

토킥과 페치니크는 청소년들의 자기노출을 억제하거나 용이하게 하는 부모의 행동에 대한 청소년들의 인식을 탐구한 연구를 설명한다.

실연

Allen-Eckert, H., Fong, E., Nichols, M. P., Watson, N., & Liddle, H. A. (2001). Development of the Family Therapy Enactment Scale. *Family Process, 40,* 469-478.

이 보고서는 치료사들이 가족치료의 효과적인 실연 과정에서 어떻게 치료사가 개입하고 내담자가 반응하는지를 확립하기 위해 고안된 새로운 척도의 개발에 대해 설명한다. FTERS(Family Therapy Enactment Rating Scale)는 임상 교육을 받은 연구자들이 27개의 비디오테이프를 통해 개발했으며, 가족치료 세션을 관찰하고, 사전-실연 준비, 개시, 촉진 및 마무리 논평의 4개의 실연 단계 동안 치료사의 개입과 고객 반응을 정리했다. FTERS에 대한 연구 결과는 가족치료 세션에서 효과적인 실연의 시작과 촉진에 대한 잠정적인 지침을 제공하기 위해 사용되었다.

Nichols, M. P., & Fellenberg, S. (2000). The effective use of enactments in family therapy: Discovery-oriented process study. *Journal of Marital and Family Therapy, 26,* 143-152.

　　이 연구는 구조적 가족치료에서 가족 상호작용을 관찰하고 수정하기 위한 세션 내 실연의 요소를 탐구했다. 심사자들은 성공적인 실연을 이끈 치료사의 개입뿐만 아니라 치료사들이 비생산적인 결과를 초래한 것과 실패한 것을 신뢰성 있게 설명할 수 있었다. 저자들은 이러한 발견의 임상적 의미에 대해 논의한다.

부모를 위해

　부모들은 청소년 양육, 청소년 우울, 자살에 대한 교육으로부터 이익을 얻을 수 있다. 다음은 우리가 부모들에게 자주 추천하는 도움이 되는 책이다.

양육과 정서

Faber, A., & Mazlish, E. (2012). *How to talk so kids will listen and listen so kids will talk.* New York, NY: Simon & Schuster.

　　이 자기계발 가이드는 자녀와의 비효율적인 의사소통에 좌절하는 부모를 위한 것이다. 이 책은 부모와 자식 간의 보다 원활하고 효과적인 의사소통을 위한 실제 사례와 전문가적 기술을 제공한다.

Ginott, H. G. (1967). *Between parent and teenager.* New York, NY: Macmillan.

　　부모와 청소년의 오해와 의사소통의 장애를 해결하는 방법을 살펴보는 고전적인 저작이다.

Gottman, J. M., & DeClaire, J. (1997). *The heart of parenting: How to raise an emotionally intelligent child.* New York, NY: Simon & Schuster.

　　이것은 감정을 주목하고 조절할 수 있는 능력을 갖춘 아이를 키우는 것에 대한 안내서다. 그것은 어려운 감정을 경험하고 있는 아이들의 부모들을 위한 조언을 포함한다. 사례 연구와 예시들은 저자들의 요점을 설명하기 위해 서로 다른 양육 시나리오에서의 양육 조언과 얽혀 있다.

부모를 위한 십대들의 자살에 관해서

Garfinkel, L. F., & Slaby, A. E. (1996). *No one saw my pain: Why teens kill themselves.* New York, NY: Norton.

십대들의 자살에 대한 실제 설명을 바탕으로, 이 책은 비극적인 주제를 조명하기 위한 시도로 이러한 각각의 간접적인 이야기 사이의 유사점을 탐구한다. 저자들은 이러한 비극으로부터 배운 것을 공유하고, 어려움을 겪고 있는 다음 세대의 십대들을 위한 조언을 제공한다.

Williams, K. (1995). *A parent's guide for suicidal and depressed teens. A first person account of what she learned when her own child became suicidal.* Minnesota, MN: Hazelden Foundation.

이 책은 사춘기 우울증과 자살사고의 초기 요소들뿐만 아니라 부모가 이러한 생각과 감정으로 고군분투하는 아이를 도울 수 있는 방법들을 탐구한다. 같은 문제를 다룬 딸을 둔 부모로서, 윌리엄스는 이 어려운 여정을 따라 자신과 딸 모두를 도우려고 노력하는 어머니로서 직면했던 도전들을 탐구하면서 그녀 자신의 경험의 렌즈를 통해 글을 썼다.

부모를 위한 십대들의 우울에 관해서

첫 번째 책은 자살에 대한 한 장을 포함하고 두 번째 책보다 치료에 더 초점을 맞추고 있다. 두 번째 책은 우울증에 대한 생물학, 약물 등에 대해 더 광범위하게 보고하고 있다.

Aarseth, E. J. (2002). *Adolescent depression: A guide for parents.* Baltimore, MD: The John Hopkins University Press.

우울증을 심각한 질병으로 개념화하면서, 저자는 우울증의 증상, 다른 정신 질환과의 연관성 그리고 치료에서 이 쇠약해지게 만드는 장애와 효과적으로 싸울 수 있는 방법에 대해 자세히 설명한다. 목표는 청소년들이 궁극적으로 정상적이고 건강하며 증상으로부터 자유로운 삶을 영위할 수 있도록 지금 도움을 받을 수 있게끔 부모들이 돕는 것이다.

Bakala, N. (2001). *Understanding teenage depression: Diagnosis and management.* New York, NY: Holt.

바칼라는 청소년들의 우울증이 어떻게 평가되고 효과적으로 치료되는지에 대한 정신과 의사의 설명을 제공한다. 이 작업은 비슷한 어려움을 겪고 있는 자녀를 둔 부모들을 안내하기 위해 과학적인 증거와 우울한 자살 청소년들에 대한 직접적인 설명을 함께 묶는다.

참고문헌

Abela, J. R. Z., Hankin, B. L., Haigh, E. A. P., Adams, P., Vinokuroff, T., & Trayhern, L. (2005). Interpersonal vulnerability to depression in high-risk children: The role of insecure attachment and reassurance seeking. *Journal of Clinical Child and Adolescent Psychology, 34,* 182-192. doi:10.1207/s15374424jccp3401_17

Ainsworth, M. S. (1989). Attachments beyond infancy. *American Psychologist, 44,* 709-716. doi:10.1037/0003-066X.44.4.709

Allen, J. G., & Fonagy, P. (Eds.). (2006). *Handbook of mentalization-based treatment.* Chichester, England: Wiley. doi:10.1002/9780470712986

Allen, J. P., & Land, D. (1999). Attachment in adolescence. In J. Cassidy & P. R. Shaver (Eds.), *Handbook of attachment: Theory, research, and clinical applications* (pp. 319-335). New York, NY: Guilford Press.

Allen, J. P., Marsh, P., McFarland, C., McElhaney, K. B., Land, D. J., Jodl, K. M., & Peck, S. (2002). Attachment and autonomy as predictors of the development of social skills and delinquency during midadolescence. *Journal of Consulting and Clinical Psychology, 70,* 56-66. doi:10.1037/0022-006X.70.1.56

Allen, J. P., McElhaney, K. B., Land, D. J., Kuperminc, G. P., Moore, C. W., O'Beirne-Kelly, H., & Kilmer, S. L. (2003). A secure base in adolescence: Markers of attachment security in the mother-adolescent relationship. *Child Development, 74,* 292-307. doi:10.1111/1467-8624.t01-1-00536

Allen, J. P., Moore, C., Kuperminc, G., & Bell, K. (1998). Attachment and adolescent psychosocial functioning. *Child Development, 69,* 1406-1419. doi:10.2307/1132274

Anderson, H. (1997). *Conversation, language, and possibilities: A postmodern approach to therapy.* New York, NY: Basic Books.

Angus, L., Levitt, H., & Hardtke, K. (1999). The narrative processes coding system: Research applications and implications for psychotherapy practice. *Journal of Clinical Psychology, 55,* 1255-1270. doi:10.1002/(SICI)1097-4679 (199910)55:10〈1255::AID-JCLP7〉3.0.CO;2-F

Arnett, J. J. (2000). Emerging adulthood: A theory of development from late teens through the twenties. *American Psychologist, 55,* 469-480. doi:10.1037/0003-066X.55.5.469

Asarnow, J. R ., Emslie, G., Clarke, G., Wagner, K. D., Spirito, A., Vitiello, B., ······ Brent, D. (2009). Treatment of selective serotonin reuptake inhibitor-resistant depression in adolescents: Predictors and moderators of treatment response. *Journal of the American Academy of Child & Adolescent Psychiatry, 48,* 330-339.

Asarnow, J. R ., Tompson, M., Hamilton, E. B., & Goldstein, M. J. (1994). Family expressed emotion, childhood-onset depression, and childhood-onset schizophrenia spectrum disorders: Is expressed emotion a nonspecific correlate of child psychopathology or a specific risk factor for depression? *Journal of Abnormal Child Psychology, 22,* 129-146. doi:10.1007/BF02167896

Barbe, R. P., Bridge, J. A., Birmaher, B., Kolko, D. J., & Brent, D. A. (2004). Lifetime history of sexual abuse, clinical presentation, and outcome in a clinical trial for adolescent depression. *The Journal of Clinical Psychiatry, 65,* 77-3. doi:10.4088/JCP.v65n0113

Barber, B. K. (Ed.). (2002). *Intrusive parenting: How psychological control affects children and adolescents.* Washington, DC: American Psychological Association. doi:10.1037/10422-000

Barkley, R. A. (1997). *Defiant children: A clinician's manual for assessment and parent training.* New York, NY: Guilford Press.

Bateson, G. (1972). *Steps to an ecology of mind: Collected essays in anthropology, psychiatry, evolution, and epistemology.* Lanham, MD: Aronson.

Baumrind, D. (1989). *Rearing competent children.* San Francisco, CA: Jossey-Bass.

Beardslee, W. R. (2003). *When a parent is depressed: How to protect your children from the effects of depression in the family.* New York, NY: Little, Brown.

Beck, A. T. (1967). *Depression: Clinical, experimental, and theoretical aspects.* New York, NY: Hoeber.

Becker, D. (2005). *The myth of empowerment: Women and the therapeutic culture in America.* New York, NY: New York University Press.

Belsky, J. (1984). The determinants of parenting: A process model. *Child Development, 5*, 83-96. doi:10.2307/1129836

Belsky, J., & Pluess, M. (2009). Beyond diathesis stress: Differential susceptibility to environmental influences. *Psychological Bulletin, 135*, 885-08. doi:10.1037/a0017376

Berger, P., & Luckmann, T. (1966). *The social construction of reality: A treatise in the sociology of knowledge* (1st ed.). Garden City, NJ: Anchor Books.

Bertalanffy, L. V. (2003). *General system theory.* New York, NY: Braziller.

Bhandari, K. P., & Barnett, D. (2007). Restrictive parenting buffers Head Start students from stress. *Infants & Young Children, 20*, 55-3. doi:10.1097/00001163-200701000-00006

Birmaher, B., Brent, D., AACAP Work Group on Quality Issues, Bernet, W., Bukstein, O., Walter, H., ⋯⋯ Medicus, J. (2007). Practice parameter for the assessment and treatment of children and adolescents with depressive disorders. *Journal of the American Academy of Child & Adolescent Psychiatry, 46*, 1503-1526. doi:10.1097/chi.0b013e318145ae1c

Bordin, E. S. (1979). The generalizability of the psychoanalytic concept of the working alliance. *Psychotherapy: Theory, Research, and Practice, 16*, 252-260. doi:10.1037/h0085885

Bosmans, G., Braet, C., & Van Vlierberghe, L. (2010). Attachment and symptoms of psychopathology: Early maladaptive schemas as a cognitive link? *Clinical Psychology & Psychotherapy, 17*, 374-385. doi:10.1002/cpp.667

Boszormenyi-Nagy, I., & Spark, G. M. (1973). *Invisible loyalties: Reciprocity in intergenerational family therapy.* Hagerstown, MD: Routledge.

Bowlby, J. (1969). *Attachment and loss: Vol. 1. Attachment.* New York, NY: Basic Books.

Bowlby, J. (1988). *A secure base: Parent-child attachment and healthy human development.* New York, NY: Basic Books.

Brendler, J., Silver, M., Haber, M., & Sargent, J. (1991). *Madness, chaos, and violence: Therapy with families at the brink.* New York, NY: Basic Books.

Brenning, K. M., Soenens, B., Braet, C., & Bosmans, G. (2012). Attachment and depressive symptoms in middle childhood and early adolescence: Testing the validity of the emotion regulation model of attachment. *Personal Relationships, 19,* 445-464.

Brent, D., Emslie, G., Clarke, G., Wagner, K. D., & Asarnow, J. R. (2008). Switching to another SSRI or to venlafaxine with or without cognitive behavioral therapy for adolescents with SSRI-resistant depression: The TORDIA randomized controlled trial. *JAMA, 299,* 901-913. doi:10.1001/jama.299.8.901

Brent, D. A. (2006). Glad for what TADS adds, but many TADS grads still sad. *Journal of the American Academy of Child & Adolescent Psychiatry, 45,* 1461-1464. doi:10.1097/01.chi.0000237708.28013.2a

Bridge, J. A., Iyengar, S., Salary, C. B., Barbe, R., Birmaher, B., Pincus, H. A., ⋯⋯ Brent, D. A. (2007). Clinical response and risk for reported suicidal ideation and suicide attempts in pediatric antidepressant treatment: A meta-analysis of randomized controlled trials. *JAMA, 297,* 1683-696. doi:10.1001/jama.297.15.1683

Bronfenbrenner, U. (1979). Contexts of child rearing: Problems and prospects. *American Psychologist, 34,* 844. doi:10.1037/0003-066X.34.10.844

Buber, M. (1937). *I and thou.* (R. G. Smith, Trans.). Edinburgh, Scotland: Clark.

Bugental, J. F. (1992). *The art of the psychotherapist.* New York, NY: Norton.

Butler, M. H., & Gardner, B. C. (2003). Adapting enactments to couple reactivity: Five developmental stages. *Journal of Marital and Family Therapy, 29,* 311-327. doi:10.1111/j.1752-0606.2003.tb01209.x

Byng-Hall, J. (1995). Creating a secure family base: Some implications of attachment theory for family therapy. *Family Process, 34*, 45-58. doi:10.1111/j.1545-5300.1995.00045.x

Byng-Hall, J. (1998). *Rewriting family scripts: Improvisation and systems change.* New York, NY: Guilford Press.

Cheung, A. H., Zuckerbrot, R. A., Jensen, P. S ., Ghalib, K., Laraque, D., Stein, R. E . K., & The GLAD-C Steering Group. (2007). Guidelines for adolescent depression in primary care (GLAD-C): II. Treatment and ongoing management. Pediatrics, 120, 1313-1326. doi:10.1542/peds.2006-1395

Cicchetti, D., & Lynch, M. (1993). Toward an ecological/transactional model of community violence and child maltreatment: Consequences for children's development. *Psychiatry: Interpersonal and Biological Processes, 56*, 96-118.

Cicchetti, D., & Toth, S. L. (1998). The development of depression in children and adolescents. *American Psychologist, 53*, 221-241. doi:10.1037/0003-066X.53.2.221

Cicchetti, D., Toth, S. L., & Lynch, M. (1995). Bowlby's dream comes full circle: The application of attachment theory to risk and psychopathology. *Advances in Clinical Child Psychology, 17*, 1-75. doi:10.1007/978-1-4757-9044-3_1

Cole, D. A., Martin, J. M., & Powers, B. (1997). A competency-based model of child depression: A longitudinal study of peer, parent, teacher, and self-evaluations. *Journal of Child Psychology and Psychiatry and Allied Disciplines, 38*, 505-514. doi:10.1111/j.1469-7610.1997.tb01537.x

Coulehan, R., Friedlander, M. L., & Heatherington, L. (1998). Transforming narratives: A change event in constructivist family therapy. *Family Process, 37*, 17-33. doi:10.1111/j.1545-5300.1998.00017.x

Creed, T. A., Reisweber, J., & Beck, A. T. (2011). *Cognitive therapy for adolescents in school settings.* New York, NY: Guilford Press.

Csikszentmihalyi, M. (1997). *Creativity: Flow and the psychology of discovery and invention.* New York, NY: HarperCollins.

Cummings, E. M., & Davies, P. T. (2010). *Marital conflict and children: An emotional security perspective.* New York, NY: Guilford Press.

Curry, J., Rohde, P., Simons, A., Silva, S., Vitiello, B., Kratochvil, C., ⋯⋯ March, J. (2006). Predictors and moderators of acute outcome in the Treatment for Adolescents With Depression Study (TADS). *Journal of the American Academy of Child & Adolescent Psychiatry, 45*, 1427–1439. doi:10.1097/01. chi.0000240838.78984.e2

Dallos, R. (2006). *Attachment narrative therapy: Integrating systemic, narrative, and attachment therapies.* New York, NY: Open University Press.

David-Ferdon, C., & Kaslow, N. J. (2008). Evidence-based psychosocial treatments for child and adolescent depression. *Journal of Clinical Child and Adolescent Psychology, 37*, 62–104. doi:10.1080/15374410701817865

Diamond, G., & Liddle, H. A. (1996). Resolving a therapeutic impasse between parents and adolescents in multidimensional family therapy. *Journal of Consulting and Clinical Psychology, 64*, 481–488. doi:10.1037/0022-006X.64.3.481

Diamond, G. M., Diamond, G. S ., Levy, S., Closs, C., Ladipo, T., & Siqueland, L. (2012). Attachment-based family therapy for suicidal lesbian, gay, and bisexual adolescents: A treatment development study and open trial with preliminary findings. *Psychotherapy: Theory, Research, and Practice, 49*, 62–71. doi:10.1037/a0026247

Diamond, G. M., Liddle, H. A., Hogue, A., & Dakof, G. A. (1999). Alliance-building interventions with adolescents in family therapy: A process study. *Psychotherapy: Theory, Research, and Practice, 36*, 355–368. doi:10.1037/h0087729

Diamond, G. S ., Creed, T., Gillham, J., Gallop, R., & Hamilton, J. L. (2012). Sexual trauma history does not moderate treatment outcome in attachment-based family therapy (ABFT) for adolescents with suicide ideation. *Journal of Family Psychology, 26*, 595–605. doi:10.1037/a0028414

Diamond, G. S ., & Diamond, G. M. (2002). Studying a matrix of change mechanisms: An agenda for family-based process research. In H. A. Liddle, D. A. Santisteban, R. F. Levant, & J. H. Bray (Eds.), *Family psychology: Sciencebased interventions* (pp. 41–66). Washington, DC: American Psychological Association.

Diamond, G. S ., Levy, S., & Creed, T. (2013). *Attachment-based family therapy as hospital care after a suicide attempt*. Manuscript in preparation.

Diamond, G. S ., & Liddle, H. A. (1999). Transforming negative parent-adolescent interactions: From impasse to dialogue. *Family Process, 38*, 5-26. doi:10.1111/ j.1545-5300.1999.00005.x

Diamond, G. S ., Reis, B. F ., Diamond, G. M., Siqueland, L., & Isaacs, L. (2002). Attachment-based family therapy for depressed adolescents: A treatment development study. *Journal of the American Academy of Child & Adolescent Psychiatry, 41*, 1190-1196. doi:10.1097/00004583-200210000-00008

Diamond, G. S., Siqueland, L., & Diamond, G. M. (2003). Attachment-based family therapy: Programmatic treatment development. *Clinical Child and Family Psychology Review, 6*, 107-127. doi:10.1023/A:1023782510786

Diamond, G. S., & Stern, R. (2003). Attachment-based family therapy for depressed adolescents: Repairing attachment ruptures. In S. Johnson & V. E . Whiffen (Eds.), *Attachment process in couple and family therapy* (pp. 191-212). New York, NY: Guilford Press.

Diamond, G. S., Wintersteen, M. B., Brown, G. K., Diamond, G. M., Gallop, R., Shelef, K., & Levy, S. (2010). Attachment-based family therapy for adolescents with suicidal ideation: A randomized controlled trial. *Journal of the American Academy of Child & Adolescent Psychiatry, 49*, 122-131.

Eisenberg, N., Spinrad, T. L., Eggum, N. D., Silva, K. M., & Reiser, M. (2010). Relations among maternal socialization, effortful control, and maladjustment in early childhood. *Development and Psychopathology, 22*, 507-525. doi:2110/10.1017/S0954579410000246

Erikson, E. H. (1950). *Childhood and society*. New York, NY: Norton.

Essau, C. A. (2009). *Treatments for adolescent depression*. New York, NY: Oxford University Press.

Foa, E. B., Hembree, E. A., & Rothbaum, B. O. (2007). *Prolonged exposure therapy for PTSD: Emotional processing of traumatic experiences therapist guide*. New York, NY: Oxford University Press.

Foa, E. B., Huppert, J. D., & Cahill, S. P. (2006). Emotional processing theory: An update. In B. O. Rothbaum (Ed.), *The nature and treatment of pathological anxiety* (pp. 3-24). New York, NY: Guilford Press.

Fonagy, P., Gyorgy, G., Jurist, E., & Target, M. (2005). *Affect regulation, mentalization, and the development of self.* New York, NY: Other Press.

Forehand, R., & Long, N. (1996). *Parenting the strong-willed child: The clinically proven five-week program for parents of two- to six-year-olds.* Chicago, IL: Contemporary Books.

Fosha, D. (2000). *The transforming power of affect: A model for accelerated change.* New York, NY: Basic Books.

Fraley, R. C. (2002). Attachment stability from infancy to adulthood: Meta-analysis and dynamic modeling of developmental mechanisms. *Personality and Social Psychology Review, 6,* 123-151. doi:10.1207/S15327957PSPR0602_03

Framo, J. L. (1976). Family of origin as a therapeutic resource for adults in marital and family therapy: You can and should go home again. *Family Process, 15,* 193-210.

Friedlander, M. L., Escudero, V., Heatherington, L., & Diamond, G. M. (2011). Alliance in couple and family therapy. *Psychotherapy Relationships That Work, 2,* 92-109.

Friedlander, M. L., Heatherington, L., Johnson, B., & Skowron, E. A. (1994). Sustaining engagement: A change event in family therapy. *Journal of Counseling Psychology, 41,* 438. doi:10.1037/0022-0167.41.4.438

Garber, J., Ciesla, J. A., McCauley, E., Diamond, G., & Schloredt, K. A. (2011). Remission of depression in parents: Links to healthy functioning in their children. *Child Development, 82,* 226-243. doi:10.1111/j.1467-8624.2010.01552.x

Garner, P. W., & Spears, F. M. (2000). Emotion regulation in low-income preschoolers. *Social Development, 9,* 246-264. doi:10.1111/1467-9507.00122

Gergen, K. (1991). *The saturated self.* New York, NY: Basic Books.

Ginott, H. G. (2009). *Between parent and child: The bestselling classic that revolutionized parent-child communication.* New York, NY: Crown Archetype.

Gomez, J., Miranda, R., & Polanco, L. (2011). Acculturative stress, perceived discrimination and vulnerability to suicide attempts among emerging adults. *Journal of Youth and Adolescence, 40*, 1465-1476. doi:10.1007/s10964-011-9688-9

Goodman, S. H., & Gotlib, I. H. (1999). Risk for psychopathology in the children of depressed mothers: A developmental model for understanding mechanisms of transmission. *Psychological Review, 106*, 458-490. doi:10.1037/0033-295X.106.3.458

Goodyer, I., Dubicka, B., Wilkinson, P., Kelvin, R., Roberts, C., Byford, S., ⋯⋯ Harrington, R. (2007). Selective serotonin reuptake inhibitors (SSRIs) and routine specialist care with and without cognitive behaviour therapy in adolescents with major depression: Randomised controlled trial. *British Medical Journal, 335*, 142-146. doi:10.1136/bmj.39224.494340.55

Gotlib, I. H., & Hammen, C. L. (1992). *Psychological aspects of depression: Toward a cognitive-nterpersonal integration*. Oxford, England: Wiley.

Gotlib, I. H., & Hammen, C. L. (2009). *Handbook of depression* (2nd ed.). New York, NY: Guilford Press.

Gottman, J. (2011). *Raising an emotionally intelligent child*. New York, NY: Simon & Schuster.

Gottman, J. M., Katz, L. F., & Hooven, C. (1996). Parental meta-emotion philosophy and the emotional life of families: Theoretical models and preliminary data. *Journal of Family Psychology, 10*, 243-268. doi:10.1037/0893-3200.10.3.243

Greenberg, L., & Watson, J. (1998). Experiential therapy of depression: Differential effects of client-centered relationship conditions and process experiential interventions. *Psychotherapy Research, 8*, 210-224.

Greenberg, L. S. (2002). *Emotion-focused therapy: Coaching clients to work through their feelings*. Washington, DC: American Psychological Association. doi:10.1037/10447-000

Greenberg, L. S. (2011). *Emotion-focused therapy*. Baltimore, MD: United Book Press.

Greenberg, L. S., Auszra, L., & Herrmann, I. R. (2007). The relationship among emotional productivity, emotional arousal, and outcome in experiential therapy of depression. *Psychotherapy Research, 17*, 482–493. doi:10.1080/10503300600977800

Greenberg, L. S., & Johnson, S. M. (1988). *Emotionally focused therapy for couples*. New York, NY: Guilford Press.

Greenberg, L. S., & Paivio, S. C. (2003). *Working with emotions in psychotherapy*. New York, NY: Guilford Press.

Greenberg, L. S., & Safran, J. D. (1987). *Emotion in psychotherapy: Affect, cognition, and the process of change*. New York, NY: Guilford Press.

Greenberg, L. S., & Watson, J. C. (2005). *Emotion-focused therapy for depression*. Washington, DC: American Psychological Association.

Grice, H. P. (1975). Logic and conversation. In P. Cole & J. L. Morgan, *Syntax and semantics: Vol. 3. Speech acts* (pp. 41-58). New York, NY: Academic Press.

Groh, A. M., Roisman, G. I., Van IJzendoorn, M. H., Bakermans-Kranenburg, M. J., & Fearon, R. (2012). The significance of insecure and disorganized attachment for children's internalizing symptoms: A meta-analytic study. *Child Development, 83*, 591-610. doi:10.1111/j.1467-8624.2011.01711.x

Grych, J. H., & Fincham, F. D. (1990). Marital conflict and children's adjustment: A cognitive-contextual framework. *Psychological Bulletin, 108*, 267. doi:10.1037/0033-2909.108.2.267

Haley, J. (1987). *Problem-solving therapy*. San Francisco, CA: Jossey-Bass.

Hall, G. S. (1904). *Adolescence: Its psychology and its relations to physiology, anthropology, sociology, sex, crime, religion, and education*. New York, NY: Appleton. doi:10.1037/10616-000

Hammen, C. (2009). Adolescent depression: Stressful interpersonal contexts and risk for recurrence. *Current Directions in Psychological Science, 18*, 200-204. doi:10.1111/j.1467-8721.2009.01636.x

Hesse, E. (1999). The adult attachment interview: historical and current perspectives. In J. Cassidy & P. Shaver (Eds.), *Handbook of attachment* (pp. 395-433). New

York, NY: Guilford Press.

Hollon, S. D., Garber, J., & Shelton, R. C. (2005). Treatment of depression in adolescents with cognitive behavior therapy and medications: A commentary on the TADS project. *Cognitive and Behavioral Practice, 12*, 149-155. doi:10.1016/S1077-7229(05)80019-7

Holmes, J. (2001). *The search for the secure base: Attachment theory and psychotherapy*. London, England: Brunner-Routledge.

Holmes, J. (2010). *Exploring in security: Towards an attachment-informed psychoanalytic psychotherapy*. New York, NY: Routledge.

Hooley, J. M., Orley, J., & Teasdale, J. D. (1986). Levels of expressed emotion and relapse in depressed patients. *The British Journal of Psychiatry, 148*, 642-647. doi:10.1192/bjp.148.6.642

Horvath, A. O. (2006). The alliance in context: Accomplishments, challenges, and future directions. *Psychotherapy: Theory, Research, and Practice, 43*, 258-263. doi:10.1037/0033-3204.43.3.258

Hughes, C. W., Emslie, G. J., Crismon, M. L., Posner, K., Birmaher, B., Ryan, N., ⋯⋯ Trivedi, M. H. (2007). Texas children's medication algorithm project: Update from Texas consensus conference panel on medication treatment of childhood major depressive disorder. *Journal of the American Academy of Child & Adolescent Psychiatry, 46*, 667-686. doi:10.1097/chi.0b013e31804a859b

Hughes, D. A. (2007). *Attachment-focused family therapy*. New York, NY: Norton.

Israel, P. & Diamond, G. S. (2012). Feasibility of attachment based family therapy for depressed clinic-referred Norwegian Adolescents. *Clinical Child Psychology and Psychiatry*. Advance online publication. Retrieved from http://ccp.sagepub.com/content/early/2012/08/27/1359104512455811.abstract

Izard, C. E. (2011). Forms and functions of emotions: Matters of emotion-cognition interactions. *Emotion Review, 3*, 371-78. doi:10.1177/1754073911410737

Izard, C. E., Woodburn, E. M., Finlon, K. J., Krauthamer-Ewing, E., Grossman, S. R., & Seidenfeld, A. (2011). Emotion knowledge, emotion utilization, and emotion regulation. *Emotion Review, 3*, 44-52. doi:10.1177/1754073910380972

Jensen, P. S. (2006). After TADS, can we measure up, catch up, and ante up? *Journal of the American Academy of Child & Adolescent Psychiatry, 45*, 1456-1460. doi:10.1097/01.chi.0000237712.81378.9d

Johnson, S. M. (2004). *The practice of emotionally focused marital therapy: Creating connection* (2nd ed.). New York, NY: Brunner/Routledge.

Joiner, T. E., Jr., & Coyne, J. C. (Eds.). (1999). *The interactional nature of depression: Advances in interpersonal approaches.* Washington, DC: American Psychological Association.

Julian, T. W., McHenry, P. C., & McKelvey, M. W. (1994). Cultural variations in parenting, perceptions of Caucasian, African American, Hispanic, and Asian American parents. *Family Relations, 43*, 30-37. doi:10.2307/585139

Kazdin, A. E. (2000). *Parent management training: Treatment for oppositional, aggressive, and antisocial behavior in children and adolescents.* New York, NY: Oxford University Press.

Keels, M. (2009). Ethnic group differences in early Head Start parents' parenting beliefs and practices and links to children's early cognitive development. *Early Childhood Research Quarterly, 24*, 381-397. doi:10.1016/j.ecresq.2009.08.002

Kelley, M. L., Power, T. G., & Wimbush, D. D. (1992). Determinants of disciplinary practices in low-income Black mothers. *Child Development, 63*, 573-582. doi:10.2307/1131347

Kendall, P. C. (Ed.). (2011). *Child and adolescent therapy: Cognitive-behavioral procedures.* New York, NY: Guilford Press.

Kennard, B., Silva, S., Vitiello, B., Curry, J., Kratochvil, C., Simons, A., ······ March, J. (2006). Remission and residual symptoms after short-term treatment in the Treatment of Adolescents with Depression Study (TADS). *Journal of the American Academy of Child & Adolescent Psychiatry, 45*, 1404-1411. doi:10.1097/01.chi.0000242228.75516.21

Kobak, R., Cassidy, J., Lyons-Ruth, K., & Ziv, Y. (2006). Attachment, stress, and psychopathology: A developmental pathways model. In D. Cicchetti, & D. J. Cohen (Eds.), *Developmental psychopathology: Vol. 1. Theory and method* (2nd ed., pp. 333-369). Hoboken, NJ: Wiley.

Kobak, R., & Duemmler, S. (1994). Attachment and conversation: Toward a discourse analysis of adolescent and adult security. In K. Bartholomew & D. Perlman (Eds.), *Attachment processes in adulthood* (pp. 121-149). London, England: Kingsley.

Kobak, R., & Esposito, A. (2004). Levels of processing in parent-child relationships: Implications for clinical assessment and treatment. *Attachment issues in psychopathology and intervention*, 139-166.

Kobak, R., Grassetti, S., Close, H. & Krauthamer Ewing, E. S. (2013). *Attachment based treatments for adolescents: Toward a theory of change.* Manuscript submitted for publication.

Kobak, R., Rosenthal, N, & Serwik, A. (2005). The attachment hierarchy in middle childhood. In In K. A. Kerns & R. A. Richardson (Eds.), *Attachment in middle childhood* (pp. 71-88). Mahwah, NJ: Erlbaum.

Kobak, R. R., Cole, H. E., Ferenz-Gillies, R., Fleming, W. S., & Gamble, W. (1993). Attachment and emotion regulation during mother-teen problem solving: A control theory analysis. *Child Development, 64*, 231-245. doi:10.2307/1131448

Kobak, R. R., Sudler, N., & Gamble, W. (1991). Attachment and depressive symptoms during adolescence: A developmental pathways analysis. *Development and Psychopathology, 3*, 461-474. doi:10.1017/S095457940000763X

Laing, R. D. (1998). *Self and others: Selected works of R. D. Laing* (Vol. 2). New York, NY: Routledge.

Lewinsohn, P. M., Clarke, G. N., Hops, H., & Andrews, J. (1990). Cognitive-behavioral treatment for depressed adolescents. *Behavior Therapy, 21*, 385-401. doi:10.1016/S0005-7894(05)80353-3

Lewinsohn, P. M., Clarke, G. N., Rohde, P., Hops, H., & Seeley, J. R. (1996). A course in coping: A cognitive-behavioral approach to the treatment of adolescent depression. In E. D. Hibbs & P. S. Jensen (Eds.), *Psychosocial treatment of child and adolescent disorders: Empirically based approaches* (pp. 109-135). Washington, DC: American Psychological Association. doi:10.1037/10196-005

Liddle, H. A. (1987). Family psychology: Tasks of an emerging (and emerging) discipline. *Journal of Family Psychology, 1*, 149–167. doi:10.1037/h0084976

Liddle, H. A. (1994). The anatomy of emotions in family therapy with adolescents. *Journal of Adolescent Research, 9*, 120–157. doi:10.1177/074355489491009

Liddle, H. A. (1995). Conceptual and clinical dimensions of a multidimensional, multi systems engagement strategy in family-based adolescent treatment. *Psychotherapy: Theory, Research, and Practice, 32*, 39–58. doi:10.1037/0033-3204.32.1.39

Liddle, H. A. (1999). Theory development in a family-based treatment for adolescent drug abuse. *Journal of Clinical Child Psychology, 28*, 521–532. doi:10.1207/S15374424JCCP2804_12

Liddle, H. A. (2002). *Multidimensional family therapy (MDFT) for adolescent cannabis users* (DHHS Publication No. SMA 02-3660). Rockville, MD: Center for Substance Abuse Treatment, Substance Abuse and Mental Health Services Administration.

Liddle, H. A. (2010). Multidimensional family therapy: A science-based treatment system. *Australian and New Zealand Journal of Family Therapy, 31*, 133–148.

Liddle, H. A., Bray, J. H., Levant, R. F., & Santisteban, D. A. (2002). Family psychology intervention science: An emerging area of science and practice. In H. Liddle, D. Santisteban, R. F. Levant, & J. H. Bray (Eds.), *Family psychology: Science-based interventions* (pp. 3–15). Washington, DC: American Psychological Association. doi:10.1037/10438-000

Liddle, H. A., Dakof, G. A., Parker, K., Diamond, G. S., Barrett, K., & Tejeda, M. (2001). Multidimensional family therapy for adolescent drug abuse: Results of a randomized clinical trial. *The American Journal of Drug and Alcohol Abuse, 27*, 651–688. doi:10.1081/ADA-100107661

Liddle, H. A., & Diamond, G. (1991). Adolescent substance abusers in family therapy: The critical initial phase of treatment. *Family Dynamics of Addiction Quarterly, 1*, 55–68.

Luborsky, L. (1984). *Principles of psychoanalytic psychotherapy: A manual for supportive expressive treatment.* New York, NY: Basic Books.

Maccoby, E. E. (1992). The role of parents in the socialization of children: An historical overview. *Developmental Psychology, 28,* 1006. doi:10.1037/0012-1649.28.6.1006

Mackey, S. K. (2003). *Adolescence and attachment: From theory to treatment implications* (pp. 79-113). New York, NY: Brunner-Routledge.

Main, M. (1995). *Recent studies in attachment: Overview, with selected implications for clinical work* (pp. 407-474). Hillsdale, NJ: Analytic Press.

Main, M., & Goldwyn, R. (1998). *Adult Attachment scoring and classification system.* Unpublished manuscript, University of California, Berkeley.

Martinez, R. O., & Dukes, R. L. (1997). The effects of ethnic identity, ethnicity, and gender on adolescent well-being. *Journal of Youth and Adolescence, 26,* 503-516. doi:10.1023/A:1024525821078

Maturana, H., & Varela, F. (1984). *The tree of knowledge: Biological roots of human understanding.* London, England: Shambhala.

McCullough, M. E., Pargament, K. I., & Thoresen, C. E. (2000). *Forgiveness, theory, research, and practice.* New York, NY: Guilford Press.

McLoyd, V. C., Aikens, N., & Burton, L. (2006). Childhood poverty, policy, and practice. In W. Damon, R. Lerner, A. Renninger, & I. Sigel (Eds.), *Handbook of child psychology: Vol. 4. Child psychology in practice* (6th ed., pp. 700-775). New York, NY: Wiley.

Micucci, J. A. (1998). *The adolescent in family therapy: Breaking the cycle of conflict and control.* New York, NY: Guilford Press.

Mikulincer, M., & Florian, V. (2004). Attachment style and affect regulation: Implications for coping with stress and mental health. *Applied social psychology,* 28-49.

Minuchin, S. (1974). *Families and family therapy.* Cambridge, MA: Harvard University Press.

Minuchin, S. (1980). *Taming monsters* [videotape]. Philadelphia, PA: Philadelphia Child Guidance Clinic.

Minuchin, S. (1998). Where is the family in narrative therapy? *Journal of Marital and Family Therapy, 24*, 397–403. doi:10.1111/j.1752-0606.1998.tb01094.x

Minuchin, S., & Fishman, H. C. (1981). *Techniques of family therapy.* Cambridge, MA: Harvard University Press.

Minuchin, S., & Fishman, H. C. (2009). *Family therapy techniques.* Cambridge, MA: Harvard University Press.

Minuchin, S., Nichols, M., & Lee, Y. (2007). *Assessing families and couples: From symptoms to systems.* Boston, MA: Allyn & Bacon.

Moed, H. (2002). *Building alliances with parents of depressed adolescents in family therapy: A task analysis* (Master's thesis). Ben-Gurion University of the Negev, Beer-Sheva, Israel.

Moran, G., & Diamond, G. (2008). Generating nonnegative attitudes among parents of depressed adolescents: The power of empathy, concern, and positive regard. *Psychotherapy Research, 18*, 97–107. doi:10.1080/10503300701408325

Moran, G., Diamond, G. M., & Diamond, G. S . (2005). The relational reframe and parents' problem constructions in attachment-based family therapy. *Psychotherapy Research, 15*, 226–235. doi:10.1080/10503300512331387780

Moretti, M. M., Holland, R., Moore, K., & McKay, S. (2004). An attachment-based parenting program for caregivers of severely conduct disordered adolescents: Preliminary findings. *Journal of Child and Youth Care Work, 19*, 170–179.

Moretti, M. M., & Obsuth, I. (2009). Effectiveness of an attachment-focused manualized intervention for parents of teens at risk for aggressive behavior: The connect program. *Journal of Adolescence, 32,* 1347–1357. doi:10.1016/j.adolescence.2009.07.013

Mufson, L., Dorta, K. P., Moreau, D., & Weissman, M. M. (2004). *Interpersonal psychotherapy for depressed adolescents* (2nd ed.). New York, NY: Guilford Press.

Mufson, L., Gallagher, T., Dorta, K. P., & Young, J. F . (2004). A group adaptation of interpersonal psychotherapy for depressed adolescents. *American Journal of Psychotherapy, 58*, 220–237.

Mufson, L., Weissman, M. M., Moreau, D., & Garfinkel, R. (1999). Efficacy of interpersonal psychotherapy for depressed adolescents. *Archives of General Psychiatry, 56*, 573-579. doi:10.1001/archpsyc.56.6.573

Neborsky, R. J. (2003). A clinical model for the comprehensive treatment of trauma using an affect experiencing-attachment theory approach. *Healing trauma: Attachment, mind, body, and brain*, 282-321.

Nichols, M. P., & Schwartz, R. C. (1984). *Family therapy.* Allyn and Bacon.

Palmer, S., & Woolfe, R. (Eds.). (2003). *Integrative and eclectic counseling and psychotherapy.* London, England: Sage.

Patterson, G. R. (1975). *Families: Applications of social learning to family life.* Champaign, IL: Research Press.

Patterson, G. R., DeBaryshe, B. D., & Ramsey, E. (1989). A developmental perspective on antisocial behavior. *American Psychologist, 44*, 329-335. doi:10.1037/0003-066X.44.2.329

Paul, G. L. (1967). Strategy of outcome research in psychotherapy. *Journal of Consulting Psychology, 31*, 109-118. doi:10.1037/h0024436

Perls, F., Hefferline, G., & Goodman, P. (1951). *Gestalt therapy.* New York, NY: Delta Books.

Pinsof, W. M., & Hambright, A. B. (2002). Toward prevention and clinical relevance: A preventive intervention model for family therapy research and practice. In H. A. Liddle, D. A., Sanisteban, R. F. Levant, & J. H. Bray (Eds.), *Family psychology: Science-based interventions* (pp. 177-195). Washington, DC: American Psychological Association.

Pinsof, W. M., & Lebow, J. (2005). A scientific paradigm for family psychology. In W. M. Pinsof & J. L. Lebow (Eds.), *Family psychology: The art of the science* (pp. 3-19). New York, NY: Oxford University Press.

Polanco-Roman, L., & Miranda, R. (2013). Culturally related stress, hopelessness, and vulnerability to depressive symptoms and suicidal ideation in emerging adulthood. *Behavior Therapy, 44*, 75-87. doi:10.1016/j.beth.2012.07.002

Promising Practices Network. (2011). *Attachment-based family therapy.* Retrieved

from http://www.promisingpractices.net

Rachman, S. J. (1990). *Fear and courage* (2nd ed.). New York, NY: Holt.

Radke-Yarrow, M., Nottelmann, E., Belmont, B., & Welsh, J. D. (1993). Affective interactions of depressed and nondepressed mothers and their children. *Journal of Abnormal Child Psychology, 21,* 683-695. doi:10.1007/BF00916450

Restifo, K., & Bogels, S. (2009). Family processes in the development of youth depression: Translating the evidence to treatment. *Clinical Psychology Review, 29,* 294-316. doi:2110/10/1016/j.cpr.2009.02.005

Rice, L. N., & Greenberg, L. S. (1984). *Patterns of change: Intensive analysis of psychotherapy process.* New York, NY: Guilford Press.

Robin, A. L., & Foster, S. L. (2002). *Negotiating parent-dolescent conflict: A behavioral-family systems approach.* New York, NY: Guilford Press.

Roisman, G. L., Padron, E., Sroufe, L. A., & Egeland, B. (2002). Earned-secure attachment status in retrospect and prospect. *Child Development, 73,* 1204-1219. doi:10.1111/1467-8624.00467

Rossello, J., & Bernal, G. (1999). The efficacy of cognitive-behavioral and interpersonal treatments for depression in Puerto Rican adolescents. *Journal of Consulting and Clinical Psychology, 67,* 734-745. doi:10.1037/0022-006X.67.5.734

Schore, A. N. (2001). Effects of a secure attachment relationship on right brain development, affect regulation, and infant mental health. *Infant Mental Health Journal, 22*(1-2), 7-66. doi:10.1002/1097-0355(200101/04)22:1 〈7::AIDIMHJ2〉3.0.CO;2-N

Sheeber, L., Hops, H., & Davis, B. (2001). Family processes in adolescent depression. *Clinical Child and Family Psychology Review, 4,* 19-35. doi:10.1023/A:1009524626436

Sheeber, L., & Sorensen, E. (1998). Family relationships of depressed adolescents: A multimethod assessment. *Journal of Clinical Child Psychology, 27,* 268-277. doi:10.1207/s15374424jccp2703_4

Sheeber, L. B., Davis, B., Leve, C., Hops, H., & Tildesley, E. (2007). Adolescents' relationships with their mothers and fathers: Associations with depressive disorder and subdiagnostic symptomatology. *Journal of Abnormal Psychology, 116*, 144. doi:10.1037/0021-843X.116.1.144

Shelef, K., Diamond, G. M., Diamond, G. S., & Liddle, H. A. (2005). Adolescent and parent alliance and treatment outcome in multidimensional family therapy. *Journal of Consulting and Clinical Psychology, 73*, 689-698. doi:10.1037/0022-006X.73.4.689

Shpigel, M. S., Diamond, G. M., & Diamond, G. S . (2012). Changes in parenting behaviors, attachment, depressive symptoms, and suicidal ideation in attachment based family therapy for depressive and suicidal adolescents. *Journal of Marital and Family Therapy, 38*, 271-283. doi:10.1111/j.1752-0606.2012.00295.x

Siegel, D. J. (2012). *The developing mind: How relationships and the brain interact to shape who we are* (2nd ed.). New York, NY: Guilford Press.

Smith, C. L. (2010). Multiple determinants of parenting: Predicting individual differences in maternal parenting behavior with toddlers. *Parenting: Science and Practice, 10*, 1-17. doi:10.1080/15295190903014588

Steinberg, L. (1990). Autonomy, conflict, and harmony in the family relationships. In S. S. Feldman & G. R. Elliot (Eds.), *At the threshold: The developing adolescent* (pp. 255-276). Cambridge, MA: Harvard University Press.

Stern, D. (1985). *The interpersonal world of the infant.* New York, NY: Basic Books.

Thompson, K. L., & Gullone, E. (2008). Prosocial and antisocial behaviors in adolescents: An investigation into associations with attachment and empathy. *Anthrozoos, 21*, 123-137. doi:10.2752/175303708X305774

Thompson, R. A. (2008). Early attachment and later development: Familiar questions, new answers. In J. Cassidy & P. Shaver (Eds.), *Handbook of attachment* (2nd ed., pp. 348-365). New York, NY: Guilford Press.

Treatment for Adolescents With Depression Study (TADS) Team. (2004). Fluoxetine, cognitive-ehavioral therapy, and their combination for adolescents with depression: Treatment for Adolescents With Depression Study (TADS) randomized controlled trial. *JAMA, 292*, 807-820.

Van IJzendoorn, M. (1995). Adult attachment representations, parental responsiveness, and infant attachment: A meta-analysis on the predictive validity of the Adult Attachment Interview. *Psychological Bulletin, 117,* 387. doi:10.1037/0033-2909.117.3.387

Van IJzendoorn, M. H., Bakermans-Kranenburg, M. J., & Sagi-Schwartz, A. B. R. A. H. A. M. (2006). Attachment across diverse sociocultural contexts: the limits of universality. *Parenting beliefs, behaviors, and parent-hild relations: A cross-cultural perspective,* 107–142.

Van IJzendoorn, M. H., & Sagi, A. (1999). Cross-cultural patterns of attachment. In J. Cassidy & Shaver, P. R. (Eds.), *Handbook of attachment, theory, research, and clinical applications* (pp. 713-734). New York, NY: Guilford Press.

Vitiello, B. (2009). Treatment of adolescent depression: What we have come to know. *Depression and Anxiety, 26,* 393-395. doi:10.1002/da.20572

Wallin, D. J. (2007). *Attachment in psychotherapy.* New York, NY: Guilford Press.

Walsh, F. (2006). *Strengthening family resilience* (2nd ed.). New York, NY: Guilford Press.

Waters, H. S., & Waters, E. (2006). The attachment working models concept: Among other things, we build script-like representations of secure base experiences. *Attachment & Human Development, 8,* 185-97. doi:10.1080/14616730600856016

Waters, S. F., Virmani, E. A., Thompson, R. A., Meyer, S., Raikes, H. A., & Jochem, R. (2010). Emotion regulation and attachment: Unpacking two constructs and their association. *Journal of Psychopathology and Behavioral Assessment, 32,* 37-47. doi:10.1007/s10862-009-9163-z

Weersing, V. R., Rozenman, M., & Gonzalez, A. (2009). Core components of therapy in youth: Do we know what to disseminate? *Behavior Modification, 33,* 24-47. doi:10.1177/0145445508322629

Weissman, M. M., Markowitz, J. C., & Klerman, G. L. (2000). *Comprehensive guide to interpersonal psychotherapy.* New York, NY: Basic Books.

Weisz, J. R., McCarty, C. A., & Valeri, S. M. (2006). Effects of psychotherapy for depression in children and adolescents: A meta-analysis. *Psychological Bulletin,*

132, 132-149. doi:10.1037/0033-2909.132.1.132

Wells, K. C., & Albano, A. M. (2005). Parent involvement in CBT treatment of adolescent depression: Experiences in the Treatment for Adolescents With Depression Study (TADS). *Cognitive and Behavioral Practice, 12*, 209-220. doi:10.1016/S1077-7229(05)80026-4

White, M., & Epston, D. (1990). *Narrative means to therapeutic ends*. New York, NY: Norton.

Wiener, N. (1973). *Cybernetics or control and communication in the animal and the machine*. (2nd ed.). Boston, MA: Massachusetts Institute of Technology.

Winnicott, D. W. (1953). Transitional objects and transitional phenomena—A study of the first not-me possession. *The International Journal of Psychoanalysis, 34*, 89-97.

Wolpe, J. (1973). *The practice of behavior therapy*. New York, NY: Pergamon.

Yap, M. B. H., Allen, N. B., & Sheeber, L. (2007). Using an emotion regulation framework to understand the role of temperament and family processes in risk for adolescent depressive disorders. *Clinical Child and Family Psychology Review, 10*, 180-196. doi:10.1007/s10567-006-0014-0

Young, J. E., Klosko, J. S., & Weishaar, M. E. (2003). *Schema therapy: A practitioner's guide*. New York, NY: Guilford Press.

Zanetti, C. A., Powell, B., Cooper, G., & Hoffman, K. (2011). *The circle of security intervention: Using the therapeutic relationship to ameliorate attachment security in disorganized dyads* (pp. 318-342). New York, NY: Guilford Press.

가이 다이아몬드(Guy S. Diamond)

펜실베이니아 대학교(University of Pennsylvania) 의학대학 정신과 심리학 부교수이며, 필라델피아 어린이병원(Children's Hospital of Philadelphia) 가족치료과학센터의 센터장이었다. 2014년도에 드렉셀 대학교(Drexel University)의 간호와 건강 전문가 대학의 가족치료과학센터로 옮겼다. 드렉셀 대학교에서 커플과 가족치료 박사과정의 학과장을 역임했고, 애착기반 가족치료 트레이닝 프로그램을 설립했다(ABFT, 더 많은 정보는 www.ABFTtraining.com과 www.facebook.com/Attachment.Based.Family.Therapy를 참조).

게리 다이아몬드(Gary M. Diamond)

임상심리 전문가이며, 이스라엘 비어쉬바에 있는 네게브의 벤-구리온 대학교(Ben-Gurion University) 심리학과 부교수이다. 연구는 가족기반 치료의 과정과 결과에 초점을 맞추고 있으며, 특히 치료협력 관계, 정서처리, LGB 개인과 그들의 부모들을 위한 가족치료 개발과 검증에 관심이 있다.

수잔 레비(Suzanne A. Levy)

임상심리 전문가이며, 드렉셀 대학교의 간호와 건강 전문가 대학의 ABFT 수련 프로그램 센터장이다. 이전에 필라델피아 어린이병원 가족치료과학센터의 수련 책임자였으며 임상 어린이 심리전문가를 역임했다. 또한 센터의 임상연구와 관련된 치료자들과 미국 내 그리고 국제적으로 치료자들을 위한 ABFT 수련 워크숍과 슈퍼비전을 제공하고 있다. 지역적 · 국가적 · 국제적으로 ABFT, 정서 코칭, 어린이와 청소년 치료, 청소년 우울, 청소년 발달, 청소년 약물중독에 대해 발표하고 있다.

역자 소개

진보라(Bora Jin)

중앙대학교 심리학과 학사

Syracuse University Marriage and Family Therapy 학과 석사

Syracuse University Child and Family Studies 학과 박사

현 단국대학교 상담학과 강사

　 상담그룹 정인행센터장

〈저서〉

Attachment-Based Family Therapy for Suicidal Youth and Young Adults(공저, American Psychiatric Association Publishing, 2019).

Family Socialization Practices and Childhood Development in Caribbean Cultural Communities(공저, American Psychological Association, 2016).

〈논문〉

The Beneficial Role of Family Enmeshment among South Korean Immigrants in the U.S.(공동, International Journal of Psychology, 2022)

Implementing Attachment-Based Family Therapy for Depressed and Suicidal Adolescents and Young Adults in LGBTQ+Services: Feasibility, Acceptability and Preliminary Effectiveness(공동, Crisis: The Journal of Crisis Intervention and Suicide Prevention, 2021)

Predicting Alliance for Depressed and Suicidal Adolescents: The Role of Perceived Attachment to Mothers(공동, Evidence-Based Practice in Child and Adolescent Mental Health, 2018)

우울 청소년을 위한
애착기반 가족치료
Attachment-Based Family Therapy for Depressed Adolescents

2022년 8월 25일 1판 1쇄 인쇄
2022년 8월 30일 1판 1쇄 발행

지은이 • Guy S. Diamond · Gary M. Diamond · Suzanne A. Levy
옮긴이 • 진보라
펴낸이 • 김진환
펴낸곳 • ㈜**학 지 사**
　　　　　04031 서울특별시 마포구 양화로 15길 20 마인드월드빌딩
대표전화 • 02-330-5114　　팩스 • 02-324-2345
등록번호 • 제313-2006-000265호

홈페이지 • http://www.hakjisa.co.kr
페이스북 • https://www.facebook.com/hakjisabook

ISBN 978-89-997-2743-6　93180

정가 20,000원

출판미디어기업 **학 지 사**

간호보건의학출판 **학지사메디컬** www.hakjisamd.co.kr
심리검사연구소 **인싸이트** www.inpsyt.co.kr
학술논문서비스 **뉴논문** www.newnonmun.com
교육연수원 **카운피아** www.counpia.com